효율적 국정관리를 위한

정부조직

국민대학교 국정관리전략연구소

도서출판 오래

효율적 국정관리를 위한 정부조직

머 리 말

국정을 책임진 대통령으로서는 당선되자마자 효율적인 국정관리와 국민들과의 원활한 소통, 그리고 국민들에게 공약한 새로운 대통령 의제의 실천 등을 위해 정부조직개편의 필요성을 느끼게 된다. 사실은 당선되기 훨씬 전부터 이전 정부의 정책추진과정에서 나타난 문제점들을 지적하면서 정부조직의 구성이나 거버넌스에 원인이 있다는 주장들이 제기되게 마련이고, 그에 따른 조직개편의 요구는 수시로 나타난다. 또 기존 정부조직에 불만을 갖고 있는 정부의 각 부처들은 정권교체를 기회로 자신의 조직을 확대하거나 타 조직을 원하는 방향으로 개편시키기 위한 다양한 노력을 기울인다. 여기에 무수한 이익집단들과 전문가집단이 가세하여 정부조직개편에 대한 주장과 논의는 봇물처럼 터져 나오는 것이 일상화되었다.

정부조직은 정책환경의 변화나 대통령 의제의 변화, 정책 우선순위의 변화와 정치적 필요성 등에 따라 수시로 개편될 수 있다. 5년 단임제를 채택하고 있는 우리나라의 경우, 특히 대선을 전후하여 정부조직의 개편이 일상화되다시피했다. 필요가 있어 조직개편을 단행하는 것은 당연한 일이지만 그러한 개편이 오히려 정부의 효율적 운영을 저해하거나 정치적 갈등을 유발시키고 매 5년마다 부처간 힘겨루기를 반복시켜 득보다 실이 많다면 그것은 문제가 아닐 수 없다. 정부조직은 반드시 개편해야 할 필요성이 있다면 해야겠지만 정부가 바뀌면 의례적으로 행해지는 크고 작은 조직개편은 결코 바람직하지 않다.

최근 대선 정국이 진행되면서 정부조직개편에 관한 논의가 크게 증가하고 있다. 과학기술부, 정보통신부, 해양수산부, 중소기업부의 부활이나 신설을 주장하는 다양한 목소리가 나타나고 대선후보들은 선거판에서 득표전략의 하나로 조직개편과 관련한 공약을 제시하고 있다. 정부조직개편이 이처럼 선거정국에서 이익집단에 의해 요구되고 득표전략의 하나로 약속되는 것은 결코 바람직하지 않다. 미국이나 일본, 영국, 프랑스, 독일 등 대부분의 선진국에서 이처럼 선거정국에서 정부조직의 개편을 공약으로 제시해 달라는 유권자의 요구를 찾아볼 수 없을 뿐만 아니라 그러한 약속을 제시하는 후보자도 없다. 정부조직의 개편은 매우 신중하게 접근해야 하고, 좀처럼 바뀌지 않는 상태에서 필요하다면 기존 조직 내외부에 임시조직을 만들어 업무를 수행하는 것이 일반적이다. 그만큼 정부조직의 개편은 국민의 생활과 직결되는 정부나 정책의 안정성 및 지속성과 직결되는 중차대한 문제이기 때문이다.

이 책은 국민대학교 국정관리전략연구소가(소장 홍성걸 교수) 제18대 대통령선거가 한창 진행중인 시기에 주요 대선 후보자들이 선거에서의 득표 전략의 하나로 이런저런 정부조직개편을 약속하는 것이 심각한 문제가 있다고 판단하여 정치적 관점을 최대한 배제하고 오로지 국가의 미래를 위해 바람직한 정부조직은 어떠한 모습이어야 하는가에 대한 각 분야별 전문가들의 생각과 입장을 정리한 논문을 모아 엮은 것이다.

돌이켜보면 우리나라의 정부조직은 건국과 6.25 동란 이후의 재건을 위한 정부조직에서 박정희정부의 경제발전과 산업화를 위한 정부조직과 유신정권하의 억압적 정부조직, 그리고 김영삼정부 이후 개방화·세계화의 시장중심적 정부조직과 외환위기 등 위기 대응을 위한 정부조직 등으로 개편되어 왔는데, 이러한 조직변화의 근본원인은 국가적 과제의 변화와 함께 정책환경도 변화했기 때문이다. 그러나 그 과정에서 정부조직개편의 영향을 받는 다양한 이익집단들이 나타나기 시작했고, 중앙정부의 조직변화는 필연적으로 산하기관 등 광범위한 조직개편을 유발함으로써 정부교체와 함께 상당기간 정부조직의 안정성과 계속성이 흔들리는 상황이 반복되고 있다. 그리고 그로 인한 피해는 고스란히 국민들의 몫이 될 수밖에 없었다.

가장 최근에 이루어진 이명박정부의 정부조직개편은 정권 교체 후 조직개편의 후유증을 최소화한다는 의도에서 대통령직 인수위원회 시절 전격적으로 대부처 대국 중심의 조직개편을 단행했지만 역대 정부조직개편 중 가장 심각하다고 할 만한 후유증에 시달려 왔다. 많은 정책과제들이 특정 부처의 영역을 넘어 다수의 부처들이 공동으로 참여해야 하는 복합적 성격을 가지고 있다는 점과 그 과정에서 부처간 갈등이 심각한 상태에 있었다는 점에서 이명박정부의 대통령직 인수위원회는 일본처럼 대부처 대국주의로 개편하여 그 동안 갈등관계에 있던 부처들을 한 부처로 몰아 한 솥밥을 먹게 하는 해결책을 제시한 것이다. 이러한 전격적인 조직개편에 대하여 당시 이 과정에 주도적으로 참여했던 박재완 현 기획재정부 장관은 이미 나올 수 있는 조직개편의 대안들은 모두 나와 있는 상태이고 더 이상 이를 논의하는 것은 시간만 낭비할 뿐이라고 주장하면서 정치적 결단이 필요한 시기라는 점을 강조한 바 있다. 그 결과 과학기술부, 정보통신부, 해양수산부 등이 폐지되어 타 부처와 합쳐졌고, 다수의 부처에 2차관 제도가 도입되는 등의 대규모 조직개편이 있었다. 그러나 그 과정에서 많은 반대에 부딪혔고 폐지가 예정되었던 여성부와 통일부가 되살아나고 대신 과기부가 교육부와 통합되는 등의 변화를 보임으로써 정부조직개편이 전형적인 정치적 산물임을 여실히 보여주었다.

이명박정부는 조직개편을 신속히 시행하여 개편 후유증을 최소화시키고자 했지만, 정작 심각한 문제는 새로운 조직에서 근무하는 공무원들에 있었다. 조직개편으로 갑자기 한 가족이 된 부처들 중에서는 조직문화의 차이가 커서 여전히 한 지붕 두 가족의 형태로 별도의 인사를 진행하거나 섞이지 못하는 상황이 발생하였다. 이를 극복하기 위해 화학적 융합을 시도하라는 청와대의 의지에 따라 인사교류를 적극적으로 추진했던 부처에서는 공무원들간의 문화적 이질감과 함께 업무의 전문성에서 문제가 나타나기도 했다. 무엇보다 인사교류를 통해 부임한 팀장이나 과장들이 자신의 업무를 잘 이해하지 못하고 있는 상황이 발생하면서 정책고객들의 불만이 크게 증가하는 어려움이 심각했었다. 예컨대 정보통신부의 ICT 산업정책 기능을 흡수 통합했던 지경부는 조직융합을 목적으로 에너지자원이나 타 산업분야에서 잔뼈가 굵은 중견공무원들을 ICT 분야로 배치하고

ICT 분야의 공무원들을 전혀 다른 분야에 배치하는 등 전문분야가 서로 다른 공무원들을 뒤섞는 인사교류를 단행했었는데, 이에 대한 ICT 분야 기업들의 불만은 이만저만한 것이 아니었다. ICT 분야에 대하여 아무것도 모르는 공무원들이 담당 사무관이나 팀장, 과장으로 와서 이들을 이해시키는 데 너무 많은 어려움이 있다는 볼멘 소리가 여기저기서 터져 나왔다. 정보화정책을 담당하던 정보통신부 공무원이 어느 날 갑자기 중앙공무원교육원의 교육과정 담당으로 배치되어 자신의 능력을 발휘하지 못하게 되는 경우도 있었으니 정부조직 전반에 있어 아마추어리즘이 팽배했었다고 해도 과언이 아닐 것이다.

대규모 조직개편의 부정적 영향은 여기에서 그치지 않는다. 부처간 통폐합이 이루어지면서 산하기관의 이전과 통폐합도 함께 이루어졌다. 부처 전체가 한 군데로 통합된 경우는 그래도 나은 편이었지만, 부처의 기능을 쪼개서 서로 다른 부처로 통폐합한 경우에는 산하기관의 조직이 안정화되는 데 상당한 기간이 흘러야 했다. 가장 심각한 경우가 관련 기능이 지식경제부, 문화관광체육부, 행정안전부, 방송통신위원회 등 4개 부처로 분산된 구 정보통신부 산하기관들이었다. 정보통신정책연구원(KISDI)은 경제인문사회연구회 소속으로 변화가 없었지만 업무의 내용은 방통위와 행안부, 지경부, 문광부 등 모든 부처와 관련되었다. 구 정보사회진흥원과 정보문화진흥원이 통합되어 탄생한 정보화진흥원은 행안부 소속으로 정리가 되었지만 업무 중 상당부분은 국가망이나 연구망 등 네트워크 관련 업무이고 이는 사실상 방통위 소관이었다. 업무의 영역이 다수의 정부부처에 관련되어 있을 때, 이론적으로는 별 문제가 없는 것처럼 보이지만 현실적으로는 여전히 주무부처와 산하기관의 성격이 남아 있어 정책연구나 사업의 수행과정에서 눈치를 볼 수밖에 없는 구조라는 점이 문제이다. 한편 정보통신산업진흥원(NIPA)은 정보통신연구진흥원, 소프트웨어진흥원, 전자거래진흥원 등 3개 기관이 통합되어 설립되었고, 인터넷진흥원은 정보보호진흥원과 인터넷진흥원이 통합된 기관이다. 이들 기관들의 통폐합은 상당 기간을 거쳐 이루어짐으로써 본격적인 업무를 시작한 때는 정권교체 후 이미 1년 반에서 2년이 흐른 뒤였다. 이렇게 개편 이후 조직안정화에 상당한 시간이 걸리고 그 기간 동안 업무효율성이 떨어지는 것이 일반적이기 때문에 꼭 필요한 경우가 아니라면 대규모 조직개편을 단행하는 것은 바람직하지 않다.

이명박정부의 조직개편에 대한 위와 같은 평가는 무엇보다 정부조직개편이 외형적 조직구조 때문이라는 진단의 정확성에 대한 확신이 없는 상태에서 대규모로 단행되었다는 점에 그 원인을 찾을 수 있다. 하지만 비록 초기에는 많은 문제와 비효율을 나타냈지만 5년여의 세월이 흐르면서 지금은 나름대로 조직이 안정화되고 있다. 이런 시기에 또다시 대규모 조직 개편을 단행한다면 조직개편과 관련해 이명박정부가 범했던 실수를 다시 반복할 가능성이 크다. 이런 입장에서 향후 정부조직개편은 가급적 외형적 조직에 문제가 있다는 것이 입증된 경우에 한해서 제한적으로 이루어지는 것이 바람직하다는 것이 대다수 학자들의 공통된 의견이다.

다만 현 시점은 정부가 행정중심복합도시를 건설하고 중앙부처의 세종시 이전을 서두르고 있는 상태이다. 이러한 시기에 대선정국이 겹치면서 정부조직개편의 논의가 이루어지는 것은 시기적으로는 그 적실성이 인정된다. 즉 기왕 정부를 옮기는 상황에서 가능하면 꼭 필요한 조직개편을 시행함으로써 새 청사에서 새로운 조직을 가지고 출범하는 것은 행정의 효율성을 높이는 데 기여할 것이기 때문이다. 이에 우리 연구자들은 각 분야에서 바람직하다고 생각되는 정부조직개편의 필요성과 전략, 그리고 구체적 대안들을 검토하고 제시하였다. 이러한 목적에 따라 이 책은 다음과 같이 구성되었다.

우선 정부조직개편과 관련된 일반적 논의를 시도하였다. 조직개편은 왜 하는가? 정부조직개편의 일반적 원칙이나 이론이 존재하는가? 지금까지 우리나라 정부가 시행해 왔던 주요 정부조직의 개편은 어떠했으며, 그 결과는 기대했던 목표를 달성했는가? 그리고 정보화가 크게 진전되고 민주화와 시장경제가 고도로 발달한 현 시점에서 우리에게 필요한 정부조직개편의 기본 방향은 무엇이어야 하는가? 정부조직개편과 관련하여 일반적으로 제기되는 문제들에 대하여는 제1장에서 전남대 최성욱 교수가 나름대로의 해법을 제시하였다.

다음으로는 현재 우리나라 정부조직에서 약화되어 있다고 판단되는 미래대비 및 정책조정 기제의 강화를 위한 조직개편의 문제를 다루었다. 우리나라의 정부조직은 지난 1995년 경제기획원이 폐지된 이후 미래를 종합적으로 조망하고 정부 차원에서 이에 대비하는 전담조직이 약화되었다. 경제기획원이 중심이 되어 범정부 차원에서 만들어진 경제사회개발 5개년계획은 바로 미래부처의 기능을 수행한 것이었다. 경제기획원의 미래기능을 부분적으로 이어받은 것이 정보통신부였다. 정통부는 정보화촉진기본법에 의해 범정부 차원의 정보화촉진기본계획 수립의 권한을 부여받았다. 정보화촉진기본계획은 비록 과거 경제사회개발 5개년계획에 비하면 훨씬 약화되기는 했지만 IT를 중심으로 미래사회의 변화를 조망하고 국가차원에서 이에 대비하는 기능을 수행하였다. 정통부는 국무총리를 위원장으로 했던 정보화추진위원회의 실질적 간사부처의 역할을 수행하면서 제1차 정보화촉진기본계획, Cyber Korea 21, e-Korea Vision 2006 (Broadband IT Korea Vision 2007), u-Korea Master Plan 등 다수의 기본계획을 수립하고 사업수행을 지원함으로써 정보화 추진의 핵심부처로서의 역할을 수행했다. 그러나 2008년 정통부가 폐지된 이후 정부조직 내에서 미래를 대비한 정책의 수립과 조정기능을 수행하는 부처가 사실상 사라졌다. 청와대에 미래기획위원회가 설치되고 기업들의 IT 홀대론이 높아지자 IT특보가 신설되기도 했지만 실질적인 미래대비 정책기능을 수행하기에는 역부족이었다. 제2장에서 국민대 최항섭 교수는 미래사회의 변화를 실증적으로 제시하고, 지속적인 미래사회 연구와 정부차원의 종합적 대응을 가능하게 하기 위한 대안으로 미래전략처의 신설을 제시하고 있다.

이하의 각 장에서는 주요 부문별 조직개편의 수요나 방향, 그리고 대안에 대한 논의를 시도하였다. 정부조직개편에 대한 대부분의 선행연구에서 각 부처 수준의 개편에 대한 논의는 많으나 가장 가까운 거리에서 대통령을 보좌하는 청와대 조직의 개편에 대한 논의는 거의 없었다. 제3장에서는 노무현정부에서 청와대 정책실장을 지낸 바 있는 국민대 김병준 교수가 정파를 떠나 행정학자의 입장에서 청와대 조직의 개편방안에 대하여 경험에 바탕을 두어 진솔하게 제시하였다. 제4장에서는 한경대 이원희 교수가 정부조직과 정책과정의 핵심이 되는 예산관련 정부조직개편을 검토하여 중앙예산기구에 대한 재설계 방안을 논의하였다.

이명박정부의 조직개편 중 가장 두드러진 부분은 정보통신부의 폐지와 그 기능의 타 부처 이관이었다. 이를 바탕으로 지식경제부, 문화체육관광부, 행정안전부는 2차관제를 도입하는 대부처화의 길을 걸었고, 지난 4년 반 동안 꾸준히 방통위와의 전방위적 정책갈등이 나타났다. 뿐만 아니라 민간기업이나 정치인, 대학교수와 정보통신기술인 등이 중심이 되어 ICT 홀대론, ICT 컨트롤타워 부재 등 정책 추진체계의 문제를 지속적으로 제기해 왔다. 그런가 하면 ICT의 전면화에 따른 타 산업분야와의 융합이라는 측면에서 ICT와 산업정책을 분리하기 어려운 측면이 있다는 점도 간과할 수 없는 문제이다. 제5장부터 8장까지는 최근의 대선과정에서의 정부조직개편 요구를 집중적으로 받고 있는 지식경제부를 중심으로 다양한 조직과 기능의 재설계 문제를 다루었다. 제5장에서는 국민대 홍성걸 교수가 산업정책과 관련된 조직개편의 주요 이슈를 검토하고 개편을 위한 기본 방향과 대안을 제시하였으며, 제6장에서는 경성대 정충식 교수가 최근 활발히 논의되고 있는 ICT 산업의 활성화와 관련한 정책체계의 개편과 관련한 주요 정책환경의 변화와 그에 대한 대응방안으로서의 거버넌스 개편방안을 제시하였다. 제7장에서는 국민대 이상준 교수가 과거 동력자원부로 독립되었다가 다시 상공부로 합쳐져서 오늘날 지식경제부로 변화된 에너지자원 분야의 거버넌스 개편방안에 대하여 논의하였다. 제8장에서는 국민대 성한경 교수가 통상과 관련된 정부조직개편의 주요 이슈를 검토하고 이의 재설계를 위한 대안을 제시하였다.

이명박정부의 조직개편 중 많은 불만이 제기되었던 분야 중 관심을 끄는 것이 교육부와 과학기술부의 통합이었다. 과학기술인들은 이구동성으로 이명박정부가 과학기술부를 교육부와 통합시킨 것이 과학기술 전반의 경쟁력 약화를 가져 온 원인이라 주장하면서 일찍부터 과기부의 부활을 활발히 주장하였다. 대선 과정에서 박근혜, 문재인 두 후보들이 과학기술부의 부활을 적극 검토하거나 아예 약속을 하는 등 공약으로도 반영되었다. 이에 제9장과 10장은 교육과학기술부의 문제를 다루었다. 이화여대의 박정수 교수가 교육부문의 정부조직 재설계의 문제를, 과학기술정책연구원의 성지은 박사가 창조혁신형 과학기술정책을 위한 거버넌스 개혁의 문제를 다루었다.

제11장부터 13장까지는 조직개편의 수요가 있는 분야를 중심으로 바람직한 개편방안을 모색하였다. 지방자치가 본격적으로 실시된 지 20여년이 흐르는 상황에서 지방자치와 관련된 정부조직도 상당한 변화가 요구된다. 제11장에서 명지대 임승빈 교수는 지방자치 3.0시대를 지향하는 분권과 참여를 위한 지방행정체제의 개편방안을 검토하였다. 녹색성장과 기후변화의 중요성이 증가하면서 환경행정분야의 정책 수요도 급속히 팽창하고 있는데, 제12장에서 단국대 박용성 교수는 독일의 환경행정체제를 모델로 한 환경정책 거버넌스 개편방안을 제안하였다. 끝으로 중국의 부상과 동북아 정세의 변화, 그리고 북한의 3대 세습 이후 우리나라의 외교, 안보, 통일 분야에서도 다양한 변화가 나타나고 있다. 세계 10위권의 경제대국이면서 남북한이 분단된 상황에서 한반도 주변에 초강대국들이 마주하고 있는 상황에 놓여 있는 우리나라로서 이 분야의 정부조직개편의 수요는 어떻게 나타나고 있으며, 이에 대한 대응은 어떻게 이루어져야 하는가는 국가적 과제가 아닐 수 없다. 제13장에서는 이화여대 박인휘 교수가 글로벌 외교환경의 변화 속에 현재 우리나라의 외교, 안보, 통일 분야의 정부조직의 문제점을 검토하고 이를 개선하기 위한 대안을 제시하였다.

이 책에서 논의된 문제가 정부조직개편의 전부는 아니며, 제시된 대안이 유일한 방안은 더더욱 아니다. 다만 정부가 제 역할과 기능을 원활히 수행하기 위해 필요한 정부조직의 개편이라는 중차대한 과제에 대하여 심도 있는 논의가 부족한 상태에서 다양한 이익집단과 전문가집단의 경쟁적 입장 발표와 대통령 후보들의 선거운동 과정에서 특정 부처의 개폐가 언급되고 약속되는 작금의 현상은 국가의 미래를 위해 결코 바람직하지 않다는 것은 분명하다. 이러한 우려와 충정에서 국민대학교 국정관리전략연구소는 이 책을 편찬하였으며, 대선 이후 본격적으로 논의될 정부조직개편의 과정에서 이 책이 전문적 의견의 하나로 좋은 참고가 되기를 바랄 뿐이다.

2012년 12월

이 책의 발간에 참여한 모든 필자들을 대신하여

홍 성 걸 씀

차 례

효율적 국정관리를 위한 정부조직

— 국민대학교 국정관리전략연구소

제1장
정부조직개편의 논리와 방향[1)]

최 성 욱(전남대학교 행정학과 교수)

Ⅰ. 들어가는 말

최근 '자본주의4.0'(A. Kaletsky)이라는 용어와 함께 정부의 역할변화에 대한 논의가 활발하게 전개되고 있다. 자본주의4.0은 유능하고 적극적인 정부와 시장이 공존 공생하는 패러다임을 지칭한다. 자본주의3.0의 신자유주의 물결은 "Occupy Wall Street"로 썰물이 되어가고 있다. 2008년 세계금융위기 이후 정부규제의 완화에 대한 회의가 일어나고 있다. 이와 동시에 자본주의2.0 시대를 상징했던 정부의 산업정책에 대한 재평가가 일어나고 있다(Rodrick, 2011).

자본주의4.0 시대에는 기존의 성장 대 안정, 경제 대 복지, 개발 대 보존 등의 이분법적 사고로부터 벗어날 필요가 있다. 성장은 안정에 의해서만 정의되고, 경제는 복지에 의해서만 정의되며, 개발은 보존에 의해서만 정의된다는 식의 발상의 전환이 요구된다. "시장기능과 복지기능의 융합모델", "경제민주화", "동반성장", "공생발전" 등과 같은 기표는 이러한 맥락을 표상하고 있다.

이러한 맥락을 배경으로 최근 정부조직개편에 대한 논의가 정권교체 시기와 맞물리면서 활발하다. 항상 새 정부 출범을 전후하여 개혁논의들이 우후죽순처럼 제시되어 왔지만, 이전과는 다른 논리와 사고가 필요한

---

1) 본고는 2012년 한국정책학회 추계학술대회에서 발표한 논문을 교정한 것이다.

시점이다. 대규모 조직개편으로 행정개혁은 성공할 수 없다. 우리나라의 행정은 지나칠 정도로 하드웨어에만 관심을 두고 소프트웨어의 개선에는 등한시하였다(김영평·최병선(편), 1993:8).

대한민국 건국 이래 지금까지 50여 차례의 정부조직개편이 이루어져 왔다(행정안전부, 2008). 정권교체시기가 되면 정부조직개편에 대한 이야기가 학자공동체와 언론매체의 공간, 그리고 정가에서 회자된다. 이렇게 빈번한 우리의 정부조직개편의 논리와 목적은 무엇인가? 정부조직개편을 왜 하는가? 이 질문에 단도직입적으로 명확하게 대답을 제공할 수 있는 선행연구는 없다(Chackerian, 1996). 위 질문이 우문(愚問)일 수도 있다. 다시 말해, 정부조직개편 자체가 그 목적과 동기를 명시하여 인과성을 설명할 수 있는 성질이 아닐 수 있다. 비록 실제 정부조직개편에서는 항상 그 목적이 표방되어 정당화되지만 말이다.

정부조직개편에 대한 시각은 다양하다. 정부효율성과 효과성을 달성할 수 있는 보편적인 조직원리가 있다는 시각도 있고, 과학적 조직원리란 존재하지 않으며 정치적 요소만이 주연역할을 한다는 시각도 있다. 또한 정부조직개편은 비용만 발생시킬 뿐 불필요하다고 보는 시각도 있다(조성한, 2008). 정부조직개편 문제는 관점에 따라 인식이 다를 수밖에 없다. 여기에 정답이 있는 것이 아니다(2012년 8월30일 행정학자의 코멘트).

미국이나 영국 등 선진국에서는 최근 들어 정부조직개편에 대한 논의가 거의 없다. 특히, 미국에서 전국적인 정부조직개편에 대한 논의는 1980년대 이후에는 거의 이루어지지 않고 있다.[2)] 실제 부처 수준의 조직개편도 911사태에 의한 국토안보부(Department of Homeland Security)의 신설 이외엔 근래 들어서는 없다(한국행정연구원, 2011:71). 빈번하게 논의되고 단행되는 우리의 정부조직개편의 논리는 무엇인가? 어떤 방향이 바람직한가?

---

2) JSTOR(http://www.jstor.org)에서 "governmental reorganization"으로 주제어 검색을 해보니 8,199건의 논문이 검색됨(2012년 9월 6일 기준). 이 논문들을 대상으로 "governmental reorganization"과의 적합성(relevance) 기준으로 정렬하여 상위 100건의 논문에 대한 출판연도를 살펴보았다. 그 결과 1900년부터 누적적으로 1951년까지는 61%, 1980년까지 87%, 1990년까지 95%를 차지하였다.

본 글은 다음과 같이 세 가지로 대분하여 구성된다. 첫째, 정부조직개편에 대한 논리와 접근법을 선행연구의 문헌검토를 통해 추출한다. 둘째, 우리나라 정부조직개편의 역사를 산업경제분야를 중심으로 고찰하여 개편논리와 특징을 파악한다. 셋째, 향후 정부조직개편의 방향을 제시해 본다. 본 글에서 사용한 자료는 정부조직개편관련 선행연구문헌, 정부부처의 내부자료, 관련자들(교수, 연구원, 공무원, 기자)과의 토론과 대화로부터 얻은 정보 등이다.

Ⅱ. 정부조직개편의 접근법과 논리

정부조직개편(governmental reorganization)이란 정부에 소속해 있는 행정기관의 구조와 기능에 의식적인 변화를 가하는 것을 말한다(Moore, 1998; 박천오, 2011:1-2). 비록 구조와 기능은 불가분의 관계에 있지간, 정부조직개편은 구조적 조직개편과 기능적 조직개편으로 대별할 수 있다(이윤경·문명재, 2011:64). 구조적 조직개편은 조직의 신설(新設), 개명(改名), 통폐합(統廢合), 지위격상, 강화 및 축소 등을 포함하는 반면, 기능적 조직개편이란 기존의 조직구조는 변화시키지 않은 채 새로운 기능을 추가하거나 새로운 권한을 부여하고 또는 기능을 축소하거나 타 조직으로 이관하는 것을 말한다.

정부조직개편을 단행하는 목적과 동기는 수준에 따라 다양하게 언급할 수 있다. 추상적인 수준에서 문제를 해결하거나 정부가 일을 더 잘 할 수 있도록 하는 목적을 말할 수도 있고, 좀더 구체적인 수준에서 세금을 절약하거나 공직자의 능력을 향상시키거나 또는 행정수반의 통치력과 국정의제실현을 위한 동기로 이야기할 수도 있다. 단순하게 행정적 목적과 정치적 목적으로 양분할 수도 있다. 몇몇 국내 행정학자들이 제시하는 정부조직개편의 목적과 동기를 살펴보면 다음과 같다. 박천오(2011)는 행정과 정부조직의 효율성 제고, 정책(사업)추진의 효과성 제고, 행정수반의 통제력 강화, 정책 우선순위의 재조정, 전략적 편의의 정치적 효과실현 등 다섯 가지로 세분하여 제시한다. 최병선(1993)과 문명재(2009)는 조직개편의 목적을 정치적 목적과 행정적 목적으로 대분한다. 이들은 정치적 목적으로 국정철학의 상징성 확보, 정치적 정당성 확보와 관료의 통제, 정치적 위기를 돌파할 기회추구, 정부와 시장의 역할 분담 등을 제시하고, 행정적 차원에서 정부기능 재분류를 통한 효율성과 생산성 증대, 정부의 자율성과 책임성 증대, 정부의 투명성 제고 등을 조직개편의 동인으로 제시한다.

한편, 박대식(2008)과 이창원·임영제(2009)는 정부조직개편의 목적과 동기를 세 가지 관점으로 언급한다. 첫째, 효율성·효과성 제고를 위해 환경과 조직간의 상황적합성에 근거한 환경 의존적 또는 구조상황적 접근이다. 둘째, 정부조직의 구성과 운영이 관련된 이해 당사자들의 타협의 산물이라는 시각에서 정치적 의도와 상징적 목적을 강조한다. 셋째, 선진제도의 모방을 통해 정부조직을 개선할 수 있다는 입장으로 제도화이론(Meyer & Rowan, 1977)에 근거한 접근이다.

위에서 언급한 것처럼 정부조직개편의 목적과 동기는 수준별 또는 학자별로 다양하게 제시되지만, 조직개편의 논리는 수사(rhetoric)의 관점에서 능률의 논리와 정치의 논리로 대분할 수 있다. 우리나라 정부조직개편에 관한 선행연구들이 주요하게 참고했던 March & Olson(1983)은 20세기(1900년-1980년) 미국정부조직개편의 역사를 고찰하면서 정부조직개편의 언어를 정통행정이론(orthodox administrative theory)과 현실 정치적 수사(the rhetoric of realpolitik)로 양분하여 제시한다. 한편, 필자는 정부조직개편의 사회심리학적 측면에 초점을 두는 문화통합의 논리를 부가적으로 제안한다.

1. 능률논리

능률(efficiency)은 정통행정이론의 복음이다. 정통행정이론은 관료주의적 계층제의 능률과 효과성의 제고를 위한 행정구조와 절차의 설계에 대한 이야기로써, 미국 문화에 깊숙이 뿌리박혀 있는 수사이다(March & Olsen, 1983: 282). 여기에서는 경제성(economy)과 통제를 강조한다. 문제란 주로 중복으로 인한 낭비이며 이에 대한 해결로서 조직과 직위, 그리고 비용의 감축·폐지를 이야기한다(White, 1958:85). 정부조직개편을 둘러싸고 통용되는 언어는 기능중복과 할거주의, 조정과 통합의 약화, 행정환경변화의 부적응 등과 같은 객관적인 문제와 이에 대한 합리적인 대안들 찾아 선택하는 것으로 표상된다. 여기에서 문제는 기능과 역할이 중복되어 부처할거주의가 심화되고 조정이 어려워 비효율적이고 환경변화에 적절하게 대응하지 못한다고 정의된다. 이 문제를 해결하기 위한 합리적인 조직개편안이 있다고 가정한다.

능률의 논리는 비용을 줄인다는 측면이 강조된다. 조직의 통폐합을 통해서 기구와 인원을 축소한다. 그럼으로써 재정적 부담을 경감하려는 것이 일차적인 목적이다(최성욱, 2001:21). 다시 말해, 능률논리는 정부활동의 투입측면에서의 개선을 강조하는 것이다.

1949년 이후 미국의 정부조직개편 법령에 명시된 내용을 살펴보면, 미국의 정부조직개편이 능률의 복음에 충실한 것을 알 수 있다(March & Olsen, 1983:283). 법령내용을 요약하여 예시하면 다음과 같다.

① 행정부와 소속 기관에 대한 더 효과적인 관리를 위해 더 나은 법의 집행을 촉진하는 것,
② 정부의 효율적인 운영을 통해서 지출감소와 경제성을 촉진하는 것,
③ 정부기능과 행정기관을 통합·조정하는 것,
④ 유사기능과 그 해당 기관들을 합병함으로써 정부기관의 수를 감소시키는 것,
⑤ 중복과 중첩을 제거하는 것.

한편, 우리의 경우도 공식적으로 능률의 관점에서 행정기관이 조직화된다. '행정기관의 조직과 정원에 관한 통칙'의 제3조에 의하면, 행정기관의 조직은 다른 행정기관의 조직과 기능상의 중복이 없어야 하며, 종합적

이고 체계적으로 편성되어야 한다.

그러나 실제로 능률논리에 의한 정부조직개편은 원래 기대했던 효과를 산출하지 못하고 실패하는 경우가 많다. 그러나 많은 경우 효과분석이나 결과에 대한 평가 없이 또 다시 단행되곤 한다. 사실 정부조직개편의 효과를 결과(outcome)나 영향(impact) 수준에서 분석·평가하기란 쉽지 않다. 정부조직개편과정에는 많은 변수들이 개입한다. 많은 변수간의 인과성이나 상관성을 입증할 수 있는 모형을 타당성 높게 구축하기란 어렵다. 이상적인 정부조직구조에 관한 이론이나 가설이 있는 것도 아니다. 많은 학자들이 현재로서는 조직설계시 20세기 초 L. Gulick 등이 제시한 원리를 적용하는 수준이라고 주장한다(Peters, 1995; 조성한, 2008; 박천오, 2011).

정부조직개편이 당초 기대했던 효과와 성과를 낳지 못함에도 불구하고, 왜 마치 “일상화된 국정운영의 일환”(염재호, 2009)처럼 지속적으로 반복되는가? March & Olsen(1983:283)에 의하면, 정부조직개편이 커다란 비용의 감소를 가져올 수는 없었지만, 조직개편이라는 의식(the rituals of reorganization)은 경제성과 능률이라는 상징의 활용을 요구한다. 다시 말해, 정부조직개편이 실제로 능률을 달성할 수는 없지만, 능률의 복음이 갖는 정치적·상징적 효과는 가져온다는 것이다.

2. 정치논리

정치논리에서 조직개편은 경합하는 이해세력들 사이에 벌어지는 정치적 투쟁으로 묘사된다(March & Olsen, 1983:283). 정부조직개편은 “선거수요에 편승한 관료들의 밥그릇과 숟가락 얻기 싸움”(2012년 8월30일 중앙일간지 기자의 코멘트)이라는 표현이 이를 예시한다. 그래서 여기에서 조직구조 또는 조직형태는 승리한 세력의 이해를 반영하고 미래 지배를 위한 메커니즘을 구축한다고 인식한다(Redford & Blissett, 1981:224). 여기에서 조정의 미흡이나 할거주의 문제는 능률에 기초한 합리적 대안에 의해 해결되는 것이 아니다. 이보다는 정치적 측면에서 그 해법을 구해야 한다고 인식하는 것이다. 조직구조의 설계는 근본적으로 정치적 과정이며 정치적 문제이다. 그렇기 때문에 정부조직개편이 효과적이기 위해서는 개편과정이 이질적인 다양한 환경적 요소들을 반영해야 한다. 또한 평상시의 입법과정에서 현시되는 이해, 신념, 그리고 가치들을 반영해야 한다.

합리적인 조직개편의 원안이 개편과정상 수정되어 설사 짜집기 누더기처럼 보일지라도, 현실정치의 관점에서 이는 지극히 정상적이고 자연스러운 것이다. 예컨대, 2008년 1월 대통령인수위원회가 제시한 정부조직개편안은 통일부와 여성부 관련 각계의 이해와 입장 차이로 결국 수정되어 개편이 단행되었다.[3] 합리주의적 능률의 관점에 의하면, 이는 "합리적 판단보다는 힘의 논리와 정치적 논리가 조직개편과정을 지배하기 때문에"(이승종 외, 2012) 매우 우려되지만, 현실정치의 관점에서는 중요한 효과가 되는 것이다. 예컨대, 미국에서 대통령의 정부조직개편안은 의회와의 정치적 협상을 위한 칩을 제공한다(March & Olsen, 1983:286).

정부조직개편은 상징적 효과를 갖는다. 정부조직개편은 새 정부가 출범할 때 기존 정부와 차별화하고 새로운 정부의 정통성과 지지를 공고화한다. 그리고 특정한 행정 가치나 정부운영의 방향을 제시한다는 점에서 중요한 의미를 가진다(문명재, 2009:24). 정부조직개편은 정치적으로는 정부의 개혁의지를 보여주는 상징적 의미가 있으며, 행정적으로는 행정개혁의 방향과 내용을 암시하는 출발점으로도 볼 수 있다(민진, 2008; 이윤경·문명재, 2011:60에서 재인용). 양극화의 해소와 동반성장, 또는 경제민주화가 정부가 해결해야 할 주요문제라는 인식이 확산되어 있는 상황에서는 중소기업관련 행정기관을 축소하기보다는 확대하는 것이 정치적 효과가 있다. 사회

3) 2008년 1월 16일에 인수위원회가 제시한 정부조직개편안은 18부 4처 18청 4실의 중앙행정기관을 13부 2처 17청으로 대폭 축소하는 것이었다. 이는 중앙부처의 수로는 1960년 이후 최소였다. 그러나 통일부와 당시 여성가족부의 폐지가 포함되면서 각계의 입장의 차이가 불거졌다. 결국 여야의 협상을 통해 통일부, 여성부, 농촌진흥청을 존치하고, 과거사 관련 군소위원회의 통폐합 시기를 미루는 방안으로 15부 2처 18청으로 축소하는 정부조직개편이 단행되었다(이윤경·문명재, 2011:97).

적 약자를 대변하는 세력의 요구에 응하여 조직을 신설하거나 정부가 열심히 일하고 있음을 가시화하는 차원에서 조직을 신설할 수도 있다.

현실정치의 수사에서 정부조직개편의 운명은 정치적 상황의 우연성에 좌우된다. March & Olsen(1983)은 정부조직개편을 쓰레기통 모형(Garbage cans)으로 설명한다.

> "조직개편에 대한 정치적 교섭은 상황맥락적 격변과 단기적 정치적 관심변화에 민감하다. 조직개편은 관심(주의, attention)이 문제인 게임의 생태학이다... 정부조직개편은 사람, 선택기회, 문제, 해결안이 상황적으로 결합된 쓰레기통 모형의 구현이기 쉽다. 그래서 조직개편의 과정과 도정은 개편안의 특성 자체에 의존하는 것보다는 개편추진집단이 통제하기 어려운 단기적 정치관심의 우연성에 더 의존하게 될 가능성이 높다."(p.286)

정부조직개편에서 모든 이해관계자들은 —표방하지 않을 뿐— 자기이익을 추구한다. 국회와 정당은 소속 위원회 조직의 이익보호와 신장에 관심을 갖는다. 대통령은 공약과 국정의제의 구현을 담보할 수 있는 조직을 원한다. 행정기관과 관료들은 자신의 기관이익보호에 관심을 갖는다. 이러한 현실에서 모두들 정부조직의 간소화와 축소개편을 주장한다면 얼마나 모순인가? 그런데 왜 이러한 모순된 목소리와 행동을 표출하는가? 상징성과 정치적 전략 때문이다. 그래서 정부조직개편은 현실엔 없는 진보에 대한 환상을 창조하는 전략이다(March & Olsen, 1983:290).

3. 문화통합논리

문화통합의 논리는 정부조직개편에서 그 동안 소홀하여 왔던 사회심리적 측면에 초점을 둔다. 1990년대 이후 민간과 정부의 영역에서 합병과 통폐합이 빈번하게 단행되었다. 이러한 합병과 통폐합은 많은 경우 당초 기대했던 시너지효과나 재정적·전략적 목적을 실현하지 못하고 실패하였다. 문화통합의 관점과 논리는 이러한 실패의 원인을 조직 내의 인간과 문화에서 찾는다. 문화통합의 논리는 다음과 같다.

> "정부조직개편에 의해 두 조직이 합병되면 양자간 문화충돌은 불가피하게 되고 따라서 합병 후 통합 과정에서 이러한 문화충돌의 역동성(dynamics of culture clash)을 적절히 관리하지 않는다면, 합병결정시 기대했던 효과는 거두기 어렵다"(최성욱, 2001).

문화통합의 논리에서는 초점을 기능적 유사성 또는 중복성에 두지 않는다. 대신 문화적 적합성이나 호환성(cultural fit or compatibility)에 관심을 둔다. 정부조직개편의 단행 이후 문화충돌의 역동성에 대한 적절한 관리를 지칭하는 조직융합관리(Post Merger Integration, PMI)가 중요하다. 현 정부 들어서 행정안전부는 PMI를 도입하여 이에 대한 활용을 통폐합된 부처들에게 장려하였다. 이것은 정부조직개편에 대한 문화통합의 논리정립과 관심을 보여주는 것이다. 두 조직 이상이 하나로 결합할 때 합병조직의 내부에서 갈등은 불가피하다. 이것은 조직에서 문화의 역할과 조직구성원들의 기존 모체조직에 대한 몰입이 조합되어 나타나는 문화접변(acculturation) 현상이다.

문화접변과정은 접촉(contact)-갈등(conflict)-적응(adaptation) 등과 같은 세 단계를 거친다. 모체조직 출신간의 접촉은 미미한 상황에서부터 매번 접촉하여 밀접한 상호관계가 이루어지는 상황에까지 다양하다. 갈등 역시 접촉이 어떤 형태를 띠느냐에 따라 그 정도가 다르다. 궁극적으로 합병조직과 그 구성원들은 갈등을 경험하면서 긍정적으로든 부정적으로든 간에 적응을 해 가면서 문화접변의 양식을 정착해 나가는 것이다. 이러한 문화접변은 다음과 같은 네 가지 양식으로 대별된다(Nahavandi & Malekzadeh, 1993:59-72).

① 일방의 조직이 자신의 모든 것을 포기하고 타방의 조직에 완전히 흡수되는 동화(assimilation)이다.

② 구조적으로는 양방의 조직이 어느 한쪽으로 흡수되어 동화되지만, 문화적으로는 각자의 고유성과 이로 인한 다양성을 서로 수용하면서 문화적 요소들을 교환하며 공유해 나가는 통합(integration)이다.
③ 모든 문화적 요소들과 관행들을 합병 이전의 상태대로 보존하면서 양 조직간 최소한의 접촉만을 하게 되는 격리(separation) 모드이다.
④ 탈문화(deculturation)는 일방조직의 문화적·관리적 특성들이 타방조직으로부터 전혀 채택되지 않고 붕괴되는 가운데 깊은 상실감과 스트레스가 만연하는 가장 부정적인 양식이다.

탈문화모드는 양 조직간의 접촉과 상호작용이 오히려 부정적이고 역기능적인 결과를 강화시키면서 합병조직 내에 소위 합병증후군(merger syndrome)을 발생시킨다(Marks & Mirvis, 1985; Marks, 1997). "공격과 방어", "우리 대 그들", "답답한 의사소통", "책임 떠넘기기", "승리 대 패배", "어느 부처출신은 찬밥신세", "이번엔 우리가 먹었네", "그 친구들은 규제마인드야" 등과 같은 용어들이 등장하면서, 모체 조직간의 유사성 언어는 수면 아래로 가라앉고 차이의 언어는 부각시켜 과장을 하는 경향이 나타낸다. 탈문화모드로의 문화접변이 진행되는 상황을 Kilmann & Saxton(1985)이 포착한 '남극빙하의 은유'로 이해할 수 있다.

> "남극에 떠있는 두개의 빙산을 상상하라. 각 빙산의 일각은 양 조직을 이끌고 가는 최고관리자집단을 의미한다. 합병이나 통폐합이 결정됨에 따라 두 개의 빙산은 하나로 합쳐질 때까지 서로를 향해 움직인다. 그러나 빙산들이 서로 접근할 때 만나는 것은 수면 위에 드러난 빙산의 일각이 아니라, 합병 전 모체조직들의 문화를 상징하는 수면 아래에 존재하는 커다란 얼음덩어리 부문이다. 시너지 대신에 문화충돌이 있는 것이다."(p. 427).

문화통합논리에 의한 정부조직개편에서는 이러한 남극 빙하의 만남과 같은 은유를 가지고 통합 부처를 바라보게 되기 때문에, 인간적 요소와 PMI에 실질적인 관심과 투자를 배가한다. 반면, 능률논리가 조직개편을 지배하면 피상적인 수준에서 화학적 융합에 대한 상의하달식의 장려와 기대가 존재할 뿐이다. 능률논리에서 기실 인간적 측면과 조직의 역사적 측면은 중요하지 않다. 능률논리와 정치논리에서는 문화충돌의 다이내믹스가 관심을 받지 못하거나 무시되기까지 한다.

어느 조직이건 간에 특정 업무를 수행하고 특정 환경에 적응해가면서 일정한 시간이 흐르게 되면, 조직의 내면수준에 관행과 운용 철학을 담는 역사가 생긴다. 이러한 역사에는 조직성원간 인지적·정서(감정)적 공통성을 담고 있는 일종의 문화코드(culture code)가 배태되어 있다. 이러한 문화적 코드는 어떤 사건이나 대상에 대한 무의식적 의미와 해석을 일컫는다. 그렇기 때문에 조직의 일상적인 상황에서는 인식되거나 발견되기 어려운 성질을 지니고 있다. 상대적으로 역사가 길고 규모가 크고 아이덴티티가 강한 조직일수록 문화코드가 정밀하고 단단하게 형성되어 있을 가능성이 높다. 이러한 조직에서는 승진이나 영전 등 조직구성원 개인의 성공과 보상, 조직에서 해서는 안 될 언행, 회의와 같은 집단상황에서 취해야 할 적절한 행위, 업무의 시작과 종료 등에 대한 암묵적 기준이 대부분의 구성원들의 무의식 속에 자리를 잡고 있다.

따라서 여기에서는 문화적 통합과 융합관리에 대한 이해와 실행이 조직관리에 있어 매우 중요하다. 문화통합의 논리는 정부조직개편이 단행된 이후 단계에 초점을 두며 조직관리의 주요수단을 문화의 사회화와 역동성에서 찾는다.

다음 〈표 1〉은 지금까지 언급한 세 가지 정부조직개편의 논리와 접근법을 비교하여 정리한 것이다.

<표 1> 정부조직개편의 논리와 접근법

구 분		능 률	현실정치	문화통합
인식수준	프레임	합리적 관점 (rational frame)	정치적 관점 (political frame)	상징적 관점 (symbolic frame)
	조직은유	'중립적 도구' (neutral instrument)	'정치싸움판'(political arenas), '정치도구'(political tools)	'인간체계' (human system)
	개편의 정당화	재정적·전략적 효과달성	다양한 이해의 반영	통합(integration) 실현
실행수준	관심영역	투입-산출관계	투입단계	블랙박스의 조명
	중점단계	조직개편결정의 전(前)단계	조직개편결정의 전(前)단계	조직개편결정 후(後) (관리)단계
	주요수단	기구·인원축소	능률표방, 교섭(협상)의 칩과 전략	문화의 사회화 및 역동성 관리

Ⅲ. 한국 정부조직개편의 지배논리와 특징

1. 정부조직개편의 약사(略史)

정부조직개편은 정치주기에 따라 반복적으로 나타나는 정치적·행정적 행위이다(문명재, 2009). 우리의 경우, 앞서 언급했듯, 대한민국정부 수립 이후 지금까지 총 50여 차례 정부조직개편이 단행되어 왔다(행정안전부, 2008). 아래 〈표 2〉는 건국 이래 현 정부까지 중앙행정기관의 수적 변화를 나타내 주고 있다. 중앙행정기관의 수적 측면에서 정부규모를 본다면 제3공화국에 들어 크게 확대되고 있다. 공무원의 증감추이를 볼 때, 박정희정부시절 크게 증가하면서 김영삼정부까지 증가추이를 보이고 있다. IMF 외환위기를 극복하는 데 국정의 우선순위를 부여했던 김대중정부에 와서는 공무원 정원이 감소세를 보이다 노무현정부 들어서 증가추세를 보이고 있다.

<표 2> 중앙행정기관의 변화추이*

	제1 공화국	제2 공화국	박정희정부		전두환 정부	노태우 정부	김영삼 정부	김대중 정부	노무현 정부	이명박 정부
			제3 공화국	제4 공화국						
총계	17	23	37	38	39	39	36	38	39	36
부처*	14	17	19	21	22	22	21	22	22	19
청	3	4	12	14	13	15	14	16	17	17
기타*	-	2	7	3	4	2	1	-	-	-
공무원 정원 연평균증감율(%)		-0.1	+7.8	+4.5	+2.7	+5.1	+1.0	-0.7	-1.6	-

*부처에는 원을 포함, 기타는 외국·대 등임

출처: 한국행정연구원(2011: 106); 행정안전부(2008:9)

역대 정부별 국정의제와 산업경제부처를 중심으로 한 주요 조직개편 내용을 살펴보면 다음과 같다(참고: 행정안전부, 2008; 김윤권 외, 2011; 이윤경·문명재, 2011; 지식경제부 홈페이지).

1) 이승만정부의 국가건설

이승만 정부는 독립국가로서 현대적인 행정체제를 갖추기 위해 1948년 7월 17일 정부조직법의 제정·공포하였다. 기본적인 체제유지기구라고 할 수 있는 외부, 국방, 내무 등의 기구를 경제 및 사회관계 기구보다 우선시하였다. 그래서 경제안정이나 산업화를 적극적으로 추진하지 못하였다. 이승만정부는 1949년 원자력원을 설치, 1955년에 교통부 해운국과 상공부 수산국을 통합해 해무청을 설치하였다.

2) 박정희정부의 경제성장과 한국적 민주주의를 위한 유신체제 구축

박정희정부는 경제발전과 성장을 국정의 최우선과제로 삼고 경제기획원 중심으로 국가경제를 주도해 나갔다. 1973년 상공부 산하에 상공부 외국인 표준국과 중앙계량국, 광업등록과를 통합하여 공업진흥청을 신설하고 공업기술진흥, 공산품의 품질관리를 담당하도록 하였다. 또한 상공부에 공업단지 관리청과 상공부 방위산업관도 신설하였다. 1976년 경제기획원 물가정책부 공정거래과가 만들어졌고 상공부의 외국인 특허국이 특허청으로 승격되었다. 1977년 유가파동을 계기로 박정희 제2기 정부는 에너지 자원문제를 해결하기 위해 1977년에 상공부에서 동력자원부를 분리시켜 동력, 지하자원을 담당하도록 하였다. 동력자원부(1977-1993)는 국내 에너지의 공급과 수요를 총괄하고 자원외교를 담당할 독립부처의 필요성이 대두됨에 따라 1977년 12월 1실 10국 20과 체제로 신설되어, 동력, 지하자원, 전기, 연료 및 열관리에 관한 사무를 관장하였다. 요컨대, 박정희정부에서는 1차 2차 3차 산업관리 및 발전을 위해 농촌진흥청, 공업진흥청, 특허청, 동력자원부 등 각종 산업을 담당하는 정부기관을 신설되었다. 그럼으로써 중화학육성 및 산업기반시설 확충과 관련된 부처들의 기능이 확대되었다.

3) 전두환정부의 정치질서의 재편과 제2의 경제성장; 노태우정부의 민주주의 체제로의 전환과 경제발전 및 복지사회개발

전두환정부는 1981년 중앙행정기관을 2원 15부 4처 14청으로 대규모 감축하였고, 기관장 직급조정 및 부기관장 제도 폐지 등의 조직 정비로 인원이 감축되었다. 대국대과주의(大局大課主義)의 구현으로 조직규모의 적정화, 인력의 소수정예화로 행정의 전문화를 추구하였다. 한편, 경제성장과 함께 삶의 질에 대한 관심을 가지고 사회분야 부처들을 신설하였다(노동부 승격, 체육부, 환경처 신설).

4) 김영삼정부의 탈군사문화 확립, 세계화, 그리고 사회복지추구

문민정부는 작은 정부와 감축관리의 행정개혁물결에 영향을 받아 정부부처간의 통폐합과 축소가 크게 이루어졌다. 세계화정책의 일환으로 1993년 문민정부 제1차 정부조직개편에서 외교부의 인력을 2,150명까지 증원하였으며, 국내 산업의 경쟁력을 강화하고 산업발전의 기반을 확충하기 위한 목적으로 상공부와 동력자원부를 합병하여 상공자원부로 개편하였다. 상공자원부(1993-1994)는 3차관보 1실 17국 80과 체제로 출범하여, 상업·공업·동력·지하자원 등에 관한 사무를 관장하였다. 그리고 중소기업정책관이 신설되어 중소기업에 대한 관심과 지원이 강화되었다. 1994년 12월 문민정부는 제2차 정부조직개편을 단행하였다. 세계화 역량강화, 통상자원정책기능의 체계화, 기업의 자율성확보를 위한 규제기능축소 등 목적을 실현하고 특히, 대외통상역량을 강화하기 위해서 상공자원부를 통상산업부(1994-1998)로 개편되었다. 1996년 문민정부의 제3차 정부조직개편에 의해 공업진흥청이 폐지되고, 중소기업청이 신설되었다. 한편, 미래 국가발전의 핵심전략산업인 정보통신사업체계를 보강하기 위한 목적으로 기존의 체신부를 10년 한시조직으로서 정보통신부로 개편하였다.

5) 김대중정부의 IMF 외환위기 극복, 협력적 대북관계 형성, 그리고 폭넓은 사회복지서비스 제공

국민정부는 작고 효율적인 정부의 기조하에 축소지향적 정부의 조직관리를 유지하였다. 1998년 재정경제원에 IMF 외환위기의 책임을 물어 재정경제부로 축소 개편하고, 그 산하에 예산청을 신설하였다. 재정경제원의 예산기능은 예산청으로, 금융감독기능은 금융감독위원회로, 통상교섭기능은 외교통상부로, 통화신용정책은 한국은행으로 독립, 이관시켜 정부 내 견제와 균형이 이루어지도록 한 것이다. 이후 예산청과 기획예산위원회를 통합하여 기획예산처를 신설하였다. 한편, 외무부는 외교통상부로 개편되어 재정경제원의 통상교섭 업무와 산업자원부의 해외 통상관련 업무를 이관하였다. 과학기술처는 과학기술부로 승격되어 그 위상이 강화되었으며, 통상산업부는 산업자원부로 개편되었다. 산업자원부(1998-2008)는 1차관보 3실 13국 49과로 출범하여, 1999년 전력산업구조개혁단이 신설되었으며 중소기업청 소속의 국립기술표준원을 기술표준원으로 개편하여 산업자원부 소속으로 변경하였다.

6) 노무현정부의 정부혁신과 분권 및 분배의 사회적 형평

참여정부는 조직개편을 하기보다는 기존 조직의 운용방식에 변화를 주었으며, 청와대와 정부부처 사이에 각종 위원회를 설치·운영한 것이 특징이다. 집행기능보다는 합의기능을 강조하고, 정보를 중심으로 한 통합기능강화에 노력을 기울였다. 그리고 본부·팀제를 도입하였다. 2004년 기획예산처의 행정개혁기능과 전자정부기능이 행정자치부로 이관되었으며, 외교통상부에 자유무역협정국과 자유무역협정추진단을 설치하고 통상교섭본부를 크게 확대하였다. 또한 중소기업을 육성하고 국제마케팅과 벤처기업을 활성화하기 위하여 중소기업청을 확대하였다. 중소기업청에 기업성장지원국, 창업벤처국 등을 추가로 설치하여 중소기업의 해외시장 진출 및 창업에 도움이 되도록 하였다. 2005년에 중소기업청에 기업협력과와 산학협력과를 만들어 소상공인, 재래시장, 지방청을 지원하였다. 과학기술 분야를 중시하여 과학기술부를 부총리급으로 격상하였다.

7) 이명박정부의 작고 유능한 실용정부, 경제 살리기와 일자리 창출, 그리고 능동적 복지추구

이명박정부는 작고 유능한 실용정부를 표방하며 대규모 조직개편을 단행하였다. 기능 중복과 상충에 따른 비효율성을 주요한 문제로 인식하여 기능과 조직이 광역화된 대부대국(大府大局)제를 도입하였다. 한편, 대통령실, 국무총리실, 국무회의와 관계장관회의 같은 국정조정기관에 대해서도 조직개편이 있었다. 2008년에 청와대의 경호실과 비서실이 대통령실로, 국무총리비서실과 국무조정실이 국무총리실로 축소 단일화되어 국무총리실의 국정조정기능이 약화되었다. 산업정책의 주무부처인 지식경제부(2008-현재)는 2008년 2월 29일 정부조직개편에 따라 산업자원부의 산업, 무역·투자, 에너지정책, 정보통신부의 IT산업정책, 우정사업(정원 31,787명 이체), 과학기술부의 산업기술 R&D정책(정원25명 이체), 재정경제부의 경제자유구역기획, 지역특화기획 기능(정원40명 이체)을 통합해 신설되었다.

2. 정부조직개편의 지배논리

1) 능률: 규범성과 상징성

정부조직개편약사에서 본 바와 같이, 그 동안 정권이 바뀔 때마다 거의 대폭적인 개변이 있었다. 행정부처의 구성을 바꾸고, 인력을 감축하고, 기관들을 통폐합하는 것이 행정개혁의 대부분이었다(김영평, 1993:22). 능률성이 그 동안의 정부조직개편과 평가의 기준이 되었다(윤종빈, 2010:24). 그 동안 단행되어 온 정부조직개편에 대한 태도와 평가에는 능률의 논리와 정통행정이론의 수사가 저변에 흐르고 있다.

"5년마다 창조되는 신세계" "일상화된 국정운영의 일환" "통과의례" 등과 같은 표현은 그 동안의 빈번한 조직개편과 이로 인한 피로감 또는 회의적인 태도를 나타내 주고 있다. 이와 유사한 태도와 인식을 반영하듯, 정부조직관련 행정학자들도 그 동안 단행된 정부조직개편에 대해 다음과 같은 공통점들을 지적한다(박천오, 2011). 첫째, 정부조직구조나 환경에 대한 체계적이고 정밀한 진단이 선행되지 않은 체, 정치적 조건변화에 따라 결정되고 추진되었다. 둘째, 청와대를 중심으로 개혁의지의 표현 또는 권력재편 등과 같은 정치적 목적을 위해 즉흥적으로 급하게 추진되므로 개편 이후 후속관리에 혼란과 어려움이 발생하였다. 셋째, 원안이 개편추진 과정에서 정치적 타협에 영향을 받아 기형적 형태로 변형되는 경우가 많았다. 그런데 "체계적이고 정밀한," "정치적 목적을 위한 즉흥적 추진," "정치적 타협에 따른 기형적 변형” 등과 같은 표현이 평가에서 주요하게 등장하는 것은 평가자의 능률과 합리성에 대한 신념을 반영해준다.

김영평(1993:33-34)과 최병선(1993:79-81)의 주장에 의하면, 행정개혁은 작은 정부를 지향해야 한다. 필요한 공공서비스를 충실히 제공하되, 부적합한 기능을 축소하여 민간부문의 활동에 대한 불필요한 간섭을 작게 하는 정부이다. 정부가 해야 할 일과 해서는 안 될 일을 구분하여야 한다. 더 잘 할 수 있는 일과 잘 할 수 없는 일을 구분하여야 한다. 작은 정부란 해서는 안 될 일과 잘 할 수 없는 일을 가려서 제거하는 정부를 말한다. 작은 정부는 불필요한 간섭이 없는 정부이다. 물론 필요한 간섭과 불필요한 간섭의 구분은 분명하지 않다. 한편, 이승종 외(2012)는 현 정부조직편제에 대해서 대부처주의에 따른 부작용, 부처할거주의의 지속, 국정조정기능의 비효율성, 기획기능과 집행기능의 혼선 등 여러가지 문제를 지적하고 있다. 이들은 이러한 문제점들을 개선하기 위한 조직개편 수요가 있다고 주장한다. 그리고 정부조직의 개편방향에 대한 백가쟁명식의 논의가 진행되면서 합리적 판단보다는 힘의 논리와 정치적 논리가 조직개편과정을 지배하게 될 우려가 없지 않다고 인식한다. 그러면서 불필요한 조직개편은 지양하고 최소한의 조직개편을 지향해야 한다고 주장한다.

여기에서 우리는 정부조직개편의 텍스트에서 능률과 합리성 그리고 작은 정부에 대한 신화를 읽을 수 있다. ‘불필요한,’ ‘최소한,’ ‘해서는 안 될 일’ 등과 같은 용어와 표현의 선택은 암묵적으로 합리적인 기준의 존재를 전제하기 때문에 가능하다. 그러나 이러한 합리적인 기준이 선험적으로 존재하는가? 앞에서 언급하였듯이, 많은 학자들이 정부조직개편에 대한 정교한 이론이나 정답은 없다고 인정한다. 여기에서 이러한 용어와 표현들의 의미는 애매하여 이해(sense-making)가 쉽지 않다. 필요한 것과 불필요한 것, 해야 할 일과 해서는 안 될 일을 어떻게 알고 결정할 것인가? 이것은 궁극적으로 정치적 합의의 문제이지 합리적 판단영역이 아니다. 그럼에도 불구하고 이러한 언어들이 통용되는 이유는 무엇일까?

능률논리가 갖는 규범성과 상징성 때문이다. 실제로 그 동안 정부조직개편은 효율성의 제고를 표방하였다. 그러나 그런 정권초기 조직개편으로 행정기관과 공무원의 수가 감소되었다가 정권 중반쯤 그 수가 다시 증가하는 현상이 되풀이되었다. 조직개편 과정에서 인력과 기능이 준정부조직인 공공기관들로 이른바 분봉현상이 초래되는 경우도 적지 않았다(박천오, 2011:17). 효율성 제고는 가장 흔히 기대되면서도 실현 가능성은 가장 낮은 정부조직개편의 목적이다(Salamon, 1981;박천오, 2011:7에서 재인용).

이상의 내용을 종합하여 해석해 보면, 우리나라의 정부조직개편에서는 능률논리가 표방된다. 그러면서 실력은 정치논리가 발휘한다. 능률이라는 기표(signifier)는 그것의 일차적인 기의(signified)를 상실한 체, 현실정치의 기호와 결합하여 상징성으로서의 능률로 표상되고 있다. 다시 말해, 정부조직개편의 명분과 목적은 능률논리에 따라 전개되지만, 실제 개편과정에서는 현실정치의 논리와 수사가 지배하는 경향을 띠고 있다.

2) 능률논리의 한계

능률논리에 의한 합병조직의 양태를 상징적으로 포착할 수 있는 특징 중 하나가 병렬적 부처명칭이다. 개편목적이 중복된 기능을 해소하여 통합된 시각으로 공무를 수행토록 하는 것이라면, 부처의 명칭에 이러한 의도와 상징성이 농축되어 있어야 할 것이다. 이 경우 부처명칭은 통합형일 것이다. 그런데 그 동안의 정부조직개편으로 설립된 부처의 명칭은 조합형 또는 병렬형으로 작명된 경우가 많다.[4] 이는 합병조직에서 모체 조직의 출신 사이에 융합의 정도를 여실히 보여주고 있는 것이다.

- 사회부 + 보건부 ⇒ 보건사회부
- 건설부 + 교통부 ⇒ 건설교통부 + 해양수산부 ⇒ 국토해양부
- 교육부 + 과학기술부 ⇒ 교육과학기술부

4) 미국의 경우, 부처(Secretary수준)의 명칭은 단순하지만 내부 보조조직이나 소속기관의 종류는 상대적으로 다양하다.

- 상공부 + 동력자원부 ⇒ 상공자원부
- 문화부 + 체육청소년부 ⇒ 문화체육부

위와 같은 병렬형의 부처명은 보조기관 수준의 조직구조배열이나 부서명에도 그대로 반영되는 경우가 많다. 최고국정책임자 또는 부처장의 입장에서는 항상 통폐합조직이 화학적으로 융합할 것을 강력히 주문하곤 한다. 현 정부의 이명박 대통령도 후보자 시절에 정부조직개편으로 통폐합된 부처의 융합을 강조한 바 있다.

> "기능을 합쳐서 만들어진 부처들은 하부 조직도 화학적으로 융합될 수 있어야 한다. …(중략)… 교육부 따로, 과학기술부 따로 하는 형태가 아니고 화학적 통합을 해야 한다." (2008. 2. 17 인수위원 합동워크숍에서).

문제는 문화적 충돌의 역동성을 전제한 화학적 융합의 강조인가의 여부에 달려 있다. 다시 말해, PMI의 적절한 관리를 전제하지 않는 화학적 융합에 대한 강조는 기실 물리적 결합의 당위성 이상의 의미는 담고 있지 않다. 이는 조직통폐합 전의 분리되어 있을 경우보다 오히려 더 멀어지는 귀결을 초래할 수 있다. 혼합교차인사의 단행이나 화학적 융합의 강조는 자아실현예언(self-fulfilling prophecy)과 같은 사회심리학적 측면들의 위력을 간과한 능률논리의 실행수단이다. 한 지붕 두 가족의 이야기는 이와 같은 환경에서의 상호 반목과 갈등 현상을 잘 그려주고 있다.

강한 문화를 가지고 있는 조직들이 대등한 입장에서 합병이나 통폐합되는 경우엔 다음과 같은 단계들을 거쳐 문화충돌이 발생할 것으로 예상된다.

① 합병조직의 구성원들은 서로 상대방진영의 업무 접근법이나 정책추진과정의 차이점을 지각하게 됨. ⇒ ② 합병조직 내 구성원들은 합병 전 모체조직 및 그 출신간의 차이를 평가하기 시작하는데, 보통 자기 쪽 방식은 우월하게 인식하고 상대방진영의 방식은 열등하게 보게 됨. ⇒ ③ 합병

조직 내 구성원들은 각자 상대진영을 공격하고 자신들을 방어하게 됨.

이와 같은 행태가 전형적인 합병증후군의 증상이며 결국 남극빙하의 은유가 현실화될 수 있다. 정부조직개편 이후 합병조직에서 모체조직 출신들간의 융합이 잘 되고 있다고 공언하는 부처의 구성원들도 무심결에 “그 친구들은 규제마인드라서...”(2012년 8월22일 부처 1급 공무원의 코멘트)와 같은 차이의 표현이 표출한다.

능률논리에 의한 정부조직개편은 실제 투입단계에 관심을 집중시키면서 전환단계인 블랙박스 내부는 들여다보지 않는다. 블랙박스 내부를 세심하게 들여다보지 않는다는 것은 구성원들 사이에 존재하는 사회심리학적 관계역학을 고려하지 않는다는 의미이다. 능률관점에서의 조직개편은 개편대상이 되는 조직에 대한 이해가 부족하기 마련이다. 따라서 능률논리에 의한 조직개편은 개혁목적이나 의도와 그 결과간의 연계성에 대한 파악이 분명하게 나타나지 않는다(최성욱, 2001:21). 그래서 능률논리에 의한 정부조직개편접근은 가장 빈번히 표명되면서도 실제로 기대효과를 가장 낮게 얻는 상징성으로서 능률일 수 있다.

Ⅳ. 나가는 말: 정부조직개편의 방향

개선과 향상을 위해서는 해법을 구하기에 앞서 문제에 대한 정확한 진단과 정의가 내려져야 한다. 사회적 맥락이나 국내외의 환경적 요인에 대한 분석이 없이 행정조직개편이나 행정제도개선만을 논의하게 되면, 정권교체기마다 반복되는 시행착오를 범하면서 큰 성과 없이 논의가 종결되어 버릴지 모른다(송희준, 1993:130). 이러한 경우 통과의례나 국정의식과 같은 상징으로서 정부조직개편이나 개혁이 의미를 가질 뿐이다. 한편, 정부조직개편의 효과를 분석하고 평가하기란 어렵다. 정부조직개편과정에는 많은 요인들이 조직화된 무정부 상황에서처럼 개입한다. 그리고 이상적인 정부조직구조에 관한 이론이 존재하는 것도 아니다. 따라서 정부조직개편에 개입된 변수간의 관계를 타당하게 입증할 수 있는 모형을 설계하기란 어렵다.

이러한 점을 수용한다면, 정부개혁과 조직개편에 있어 능률 제고를 위한 합리적 개편대안을 선택한다는 논리는 정당성을 확보하기 어렵다. 이러한 입장에서 바람직한 정부조직개편의 방향을 제시해보기로 한다.

첫째, 능률논리의 한계를 인식할 필요가 있다. 어떤 식으로 정부개혁과 조직개편을 실시하더라도 기능중복과 중첩 문제를 완전히 해소할 수는 없다. 행정에서 어느 정도의 기능중복과 중첩은 불가피하다. 정부조직개편의 지배논리가 능률인 한 이러한 기능중복과 중첩은 단골문제가 될 것이다. 정통행정이론에서 능률의 복음은 투입-산출관계로부터 발생하는 절약정신에 의해 정당성을 획득한다. 하지만, 실제 투입부문에만 주의를 집중할 뿐 내부 전환과정은 암흑상자(black box)로 처리되며 산출부문은 투입으로 대체된다. 궁극적으로 능률논리는 투입에만 초점을 두게 된다. "행정기관의 조직은 다른 행정기관의 조직과 기능상의 중복이 없어야 하며, 종합적이고 체계적으로 편성되어야 한다"(행정기관의 조직과 정원에 관한 통칙, 제3조)는 신화에서 해방될 필요가 있다. 중복 없는 종합적·체계적인 조직화는 신화이다. 융합의 시대에 접어들수록 주의를 기울어야 하는 것은 조정의 문제이지 중복해소의 문제가 아니다. 한편, 중복과 중첩이 가외성(redundancy)(Landau,1969) 개념과 결합되면 오히려 효용을 가져온다. 따라서 기능이 중복되거나 중첩되는 조직들을 통폐합하려 하기보다는 중복(첩)되는 기관들에 대한 평가와 재평가를 강화하여 귀인(attribution)의 정확성을 제고하려는 노력이 더 실효성 있는 이야기이다.

둘째, 특정시기에 부처수준으로 대폭 재조직하는 것은 지양되어야 할 것이다. 조직개편은 필요시 상시로 보조기관인 실국단위에서 기능을 재조정하는 방식으로 이루어져야 할 것이다. 정부가 대응해야 할 정책 환경은 불확실하다. 선형적인 성격으로부터 복잡성으로 변동되고 있다. 제품과 기술은 융합성을 배태하면서 그 수명주기도 감소되고 있다. 한편 활동의 규모와 범위는 글로벌화되고 있다(성지은, 2012). 불확실하기 때문에 점진적인 소폭변화가 요구된다(김영평, 1991). IT 컨트롤타워를 만들어 놓으면 스마트 혁명과 같은 상황을 예측할 수 있을까? 조직개편은 상시 기능조정의 기제인 정부조직관리지침에 따른 직제제정과 개정을 활용할 필요가 있다. '행정기관의 조직과 정원에 관한 통칙에 의하면, 중앙행정기관의 장은 새로운 업무의 발생, 업무량의 증감 등에 효율적으로 대처하기 위하여 일시적으로 각 차관 및 실국장이 담당하는 사무의 일부를 조정하여 수행하게 할 수 있게 되어 있다. 여기에서 "상시"와 "필요시"에 대한 의미는 합리적 계산 차원보다는 경험과 합의, 그리고 수용성의 차원에서 정의된다. 그래서 대폭적인 일회성 변화보다는, 암흑상자의 내부를 들여다보는 소폭의 점진적 변화로 접근한다.

셋째, 구조기능 재편의 하드웨어 측면보다는 운영과정의 소프웨어 측면에 초점을 두어야 할 것이다. 하드웨어 위주의 개혁 그 자체가 실패를 잉태하고 있다. 대폭적 조직구조의 개편이 필연적으로 실대를 설계한다(김영평, 1993:24). 정부조직구조에 대한 이상적인 이론이나 모형이 존재하지 않고, 개편과 효과 간의 인과지식이 불완전한데 어떻게 구조기능재편에 의한 진보를 기대할 수 있겠는가? 최근 논의되고 있는 정부조직개편에서 개편필요성의 근거로 지목되는 주요 문제 중 하나가 조정체계와 관련된 것이다. 조정과 협력의 미흡이 조직구조가 부적절하게 설계되었기 때문에 발생하는가? POSDCORB 중 항상 문제가 되고 어려운 것이 Coordination 이다. Barnard(1938)에 의하면, 공식조직에서 협력과 조정이 성공한다는 것은 정상적인 것이 아닌 비정상적인 조건(the abnormal, not the normal, condition)이다. 조정은 창조적인 행위이다. 예술로 대응해야 할 문제를 과학을 통해 해결하려는 것은 제3종 오류를 범하는 것이다. 종합적이고 체계적으로 정책을 조정한다는 신화에서 해방될 필요가 있다. 정책조정은 근본적으로 정치적 과정이다. 조정이 미흡하다면 그 원인은 정치적 측면에서 찾아야 한다(최병선, 1993:185). 따라서 조정과 협력의 문제는 구조적 측면 보다는 리더십이나 운영과정 등 소프트웨어 측면에서 접근할 필요가 있다. 예컨대, 융합행정(integrated administration)도 그 방법이 될 수 있다.[5] 최근 들어 선진 각국에서 이러한 융합행정이 확산되고 있는 데에는 형식적이고 비생산적인 성과관리제도가 배경이 되고 있다. Christensen & Lægreid(2007)에 의하면, 연계형 정부(joined-up government) 등 융합행정이 부각된 것은 무엇보다 1990년대에 세계적으로 확산된 신공공관리에 입각한 개혁이 부처별 책임과 성과관리를 강조함으로써 부처간의 횡적 조정과 협력을 더욱 어렵게 만들었기 때문이다(박천오 외, 2012:40에서 재인용). 형식적인 성과관리제도는 조정문제뿐만 아니라, 단기적 안목에 의한 비효율성을 조장하는 측면이 있다. 예컨대, R&D 분야의 성과기반체계(PBS)는 비효율성의 근원이라고 지적된다(성지은, 2012). 요컨대, 조정과 협력의 문제가 크다면 구조기능재편에 의한 해결보다는 융합행정이나 성과제도의 개선 등과 같은 소프트웨어 측면에서 그 해법을 구해야 할 것이다.

〈참고문헌〉

김영평. (1991).「불확실성과 정책의 정당성」. 고려대학교 출판부.
김영평. (1993). 행정개혁의 논리와 방향. 김영평·최병선(편)(1993), pp.21-46.
김영평, 최병선(편저). (1993).「행정개혁의 신화와 논리: 점진적 개혁의 지혜」. 나남.
김윤권, 윤수재, 최호진, 이재호. (2011). 글로벌 행정환경의 변화에 따른 미래 정부

5) 융합행정은 "다수 행정기관들이 주어진 기능적 경계를 넘어 함께 일함으로써 특정이슈의 해결이나 특정서비스의 전달에 있어 통합된(혹은 연계된) 대응을 보이려는 노력"이라고 정의될 수 있으며 최근 선진 여러 국가에 확산되고 있다(박천오 외, 2012:36). 행정안전부(2011)는 융합행정을 "복수의 행정기관·공공기관 및 민간 주체들 사이의 협의와 역할분담·협업을 통해 상호간의 기능을 연계하거나, 시설·장비·정보 등의 자원을 공동 활용함으로써 행정의 효과성을 제고하고 비용을 낮추는 업무수행방식"이라고 정의한다. 시설이용의 경우만 예시하면, 지금까지 국내 기상현상관측용 레이더는 기상예보(기상청), 홍수예보(국토해양부), 군 작전 기상지원(국방부) 등으로 각 부처가 개별적으로 설치하여 운영하는 실정이었지만, 관련 부처간 협약서 체계를 통해 범정부적 기상-강우 레이더를 공동으로 활용할 수 있다.

조직 재설계 연구. 「KIPA 연구보고서 2011-10」. 한국행정연구원.

문명재. (2009). 정부조직개편의 정치주기적 반복성과 실제.「한국공공관리학 보」, 23(4), pp.23-41.

민진. (2008). 이명박정부의 중앙정부조직개편 사례연구.「한국조직학회보」, 5(2), pp. 267-292.

박대식. (2008). 정부조직개편 접근법 비교분석: 미국과 한국 사례를 중심으로. 「한국조직학회보」, 5(3), pp.103-126.

박천오. (2011). 한국 정부조직개편에 대한 비판적 고찰.「한국조직학회보」 8(1), pp.1-30.

박천오, 주재현, 진종순. (2012). 우리나라 융합행정의 정책방향과 추진방안에 관한 연구. 「행정논총」 50(2), pp.35-64.

송희준. (1993). 사회의 창의력 발현을 위한 개혁. 김영평·최병선(편)(1993), pp.129-150.

송희준. (2012). 스마트 생태계를 위한 ICT 거버넌스. 「소통과 창조포럼 토론회발표자료」

염재호. (2009). 한일 행정개혁의 비교연구: 정부조직개편의 제도론적 접근. 「정부학연구」, 15(2), pp.71-106.

윤종빈. (2010). 정부조직의 구조와 운영: 정치학적 접근.「한국조직학회보」, 7(2), pp.23-45.

이승종, 최영출, 권혁주, 오영균. (2012). 차기정부 정부조직개편의 원칙과 방향. 한국행정학회 하계학술대회발표문.

이창원, 임영제. (2009). 우리나라 민주화 이후의 정부조직 개편의 특성에 대한 고찰: '작은 정부론'적 시각을 중심으로.「한국정책과학학회보」, 13(4), pp.1-17.

조성한. (2008). 정부조직구조의 영향요인.「한국조직학회보」, 4(2), pp.1-18.

최병선. (1993). 민간자율성의 창달을 위한 개혁. 김영평·최병선(편)(1993), pp.77-106.

최성욱. (2001). 정부조직개편에 있어 문화통합논리의 모색.「한국정책학회보」 10(3), pp.17-40.

한국행정연구원. (2008). 「한국행정60년 2. 국정관리」. 법문사.

행정안전부. (2008). 「2008 정부조직개편백서」.

행정안전부. (2008). 「정부조직개편백서」.

행정안전부. (2011). 「2011년도 융합행정 추진계획(안)」. 내부자료.

Chankerian, R. (1996). Reorganiztion of State Governments: 1900-1985. Journal of Public Administration Research and Theory, 6(1), pp. 25-47.

Christensen, T. & Lægreid, P. (2007). The Whole-of-Government Approach to Public Sector Reform. Public Administration Review, 67(6), pp.1059-1066.

Kilmann, R. H., Saxton, M. J., & Serpa, R. (1985). Gaining Control of the Corporate Culture. San Francisco, CA: Jossey-Bass.

Landau, M. (1969). Redundancy, Rationality, and the Problem of Duplication and Overlap. Public Administration Review, 29, pp.346-358.

March, J. G. & Olson, J. P. (1983). Organizing Political Life: What Administrative Reorganization Tells Us about Government. The American Political Science Review, 77(2), pp.281-296.

Marks, M. L. & Mirvis, P. H. (1985). The merger syndrome: stress and uncertainty. Mergers & Acquisitions, 20(2), pp.50-55.

Marks, M. L. (1997). Consulting in mergers and acquisitions: Interventions spawned by recent trends. Journal of Organizational Change Management, 10(3), pp.267-279.

Meyer, J. W. & Rowan, B. (1977). Institutionalized Organizations: Formal Structure as Myth and Ceremony. American Journal of Sociology, 83, pp.340-363.

Nahavandi, A. & Malekzadeh, A. R. (1993). Organizational Culture in the Management of Mergers. Westport: Quorum Books.

Peters, B. Guy. (1995). The Politics of Bureaucracy. N.Y.: Longman.

Rodrik, D. (2011). Perspectives on the new industrial policy. 산업연구원 「개원 35주년 국제컨퍼런스 발표자료집」.

Salamon, L. M. (1981). The Question of Goals. in Peter Szanton(ed.), Federal Reorganization: What Have We Learned? 58-84. N.J.: Chatham House Publishers, Inc.

제2장
미래정책환경의 변화와 대응방안

최 항 섭(국민대학교 사회학과 교수)

Ⅰ. 미래연구의 필요성과 논문의 틀

'둘만 낳아 잘 기르자'(1965), '하나만 낳아 잘 기르자'(1983)라는 표어를 기억한다. 1962년 정부는 출산율이 6.3명이 달하자 '덮어놓고 낳다보면 거지꼴을 못 면한다'라는 과격한 표어까지 사용하면서 출산율감소정책을 추진하였다. 2011년 한국의 출산율은 OECD 국가 중 최저수준인 1.124명을 기록하면서 한국사회의 경제성장과 사회발전을 저해하는 대표적인 요인 중 하나로 저출산문제가 대두되고 있다. 1960-70년대에 인구과잉을 걱정하면서 이에 대응하기 위한 정책을 추진한 것은 그 당시로서는 가장 적합하다고 판단되었던 정책이었다고 생각했기 때문일 것이다. 문제는 당시의 시점으로부터 10-20년 후의 미래를 생각하지 않았다는 것이다. 1970년대부터 이미 시작되기 시작한 사회 트렌드들, 예를 들면 여성의 경제참여율의 증가, 개인주의적 성향의 확산, 성장의 압축화로 인한 계층양극화 등이 2000년대 들어 본격화될 것임을 예측하지 못했다. 이를 예측하지 못했기 때문에 한국의 미래발전에 있어서 현재와 같은 저출산문제를 해결하기 위해 수많은 예산과 노력을 향후 또 수십년간 투입해야 할 상황에 처해 있다. 하나의 단편적인 사례이지만, 이는 현재 한국의 시점에서 왜 우리가 당장의 가까운 3-5년 후가 아니라 10-20년 후를 예측하고 대비해야 하는지를 말해준다.

이러한 맥락에서 미래를 예측하며 현재에 대비하여, 토플러의 주장처럼 '미래를 만들어 나가는' 역할을 하는 것이 미래연구(futures study)이다(Bell, 1997). 2000년대 초반부터 미래연구에 대한 관심이 나타나기 시작하였지만 현 정부 들어 현안에만 집중하는 정책 패러다임이 다시 확산되면서 이 관심이 크게 하락한 상태이다. 미래연구는 단순히 '미래를 예측만 하는' 역할에 그치지 않는다. '미래에 대한 관심을 갖게 하고, 미래에 대해 미리 준비하게 하며, 미래를 함께 만들어나가는' 역할을 하는 것이 미래연구이다(최항섭, 2009). 필자는 미래연구를 지속적으로 해 오면서 미래사회의 변화에 대한 다양한 자료들과 여러 전문가들의 예측과 전망들을 수집한 바 있다. 본고에서는 미래사회에 대한 다양한 예측 들 중 산업정책에 영향을 주는 사회, 경제, 기술에 대한 예측들을 메가 트렌드의 형태로 제시하며, 이러한 미래 메가 트렌드를 고려할 때, 향후 다양한 영역들의 미래변화와 상호작용, 공진화를 포착하여 미래에 대비할 수 있게 하는 정부의 조직 중 하나로 미래전략처에 대한 논의를 전개하고자 한다. 이때 가장 중요한 것은 정부부처 공무원들의 힘 겨루기나 부처 존립의 정당성이 아니라 국민의 삶의 질과 행복감 향상이다. 어떠한 조직개편도 국민의 삶의 질과 행복보다 우선시될 수는 없다. 또한 미래사회의 변화 트렌드에 대한 분석에 기초하여 특히 ICT 정책의 미래방향에 대한 의견을 제시하고자 한다.

Ⅱ. 미래사회의 변화

1. 사회변화

1) 인구변화 : 저출산과 고령화

(1) 저출산과 고령화의 현황과 미래

한국의 미래산업정책에 커다란 영향을 주는 변수 중 하나는 인구이며, 그 중 먼저 저출산사회로의 빠른 전환이 미래 산업발전에 우려스러운 결과를 가져올 것으로 생각된다. 한국의 출산율은 1960년대 6.0명 수준이었다. 이에 인구과다를 우려한 정부는 인구억제 정책을 선택하였다. 이 정책의 효과로 인해 1983년에는 2.08명으로 감소하면서 정찬의 성공이 어느 정도 이루어지는 듯하였다. 하지만 2009년 들어 출산율은 1.15명으로 급격하게 감소하였으며, 연간 출생아 수가 1971년 103만 명이던 것이 2009년에는 44.5만 명으로 크게 감소하였다. 이는 단지 교육 등의 문제뿐만이 아니라 사회경제적, 산업적 측면에서 모두 큰 변화를 가져오게 된다.

<그림 1> 합계출산율 및 출생아수 변동 추이, 1970-2009

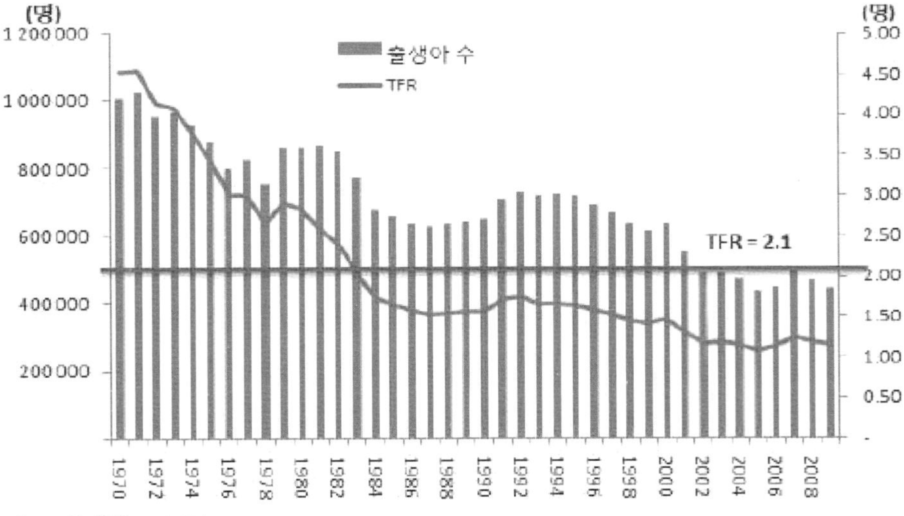

자료: 통계청 KOSIS

인구의 부족은 생산인구의 감소, 소비인구의 감소로 이어져 사회경제적으로 커다란 파급효과를 가져온다. 21세기 들어 서구세계가 인구감소가 이어질 때 여전히 많은 인구를 보유하고 있던 중국, 인도, 브라질 등이 신흥경제강국으로 부상하게 된 것은 우연이 아니라 바로 엄청난 생산인구와 소비인구의 힘을 보유하고 있었기 때문이다. 이에 서구 선진국들은 저출산문제를 해소하고자 노력한 끝에 최근 들어 그 결실을 보기 시작하고 있다. OECD 국가들 합계출산율의 평균은 2002년 1.60명이었으나 2008년 들어 1.71명까지 상승하고 있다. 특히 미국, 프랑스, 스웨덴, 영국 등 최상위 선진국 등의 경우 합계출산율이 1.9명 이상을 기록하고 있어 인구대체 수준에 근접하고 있다. 과거 개인주의의 확산으로 인해 저출산의 대명사로 불렸던 프랑스의 경우, 다문화가족들을 포용하는 방향에서 출산지원정책을 적극적으로 펼치면서 저출산문제를 해결하고 있다. 하지만 다른 국가들에 비해 에너지자원 등이 크게 부족한 한국의 경우 결국 사람의 힘에 의지할 수밖에 없는데, 오히려 합계출산율은 OECD 국가 중 유일하게 1.2명 미만으로 그 심각성이 커지고 있다(사회통합위원회, 2011:30).

<그림 2> OECD 주요국의 출산율 변동 추이. 1970-2009

(단위 : 명)

연도	한국	일본	미국	영국	프랑스	스웨덴	독일	OECD
1970	4.53	2.13	2.48	2.43	2.48	1.94	2.03	2.71
1980	2.82	1.75	1.84	1.90	1.95	1.68	1.56	2.14
1990	1.59	1.54	2.08	1.83	1.78	2.14	1.45	1.86
2000	1.47	1.36	2.06	1.64	1.87	1.55	1.38	1.65
2005	1.08	1.26	2.05	1.79	1.92	1.77	1.34	1.62
2006	1.12	1.32	2.10	1.84	1.98	1.85	1.33	1.65
2007	1.25	1.34	2.12	1.90	1.96	1.88	1.33	1.68
2008	1.19	1.37	2.09	1.96	2.00	1.91	1.37	1.71
2009	1.15	-	-	-	-	-	-	-
저점연도	2005	2005	1976	2001	1994	1999	2004	2002
최저수준	1.08	1.26	1.74	1.63	1.66	1.50	1.24	1.60

자료: 한국은 통계청 KOSIS
다른 국가들은 OECD Family database 2010.10월

한국사회는 2000년대 들어 급속한 속도로 출산율이 감소하고 있다. 합계출산율의 추이가 1970년에는 4.53이었지만, 1990년대 들어 1.57로 급격하게 하락했으며, 2009년에는 1.15까지 떨어질 정도로 심각한 수준이다. 이러한 저출산의 추세는 2020년경 한국의 인구수를 500만 명 이상 감소시킬 것으로 전망된다. 이에 한국의 생산가능인구는 2016년 3,704만 명

을 기점으로 감소하여 2030년에는 3,289만 명으로 감소할 것이다. 특히 경제활동의 핵심노동력인 25-49세 노동인구의 경우 2011년 2,042만 명에서 2020년에는 1,865만 명으로 크게 감소하여 노동생산성의 저하가 산업발전에 커다란 걸림돌이 될 것으로 예측된다(2010년대비 2020년의 노동생산성 감소효과가 1.8%에 이름).

<표 1> 인구구조의 변화 전망

	2010	2020	2050
총 인구(천명)	49,410	51,435	48,121
인구성장률(%)		0.28	-0.76

자료: 2011 통계청 장래인구추계

한국의 노인인구(65세 이상)는 2010년 536만 명에서 2030년 1.181만 명, 2050년 1.616만 명으로 급격하게 증가할 전망이다. 특히 거대한 베이비붐세대(1955년-1974년생, 1.642만 명)가 2020년부터 '노인'세대로 진입하게 되는 이는 막대한 경제, 산업적 효과를 가져올 것이다(사회통합위원회, 2011).

<그림 3> 베이비붐 세대 분포

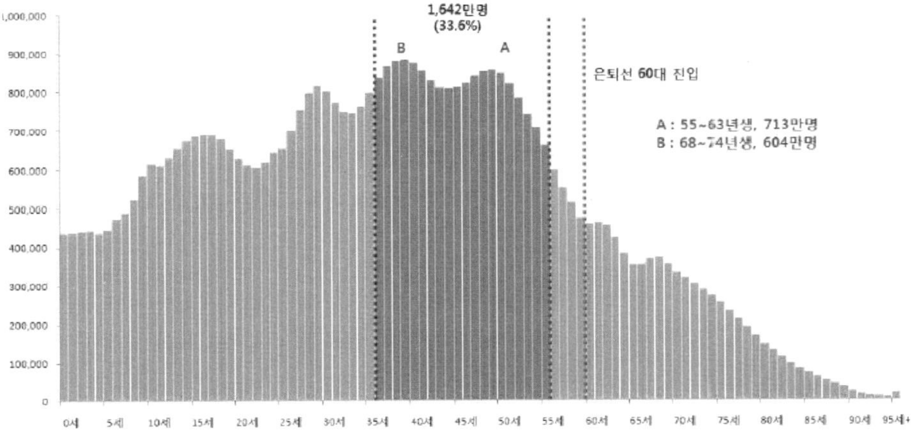

자료: 통계청 KOSIS

특히 2013년부터는 노인인구가 441만 명으로 출생아 수에 비해 약 23만 명을 초과할 것으로 예측된다. 이러한 추세가 계속되어 인구고령화 수준(총인구 대비 65세 노인인구 비율)은 2010년 11.0%에서 2030년 24.3%, 2050년 38.2%로 급상승할 것으로 전망된다.

<표 2> 인구구조 변동 전망 2010-2050

(단위: %)

	총부양비	유년부양비	노년부양비	잠재적 부양비
1960	82.6	77.3	5.3	18.9
1970	83.8	78.2	5.7	17.7
1980	60.7	54.6	6.1	16.3
1990	44.3	36.9	7.4	13.5
2000	39.5	29.4	10.1	9.9
2010	37.2	22.2	15.0	6.6
2020	38.9	17.2	21.7	4.6
2030	55.4	17.7	37.7	2.7
2040	74.7	18.0	56.7	1.8
2050	88.8	16.8	72.0	1.4

자료: 통계청 [장래인구추계] 2006

한국사회는 2000년 초반부터 고령화 사회로 접어든 이후 2018년경 본격적인 고령화사회로 변화될 것으로 전망된다. 2009년의 경우 65세 이상 노인인구 비율은 9.9%이지만 국민의료비에서 노인의료비가 차지하는 비중은 31.4%에 달하였다. 문제는 이러한 고령화의 추세가 더욱 가속화되고 있다는 것이다. 2020년경 65세 이상 인구가 전체 인구의 15%를 넘어설 것으로 전망된다. 65세 이상이 20% 이상이 되는 초고령사회로 일본은 이미 진입하였는데 한국은 프랑스(2019년 전망)에 이어 바로 2026년경에 초고령사회가 될 것으로 전망된다. 2040년에는 고령화 인구의 비중이 무려 32.3%가 될 것으로 보인다. 이러한 인구구조의 변화는 다양한 사회적 대응을 요구한다. 특히 인구 1인당 피부양인구의 증가에 따른 저축 및 투자율 하락을 초래할 가능성이 크기 때문에 장기적으로 사회문제에서 경제문제까지 야기할 가능성이 높다. 일자리 문제와도 직결된다. 2020년까지 정년연령에 도달하는 50대 인구는 증가하고 20대의 인구감소 폭이 크지 않아 세대간 일자리 경합이 지속되며, 이는 단순히 청년실업문제를 넘어 세대간의 갈등의 원인으로 작용할 가능성이 크다.

(2) 저출산과 고령화의 원인

고령화의 원인은 의료기술의 발달이 가장 큰 원인이지만, 근본적으로는 저출산으로 인해 고령인구의 비율이 상대적으로 커진다는 점에서 찾을 수 있다. 결국 저출산이 고령화까지 이어지는 셈이다. 저출산의 원인으로는 먼저 경제적인 요인인 실업, 고용불안정, 소득불안정을 들 수 있다. 한국의 경제는 1997년 외환위기 이후 급격한 침체의 양상을 보이면서 사회 전반에 부정적인 영향을 가져왔다. 경제의 불안은 결혼에 대한 불안, 출산과 양육에 대한 불안을 야기하였다. 1997년 이후 한국의 출산율이 떨어지게 된 것은 경제상황과 밀접하게 연관되어 있다. 2000년대 말부터는 고유가와 글로벌 경제위기의 시대로 접어들게 되면서 경제에 대한 불안은 더욱 커지고 있으며, 이는 위에서 지적한 OECD 국가 중 최저의 출산율을 기록하게 하고 있다. 특히 경제 위기를 거치면서 본인과 자녀에 대한 미래에 대한 불확실성이 증가하여 결혼을 하고 아이를 낳더라도 적게 낳아서 키우는 것이 본인과 자녀의 미래에 모두 긍정적일 것이라는 믿음이 확산되고 있으며, 이는 미래의 저출산 양상이 쉽게 변하지 않을 것이라는 점을 전망하게 해 준다(사회통합위원회, 2011:32). 또한 고도의 경쟁사회에서 자녀가 적응할 수 있도록 하기 위한 과도한 사교육비, 주거비용 등이 결혼과 출산에 대한 부담을 역시 가중시키고 있다. 1990년대부터 여성들의 학력수준의 향상이 뚜렷해지고, 경제활동으로의 진출이 활발하게 이루어지고 있다. 하지만 직장에서는 여전히 여성들의 출산과 양육으로 인한 휴직 등에 대해 보수적인 문화가 자리잡고 있다. 이러한 문화 때문에 여성들은 결혼과 출산을 늦추게 되며, 결국 저출산의 양상이 나타나게 되는 것이다. 취업기혼여성(20-24세)의 경우 첫번째 아이의 출산 당시 경력 단절 비율은 2009년 47.7%에 달하고 있다(이삼식, 최효진, 오영희 외 2009: 사회통합위원회, 2011:33에서 재인용). 또한 아이를 돌볼 수 있는 사회적 육아지원망이 여전히 취약하다. 즉 아이를 믿고 맡길 곳이 여전히 크게 부족하다는 것이다. 특히 0-2세 자녀에 대한 돌봄서비스가 절대적으로 취약하다(사회통합위원회, 2011:34).

(3) 저출산과 고령화의 산업경제적 효과

저출산이 산업경제에 미치는 여러가지 효과를 보면, 가장 심각한 효과는 노동력 부족이다. 한국의 산업경제의 디팀목은 무엇보다 노동력이었다. 치열한 경쟁을 뚫고 나온 노동력이기에 그 질에서 우수하였으며, 이는 한국의 자동차, 조선, IT산업이 세계적 수준 반열에 오르게 한 가장 큰 힘이었다. 하지만 저출산으로 생산가능인구는(15-64세) 2016년을 정점으로(3,619만 명, 총 인구의 73.4%) 감소하며, 핵심근로계층(25-49세)은 이미 2007년 2,066만 명을 정점으로 감소하기 시작했다. 노동력의 감소는 산업 전반의 침체를 가져올 위험이 대단히 큰 요인이다. 저출산은 또한 내수시장을 위축시키면서 상품과 서비스에 대한 수요의 감소를 초래한다. 내수시장 위축은 일자리 또한 감소시키며, 산업의 불균형을 유발하여 결국 경기침체로 이어진다. 자녀 1명의 출산 감소는 생애주기 동안 1.15개의 일자리 감소 효과를 유발한다는 연구결과도 있다(김현숙, 우석진, 2009; 사회통합위원회, 2011:54에서 재인용). 생애주기 동안 12억 2천만원의 산업산출효과를 감소시키는 것으로 나타났다. 이러한 저출산현상이 지속될 경우 실질적 GDP 성장률은 2006-2010년 연평균 5.8%에서 2041-2050년 1.6%, 2061-2075년까지 1.0%까지 둔화시킬 것이라는 전망도 나와 있다(한진희·최경수·신석하 외, 2007; 사회통합위원회, 2011:61에서 재인용).

<그림 4> 시나리오별 실질 GDP 전망 추이 2006-2075

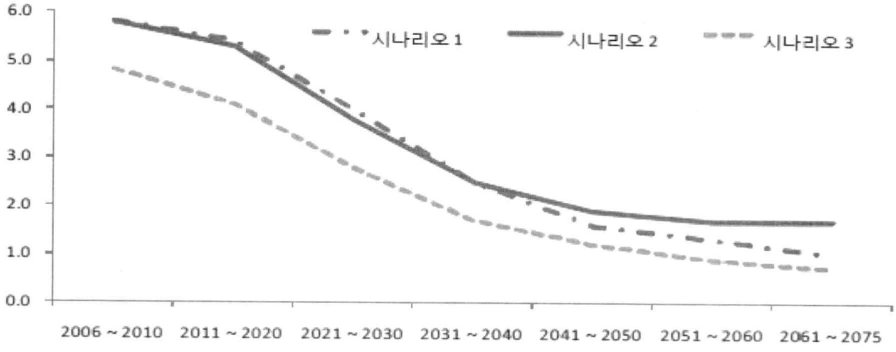

주: 시나리오 1은 통계청 중위추계 가정(2030년 1.28명까지 상승 후 유지)
시나리오 2는 합계출산율이 1.6명까지 상승 후 유지 가정
시나리오 3은 통계청 저위추계 가정(0.97까지 감소 후 유지)
자료: 한진희·최경수·신석하 외, 고령화사회의 장기 거시경제변수 전망 2006-2080, 한국개발연구원, 2007

인구고령화는 자연스럽게 노동력 고령화로 연결된다. 물론 노동력 고령화가 항상 생산성의 하락으로 이어지는 것은 아니지만, 전반적으로 보면 질적인 측면에서의 생산성에서 문제가 발생할 여지가 있다. 특히 한국 산업의 중추에 해당하는 철강, 조선, 자동차 등 주력산업 등에서 노동력 고령화가 가속화되고 있는데, 이는 임금부담 상승과 더불어 심각한 산업 경쟁력 저하를 가져올 수 있다는 전망이 제시되고 있다(대한상공회의소, 2005; 사회통합위원회, 2011:53에서 재인용). 고용노동부의 2010년 조사결과에 의하면 1990년대 초에는 대부분 산업 종사자의 평균연령이 30대 초중반이었으나 최근에는 대체적으로 30대 후반이며, 40세를 초과한 산업들도 늘어나고 있다.

<표 3> 산업별 근로자 평균연령 추이. 1993-2007

(단위: 세)

산업명	1993	1995	2000	2005	2007	2009	증감('93~'09)
섬유제품 제조업	32.7	33.8	36.8	39.5	40.2	41.4	8.7
의복 및 모피제품 제조업	32.1	33.3	37.7	38.3	38.6	39.3	7.2
가죽, 가방 및 신발제조업	36.0	37.6	39.2	40.0	41.5	40.5	4.5
펄프, 종이 및 종이제품 제조업	35.5	36.7	37.8	39.6	40.4	41.5	6.0
코크스, 석유 정제품 및 핵연료 제조업	34.6	34.1	35.8	37.8	40.0	45.3	10.7
화합물 및 화학제품 제조업	32.9	34.5	35.4	36.4	37.3	38.4	5.5
고무 및 플라스틱 제품 제조업	33.0	35.2	37.2	37.9	37.0	39.3	6.3
제1차 금속산업	36.7	37.8	37.6	40.2	39.9	40.2	3.5
달리 분류되지 않은 기계 및 장비 제조업	33.3	34.0	35.5	36.9	36.5	38.0	4.7
의료, 정밀, 광학기기 및 시계제조업	31.9	31.1	33.5	34.6	35.7	35.4	3.5
자동차 및 트레일러 제조업	33.1	33.5	34.7	36.6	37.6	38.7	5.6
기타 운송장비 제조업(조선 등)	35.9	36.6	38.8	39.3	40.4	37.6	1.7
사무, 계산 및 회계용 기계 제조업	30.1	28.8	31.1	32.5	34.8	-	4.7[1)]
영상, 음향 및 통신정비 제조업	28.8	29.4	31.2	32.1	32.2	32.7	3.9
숙박 및 음식점업	32.4	32.8	36.3	35.5	37.2	37.5	5.1
금융 및 보험관련 서비스업	29.9	30.8	31.0	35.2	35.0	36.7	6.8
정보처리 및 기타 컴퓨터 운용 관련업	31.7	31.4	30.7	32.1	32.5	33.7	2.0
연구 및 개발업	34.1	35.2	36.1	36.0	35.8	36.0	1.9
오락, 문화 및 운동 관련산업	35.6	35.6	34.8	36.2	36.6	37.5	1.9

주: 2009 조사자료에는 해당항목 누락
자료: 고용노동부 [고용형태별 근로실태조사]

현재 한국사회를 특징지우는 대표적인 키워드 중 하나가 다문화사회이다. 이는 일시적인 현상이 아니고 향후 우리의 20-50년 이후의 미래에 커다란 변화를 가져올 수 있는 변수이기도 하다. 다문화사회로 가는 것은 커다란 메가트렌드라는 의미다. 한국사회를 다문화사회로 변화시키고 있는 주된 요인은 외국인근로자의 수의 증가이다. 2011년 국내 체류 외국인 근로자는 71만 명이며 향후 10년 내에 노동력부족상황이 도래할 것으로 예상되면서 노동수요는 외국인력 도입에 더욱 의존하게 될 것이다. 현재 대학진학률이 지나치게 높아지고 사무관리직 노동시장은 초과공급상태를 보이고 생산직 노동시장에는 초과수요인 상태를 감안하면, 인력수급 불균형을 완화하지 못하면 기능인력수요를 채우기 위한 외국인력규모는 2020년경에 200만 명 이상이 될 것으로 전망된다.

2) 양극화 사회

한국사회는 1970-80년대 소위 압축적 근대화를 겪으면서 경제는 성장하였으나 사회분배구조에는 취약함을 노출하였다. 이를 1990년대 들어 새롭게 대두된 사회복지의 필요성을 통해 개선하고자 노력하였으나 1997년의 외환위기를 맞으면서 한국사회의 부의 양극화는 극심해지는 경로로 접어들고 있다. 부의 양극화의 핵심에는 실업문제가 자리하고 있다. 한국의 실업률 추이는 10년간 3.3-3.7%로 큰 변화가 없었지만 청년실업률의 경우 대학진학률의 상승, 사교육비의 증가에도 불구하고 10년째 8%에 달하고 있다. 노동시장에 청년세대들이 제대로 진입하지 못하면서 양극화의 주된 원인이 되고 있는 것이다. 청년층의 고용률은 OECD 국가 중 최하위인데 OECD 국가 청년층 평균고용률이 39.5%인데 반해 한국은 23.1%로 최하위에 머물고 있다.

<그림 5> 지니계수의 변화

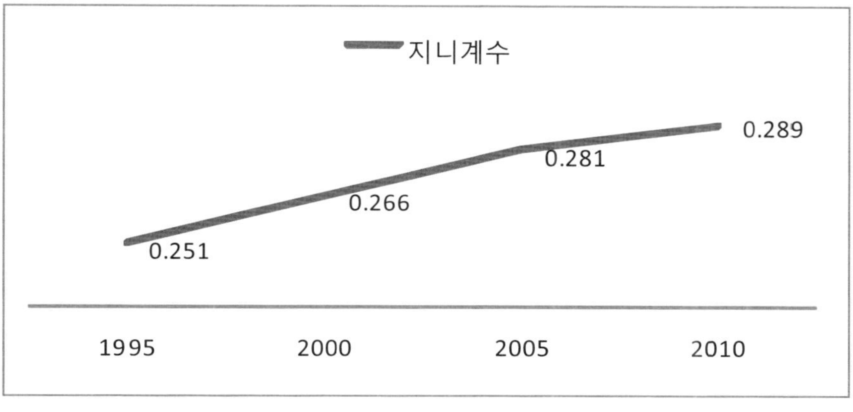

지니계수의 경우 2000년 0.266을 기록한 이후 계속 증가하여 2010년의 경우 0.289로 높은 수준에 달하고 있다. 상대빈곤율의 경우 2000년 10.5%를 기록한 이후 계속 증가하여 2009년의 경우 14.3%, 2010년에는 18%에 달하고 있다. 국민소득은 1980년의 1,688달러에서 2010년 20,753

달러로 12.3배나 증가하였지만 양극화는 더욱 심각해지고 있는 것이 한국사회의 커다란 문제이다. OECD의 상대적 빈곤율의 평균은 14%이며, 한국의 상대적 빈곤율은 포르투갈, 이스라엘과 유사한 수준이다. 이러한 양극화가 향후 어떻게 진행될지에 대해서는 쉽게 예측할 수 없다. 인구와 환경 문제와는 다르게 정책적 개입이 크게 영향을 미칠 수 있는 부분이기 때문이다. 즉 어떠한 세계관을 가지고 있는 지도자가 이 문제를 다루는가에 따라 양극화의 수준이 바뀔 수가 있다는 것이다. 현재 2012년 대통령선거를 앞두고 여와 야 모두 양극화 해소와 복지문제를 전면에 내걸고 있다. 하지만 실제 정권을 잡게 되었을 때 어떠한 방향으로 정책 드라이브를 걸지는 쉽게 판단할 수 없다.

3) 탈근대사회로의 변화: 감성중심의 사회로

탈근대사회론은 1960년대 데리다(Derrida), 푸코(Foucault) 등의 프랑스의 철학자들을 중심으로 발전되기 시작한 탈근대성(post-modernity) 논의를 프랑스의 사회학자인 보드리야르, 마페졸리 등이 사회구조의 변화, 개인과 공동체간의 관계의 변화, 라이프스타일의 변화와 연결시키면서 발전되고 있다. 보드리야르는 탈근대사회론에 대해 재화의 유용성을 구매하는 것이 아니라 재화의 이미지를 구매하는 현대인들의 소비패턴을 설명하였다(Baudrillard, 1970). 마페졸리는 1990년대 후반부터 지금까지 기술-사회-인간의 변화를 탈근대이론을 통해 설명하고 있다(Maffesoli, 1985). 먼저 그는 탈근대사회의 특징은 근대사회의 개인주의의 포화상태에 대한 반작용으로서 개인들이 다시 찾고자 하는 공동체로의 회귀본능이 하이테크놀로지, 특히 ICT를 통해서 구현되고 있다는 것이라고 주장한다. 하지만 여기서 공동체성이란 전근대사회와 같이 '개인의 희생과 지속적인 소속감'을 요구하는 것이 아니다. 개인들간의 유대는 이루어지지만, 개인은 그 안에서 자신의 정체성을 유지하며, 소속감 역시 일시적으로만 그 의미를 지닌다. 이러한 맥락에서 마페졸리는 탈근대사회에서의 새로운 공동체의 유형으로 '탈근대부족' postmodern tribe이라는 개념을 사용한다(Maffesoli, 1997). '탈근대부족'의 성원들의 가장 큰 특징은 '일시적'이고 '감성중심적'이라는 것이다. 탈근대부족의 성원들은 어떤 행동을 할 때 그 행동이 반드시 효용성과 합리성에 기초해야 한다는 것을 거부한다. 반면, 근대성에서는 제어되어야 했던 것으로 믿어져왔던 '감성적','즉흥성'에 의거한 행동을 하는 데 스스로를 자유롭게 한다. 애플의 아이폰이 출시되는 날, 전날부터 매장 앞에 텐트를 치고 밤을 새우며 새로운 아이폰을 구매하려는 많은 소비자들이 이러한 탈근대부족의 하나의 예시라고 볼 수 있다. 이러한 문화변화는 근대성에서 중요시되었던 속도와 양적팽창의 가치(보다 빠르고, 보다 많이)의 중요성이 점차 하락하며, 감성과 질적수준의 가치(보다 이쁘고, 보다 멋진)의 중요성이 급격히 부상하고 있음을 보여준다. 그렇다면 이러한 감성과 질적수준 중심으로의 문화적 변화에 대해 어떻게 대응할 것인가가 향후 산업정책의 대응방향에서 중요한 변수가 되어야 하며, 그 패러다임의 중심을 이루어야 한다.

4) 네트워크 사회

사회의 메가트렌드 변화 중 뚜렷한 것은 한 개인, 한 조직, 한 집단, 한 국가를 중심으로 하는 독립행위자 중심의 사회에서 개인들간, 조직간, 집단간, 국가간 네트워크를 중심으로 일들이 이루어지는 네트워크사회로의 변화이다. 정보사회학자 까스텔스가 강조하였듯이 이제 우리는 우리의 의지와는 상관없이 네트워크화된 사회에 살고 있다(Castells, 1996). 노드들간의 정보와 지식들이 공유되고, 하나의 노드가 거대한 힘을 가지지 않는 수평적 체계하에서만 미래사회의 변화에 유연하고 능동적으로 대처할 수가 있게 된 것이다. 이때 중요한 것은 네트워크가 유지되고, 네트워크의 위험요소에 대비하고, 네트워크의 역량을 최대한 발휘할 수 있게 해 주는 조정의 힘이다. 이 조정의 힘이 없으면 네트워크는 아노미상태로의 전환의 위험에 항상 노출될 수밖에 없다. 즉, 네트워크 이전보다 더 극심한 갈등의 상황에 놓일 수 있다는 것이다. 형식적으로는 네트워크화되어 있지만, 실질적으로는 정보와 지식이 공유되지 않고, 협업보다는 경쟁의 논리로만 대응하게 된다면 그 네트워크는 이미 아노미 상태라고 볼 수 있다. 또한 네트워크의 하나의 노드는 자신에게 주어진 역할에만 일차적으로 충실할 수밖에 없기 때문에, 그 역할이 다른 노드에게 어떠한 영향을 줄 지, 다른 노드들의 역할들은 자신의 역할에 어떠한 영향을 주게 될 지에 대해 예측하고 대비할 여유가 없다. 이때 이러한 영향들을 예측하고 노드들간 갈등요인을 최소화하며, 미래변화를 전망할 수 있는 조정자가 필요해진다.

2. 경제변화

1) 경제, 산업 현황과 전망

1980년대까지 연평균 8% 이상의 고도성장을 구가하던 한국경제는 최근 10년간 경제성장률이 4%대로 둔화되고 있는 추세이다. 한국의 총고정자본형성은 높은 수준이지만, 경제성장의 동력이라고 할 수 있는 설비투자율은 2000년 0.1에서 2005년 이후 -0.2 수준에 머물고 있다. 6대 주요산업에서 일부 IT 부문을 제외하고 자동차, 화학, 철강, 정유에서는 국내투자 부진이 장기화되고 있다. 생산능력증가율은 6대 주요산업의 경우 전기전자산업을 제외하고는 모두 제조업 평균인 5.6%에 미치지 못하고 있다. 현재의 세계경기침체는 1930년대 대공황 이후 가장 심각한 수준이다. 2010년 한국은 이러한 세계경기침체에도 불구하고 OECD 국가 중 가장 빠른 경제회복세를 보인 바 있다(경제성장률 6.2%). 하지만 2011년, 2012년 연속으로 경제성장률이 하락하고 있는 위기상황이다.

2012년 현재 한국경제는 여전히 위기이다. 하지만 OECD와 같은 국제기구에서 보는 한국경제의 수준은 다른 국가들에 비해 비교적 안정적이다. 국가적으로 신용등급도 상승하였다. 2012년 OECD 한국경제 보고서를 보면 글로벌 위기에서 한국은 경기부양정책과 수출급증으로 지난 3년간 평균 성장률이 거의 5%에 달하였다. 특히 한류 등의 열풍이 경제에까지 영향을 미쳐 한류의 직접적 영향권인 중국의 경우 한국 제품에 대한 높은 수요가 있었다. 10년을 돌아보면, 한국은 실질 GDP가 연간 4%를 초과하는 등 OECD 국가 중에서 가장 빠르게 성장하는 국가 중 하나였다. OECD는 한국과 미국의 경제수준을 1인당 소득격차를 놓고 분석해 보았는데 생산성 격차의 축소를 반영한 수치를 보면 두 국가의 경제수준 차이는 1991년에는 62%나 되었지만, 2010년에는 36%까지 줄어들었다. 문제는 생산가능인구 성장률이 하락하고 있다는 것이다. 생산가능인구 성장률이 1.4%에서 0.7%로 하락하게 되면서 노동투입의 경제성장 기여도가 2%p에서 1%p로 하락했다.

<그림 6> 한국의 실질적 GDP 성장률

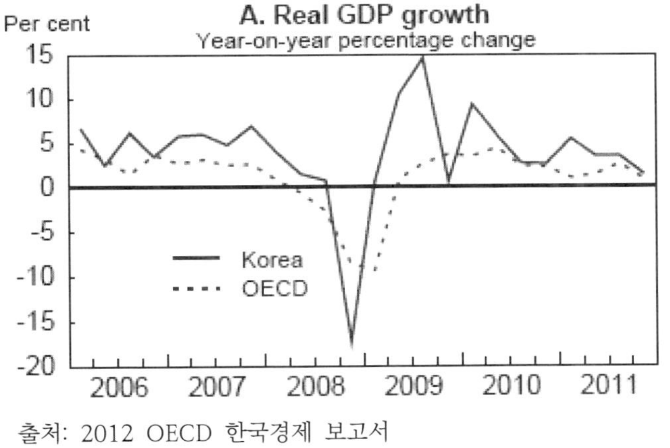

출처: 2012 OECD 한국경제 보고서

2000년대 후반 들어 전체적으로 보면 경제가 성장은 하고 있지만, 그 추세가 둔화되고 있다. 특히 수출 중심의 경제정책이 국내 수요를 침체시킨 원인으로 지목되고 있다. 2008년 후반 이후 제조업 분야의 생산이 33% 증가하였지만, 서비스 부문의 생산은 불과 9% 증가하였다. 제조업과 서비스업의 차이는 대기업과 중소기업간의 격차를 확대시켜, 기업간 양극화 문제를 발생시키게 되었다. 중소기업의 경우는 서비스 부문의 생산의 80%

정도, 고용의 90% 정도를 차지하고 있지만, 기업 양극화로 인해서 고용이 어려워지고, 이는 고용의 증가를 둔화시켜 한국사회에 심각한 사회적 문제를 야기하고 있다. 이러한 정책은 단기적으로 보면 수출증가를 통해 경제성장을 가져올 수 있지만, 미래지향적으로 보면 소비자의 구매력을 약화시키고, 기업과 계층의 양극화를 가져와 결국 경제구조를 취약하게 만든다.

한국경제의 축을 이루는 기업의 현황과 미래전망을 살펴보면 무엇보다 두드러지는 것이 대기업으로의 부의 쏠림현상이다. 2002년 이후 대기업/중소기업, 수출기업/내수기업간의 격차가 심해지고 있다. 사회의 양극화뿐만 아니라 경제구조에서의 양극화도 심화되고 있는 것이다. 50대 대기업의 집중도를 보면 2000년 38.1%에서 2005년 38%, 그리고 2008년 44.7%까지 상승하였다. 상위 3개 기업의 시장 집중도를 나타내는 CR3도 2000년 52.5%, 2005년 49.2%, 2008년 55.3%로 상승하였다. 중소기업임금/대기업임금비율도 1995년에는 64.5%였지만 2005년에는 52.2%로 하락하였고, 2010년에는 51.7로 계속 악화되고 있는 추세이다.

제조업과 서비스업의 불균형이 한국의 경제의 현재 문제 중 하나이다. 제조업은 산업 특성상 빠른 경제성장을 견인할 수 있다. 실제로 한국은 세계 1위 선박제조국가이고 세계 5위 자동차 생산국가이다. 하지만 한국의 GDP의 57%가 서비스업에서 창출되고 있는데 이는 OECD 국가 중 최하위 수준이다. 한국의 30대 기업 중 서비스 분야의 기업은 4개에 불과하며 모두 제조업에 치우쳐 있다. 서비스분야의 생산성 또한 제조업 분야의 53%에 불과하며, 이는 OECD 평균인 87%에 크게 못 미치는 수준이다. 맥킨지 보고서(2010)에 의하면 지난 25년 동안 고소득 국가들은 제조업보다 서비스업을 통해 경제성장을 해 왔다. GDP 성장의 약 85% 정도가 서비스분야에서 창출된 것이다(Mckinsey, 2010; OECD 2012 한국보고서에서 재인용). 특히 한국처럼 교육열이 뜨겁고 교육수준이 높은 청년세대들이 두터운 국가에서는 이들의 지적능력을 충분히 활용할 수 있는 서비스업 위주로의 산업재편이 시급하다.

<그림 7> 한국과 OECD의 서비스부문 GDP (2008)

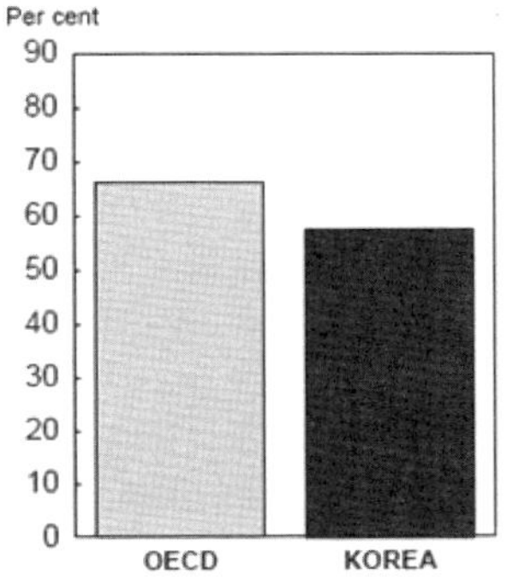

자료: OECD 국가 회계 데이터베이스 및 OECD STI 데이터 베이스

<그림 8> 한국과 OECD의 서비스부문 취업률 (2008)

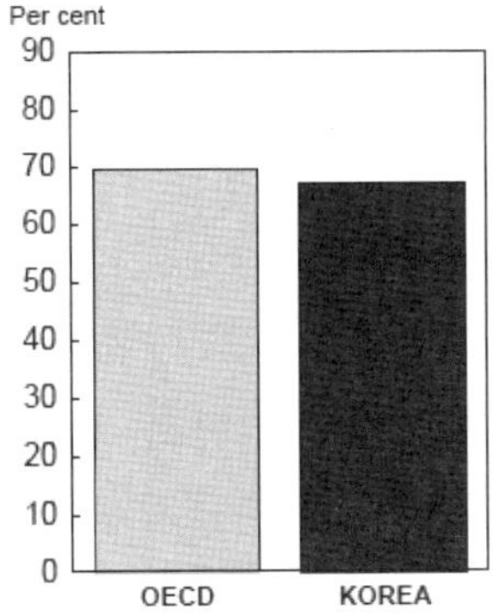

자료: OECD 국가 회계 데이터베이스 및 OECD STI 데이터 베이스

<그림 9> 한국과 OECD의 제조업부문에 대한 서비스부문의 상대적 생산성 (2008)
* 제조업지수 manufacturing index = 100

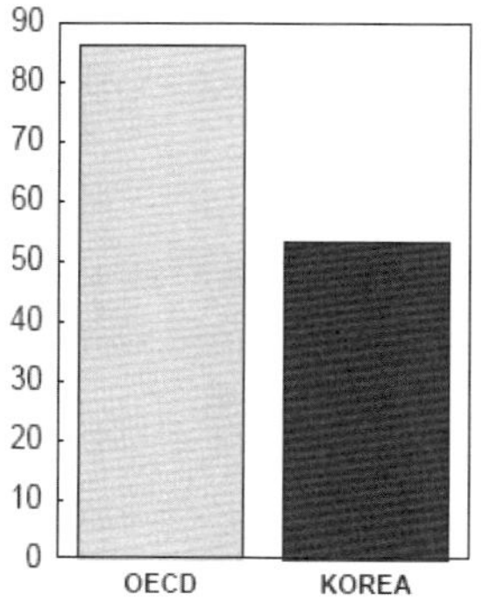

자료: OECD 국가 회계 데이터베이스 및 OECD STI 데이터 베이스

2012 OECD 보고서에서는 한국의 경제구조가 제조업체 초점을 맞췄던 개발전략의 유물이라고까지 표현하고 있다. 이 표현은 물론 지나친 표현이다. 한국의 경제성장은 제조업에 의해서 이루어질 수밖에 없었던 사회구조적 맥락이 있다. 이 과정에서 재벌위주의 참여 등이 문제가 되었던 것은 물론 지적해야 할 것이다. 하지만 서비스업 중심으로 가더라도 제조업을 무시하게 된다면, 이미 제조업을 하면서도 고통을 겪고 있는 수많은 중소기업들이 또한번 소외당할 위험이 크다.

2) 경제, 산업분야에서의 과제와 과제해결의 모색: 미래지향적, 복합적, 창의경제

한국의 경제와 산업의 최대의 과제는 2개로 압축된다(OECD, 2012). 먼저 고령화가 진행되는 가운데에서도 지속적인 경제성장을 유지해야 한다는 것이다. 두 번째는 불평등과 상대적 빈곤 축소를 통한 사회통합개선을 통해 경제성장을 추진해야 한다는 것이다. 여기서 중요한 것은 경제성장이 단순히 경제만의 문제가 아니고, 인구 그리고 양극화와 같은 사회문제와 대단히 밀접하게 연결되어 있다는 것이다. 즉 문제를 복합적으로 접근해야 한다는 것이다. 또한 고령화와 같은 인구 이슈는 미래의 트렌드가 대단히 중요하다. 양극화 문제 역시 미래의 사회에서의 계층별 단절, 교육 이슈 등과 얽혀 있어서 그 변화의 양상을 단기적이 아니라 장기적으로 봐야 하는 문제이다. 그렇기 때문에 경제 영역에서의 과제에 접근하는 것 역시 1-5년 정도의 단기적 접근 방식뿐만 아니라 10-20년 정도의 장기적 접근 방식도 택해야 하는 것이다.

먼저 고령화로 인해 생산가능 인구가 2017년부터 감소하기 시작하기 때문에 한국은 노동력문제를 해결해야 한다. 이를 위해서는 여성인력을 더욱 활용해야 한다. 한국의 여성 경제활동 참가율은 여전히 선진국에 비해 미진한 상태이다. 문제를 해결하기 위해서는 양질의 보육서비스가 필수적이다. 한국은 최근 들어 노인자살률의 증가라는 새로운 문제를 안기 시작하고 있다. 가장 큰 문제는 고립감인데, 이 고립감 중 큰 부분이 사회에서의 역할박탈이다. 노인자살률의 문제를 해결하기 위해서도, 노동력부족문제를 해결하기 위해서도 정년연장과 같은 정책적 변화, 그리고 정년 이후에도 사회적 기여를 할 수 있게 하는 인력활용정책이 필수적이다.

<그림 10> 한국의 노동력 장기 전망

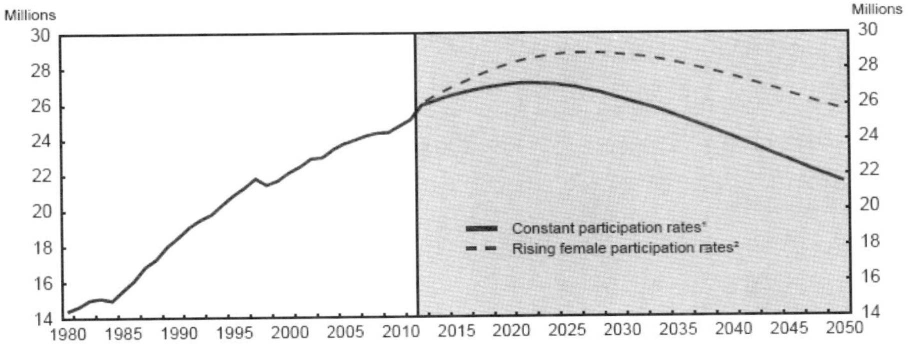

(1) 각 연령대의 남성과 여성의 경제활동참가율은 현재 수준을 유지한다고 가정되었다
(2) 2050년에 각 연령대의 여성 경제활동참가율은 현재의 남성 경제활동참가율에 도달한다고 가정하였다

출처: 한국통계청, 한국인구예측(2011)과 경제활동인구조사. OECD 계산

경제의 중심은 생산경제에서 창의경제로 바뀌어가고 있다. 이미 드러커가 예측하였듯이 '현대사회의 경제는 생산기반에서 창의적인 지식과 아이디어에 기반하는 지식경제로 전환되고 있다"(Drucker, 1993). 다니엘 벨 또한 '인간의 창의력을 중심으로 세계경제가 빠르게 재편되고 있다'(Bell, 1973)고 예측한 바 있다. 이러한 창의력이 부족한 경제는 장기적으로 세계경쟁체제에서 뒤처질 수밖에 없다. 한국의 경우 1970년대 이후 하드웨어를 중심으로 빠르게 성장해 왔으나 2000년대 들어 창의경제와 지식경제로의 재편에 대응하는 것이 부족함을 드러냈다. 이 근원에는 인력양성과 교육문화의 문제가 자리하고 있다. 한 국가의 경쟁력은 과거와 현재에는 자원, 기업, 노동력에 의해 크게 결정되었지만, 미래에는 창의적인 아이디어들을 제시할 수 있는 예술가, 소설가, 건축가 등 소위 창의재료에 의해 크게 결정될 것이다.

3. 기술변화

한국은 기술발전을 위해서 R&D 투자를 꾸준히 늘려왔지만 이 투자의 효과가 잘 나타나지 않고 있는 문제를 안고 있다. R&D 투자가 빠르게 늘면서 GDP에서 차지하는 비중이 선진국 수준에 도달했지만 생산성 향상은 그에 미치지 못하고 있는 것이다. 2007년의 경우 GDP 대비 R&D 비율이 3.21이지만 유럽특허청 승인건수는 859에 머물러, 비율이 2.54인 독일(승인건수 11,933), 1.18인 이탈리아(승인건수 1,965)에 비해 효율성이 크게 미흡하다. 이렇게 기술혁신이 잘 이루어지지 않으면서 수출성장률의 하락의 문제가 생기고 있는데 2010년 16.9%에서 2016년 이후에는 11%까지 하락할 것으로 전망된다.

산업의 지속적 발전 및 신성장동력의 개발 예산은 4조원이 넘지만, 안전한 사회, 건강한 삶, '사회적 기술'에 대한 예산은 1조원이 약간 넘는 수준에 불과한 것도 문제로 지적될 수 있다.

다음은 2000년 중반 이후 뚜렷하게 부상하고 있는 기술 메가트렌드이다.

"하드웨어기술중심에서 창의적 소프트웨어와 콘텐츠중심으로"
"사회와 기술의 공진화의 확산"
"경제적 이윤중심에서 Humanism 중심으로"

먼저 '하드웨어기술 중심에서 창의적 소프트웨어와 콘텐츠 중심으로'에서 보면 하드웨어를 중심으로 이루어졌던 기술산업에서는 기술관료들이 중요한 역할을 하였다. 또한 산업적 측면에서 하드웨어를 바탕으로 경제성장을 도모하기 위한 정부의 진흥정책이 힘을 받았었다. 하지만 현재 IT 산업구조는 이미 아이디어에 기초한 소프트웨어와 콘텐츠중심으로 재편되고 있다. 정부보다 훨씬 빠르고 현명한 기업들이 이제 소프트웨어와 콘텐츠에서 부의 창출을 도모하고 있는 것이다. 그런데 이 창의적 소프트웨어와 콘텐츠는 기술중심적 접근으로 만들어지지 않는다. 어떤 것이 창의적이기 위해 필요한 것은 무엇인가? 태양 아래 완전히 새로운 것은 없다. 그렇다면 완전히 창의적인 것도 없다. 그럼에도 불구하고 그 시대의 성원들이 창의적인 것으로 받아들이는 것이 있다. 바로 과거의 것들을 재해석하여 현 시대의 트렌드에 맞추는 것에서 진정한 창의적 행위가 시작된다. 그렇다면 창의적인 것의 기초는 무엇인가? 이는 오랜 역사를 가지고 있으면서 모든 학문에 기초가 되는 학문에서 시작이 된다. 인문학, 예술학, 철학이 바로 그것이다. 21세기 들어 대표적인 창의적 인재로 손꼽히는 스티브 잡스도 인문학과 예술학을 배경으로 사람들을 이해하는 바탕 위에서 창의적인 생산물을 만들어냈다.

기술이 사회의 모든 영역에 침투해 들어가고 있다는 메가트렌드 역시 중요하다. 기술은 단지 산업발전과 경제성장을 위한 기술이 아니라 이제 사회문화 전반에 걸쳐 융합되어 가고 있다. 이는 하나의 사회문제를 생각할 때 어쩔 수 없이 기술과 함께 봐야 한다는 것, 하나의 기술문제에 대응할 때, 사회문제와 연관시켜 봐야 한다는 것을 의미한다. 이는 기술이 사회발전을 결정짓는다는 기술결정론, 사회의 변화가 기술진화를 결정짓는다는 사회구성론을 넘어서 사회와 기술의 공진화(co-evolution) 논의와 맥을 같이한다. ICT를 포함한 기술 전체가 독립된 영역이 아니라 사회의 모든 영역, 복지, 노동, 문화, 환경, 경제에 스며들어가 있으며, 그 융합의 속도가 더욱 가속화되고 범위 역시 광범위해지고 있다. 이는 또 한편으로는 기술이 가지는 위험성이 더욱 커지고 있음을 의미한다. 울리히 벡(Beck)의 위험사회론에서도 지적하였듯이 기술이 가지는 위험성은 단지 기술만의 위험성이 아니라 사회 전반에 빠르게 확산될 수 있는 위험성으로의 의미를 지닌다(Beck, 1998). 융합되어 있는 정도가 심화되면 될 수록 긍정적 효과와 부정적인 효과(즉 위험성)가 더욱 커진다는 것이다. 이제 기술은 인간과 사회가 직면하고 있는 거대한 미래이슈와 위험들에 적극 대응할 수 있는 방향으로 진화해야 한다. 인구감소에 대응할 수 있는, 기후온난화에 대응할 수 있는, 고령화에 대응할 수 있는, 계층양극화에 대응할 수 있는 기술이 되어야 한다.

현재 ICT 시장의 현황과 전망을 보면(Gartner, 2011), 2010년 ICT 시장의 규모는 3조 4,064달러였다. 2015년까지 이 시장은 연평균 4.9% 정도로 성장할 것으로 예측된다. 그런데 이 성장률은 세계성장률 6.7%를 오히려 하회하는 것이다. 다시 말하면 앞으로 ICT 시장의 폭발적 증가는 기대하기 어렵다는 것이다. 2010년 이후 치열하게 진행되고 있는 스마트폰 시장에서의 경쟁을 보면 2008-2009년 전 세계가 애플의 아이폰에 매료되었으나 점차 안드로이드를 기반으로 하는 스마트폰들이 부상하고 있는 추세이다. 한국의 삼성폰은 이들 중 선두주자이다.

한국의 ICT산업을 볼 때 네트워크와 디바이스에는 여전히 강세를 보이고 있다. ITU의 정보통신발전지수를 보면 2010년과 2011년 모두 1위를 기록하였다. 일본총무성이 발표한 ICT 국가경쟁력지수를 보더라도 2010, 2011년 모두 1위였다. WEF가 발표하는 네트워크 준비지수의 경우에는

2010년에는 15위였지만 2011년에는 5계단 상승하여 10위를 기록하였다. 반면 부정적인 지표도 있다. EIU의 IT산업경쟁력지수는 2007년에는 3위였지만 2011년에는 19위까지 하락하였다. 전 세계적으로 스마트 디바이스 플랫폼시장을 이미 구글(68.1%)과 애플(16.9%)로 양분하고 있는 현실 속에 한국의 ICT의 위기가 도래했다는 주장이 등장하고 있다.

콘텐츠 경우에는 불과 몇 년 전에는 생각하지 못했던 수준으로 한국의 대중문화 콘텐츠가 동남아시아를 넘어 전 세계적으로 즈목을 받기 시작하고 있다. 하지만 아직 초기 단계이며, 향후 어떻게 대응하는가가 초미의 관심사가 되고 있다. 음악, 드라마, 영화와 같은 대중문화 콘텐츠가 아니지만 국민의 삶의 질 향상과 행복감 증진에 도움이 되는 콘텐츠에 대한 논의는 거의 이루어지지 않고 있으며, 콘텐츠는 항상 산업과 연계시켜 '콘텐츠산업'으로만 인식되어가고 있다. 최근 소녀시대, 동방신기, 슈퍼주니어 등과 같은 그룹의 해외진출, 싸이의 미국에서의 인기몰이 등을 보면, 한국의 콘텐츠산업은 그것이 가져오는 경제적 효과, 국위선양에만 집중되어 있다는 것을 알 수 있다. 하지만 콘텐츠는 크게 봐야 한다. 경제적 효과와 국위선양의 효과가 적을지라도 사회성원들에게 행복감을 줄 수 있는 콘텐츠들을 찾아내고 육성하는 것이 정부의 주요한 임무가 되더야 할 것이다.

<그림 11> 한국 문화콘텐츠산업 수출액 변화 (단위: 천 달러)

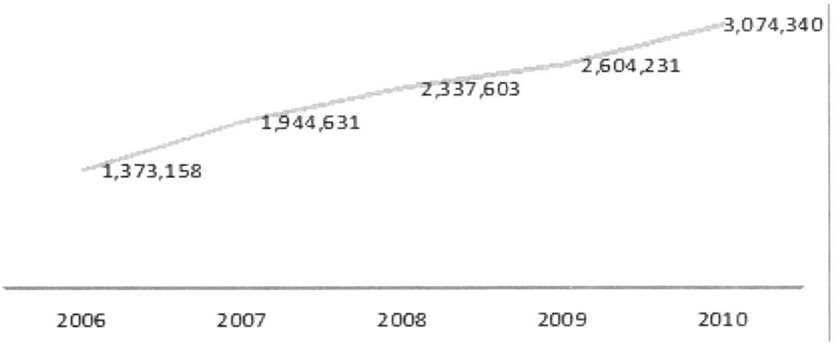

기술의 경우 경제적 이윤 중심으로 그 발전이 도모되는 트렌드가 점차적으로 휴머니즘 중심으로 변화하고 있다. 신자유주의의 물결을 타고 기업의 활동이 더욱 자유로워지며 이를 정부가 받아들이면서 성장 중심의 정책을 채택했었다. 하지만 이 과정에서 기술발전속도가 폭주하게 되면서 기술이 미치는 위험성이 증대하였다. 이러한 위험성 증가에서 목도할 수 있는 것은 바로 기술의 원래의 목적, 즉 인간중심적 기술로의 전환이다. 기술 역시 인간친화적, 자연친화적이 되지 않으면 이제 시장과 소비자들에 의해 제대로 평가될 수 없는 시기이다. 이는 기업의 입장에서, 정부의 입장에서 상당한 인식 패러다임의 전환을 요구하는 부분이다.

Ⅲ. 정책적 대응

1. 사회, 경제 변화에 대한 정책적 대응

생산가능인구의 감소에 대응하기 위해서는 기술발전을 통한 생산성의 증가를 추구해야 한다. 생산성의 증가는 자칫 실업을 양산할 수 도 있으므로 이 문제를 고려하며 기술발전을 추진해야 할 것이다(예: 로봇화). 또한 노동력의 공급과 수요가 불일치하는 현상이 더욱 뚜렷해지고 있기 때문에 공급과 수요를 일치시키는 방향의 정책들을 추진할 필요가 있다.

고령화에 대응하기 위해서 산업정책이 대응해야 할 방향은 우선 고령친화산업의 육성이 있다. 또한 고령인구에게 새로운 취업의 기회를 줄 수 있는 산업영역 창출하는 것도 중요한 역할 중의 하나일 것이다. 고용의 패러다임에서도 현재의 정년제도하에서 정년을 마친 이들도 새롭게 고용되어 사회적 역할을 하는 동시에 기여도 하는 패러다임, 즉 '정년 후 재고용'의 패러다임을 산업정책에 적극 반영해야 한다. 고령인구 취업은 청년실업과 충돌될 수 있는 여지가 있기 때문에 이를 사전에 방지하는 방향으로 추진되어야 하며, 산업정책 역시 이를 균형적으로 보면서 수립되어야 할 것이다.

다문화사회로의 변화에 대응하여 산업정책에 있어서는 외국인노동자에 대한 규제정책을 완화시켜야 한다. 물론 이는 노동정책에서 일차적으로 이루어져야 한다. 하지만 산업정책 역시 이들의 인력에 대한 배려와 복지에 더욱 신경을 써야 한다. 이는 한국의 기간산업들을 유지하기 위해 반드시 필요한 일이다. 특히 근무환경이 열악한 산업체(주로 소규모 산업체)에 근무하고 있는 외국인노동자들에 대한 복지적 관심과 지원을 증대해야 할 것이다. 이미 복지는 보건복지부가 모든 것을 전담해서 할 수 없을 정도로 사회 각 영역에서 그 수요가 증폭되고 있다. 이에 산업정책에서도 이들 외국인노동자들의 인력을 어떻게 잘 활용할 수 있나를 고민해야 할 것이다. 이미 한국의 산업구조는 외국인노동자들이 없이는 버텨나갈 수 없는 구조가 되어가고 있다. 이에 한국경제발전의 또 하나의 원동력으로 외국인노동자의 효율적인 활용에 더욱 관심을 두어야 할 것이다.

양극화는 비단 한국에서만 심각해지고 있는 것이 아니고 전 세계적으로 확산되고 있는 추세이다. 복지중심이었던 유럽국가들에서도 양극화문제가 심각한 사회문제로 대두되기 시작하고 있다. 1997년 경제 위기 이후 사회 전반의 주도적 가치관이 된 신자유주의적 경제운영에 대한 비판적 시각이 전 세계적으로 제기되고 있으며, 이에 한국적 현실에 맞는 새로운 모델 설정이 필요한 시점이다. 먼저 R&D 사업의 인건비 투자를 독일, 일본 등 최선진국 수준으로 확대하여 청년 연구인력을 채용하는 정책적 대응을 해야 한다. 이 투자가 산업의 부흥을 가지고 올 수 있는 중요한 대안이다. 특히 고졸 산업인력을 위한 지원정책을 강화해야 한다. 산업정책 별도로 감당하기 힘든 부분인 서민물가안정을 위한 유가, 공산품 가격 안정화를 다른 부처들과 협력하여 꼭 이루어내야 할 것이다. 소상공인 서민생활 지원 역시 마찬가지이다. IT 역시 성장동력으로만 생각할 것이 아니라 복지형 IT의 확산이라는 시각으로도 접근해야 한다. 이를 통해 사회적 기술과 사회적 산업의 확산을 통해 균형발전의 밑거름이 되어야 할 것이다. 이제 산업정책의 핵심은 과거와 같은 고도성장세를 촉발하느냐보다는 어떻게 하면 성장률의 급속한 저하를 방지사면서 선진국의 수준으로 제고시킬 것인가에 놓여져야 할 것이다.

경제의 변화에 대해 산업정책이 어떻게 대응해야 하는가에 대해서는 우선 양적 성장 정책이 한계에 이르면서 고부가가치산업 발전전략으로 대변되는 질적 성장을 전환하는 과정에서 불균형발전이 심화되고 있음을 파악해야 한다. 불균형을 현재의 수준으로 재생산하는 산업정책은 미래의 한국경제에 있어서 상당한 위험을 유발할 수 있다. 또한 대외의존도가 대단히 높은 한국경제구조를 생각하면 수출리스크들을 전망하고 이에 대응할 수 있는 미래 산업정책들이 필요할 것이다.

대기업으로의 부의 쏠림이라는 경제구조의 기형화를 극복하기 위해서는 성장잠재력이 높은 중소기업을 글로벌 기업으로 양성하는 데 주력하여 일자리확충과 기술경쟁력을 확보하는 것이 무엇보다 중요하다. 하지만 그렇다고 해서 대기업을 규제하는 방향의 산업정책은 바람직하지 못하다. 공정경쟁을 저해하는 대기업의 독점행위는 마땅히 강한 처벌을 받아야 하고 지속적인 규제가 필요하다. 하지만 현재의 산업정책은 많이 개선되고 있음에도 불구하고 여전히 대기업 중심적이라는 불신을 사고 있다. 이에 대기업과 중소기업의 상생을 보다 더 적극적으로 모색하는 산업정책이 필요하다. 또한 대기업과 중소기업이 상생의 원리를 확산시키면서 대기업의 사회적 책임에 대한 정책들을 더 강하게 작동시킬 필요가 있다. 사실 대기업이 자발적으로 사회적 책임을 다해야 가장 바람직하지만 현재 그러한 부분이 크게 미진하다고 본다. 이에 정부의 산업정책이 개입해야 할 필요성이 있다.

2. 미래전략처의 신설: 융합, 복합, 네트워크 사회로의 변화에 대응

그렇다면 사회, 경제, 기술 영역에서의 메가트렌드에 대한 대응을 개별적으로 할 것인가의 문제에 봉착한다. 위에서 설명하였듯이 복잡계 네트워크(Complexity Network) 사회에서는 하나의 현상에 대한 대응을 하나의 영역에서 하나의 패러다임을 가지고 접근할 수 없다. 하나의 현상에 대해 그 현상에 영향을 주면서 또 영향을 받는 다양한 영역들과의 상호작용을 분석하고 그 전체적인 변화를 추적할 수 있어야만 한다. 더욱 빠르게 진화하고 있는 과학기술영역, 사회영역, 인구영역, 환경영역, ICT 영역간의 공진화를 포착하고 미래를 총괄적으로 전망하고 대비할 수 있는 주체가 있어야 한다. 이 주체가 어떤 형태가 되어야 하는가에 대해서는 다양한 논의가 있을 수 있겠지만 필자는 '미래전략처'라는 형태로 제안하고자 한다. 미래전략처는 앞서 이야기한 사회의 주요 영역에서의 변화들과 상호작용, 공진화를 총체적으로 보면서 한국과 글로벌사회의 변화의 10-20년을 내다보면서 미리 대응할 수 있는 조직이 되어야 할 것이다. 이를 위해서는 현재 관련 영역들에서 개별적으로 미래를 전망하고 대비하는 주처들의 협업형태로 미래전략처가 구성되는 것이 가장 효율적이면서도 바람직할 것이다. 국가과학기술위원회, 미래기획위원회, 정보화전략위원회, 기획재정부의 전략기획과(미래사회전략팀) 등이 이에 해당할 수 있을 것이다. 미래전략처는 정권이 바뀌더라도 그 조직과 정책적 기조를 그대르 유지할 수 있는 조직이 되어야 할 것이다. 한국은 정권이 바뀔 때마다 전 정권에서 마련해 놓은 정책들을 무시하거나 폐기하고 새로운 정권에 갖는 새로운 정책들에만 무게를 두어왔다. 이는 그야말로 한국의 미래를 대통령 임기기간 5년에 가두어놓았던 것이다. 미래전략처는 3-4 명의 대통령이 재임하는 동안 계속해서 추진될 수 있는 정책들을 준비하고 수행하는 것을 그 핵심 임무로 설정한다.

<그림 12> 미래전략처의 특성

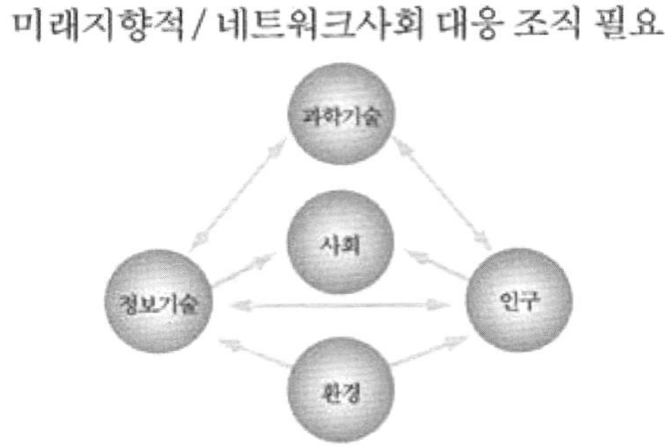

여기서 중요한 것은 지금까지도 소위 컨트롤타워에 대한 무수한 논의가 있었고 실제로 조직들도 만들어졌지만 제대로 기능을 한 경우가 적었다는 것이다. 가장 큰 원인은 예산기능의 부재였다고 볼 수 있다. 이에 적절한 수준의 예산기능을 미래전략처가 가질 수 있도록 하는 것이 대단히 중요하다. 관련된 정부부처들의 반발과 갈등이 예상되는 부분이기도 하다. 하지만 조직의 논리를 떠나서 10-20년 후에 한국의 미래, 보다 국민들이 행복하게 살 수 있는 한국사회를 만들기 위해 미래전략처가 반드시 필요하다면, 조직의 논리를 접어두고 대승적 차원에서 지원해 주어야 하지 않을까 본다. 예산기능이 없어 정부부처에 대한 영향력도 잘 행사하지 못하면서 존재감이 약한 또 하나의 위원회 유사의 조직이 생기는 정도로 미래전략처가 인식된다면 처음부터 논의 자체가 이루어지지 않는 것이 나을지도 모른다.

3. 문화미디어부: ICT 환경변화에 대응

기술산업의 핵심이 효율성을 중심으로 하는 하드웨어 산업이 아니라 창의력을 바탕으로 하는 소프트웨어와 콘텐츠산업으로 전환되고 있기 때문에 이에 보다 적극적으로 대응해야 할 필요가 있다. 이 전환의 속도가 기업을 중심으로 빨라져야 하는 것은 물론이며, 특히 중소기업들의 소프트웨어와 콘텐츠 산업개발도 정책적으로 적극 지원하여 중소기업들이 소프트웨어와 콘텐츠 중심으로 개편되고 있는 산업시장에서 도태되지 않도록 해야 할 것이다.

하드웨어 산업에서도 기존의 효율성과 경제성만이 중요한 것이 아닌 또 다른 가치가 빠르게 부상하고 있다. 바로 감성이다. 효율성의 사회에서 감성사회로의 전환은 효율성과 경제성이 조금 부족하더라도 감성적으로 우월한 디바이스를 시장에서 구매토록 하고 있다. 이를 위해서 필요한 것은 역시 감성을 잘 이해하고 창의적으로 대응할 수 있는 감성 산업디자인 기술이다. 이 부분에 산업정책의 역량이 향후 많이 요구될 것이다.

한국의 ICT산업의 경우 하드웨어적 부분에서는 효율성과 감성을 잘 살린 디바이스들이 세계시장에서 선전을 하고 있다. 이미 해외 주요국가의 ICT 매장에서 한국의 스마트폰, TV 등은 가장 질적으로 우수한 것으로 인식되고 있다. 네트워크 역시 유선과 무선 공히 전 세계적으로 인정받는 속도와 품질을 보유하고 있으며, 이는 해외에서 네트워크를 이용해 본 한국인이라면 누구나 알 수 있는 성과이다. 그렇기 때문에 한국의 네트워크와 디바이스와 같은 하드웨어적 ICT산업은 현재의 최고의 경쟁력을 향후 계속해서 유지하는 것이 중요하다.

'하드웨어기술 중심에서 창의적 소프트웨어와 콘텐츠 중심으로'라는 메가트렌드에 대응하기 위해서는 위에서 지적한 대로 인문학, 예술학, 철학이 더욱 요구된다. 이러한 기초학문에 사회 저변에 확대되고 기술전공자들의 역량과 결합이 될 때 창의적 소프트웨어가 시작될 수 있다. 그렇다면 중요한 것은 인재이다. 창의력을 가진 인재들을 양성하는 데서 출발해야 한다는 것이다. 그런데 여기서 중요한 것은 창의력을 가진 인재 양성이 소수의 천재들을 양성한다는 것과는 거리가 멀다는 것이다. 우리는 항상 소수의 천재들에 의존해 왔다. 하지만 프랑스의 철학자이자 사회학자인 레비가 강조했듯이 미래사회의 트렌드는 집단지성의 사회이다. 이 집단지성은 대중의 지성집합과는 다르다. 즉 경제, 사회, 산업, 기술, 철학 영역의 전문가들이 서로의 벽을 허물고 협업을 할 때만이 진정한 창의적 행위가 이루어질 수가 있다는 것이다.

아이디어와 창의성 중심, 인간주의 중심, 감성 중심이라는 메가트렌드하에서 ICT 정책에서 가장 염두에 두어야 할 것은 '정부중심의 ICT 주도 논리를 탈피해야 한다'는 것이다. 사회의 많은 영역 중에서 정부가 주도해야 하는 부분과 주도하지 말아야 할 부분들이 있다. 어떠한 것이 주도해야 하는 부분인가, 그렇지 말아야 하는 부분인가에 대해서는 시공간적 변화에 의해서 많은 논쟁이 있을 수 있다. 사회의 변화가 가속화되고 있는 측면에서 보면 이는 당연한 것이라고 본다. 복지의 경우를 보면, 세계경제의 불황, 인구감소, 기업구조적 문제 등으로 인해 양극화가 심해지고 중산층이 붕괴되는 현재 한국의 시점에서 보면 복지는 정부가 주도해야 하는 부분이라고 생각한다. 한편, 과거 ICT의 기반을 깔고, 국민들의 삶의 질 향상을 위해 ICT를 보급하였던 시기에는 정부가 ICT를 주도했어야 하는 것이 맞다. 그리고 정보통신부를 중심으로 한국의 역사에 빛날 만한 업적을 분명히 남겼다. 하지만 정부의 역할이란 무엇인가? 국민이 해결할 수 없는 부분, 기업이 해결할 수 없는 부분에 개입하여 국민을 보호하고 삶의 질을 높이며 기업을 지원하는 역할이다. 하지만 국민이 잘 할 수 있고, 기업이 잘 할 수 있는 부분에 정부가 개입하게 되면 그것은 오히려 그 사회의 발전에 해가 될 가능성이 높다. ICT의 경우 창의성, 아이디어, 감성 중심으로 전체 시장이 재편되고 있는 상황에서 이에 가장 민첩하게 대응할 수 있는 것은 기업이며, 창의성, 아이디어, 감성을 생산하는 주체가 되는 것은 국민 개개인이다. 그렇다면 정부는 ICT를 주도할 것이 아니라 창의적 생각을 할 수 있게 해 주고, 아이디어를 가진 인력들을 지원하고 양성하며, 감성의 변화를 읽을 수 있는 문화적 토양을 마련해주는 역할을 해야 한다.

이를 위해서는 현재 네트워크를 기반으로 디바이스를 사용하며, 플랫폼을 기반으로 하여 콘텐츠를 생산하게 되어 있는 Network-Device-Platform-Contents(최근 한국에서는 C-P-N-D라고 불리곤 한다)의 위계체계를 창의적으로 분업화체계로 개편할 필요가 있다.

대표적인 소프트웨어산업인 플랫폼의 경우 전 세계는 과거 마이크로소프트의 독점 시대에서 애플의 IOS, 구글의 안드로이드 플랫폼 등의 분할된 체제로 재편되고 있다. 그런데 이러한 창의적인 플랫폼들은 정부가 플랫폼사업을 주도했기 때문에 가능했던 것일까? 그것은 빌 게이츠, 스티브 잡스, 래리 페이지와 같은 창의적 인재들이 자신들의 잠재력을 충분히 발휘할 수 있는 사회적 기반과 문화가 만들어져 있기 때문에 가능했던 것이다. 이 영역에서도 정부의 역할은 창의적 인재들의 잠재적 역량을 발휘할 수 있게 해 주는 재정적 기반과 제도적 지원을 하는 것이어야 한다. 정부가 플랫폼산업을 주도하겠다고 나서면 정부의 숙명적인 관료제의 폐해의 효과가 나타나게 될 것이고 플랫폼사업의 경쟁력 확보는 더욱 요원하게 될 것이다.

현재 한국의 대표적 콘텐츠 산업은 소위 한류로 통칭되는 대중문화산업이다. 2000년대 초반 드라마의 성공으로 시작한 한류콘텐츠는 그 영역은 드라마에서 K-pop, 예능프로그램, 영화까지 확장을 하면서 동남아시아, 중국, 일본을 넘어 유럽과 미국까지 그 세를 확장하고 있다. 그렇다면 이러한 한류콘텐츠의 성장의 원인은 무엇일까? 정부가 나서서 노력했기 때문일까? 앞으로도 정부가 나서서 노력하면 한류콘텐츠산업은 더욱 성장할 수 있을 것인가? 한류콘텐츠의 성장의 원인은 전적으로 세계적 경쟁력을 가진 대중문화 기업들의 시장에서의 치열한 경쟁 때문이다. 한국 대중문화콘텐츠 산업의 경우 대형기획사들 3-4곳이 각자의 독특함을 가지고 국내에서 경쟁을 하면서 그 자생력을 키웠으며 시장을 국내에서 해외로 확대하는 전략을 치밀하게 준비해 왔고 그 성과가 지금 나타나기 시작하고 있는 것이다. 이때 정부의 역할은 '전면'에 나서는 것이 아니고 '측면'에서 지원하는 것이다. 대중문화콘텐츠 산업처럼 창의적이고 감성적인 영역에 정부가 '전면'에 나서게 된다면 오히려 산업발전에 부정적인 효과를 가져올 수 있다. 정부는 '측면'에서 창의적인 인재들의 역량을 발휘할 수 있게 해 주고, 기업들의 경쟁력에 도움을 줄 수 있는 제도적 기반을 마련해

주는 것에서 그 역할을 한정해야 한다. 한편, 최근 김기덕 감독의 영화가 베니스영화제에서 최고상을 수상하는 영예를 안았다. 그의 영화는 산업이라기보다 예술이라고 봐야 한다. 시장에서 경쟁력이 당장은 없지만 콘텐츠로서 가치를 갖는 것, 국가의 이미지를 크게 향상시킬 수 있는 것, 국민들의 문화적 향유의 수준을 높일 수 있는 콘텐츠에 더욱 많은 관심이 필요하며, 이는 이윤을 목표로 하는 기업이 잘 할 수가 없는 것이며, 정부가 관심을 두어야 할 부분이다. 이에 정부의 콘텐츠 영역에서의 역할이 규정되며, 세계적인 콘텐츠 강국인 프랑스의 Ministry of culture and communication의 모델이 이에 해당한다.

이에 네트워크-디바이스-플랫폼-콘텐츠의 수직적 위계체계를 다시 점검해 볼 필요성이 대두된다. 즉 네트워크와 디바이스는 효율성과 속도 중심적이며, 플랫폼과 콘텐츠는 창의성과 문화와 감성 중심적이기 때문에 이에 대한 정부의 대응 체계를 다원화시켜야 하며, 특히 플랫폼과 콘텐츠의 경우에는 정부주도적 패러다임에서 정부지원의 패러다임으로 전환해야 한다는 것이다. 또한 이러한 창의경제의 축이 소수의 천재들에 의존하는 것이 된다면 오히려 기존의 사회적 불평등이 더욱 심화될 수가 있다는 플로리다(2005)의 경고를 주의깊게 받아들어야 한다. 정부의 콘텐츠육성 정책은 지금까지 '선택과 집중' 정책기조를 택하고 있었다. 하지만 이를 협력적 창의경제의 패러다임으로 바꾸어야 한다. 이는 사회소외계층의 청소년들에게 창의적 생각을 발현할 수 있도록 하는 정책과 같은 광범위한 창의계급을 형성하는 패러다임을 택해야 한다.

<그림 13> Network-Device-Platform-Contents의 구성체계 변화

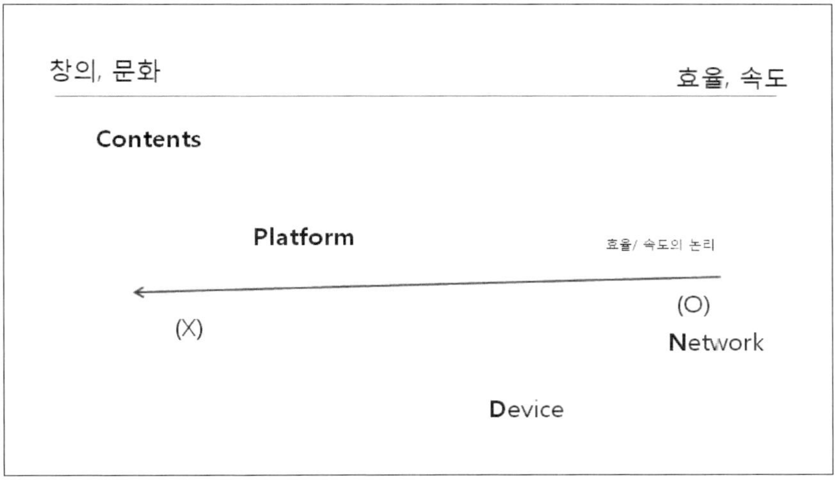

이에 현재 네트워크와 디바이스 산업을 주도하고 있는 지식경제부는 기존의 산업들에 주력하되, 콘텐츠는 보다 창의적이고 문화중심적인 부처 중심으로 업무가 이루어져야 할 것이다. 플랫폼의 경우에는 기술적인 부분과 창의적인 부분이 모두 중요하기 때문에 기술중심부처들과 창의중심 부처들간의 협업을 통해 발전을 시도해야 할 것이다. 한편 플랫폼과 콘텐츠의 경우에는 이를 산업적인 시각으로만 바라보는 것이 아니라 국민의 삶의 질, 행복감, 문화와 연결시킬 수 있는 부처로 집중되는 것이 필요할 것이다. 이를 위해서는 예술, 여가, 문화에 대한 업무를 이미 수행하고 있는 문화체육관광부에 콘텐츠 업무를 집중하는 것이 바람직할 것이다. 여기서 간과하지 말아야 할 것은 어느 부처가 콘텐츠업무를 담당하든지 간에 이를 산업중심적, 성장동력중심적으로만 접근해서는 안 되는 것이다. 누차 강조하였듯이 그 중심에는 국민의 삶의 질 향상과 행복감 제고가 있어야 한다. 이미 경제성장의 그늘 아래 한국사회 국민들은 경쟁의 스트레스와 경제적 압박감에 지속적으로 시달리고 있으며, 이는 OECD 국가 중 최고의 자살률을 계속 기록하고 있는 것으로 나타나고 있다. 만약 콘텐츠

업무를 수행하게 된다면 기존의 문화체육관광부는 미디어를 산업의 시각 중심에서 국민복지와 삶의 질 향상의 시각에서 접근해야 할 것이고 이를 중요한 업무의 영역으로 수준을 높여야 할 것이다. 그렇게 된다면 조직의 명칭을 문화미디어체육관광부 혹은 문화미디어부로 개칭하는 것도 고려해 볼 수 있을 것이다.

〈참고문헌〉

통계청. (2011). 한국의 사회지표.

최항섭, 강홍렬, 장종인, 김희연. (2005). 미래 시나리오 방법론 연구, 정보통신정책연구원.

최항섭, 김문조, 이명진, 김희연. (2007). 미래예측방법론, 정보통신정책연구원.

최항섭, 음수연, 전미경. (2006). 디지털사회의 미래예측방법론, 정보통신정책연구원.

최항섭, 이명진. (2009). 미래예측방법론을 활용한 디지털 컨버젼스의 미래연구, 정보통신정책연구원.

Barney, Darin. (2004). The Network society, Cambridge: Polite Press.

Baudrillard, Jean. (1970). The Consumer Society, SAGE: London.

Beck, Ulrich. (1998). World Risk Society. Cambridge: Polity Press.

Bell, Daniel. (1973). The Coming of Post-Industrial Society, A Venture in Social Forecasting, New York: Basic Books.

Bell, Wendell. (1997). Foundations of Futures Studies: History, Purposes, and Knowledge, WFS.

Castells, Manuel. (1996). The Rise of the Network Society, The Information Age: Economy, Society and Culture Vol. I. Cambridge, MA; Oxford, UK: Blackwell.

Drucker, Peter. (1993). Post-Capitalist Society, New York: HarperCollins).

Florida, Richard. (2002). The Rise of the Creative Class. And How It's Transforming Work, Leisure and Everyday Life, Basic Books.

OECD. 2012. 한국경제보고서.

Maffesoli, Michel. (1997). Du nomadisme, Paris, Le Livre de Poche.

Maffesoli, Michel. (1985). L'ombre de Dionysos, Paris, Librairie des Méridiens, New Jersey: Transaction Publishers, 2003.

Wagner, Cynthia G.(ed.). (2005). Foresight, Innovation, and Strategy: Toward a Wiser, WFS.

제3장

대통령실 조직의 개편: 대통령의 역할과 직무환경 변화

김 병 준 (국민대학교 행정정책학부 교수)

Ⅰ. 들어가는 말: 보좌기구로서의 대통령실

대통령실(대통령비서실)은 대통령의 보좌기구이다.[1] 즉 스스로 어떠한 일의 주체가 아니라 그 일의 주체인 누군가를 도와주고 지원하는 기구이다. 당연히 어떤 형태가 가장 바람직한 것이라 말하기 어렵다. 보좌를 받는 쪽, 즉 일의 주체인 대통령이 어떠한 상황에 놓여 있느냐에 따라, 또 어떤 특성과 어떤 국정운영 스타일을 지니고 있느냐에 따라 '바람직함'의 내용이 달라질 수 있기 때문이다.

대통령실 직제를 규정하고 있는 정부조직법과 대통령령도 대통령실의 이러한 특성을 잘 반영하고 있다. 일반 중앙행정기관에 대해서는 국장급과 일부 과장급 직제까지 규정하고 있는 반면, 대통령실의 직제에 대해서는 정원정도만 규정하고 있을 뿐, 하부조직에 대한 결정권은 대통령실장에게 일임하고 있다.[2] 조직체계에 대한 재량권의 범위를 넓게 인정하고 있는 것이다.

이렇게 볼 때 이 논문은 뚜렷한 한계를 지닌다. 대통령실의 새로운 모

---

1) 정부조직법 제14조 1항: 대통령의 직무를 보좌하기 위하여 대통령실을 둔다.
2) 대통령실과 그 소속기관 직제 제9조(하부조직): 대통령실에 두는 하부조직과 그 분장사무는 대통령실장이 정한다.

습을 그려보자고 하지만 특정 대통령을 염두에 두지 않은 상태에서, 또 그 대통령의 특성이나 국정운영 스타일을 고려하지 않은 상태에서 제대로 된 그림이 나올 수 없기 때문이다.[3] 무리가 따르는 일이라 할 수도 있고 부질없는 일이라 할 수 있다. 그러나 큰 틀의 이야기는 할 수 있지 않을까 생각한다. 누가 대통령이 되느냐에 관계없이 대통령이면 반드시 마주하게 될 국정운영상의 일반적인 상황이 있기 때문이다. 아울러 지금까지의 운영경험이나 일반적 조직원리도 적지 않은 도움을 줄 수 있다. 새 대통령이 정해지기 전에도 일정 부분 정리해 볼 수 있다는 말이다.

결국 대통령실 개편의 방향과 원칙을 큰 틀에서 정리해 보고자 했다. 구체적인 하부조직의 문제나 이미 일반화된 서비스 기능, 즉 경호조직의 문제나 총무나 의전 등의 부서와 관련된 문제는 이 논문의 범위 밖에 있다. 큰 변화가 있을 수 없는 문제이기도 하고, 대통령의 특성이나 국정운영 스타일에 따라 편리한대로 편성해도 좋은 문제이기 때문이다.

큰 틀에서의 논의이기는 하지만 대통령실의 조직과 운영에 대한 담론의 질을 높이는 데 도움이 되었으면 한다. 저자 자신 대통령을 보좌한 경험이 있는 입장이라 더욱 그렇다.[4]

Ⅱ. 대통령실 조직의 어제와 오늘

1. 대통령실 조직의 발전

대통령실 또는 대통령비서실이 오늘과 같은 체제를 갖추기 시작한 것

---

3) 이 논문이 작성된 시점은 2012년 10월 말, 제18대 대통령선거를 50일 가까이 앞 둔 시점이다.

4) 저자는 제16대 대통령직인수위원회 인수위원(정무분과 간사위원)을 지냈으며, 이후 5년간 대통령자문기구인 정부혁신·지방분권위원회 위원장, 대통령 정책실장, 대통령 정책특별보좌관 등을 지냈다.

은 제3공화국 출범이후이다. 제1공화국의 경우 별도의 보좌기구에 대한 개념이 없었다. 당연히 이를 위한 법적 규정도 없었다. 비서관장 이하 소수의 비서들이 의전과 문서수발을 담당하는 정도였다. 대통령이 잘 갖추어진 보좌기구 없이 스스로 내각을 직접 지휘했다.[5)]

내각중심제로 전환되었던 제2공화국에서도 마찬가지였다. 각령(閣令)으로 대통령비서실 직제를 규정하여 운영했는데, 정원규모는 비서실장 외에 비서관과 비서 15명 정도였다(국정홍보처, 2008:261). 의전 업무 등을 위한 소수의 비서인력만 두었던 셈이다.

이러한 모습은 1963년 12월 제3공화국이 출범하면서부터 크게 바뀌게 된다. 정부조직법에 직제가 규정되어 법률적 지위를 얻은 것도 이 때이다.[6)] 우선 기능부터 크게 변했다. 의전이나 문서수발 수준을 벗어나 행정부의 모든 업무를 장악하는 체제로 전환되었다. 이를 위해 비서실장 아래 1급의 정무비서관이 두었으며, 그 아래 다시 8명의 2급 비서관이 정치 경제 행정 외교 농림 등 국정의 각 분야를 담당하였다. 또 비서실장 직속으로 총무 공보 정보 민원 의전 분야의 비서관들을 두었다(박중훈, 1996:45).

1968년에 들어 대통령비서실은 외관에 있어 오늘의 모습에 좀더 가까워졌다. 즉 실장 아래 수석비서관과 대통령보좌관을 두고, 그 아래 다시 비서관과 행정관이 두는 구조를 갖추게 되었다. 1967년의 재선에 성공한 박정희 대통령이 대통령 중심의 국정운영체제를 더욱 공고히 하면서 일어나 일이었다.

5) 한 가지 특기할 사실은 이러한 상황에서도 비서들은 막강한 정치·행정적 힘을 행사했다는 점이다. 대통령 주변에 '인의 장막'을 치고 소위 '문고리 권력'을 행사한 것이다. 후일 제1공화국의 제2인자로 자유당을 창당하기도 했고 부통령을 지내기도 했던 이기붕이, 1948년 정부수립 이후부터 1949년 서울시장이 되기 전까지 비서관장을 지냈다는 사실에서 당시 비서들의 힘이 어느 정도였는지를 짐작해 볼 수 있다.

6) 1963년 12월 17일 제3공화국 출범과 동시에 통과된 정부조직법 제9조는 다음과 같이 규정하였다. "제9조(대통령비서실) 1항: 대통령의 직무를 보좌하게 하기 위하여 대통령비서실을 둔다. 제2항: 대통령비서실에 실장 1인을 두되, 실장은 별정직으로 한다." 참고로 220년 이상의 대통령제 역사를 지닌 미국의 경우도 오늘날과 같은 법률적 체제가 갖춰진 것은 1939년에 와서의 일이었다(Relyea, 2008). 건국 초기에는 불과 수명의 비서들이 보좌를 했고, 그 경비를 대통령 개인이 감당하기도 했다.

가장 큰 변화는 역시 수석비서관 제도와 특별보좌관 제도의 도입이었다. 수석비서관은 장관급과 차관급으로 임명되었는데 행정 각 부처와 대통령을 연결하는 일을 주로 했다. 행정적 기능을 담당했다는 뜻이다. 도입 당시인 1968년에 6명(경제 정무 민원 공보 의전 총무)을 두었으나 이후 한두 명 더 늘어났다. 특별보좌관은 여러 중요한 분야의 정책기획과 입안을 담당했다. 정책기능을 담당했다는 뜻인데, 주로 장관급으로 임명되었다. 1968년 안보 분야에 처음 임명되었고 1970년 이후 정치 외교 경제 사회 교육 문화 사정 국제정치 등의 분야로 확대되었다(박중훈:48).

이러한 변화로 대통령비서실은 그 위상이 크게 강화되었다. 비서실장 아래 1급 비서관과 2급 비서관 정도로 구성되던 것이 10명이 넘은 장관급 또는 차관급 인사들로 채워지게 되었다. 정원 규모도 220명 이상으로 확대되었다. 10월 유신 이후 국정경험이 충분히 쌓이자 비서실의 기능을 축소시키기도 하고, 비서실보다 경호실 중심의 '통치'에 더 큰 관심을 보이기도 했다(김정해, 2002:95-96). 그러나 기본적인 형태와 규모는 그대로 유지되었다.

이후로도 이러한 구조는 전두환 대통령과 노태우 대통령 그리고 김영삼 대통령을 거쳐 김대중 대통령 시기에 이르기까지 큰 변화 없이 유지되었다. 의미 있는 변화들이 없었던 것은 아니다. 특별보좌관 제도가 없어졌다가 다시 생겨나기도 했고, 수석비서관의 수가 줄어들었다가 늘어나기도 했다. 또 특정 분야의 수석비서관이나 비서관이 없어지는가 하면, 새로운 분야의 수석비서관이나 비서관이 나타나기도 했다.

그러나 기본적인 구조, 비서실장 아래 수석비서관과 대통령보좌관이 있고, 그 아래 비서관과 행정관이 있는 구조는 큰 변화가 없었다. 정원규모 또한 마찬가지였다. 다소 줄기도 하고 늘기도 했다. 그러나 대체로 400명 안팎을 오르내리는 선에서 유지되었다.[7)]

그러다 다시 한 번 큰 변화가 있었다. 참여정부, 즉 노무현대통령 시

---

7) 제3·4공화국에서는 227명, 전두환정부에서는 334명, 노태우정부에서는 384명, 김영삼정부 315명, 김대중정부 405명, 노무현정부 531명이었다.

기였다. 비서실장을 정점으로 하는 대통령비서실을 대통령비서실과 대통령정책실로 분리시킨 것이다. 대통령의 보좌기구를 2실 체제로 만든 것으로 대통령비서실 직제가 생긴 이래 처음 있는 일이었다.[8)]

정책실은 보다 근본적이고 미래지향적인 과제, 즉 국정과제를 대통령 프로젝트로 진행하기 위해 만든 조직이었다. 그러나 시간이 가면서 국정과제와 현안문제를 함께 처리하는 조직으로 변하였다. 신설될 당시에는 정책실장 아래 1수석(정책기획수석)을 두었으나 나중에는 3수석(경제정책수석, 사회정책 수석, 혁신수석)을 두는 체제로 확대되었고, 이후 다시 대통령보좌관(경제보좌관, 과학기술보좌관)을 정책실장 지휘체계 아래 두는 체제로 확대되었다.

이러한 변화는 기구도표상에는 나타나지 않는 변화였다. 정부출범 당시 완전한 2실 체제를 확립하고자 했으나 여소야대 구도 아래에서 정부조직법을 개정해야 하는 어려움이 있었다. 쉽게 넘을 수 없는 관문이었다. 따라서 법을 개정하지 않은 채 실질적으로는 2실 체제로 운영하기로 한 것이었다. 아무튼 그 형식이 어떠하건 간에 대통령의 보좌기구에 있어 중요한 구조적 변화의 하나였다.

2. 대통령 비서실의 현재

2012년 현재 운영되고 있는 이명박정부의 대통령실도 1968년 이래 45년 가까이 유지되어 온 기본구조에서 크게 벗어나지 않는다(〈그림 1〉). 일반적으로 업무영역을 경제정책, 사회정책, 외교안보, 민정, 홍보, 시민사회, 인사, 총무 분야 등으로 나누어 수석비서관을 두는데 현재도 이러한 틀이 그대로 유지하고 있다.

---

8) 이러한 개편에는 박세일 교수 등이 집필한 『대통령의 성공조건 Ⅰ』(2008)이 많은 영향을 미쳤다.

<그림 1> 2012년 현재의 대통령실 조직체계: 이명박정부

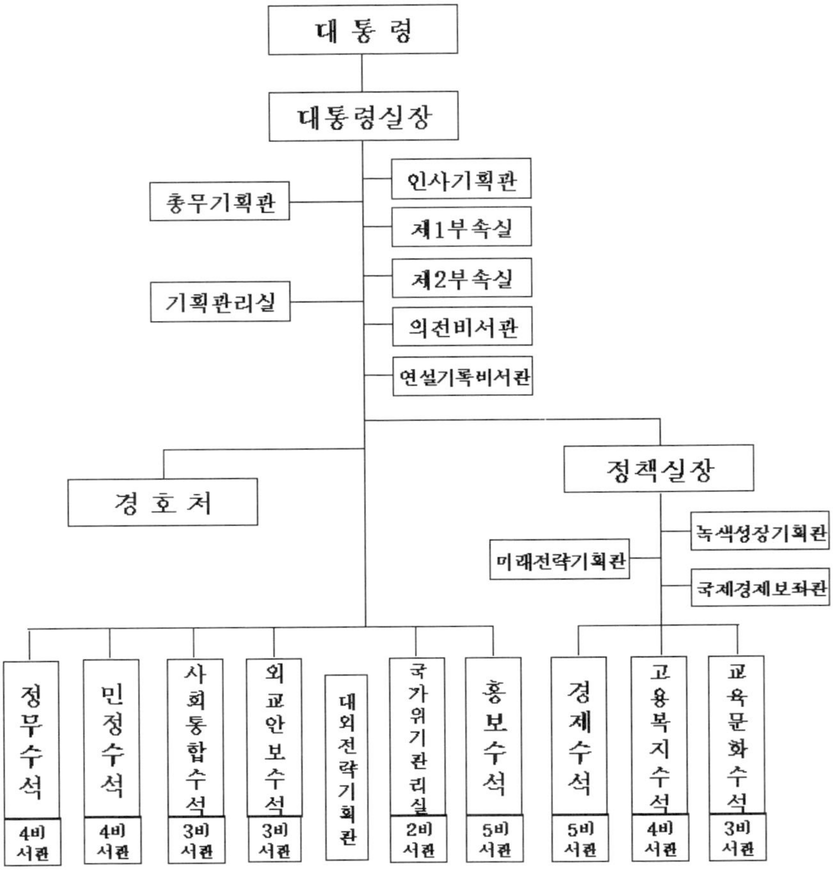

출처: 청와대홈페이지(http://www.president.go.kr/kr/cheongwadae/organization/cheongwadae.php)

한 가지 특기할 만한 사실이 있기는 하다. 별도의 기관으로 독립되어 있던 대통령경호실을 대통령비서실 안으로 끌어들인 후 대통령비서실의 명칭을 대통령실로 바꾼 부분이다. 과거의 대통령경호실은 경호처란 이름으로 대통령실 소속기관이 되었다. 그러나 경호기관은 그 속성상 이러한 변화와 관계없이 독자성이 높을 수밖에 없다. 별 의미가 없는 변화라는 뜻이다.

노무현대통령의 대통령비서실에서와 같이 정책실을 운영하고 있는 것도 관심을 가질 만한 부분이다. 이 정책실은 이명박정부 출범과 함께 폐지되었으나 얼마 가지 않아 필요에 의해 다시 설치되었다. 그러나 노무현 대통령 시기의 정책실만큼 위상이 높거나 기능이 크지 않은 것으로 알려지고 있다.

Ⅲ. 조직설계를 위한 고려 요소 1: 과중한 책무와 실제의 권력기반

흔히들 우리나라의 대통령을 '제왕적'이라 부른다. 막강한 지위와 함께 막강한 권력을 가졌다는 뜻이다. 국민의 눈에는 뭐든 할 수 있는 존재로 보인다. 일면 크게 틀린 말은 아니다. 행정권이 큰 국가에서 그 행정권을 장악하고 있을 뿐만 아니라 정치적 위상 또한 매우 크기 때문이다.

그러나 오늘날에 있어 대통령의 힘은 그 한계가 분명하다. 민주주의의 심화, 시장경제의 발전, 글로벌 체제의 강화, 당정분리와 5년 단임 등, 많은 요소들이 대통령의 힘을 제약하고 있다. 한마디로 헌법상의 책무와 국민적 기대를 제대로 감당할 만한 힘을 가지기 힘든 상황이다. 미래지향적 관점에서 우리사회가 안고 있는 문제들을 근본적으로 변화시킬 만한 힘은 더욱 없다.

한마디로 역삼각형의 구조라 할 수 있다. 대통령에 부여된 헌법적 책무와 국민적 기대는 역삼각형의 윗변과 같이 넓은 반면, 실제의 힘과 권력기반은 그 아래 꼭짓점처럼 좁은 형상이다(김병준, 2012:133-174). 아래가 좁은 만큼 작은 바람과 움직임에도 쉽게 흔들리게 된다. 지난 수십 년간 여러 명의 대통령이 임기 말년에 들어 예외 없이 낮은 지지도로 고생을 하고, 심지어 자신이 속해 있던 여당으로부터도 배척당하는 등의 어려움을 겪는 것도 바로 이러한 이유 때문이다. 성공하는 대통령을 위해, 또 그 대통령의 보좌기구를 설계하는 데 있어 반드시 고려해야 할 사항이다. 아래에서는 이 문제를 좀더 자세히 살펴보기로 한다.

1. 과중한 책무

1) 헌법적 책무와 국민적 기대

우리나라에 있어 대통령은 크게 세 가지 지위를 가진다. 첫째, 국가원수로서의 지위이다. 조약을 맺고 선전포고를 하는 등 외국에 대해 국가와 국민을 대표하는 지위이다. 둘째, 국정의 최고책임자로서의 지위이다. 대법원장과 대법관을 임명하는 등 헌법기관을 구성하고, 삼권분립의 예외적 사항이라 할 수 있는 사면권과 긴급명령을 발하는 등 행정부를 넘어 국정 전반에 걸쳐 권한을 행사할 수 있는 지위이다. 임시국회를 소집할 수 있는 권한 등도 이에 속한다. 그리고 셋째, 행정수반으로서의 지위이다. 예산안을 편성하고 공무원을 임면하고 행정조직을 운영하는 등, 행정부 최고 책임자로서의 행위를 한다(정종섭, 2002:143).

한마디로 막강한 지위인데 그에 따른 권한과 책임도 크다. 행정권이 비교적 강하고 지방자치가 제대로 자리잡지 못한 국가라 더욱 그러하다. 크게는 실업률을 낮추는 문제에서부터 작게는 동네 치안문제에 이르기까지 크고작은 수많은 현안들이 대통령을 향한다.

여기에 국민적 기대도 크다. 이러한 기대는 때로 법률적 권한과 책임의 범위를 넘어선다. 많은 국민들이 어디까지가 시장의 기능이고 어디까지가 정부의 기능인지, 또 어디까지가 국무총리의 책임이고 어디까지가 지방자치단체장의 책임인지 따지지 않는다. 지방도시에 교통 혼잡이 발생해도 대통령의 책임이고, 글로벌 유동성 증가로 집값이 올라도 그대로 대통령의 책임이다.

자연히 대통령은 과중한 직무에 시달린다. 수많은 현안과 국정과제들이 끝없는 고민을 만들어 낸다. 무엇보다도 결정권을 행사한다는 것이 쉬운 일이 아니다. 확신이 있는 경우에만 결정하는 것이 아니기 때문에 더욱 그러하다. 특히 많은 사람들에게 영향을 미치거나 정치적 부담을 안을 수 있는 사안이면 더 큰 심적 부담을 안는다.

2) 새롭고 긴박한 정책과제

변화의 속도가 빠른 만큼 정부와 대통령이 감당해야 할 새롭고 긴박한 과제들이 끊임없이 생성되고 있다. 하나의 예가 되겠지만 기계화와 자동화 그리고 전산화가 진행되면서 성장이 되어도 고용이 늘지 않는 '고용 없는 성장' 현상이 심화되고 있다. 그렇지 않아도 심각한 일자리 문제를 더욱 어렵게 하고 있다.[9]

반면 투자를 늘려 일자리를 만들어야 할 기업들은 오히려 투자를 망설이고 있다. 기술진보의 속도가 빨라지면서 시장에 대한 예측가능성이 점점 더 떨어지고 있기 때문이다. 그리고 투자되지 않은 돈은 유동성 자금이 되어 세계를 돌며 이 나라 저 나라를 위협하고 있다. 우리 역시 언제 다시 이러한 자금의 희생양이 될지 모를 일이다.

뿐만 아니다. 저출산·고령화 문제나 소득양극화 현상도 시간이 갈수록 심화되고 있다. 전통적 안전망이라 할 수 있는 가족제도 또한 약화되고 있다. 하나 같이 정부의 재정적 역할, 즉 더 많은 재정지출을 요구하는 변화들이다. 그러나 글로벌 체제 아래 국가 간 일어나고 있는 조세경쟁(tax competition)은 기존의 재정수입 기반마저 흔들고 있다. 기업과 자본을 유치한다는 명분 아래, 또 그 반대로 기업과 자본이 빠져 나가는 것을 막는다는 명분 아래 법인세와 상속세 등 직접세를 앞 다퉈 내리고 있다(세정신문, 2012.11.11).

국내 상황을 생각하면 문제는 더욱 복잡해진다. 고용인구의 30%를 넘는 자영업자 비율과 효율성이 떨어지는 인력양성체계, 불합리한 산업구조와 비합리적인 대·중소기업 관계, 여기에 유연성과 안정성 모두 떨어지는

---

9) 2005년 우리나라 전체 산업의 고용계수, 즉 10억원의 재화를 산출했을 때 생겨나는 일자리의 수는 10.1명 정도였다. 그러나 불과 5년 뒤인 2010년 이것은 17.8%가 줄어든 8.3명이 되었다(이투데이, 2012.6.12).

고용구조와 양보를 모르는 이해관계 집단들... 등, 쉽게 풀 수 없는 문제들이 겹겹이 쌓여 있다. 하나 같이 대통령이 감당해야 할, 또 국민들이 풀어주기를 기대하는 문제들이다.

2. 취약한 직무수행 기반

1) 어려운 정치사회적 환경

대통령을 둘러싸고 있는 정치사회적 환경이 만만치 않다. 먼저 시민사회의 권리의식이 크게 신장되었다. 정치 경제 사회 모든 영역에 걸쳐 자신들의 신념과 이익을 쉽게 양보하지 않는다. 그렇다고 하여 이들 신념과 이해관계를 걸러내고 조정할 메커니즘이 잘 자리잡고 있지도 않다. 자연히 이해관계와 신념을 둘러싼 갈등과 마찰이 심화되고 있다. 개별적 이해관계가 사회 전체의 이익을 압도하는 양상을 보이기도 한다.

실제로 정책을 입안하고 집행하는 데 있어 시민사회의 동의를 구하기가 점점 더 어려워지고 있다. 조정과 합의에 이르는 시간 또한 점점 더 길어지고 있다. 법을 하나 만들고, 규정을 하나 만드는 데 있어서도 그만큼 큰 어려움이 따른다.

국회나 정당과의 관계 또한 큰 문제가 된다. 집권당이 내각을 구성하는 내각제 국가와 달리 대통령제 아래에서는 입법부와 행정부가 분리되어 있다. 내각제가 옳다는 뜻은 아니지만 내각제 국가에서는 원-라운드로 끝날 입법과정이 대통령제 아래에서는 투-라운드가 된다. 즉 이해관계 집단 간의 조정과 시민사회 설득 등 행정부에서 힘든 과정을 거친 후 다시 당정협의와 국회의 심의·의결 과정을 거쳐야 한다.

여당이 여당으로서 대통령을 지원하는 경우 이 과정이 그리 힘들지 않을 수 있다. 그러나 현실은 그렇지가 않다. 흔히들 여당을 대통령의 영향력 아래 있는 정당으로 생각하지만 그러한 구도가 무너진 지는 오래되었다. 당정분리 원칙이 실제 작동하고 있으며, 그로 인해 대통령의 실질적 영향력은 날이 갈수록 약해지고 있다. 물론 임기 초반에는 비교적 강한 영향을 미치기도 한다. 그러나 시간이 갈수록 그 영향력은 떨어지게 되며, 레임덕이 시작되는 임기 후반에 이르면 오히려 비판이나 차별화의 대상이 된다.

이러한 현상은 우리나라 정당의 정책적 역량이 낮다는 점에서 더욱 심각하게 나타난다. 정당들은 변화에 대한 올바른 이해도, 정책적 비전도 없다. 이러한 상태에서 정당들은 주로 전술적 결정에 치중한다. 상대를 '적'으로 놓고 상대를 이길 수 있는 방안을 찾거나, 상대의 공격이나 국민적 분노로부터 벗어나기 위한 방안을 찾는 데 거의 모든 시간과 에너지를 소비한다. 같은 당에 소속된 인사라 하여 예외가 되지 않는다. '물갈이' 공천 등에서 보듯 필요한 경우 쉽게 그러한 공격과 분노의 제물로 삼는다. 대통령도 마찬가지이다. 국민적 지지가 떨어지면 바로 그 제물이 된다.

대통령으로서는 매우 힘든 환경이다. 특히 미래적 비전을 가지고 있거나 가치를 지향하는 대통령의 경우는 더욱 그렇다. 대통령의 미래적 비전이나 가치가 소속 정당의 전술적 선택과 일치하기 힘들기 때문이다.

특히 선거 때가 되면 이러한 현상은 더욱 극심해진다. '적'을 이기기 위한 전술적 선택이 최고조에 달하기 때문이다. 당연히 선거 때가 되면 대통령은 대부분의 정책행위를 멈추어야 한다. 자신이 속한 정당의 전술적 선택과 배치될 수 있기 때문이다. 선거 후도 문제가 된다. 선거결과에 따른 책임문제를 따지게 되고, 때로는 대통령에게 그 책임이 돌아온다. 상당기간 제대로 된 정책행위를 할 수 없는 상황이 발생한다. 더욱 힘든 것은 총선과 지방선거, 또 여기에 보궐선거를 합쳐 이러한 선거가 거의 매년 있다는 점이다(김병준, 2012:150-170).

2) 시장경제의 발달과 글로벌 체제의 확대: 또 다른 제약요인

시장경제의 발달도 어려움을 더한다. 힘이 커진 기업들은 더 이상 행정권으로 쉽게 규제할 수 없다. 언론과 시민사회, 그리고 정치권과 관계에 강한 영향력을 행사하고 있으며, 자유시장경제라는 쉽게 부정할 수 없는 이데올로기에 의해 보호되고 있다. 이들의 이익에 반하는 정책은 자칫 '반(反) 기업,' '반(反) 시장'이라는 비판을 받게 된다.

글로벌 체제의 강화는 이러한 현상을 더욱 심화시킨다. WTO나 FTA 협정, 그리고 G20 회의 등에 의해 국가권력의 상당부분을 내려놓을 수밖에 없는 상황이 전개되고 있다. 또 이미 우리 경제에 큰 영향력을 행사하는 글로벌 자본들은 작은 이익과 불이익에도 쉽게 움직인다. 환율이 조금만 움직여도, 또 자신들의 이익에 영향을 주는 작은 정책과 규제에도 대규모의 자금이 들어왔다 나갔다 하며 경제 전반을 뒤 흔든다. 대통령이 움직일 수 있는 폭이 좁아들 수밖에 없다.

신자유주의 비판이란 이름 아래 이러한 현상을 바로잡아야 한다는 주장들이 있다. WTO 체제와 FTA 협정 등을 반대하는 진보적 주장들이 바로 그러하다. 일면 이해가 가는 주장이다. 옳고 그름을 따진다면 이러한 주장들이 더 옳을 수 있다.

그러나 현실 경제와 민생을 생각할 수밖에 없는 대통령에 있어 이러한 현상은 거부하기 힘이 든다. 굳이 비유를 하자면 사교육 위주의 교육이 잘못되었다 생각하면서도 고3 입시생 자식을 학원으로 몰고 가는 학부모 같은 입장이다. 비판을 직업으로 하는 이론가나 운동가와는 달리 대통령은 일정 부분 그러한 현실의 틀에 갇힐 수밖에 없다.

'권력은 이미 시장으로 넘어 갔다'는 노무현대통령의 자조(自嘲) 섞인 언급은 대통령이 처해 있는 이러한 어려움을 이해하는 데 있어 중요한 의미를 지닌다(서울신문, 2005.5.17). 패배적이라 비판만 하거나, 시장으로 간 권력을 다시 가져오겠다는 구호를 외친다고 해서 달라질 일은 아니다. 시장과 공동체 그리고 국가의 관계에 관한 큰 틀의 합의가 필요한 일이고, 그것도 우리만의 합의가 아니라 글로벌 차원의 합의가 필요한 일이다. 당분간 쉽게 변하기 힘든 구조이다.

3) 변화되는 행정환경과 행정조직

행정적 환경 또한 과거와 같지 않다. 아직 초기 단계이기는 하지만 지방자치의 실시에 따라 중앙정부의 권한이 과거에 비해 크게 줄어들었다. 민권신장과 함께 지방정부에 대한 권력적 통제는 점점 더 어려워지고 있다. 당연한 이야기겠지만 이러한 경향은 점점 더 심화될 것으로 보인다. 지방자치와 지방분권은 거부할 수도 없고, 또 거부해서도 안 되는 일이기 때문이다.

관료조직과 대통령의 관계 또한 변하고 있다. 한때 관료조직은 대통령이 국정을 수행하는 데 있어 중요한 도구이자 수단이었다. 대통령에 대해 맹목적인 충성을 했고, 대통령은 이를 바탕으로 국가를 이끌어갈 수 있었다. 권위주의 시절, 대통령을 정점으로 하는 행정조직이 시장과 시민사회를 지배하던 시절의 이야기이다.

그러나 민주화가 진행되고 시장중심의 사회가 되면서 상황은 변화되고 있다. 5년 단임의 대통령, 시장과 시민사회 및 정치권에 대한 영향력이 떨어진 대통령은 더 이상 맹목적 충성의 대상이 되지 못한다. 더 이상 자신을 보호할 수 있는 기제도, 경제적 인센티브를 제공하는 기제도 아니다.

대통령의 영향력이 줄어든 자리에는 시장과 시민사회, 그리고 선후배와 고객집단까지 연결하는 네트워크로서의 '커뮤니티'가 자리잡고 있다. 특히 '커뮤니티'의 영향력은 점점 더 커지고 있다. 법무법인이나 회계법인, 그리고 기업 등과의 연계 고리를 통해 퇴직 후의 일자리를 주선하는 등, 실질적인 이익을 주기 때문이다. 관료들로서는 대통령으로부터 인정을 받는 것 이상으로 이들 집단으로부터도 인정을 받아야 한다(김병준, 2012: 133-170).

이에 더해 관료들의 창의성과 적극성을 죽이는 법과 규정들이 도처에 산재한다. 관료들의 책임을 확보하겠다고 만든 법과 규정들이 관료들 입장에서는 '지뢰'가 된다. 창의적인 발상이나 적극적인 행동은 오히려 이 '지뢰'를 밟을 가능성을 키운다.

그 결과 많은 관료들이 높은 행정적 기술과 가치 있는 정보를 가지고도 퇴행적 태도를 취한다. 개인적 일탈로서의 복지부동이나, 조직적 일탈로서의 조직이기주의도 극성을 부린다. 이들을 일하게 하고, 조직간 이해관계가 걸린 사안을 조정하기가 점점 더 어려워진다. 중요한 과제일수록 더 하다. 기존의 이해관계 구조와 질서를 위협하거나 새로운 사고를 요구하는 경우가 많기 때문이다.[10)]

4) 부실한 지식정보 기반

국정을 바르게 운영하기 위해서는 질 높은 지식과 정보가 필요하다. 현 상황을 바르게 이해하고 빠르게 일어나는 사회경제적 변화의 흐름과 구조를 제대로 읽을 수 있어야 하기 때문이다.

우리사회에서도 적지 않은 지식정보가 생성·유통되고 있다. 또 일정 수준 국정에 활용되고 있기도 하다. 많은 수의 국책연구소와 민간연구소가 있고 각종의 학회와 연구모임들도 있다. 또 대학교수들을 비롯한 많은 전문가들이 활동하고 있기도 하다. 이들이 만들어 내는 지식과 정보는 용역이나 컨설팅 등을 통해, 또 위원회 조직 등을 통해 정부에 전달되어 활용된다.

그러나 우리사회의 지식정보 기반은 여전히 불완전하다. 하나의 예가 되겠지만 2003년 노무현정부가 출범할 당시만 해도 신용불량자에 대한 제대로 된 정책 자료를 구할 수 없었다. 총괄적인 상황만 확인될 뿐, 개별 신용불량자들의 잠재적 재정능력 등 대책마련에 필요한 실질적 자료는 찾을 수 없었다. 3백만 명 가까운 신용불량자 문제가 국가경제 전반을 뒤흔들고 있는 상황이었다.

양극화 문제도 마찬가지였다. 양극화 문제가 심각한 사회문제가 되고

---

10) 흔히들 이러한 현상을 임기 말 현상 정도로 이해한다. 그러나 현실은 이 보다 더 심각하다. 큰 변화를 초래하거나 이해관계가 크게 걸린 일에 있어서는 임기 초기부터 이러한 현상이 나타난다. 노무현정부 초 신성장동력 문제를 놓고 과학기술부와 산업자원부 그리고 정통부가 갈등을 일으켰던 사례는 그 대표적인 예이다. 김병준(2012:133-170) 참조.

있음에도 불구하고 이 문제의 핵심이라 할 수 있는 영세자영업자에 관한 쓸 만한 자료나 통계가 없었다. 2004년의 일이었다. 결국 대책마련을 위해 대규모의 새로이 하는 수밖에 없었다.

비정규직 문제도 그러했다. 사회 전체가 이 문제로 소란을 겪고 있는 상황에서도 비정규직 문제에서 제외되어야 할 자발적 비정규직이 얼마나 되느냐에 대한 통계를 구할 수가 없었다. 결국 대통령이 이에 관한 심각한 질문을 하고서야 필요한 자료가 만들어지게 되었다.

유용한 지식정보는 올바른 질문에서 나온다. 그리고 그 올바른 질문은 제대로 된 문제의식에서 나온다. 따라서 지식정보 기반이 완전하지 못하다는 것은 국정운영에 대한 문제의식의 수준이 높지 못함을 이야기한다. 국정운영의 가장 중요한 주체인 정당부터 질문능력이 매우 낮다. 언론이나 학자들이라 크게 높은 것도 아니다. '진영논리'나 '대중주의'에 갇히거나, 경제적 인센티브나 논문 편수나 채우는 잘못된 실적주의를 따라가는 경우가 많다.

결과적으로 국정에 필요한 유용한 지식정보가 부족한 가운데 저널리스틱한 논리와 자본적 이해관계를 반영하는 지식정보들이 활개를 치고 있다. 대통령은 유용한 지식정보가 부족한 데서 오는 어려움을 겪는 동시에 잘못된 지식정보에 함몰될 위험도 안게 된다.

5) 집중이 어려운 직무환경: 제한된 시간과 에너지

대통령이 쉽게 일에 집중할 수 없다. 수없이 많은 행사에 참여해야 하며 수많은 내·외빈을 맞아야 한다. 민권이 성장하고 국가위상이 높아질수록 이러한 부담은 더 커진다.[11)]

실제로 행사참여는 대통령에 있어 큰 부담이다. 때로 별 의미 없는 행사를 위해 먼 거리를 이동해야 하고, 많은 시간을 소비해야 한다. 내·외빈

---

11) 국정홍보처가 만든 『참여정부 국정운영백서』(2008)에는 노무현대통령의 재임중 주요 일지가 공개되어 있다. 대통령이 얼마나 많은 행사에 참여하고, 얼마나 많은 내·외빈을 만나는지를 잘 알 수 있다.

을 접견하는 일도 그렇다. 적지 않은 정신적, 시간적 에너지를 소비해야 한다. 특히 대통령의 정책방향과 마찰이 있을 수 있는 정책적 사안이나 민원을 접수해야 하는 경우는 더욱 그러하다. 불편하다고 해서 표정하나, 말 한마디 함부로 할 수가 없다. 적지 않은 정신적 에너지를 소비해야 한다.

이러한 상황이다 보니 장관들도 쉽게 면대면 보고를 할 수 없다. 경제와 외교 등의 특정 분야를 담당하는 부처의 장관들 정도나 간간히 독자적 보고를 할 수 있는 정도이다. 나머지 장관들은 1년에 한두 번 기회를 가지거나, 국무회의 등 대통령이 주재하는 회의 전후로 스치듯 이야기를 나누는 정도에 만족해야 한다. 흔히 전직 장관들이 회고록 등을 통해 장기간 장관직을 수행하면서도 '독대,' 즉 면대면 직접보고를 한 적이 별로 없었다는 진술을 하곤 하는데, 결코 과장된 이야기가 아니다.[12)]

대통령이 건강상의 이유 등으로 집무시간을 줄일 수밖에 없는 경우에 이러한 현상은 더욱 심해진다. 시간과 에너지의 거의 대부분을 피할 수 없는 행사참여와 내·외빈 접견에 써버리게 된다. 심지어 수석비서관들조차 몇 개월씩 대통령에게 직접 보고를 할 수 없는 상황이 전개되기도 한다. 업무에 집중하기가 그만큼 힘들어진다는 이야기이다.

6) 취약한 직무수행 기반의 결과

이와 같이 정치사회적 환경에서부터 업무에 집중하기 힘든 환경에 이르기까지 직무수행 기반이 좋지 못하니 그 결과 또한 좋을 수가 없다. 1988년부터 2006년까지 국회를 통과한 3,131건의 행정부 입법안의 처리 소요기간을 조사한 연구는 대통령이 처해 있는 이러한 상황을 극명하게 보여준다. 조사에 따르면 행정부가 어떠한 문제를 의제로 채택한 시점부터 국회를 통과해 시행에 들어가기까지 걸린 시간이 무려 35개월이었다. 단계별로는 행정부 정책의제로 채택되어 다양한 논의를 거쳐 여러가지 대

12) 이헌재 전경제부총리의 회고록은 그 대표적인 예이다. 그는 김대중정부 시절 2년 반 동안 재정경제부장관을 하면서 단 1번, 그것도 직을 그만두기 직전 5분간 가졌다고 적고 있다. 이헌재(2012.3.12).

안을 마련하는 데까지 걸리는 시간이 평균 14.5개월, 그리고 이러한 대안 중 하나를 결정하는 데까지 걸리는 시간이 7개월, 이것이 국회를 통과하는 데 걸리는 시간이 또 7개월, 그리고 시행에 들어가기 까지가 또 5.9개월이었다(고기동, 2007).

참여정부가 큰 관심을 두었던 근로장려세제, EITC(Earned Income Tax Credit) 제도는 이러한 문제가 어느 정도 수준인지를 보여주는 좋은 예이다. EITC는 워킹 푸어(working poors)들, 즉 일하는 저소득층 근로자들에게 인센티브를 주기 위한 제도였는데, 정부출범 전의 인수위원회 때 거론된 것이 임기 마지막 해인 5년차에 국회를 통과하였고, 그 시행은 이명박정부에 들어와서 되었다(김병준, 2012:145).

그러나 이 경우는 그나마 입법이 되고 시행이 된 경우이다. 수많은 개혁과제나 중요한 국정과제들이 필요한 지지나 재원을 마련하지 못해 사장되었다. 사회적 안전망의 확충이나 대학개혁 등은 그 좋은 예이다. 비교적 높은 수준의 합의가 있음에도 불구하고 지지부진한 모습을 보였다. 재원을 확보하거나 기존의 이해관계 구조를 깨뜨리기가 쉽지 않기 때문이다. 하물며 새롭게 동의를 형성하거나 새롭게 지지를 확보해야 하는 일은 더 말할 필요도 없었다. 제대로 된 의제로 떠오르지도 못하고 사장되곤 했다.

대통령실 조직을 설계함에 있어서는 이러한 어려움을 인지하고 이해하는 것이 매우 중요하다. 즉 성공하는 대통령이 되기 힘든 구도가 자리잡고 있다는 사실과, 올바른 조직 설계로 이러한 구도를 넘을 수 있도록 해야 한다는 사실을 염두에 두어야 한다.

Ⅳ. 조직설계를 위한 고려 요소 2: 대통령실 내부의 권력문화

1. 정보왜곡의 가능성

청와대 내에 있어 대통령의 권력은 절대적이다. 국무총리실에서 국무총리가 갖는 위상이나 행정 각 부처에서 장관이 갖는 위상과도 다르다. 일반 정치사회와의 관계에서는 임기 말 레임덕 현상도 있지만 대통령실 내부에서는 그렇지가 않다. 임기를 다하는 순간까지 대통령의 존재는 절대적이다. 실질적인 권한과 권력에 대통령으로서 가지는 상징성과 무게가 더해지기 때문이다.

과도하게 수직적인 조직은 자칫 많은 문제를 유발한다. 그 중 가장 중요한 문제 중의 하나는 정보왜곡이다.[13] 대통령실이라 하여 예외가 되지 않는다. 절대적인 존재를 정점으로 하는 조직인만큼 정보왜곡의 가능성도 그만큼 커지게 된다. 즉 사실이 사실대로 전달되는 것이 아니라 대통령이 원하는 방향으로 가공되어 전달될 수 있다.

정보왜곡은 크게 두 가지 형태로 일어난다. 하나는 대통령이 좋아하게 가공해서 전달하는 것이고, 또 하나는 전달해야 할 사안을 전달하지 않는 것이다. 대통령의 힘이 상대적으로 강한 임기 초기에는 앞의 유형이, 그리고 대통령의 힘이 약해지는 임기 후반에는 뒤의 유형이 많은 경향이 있다. 두 유형 모두 대통령의 눈과 귀를 가리게 됨은 물론이다.

흔히들 대통령 참모들이나 장관들에게 직언과 고언을 하라고 한다. 그러나 이것은 말처럼 쉽지가 않다. 우선 직언과 고언을 할 수 있는 기회가 많지 않다. 대통령의 판단이나 행동이 잘못되었다는 지적을 때와 장소를 가리지 않고 할 수는 없다. 예컨대 많은 사람들이 지켜보는 가운데 할

---

13) 조직과 커뮤니케이션에 관한 많은 연구들이 계층적 조직에서의 정보왜곡 현상을 증명해왔다. 고전적 연구로는 Kenneth Boulding(1966:8) 참조.

수는 없다. 자칫 대통령의 권위를 실추시킬 수 있고, 이것이 다시 대통령의 국정수행에 영향을 줄 수 있기 때문이다. 또 자칫 잘못될 경우 큰 위험이 따르기도 한다. 지적한 내용에 대해 대통령이 싫은 소리르 반박을 하게 되면 직언과 고언을 한 당사자의 입지는 크게 좁아지게 된다. 대통령이 못마땅해 하는 사람이 되기 때문이다.

결국 직언과 고언은 단 둘이 마주하는 경우 등 특별한 자리에서 하게 되는데, 이러한 기회가 누구에게나 주어지지 않는다. 비서실장이나 정책실장, 수석비서관, 그리고 근접 근무를 하는 소수의 비서관 정도에 국한이 된다. 일반 비서관들은 물론 내각의 장관들조차 그러한 기회를 가지기 힘이 든다.

기회가 있다고 해도 대통령이 싫어하는 내용을 있는 그대로 말하기는 쉽지 않다. 잘못된 시각을 가지고 있는 사람이나 능력부족으로 일을 제대로 처리하지 못한 사람으로 여겨질 수 있기 때문이다. 이래저래 정보왜곡의 가능성은 상존하게 된다.

2. '실세(實勢)'의 문제

대통령 주변에는 쉽게 '실세,' 즉 공식적인 지위와 관계없이 주도적인 힘을 발휘하는 사람이 쉽게 나타난다. 이유는 크게 두 가지이다. 하나는 대통령 자신이 절대적인 존재라는 사실이다. 누구나 이 절대적 존재로부터 신뢰를 얻으면 바로 '실세'가 된다. 또 하나의 이유는 대통령이 되기까지의 과정이 순탄치 않기 때문이다. 순탄치 않은만큼 비밀을 공유하거나 운명을 같이한 사람들이 있을 수밖에 없다. 대통령이 된 뒤로도 이들은 대통령과 운명을 같이하는 '실세'가 된다.

'실세'는 대통령실 내부에 있기도 하고, 직계 가족이나 친인척 등 대통령실 밖에 존재하기도 한다. 그러나 어느 경우이든 이들은 대통령실과 밀접하게 연관되어 있다. 대통령실 밖에 있는 경우라 하더라도 이들은 일차적으로 대통령의 대통령실이나 그 일부 부서를 장악함으로써 자신의 영향력을 극대화해 나간다.

'실세'는 때로 학연, 지연, 혹은 기능적 관계를 중심으로 '실세 그룹'을 형성한다. 이 과정에서 대통령실 안과 밖을 연결하는 강한 인적 네트워크가 만들어지기도 한다. '실세'가 원해서이기도 하겠지만 본인의 의사와 관계없이 주변에 사람이 몰리다 보니 자연스럽게 그렇게 되기도 한다.

이들은 언제나 '대통령을 위해서' 일한다는 명분을 앞세운다. 대통령 또한 이들의 충성심이나 헌신을 높이 사는 경향이 있다. '실세'가 '실세'인 이유이다. 적지 않은 사람들이 이들의 존재와 역할에 대한 경계를 촉구하지만 대통령은 이를 잘 따르지 않는다. 오히려 이들의 충성심이나 헌신을 활용하겠다는 생각을 한다.

실제로 이들이 긍정적인 기능을 하는 경우가 적지 않다. 의사결정의 속도와 추진력을 높일 수도 있고, 조직 내 갈등을 줄일 수도 있다. 개혁의지가 강한 집단인 경우 정책의 방향성을 유지하거나 조직 내의 각종 부조리나 비리를 줄이는 역할을 하기도 한다.

그러나 '실세'와 '실세 그룹'의 존재는 여러가지 점에서 바람직하지 못한 결과를 낳는다. 앞서 말한 정보왜곡의 중요한 요인이 되기도 하고, 과도한 권한을 행사함으로써 공식조직의 기능과 사기를 떨어뜨리기도 한다. 또 흔히 일어나는 일이지만 각종 부정과 비리의 온상이 되기도 한다. 견제되지 않는 힘은 그 나름의 문제를 일으킬 수밖에 없다.

3. 확장지향성의 문제

분권형 국정운영, 즉 통상적인 국정운영은 국무총리가 맡고, 대통령은 보다 근본적인 문제, 즉 대통령 프로젝트나 국정과제에 집중하는 체제가 강조되고 있다. 변화가 빠른 시점에 있어, 또 사회경제 구조가 근본적으로 변화될 필요가 있는 시점에 있어 대통령이 통상적인 문제에 묶여 있을 수 없다는 뜻에서이다.

아울러 각 부처의 자율성도 강조되고 있다. 자율적 기반이 정착되지 않고서는 사회변화가 요구하는 창의성과 적극성을 확보하기 힘들기 때문이다. 자율성과 책임성이 동시에 확보되는 체제, 그리고 그 위에 통제가 아닌 통합이 이루어지는 체제가 이 시대의 답이 되고 있다.

이러한 관점에서 볼 때 대통령실과 관련해서 또 하나 주의해야 할 요소가 있다. 확장지향성, 즉 권한과 영향력을 계속 확대해 나가는 경향이다. 대통령실이 확장지향성을 가지고 그 권한과 영향력을 키워나가는 한, 분권형 국정운영이나 행정 각 부처의 자율성 확대는 어려워진다.

확장지향성은 대통령실만의 문제가 아니다. 조직에 관한 많은 연구들이 증명해 왔듯 모든 조직이 그러한 경향을 지니고 있다. 그러나 대통령실의 확장지향성은 특별히 더 문제가 된다. 이유는 간단하다. 일반 국가조직의 경우 행정안전부 등에 의해 그 기능이나 조직의 확장이 제어된다. 경쟁조직에 의해 견제되기도 한다. 그러나 대통령실의 경우는 다르다. 권력적 위상이 높은만큼 이러한 제어와 견제가 작동하기 힘들게 되어 있다.

이에 더해 행정 각 부처를 포함한 중앙행정기관의 묵시적 동의나 지원이 작동한다. 많은 기관들이 어떤 형태로건 소속 직원을 대통령실에 보내 놓기를 원한다. 대통령실과 연계고리를 만들어 나쁠 것이 없기 때문이다. 경쟁상대가 있는 경우 상대 부처나 기관에 대한 우월적 입장을 확보하는 데에도 큰 도움이 된다. 한편으로는 청와대의 지나친 간여를 경계하면서도, 또 다른 한편으로는 청와대의 기구확장을 동의하고 기여하는 모순된 경향을 보이는 것이다.

그래도 정원이나 예산 등, 눈으로 확인할 수 있는 부분은 문제가 그리 크지 않다. 눈에 쉽게 띄는 부분이라 국회와 언론 등에 의한 감시와 견제가 작동할 수 있기 때문이다. 그러나 기능이나 역할 부분은 다르다. 눈에 잘 띄지 않는만큼 감시와 견제가 잘 작동하지 않는다. 각 부처가 하는 일에 대해 그만큼 쉽게 간여의 폭을 넓힐 수 있다.

확장지향성에 관한 한 대통령과 대통령실의 입장은 다를 수 있다. 대통령의 입장에서는 각 부처를 포함한 모든 국가조직이 이미 그 영향력 아래 있다. 더 이상 권한을 확대하고 말고 할 것이 없다. 아울러 관심영역 또한 다르다. 원하는 것은 성공적 국정운영이지, 개인적 영향력의 확대가 아니다. 그러나 대통령실이나 그 안에서 일하는 참모들은 다르다. 대통령 아래 놓인 하나의 조직으로서 행정 각 부처를 포함한 국가조직들에 대한 권한과 영향력을 확대하고 싶은 욕구를 버리기가 힘이 든다.

따라서 이 점에 있어 때로 대통령과 대통령실 사이에 긴장이 발생한다. 그러나 대통령조차 대통령실의 이러한 확장지향성을 제어하기가 쉽지 않다. 크게 두 가지 이유에서이다. 첫째, 앞서 설명한 바와 같이 기능과 역할의 확장은 눈에 잘 띄지 않는다는 점이다. 대통령 모르게 확장해 나갈 수 있는 부분이 적지 않다.

둘째 대통령실 중심의 국정운영이 일종의 문화가 되어 있는 탓에 국무총리실과 행정 각 부처 스스로 대통령실에 보고하고 지시받는 것을 더 선호하는 경향이 있다는 점이다. 장관들조차 스스로 책임지기가 두려워 대통령실로부터의 지시를 원하는 경우가 적지 않다. 대통령실 조직을 구상함에 있어, 특히 분권형 국정운영을 운영하기를 원하는 경우 반드시 염두에 두어야 할 부분이다.

V. 조직설계의 기본원칙과 새로운 조직의 대강

1. 기본원칙

1) 제로 베이스에서의 검토

청와대 조직에 있어 부서의 명칭 등은 그 변화를 최소화하는 것이 좋다. 국민의 입장에서 볼 때 익숙한 것이 이해하기에도 쉽기 때문이다. 조직의 편제 또한 그러하다. 대통령실 조직은 일반 행정부처와 달라 대통령의 의지에 따라 그 운영상의 가변성이 크다. 대통령보좌관을 정책실장 아래 위치시켰다가도 대통령이 보고체계를 직보, 즉 정책실장을 거치지 않고 대통령에 바로 보고하게 하면 그 보좌관은 사실상 대통령과 바로 연결되게 된다. 반대의 경우도 마찬가지이다. 대통령에 바로 연결되어 있는 부서라 하더라도 대통령의 지시에 의해 다른 특정부서 아래에 위치시킬 수 있다. 큰 변화가 필요한 부분이 아니면 굳이 이름이나 편제를 변화시킬 이유가 없다는 뜻이다.

그러나 기능과 역할은 다르다. 오히려 제로 베이스에서 검토하는 노력이 필요하다. 대통령실이 지닌 확장지향성으로 인해 불필요하게 커진 부분이 있을 수 있기 때문이다. 크게는 대통령에 있어 별도의 보좌조직이 필요하냐는 질문부터 던져 볼 필요가 있다.

실제로 대통령실 조직은 과대성장한 부분이 있다. 인사권행사는 그 대표적인 예이다. 거의 모든 대통령 아래에서 대통령실의 인사담당 부서는 각 부처의 장관이 행사해야 할 인사권을 행사해 왔다. 공기업의 임원은 물론, 차관과 차관보급을 넘어 심지어는 국장급 인사까지 대통령실이 좌지우지하는 경우가 많다. 물론 여러가지 명분과 이유를 달아서이다. 대통령의 의지를 확실히 실현하기 위해서라고 하기도 하고, 각 부처 장관이 관료들에 의해 포획당해 있기 때문이라고 하기도 한다. 그러나 실제로는 많은 부분, 대통령실 조직의 자기확장성에 따른 결과이다. 꼭 그렇게 할 이유가 없다는 뜻이다.

이러한 자기확장성을 막기 위해 몇 가지 고려할 점이 있다. 가장 중요한 것은 청와대 스스로 제로 베이스에서 필요한 기구와 인력규모를 구상하는 것이다. 인사권을 담당하는 부서만 해도 그렇다. 대통령실이 인사권을 어느 정도 행사하는 것이 합리적인가를 원론적으로 재검토하고 이를 수행하는 최소한의 인력만 둘 필요가 있다.

정원규모도 마찬가지이다. 제로 베이스에서 그 규모를 산정함과 동시에 파견이나 협조를 최소화하도록 엄격히 규정할 필요가 있다. 앞서도 설명하였지만 대통령실 조직의 확장은 행정 각 부처를 포함한 중앙행정기관의 묵시적 동의와 지원에 의해서도 이루어진다. 대통령실에 직원을 파견해 두는 경우 여러가지 이점이 있기 때문이다. 따라서 파견을 받는 쪽이나 파견을 보내는 쪽 모두를 규율하는 엄격한 규정을 만들어 운영해야 한다.

아울러 되도록 행정 각 부처의 편제와 일치하는 비서관실을 만들지 말아야 한다. 예컨대 가능하면 금융, 건설, 농업, 교육... 식으로 두지 말라는 뜻이다. 그렇게 되면 이들 비서관이나 그 아래 행정관들이 해당 부처의 현안문제에 지나치게 간여할 가능성이 커진다. 간여만 하는 것이 아니라 시간이 흐르면서 그 부처에 의해 회유되는 경향이 나타나기도 한다. 특히 그 부처의 관료를 비서관이나 행정관으로 임명하는 경우 처음부터 대통령의 비서관이나 행정관이 아닌 그 부처의 청와대 파견관 정도의 입장을 취할 수도 있다. 당연히 대통령의 정책적 의지에 대한 관심은 그만큼 줄어들게 된다.

2) 대통령 프로젝트 조직의 강화: 분권형 국정운영

국정운영에 있어 대통령은 대통령다워야 한다. 제한된 시간과 에너지를 대통령이 아니면 할 수 없는 일에 써야 한다. 통상적인 국정은 국무총리에게 일임하는 대신 대통령 프로젝트인 주요 국정과제에 전념해야 한다. 앞서 설명한 분권형 국정운영을 말함인데, 이러한 체제는 사회변화가 빠르게 일어나면서 그 중요성이 점점 더 높아지고 있다. 정치 경제 사회에 대한 전면적 혁신과 이를 위한 전략적 선택이 국가의 운명을 좌우하는 상황에 있기 때문이다.

그러나 분권형 운영은 쉽지 않다. 국무총리실을 비롯한 내각이 대통령실 중심의 국정운영에 익숙해 있고, 국민들 또한 크고 작은 일 모두를 대통령이 직접 챙겨 주기를 원하고 있다. 대통령 역시 작은 일 하나까지 관심을 가지고 있음을 보여주고 싶은 유혹을 쉽게 떨치지 못한다. 사회변화에 대한 올바른 이해나 정책적 비전이 없는 대통령의 경우는 더욱 그렇다.

대통령의 관심을 국정과제로 끌어오기 위해서라도 대통령실 조직을 분권형 국정운영을 위한 체제로 설계해야 한다. 그 핵심은 역시 국가단위의 전략적 과제를 집중적으로 챙겨나가는 조직으로서의 정책실을 설치하고, 이를 대통령의 가장 중요한 보좌조직으로 삼는 것이다.

정책실이 스스로 전략적 과제를 발굴하거나 논의하는 조직이 될 필요는 없다. 그러한 일은 시민사회와 전문가집단, 그리고 관계부처의 장관들이 참여하는 위원회 조직을 통해 이루어지게 하는 것이 좋다. 정책실은 대통령과 이들 위원회 사이에 위치하면서 이들 위원회를 관리하고 지원하는 일을 해야 한다. 즉 위원회를 구성하고, 행정 각 부처로 하여금 예산과 인력을 지원하게 하고, 행정부 안에서의 논의와 입법과정을 통해 이들 위원회가 발굴한 과제를 정책으로 발전시키는 한편, 행정 각 부처로 하여금 이를 제대로 추진하게 하는 일을 해야 한다.

정책실의 중심 기능을 대통령 프로젝트에 두되 이에 한정해서는 안 된다. 통상적인 정책운영이나 현안문제에도 적절히 개입할 수 있도록 해도 좋다. 박세일 교수를 비롯한 일군의 학자들이 한때 정책기획실의 설치를 제안하고 그 역할을 대체로 대통령 프로젝트에 제한하는 안을 내어놓은 적이 있다(이홍규, 2002:196-208). 그러나 실제에 있어 이 안은 적용상 한계가 있다. 국무총리실과 행정 각 부처의 소극성이 다 극복되지 않은 상태에 있기 때문이다.[14] 자칫 현안문제에 대한 정부 전체 차원의 조정기능이

14) 노무현정부 청와대 정책실의 경험은 이와 관련하여 그 의미가 크다. 정책실은 원래 분권형 국정운영의 틀 속에서 설치되었다. 즉 일상적 국정은 국무총리가 맡고 대통령은 대통령 프로젝트라 할 수 있는 국정과제를 추진한다는 것이었다. 당연히 정책실은 각 부처의 일에 관여하지 못하게 했다. 이를 위해 비서관실도 정책분야 중심으로 나누지 않고 기능 중심으로(정책기획, 정책상황, 정책관리) 두었다. 통상적 국정현안은 보고도 받지 말고 지시도 하지 말라는 대통령의 지시가 있었다. 그러나 얼마 가지 않아 큰 혼란이 생겼다. 크고 작은 일을 대통령비서실에 보고하고 대통령비서실로부터 오는 지시를 받는 데 익숙했던 내각의 각 부처는 보고창구가 없어진 데 대해 당황했다. 과거 같으면 건설비서관, 금융비서관 등 각 정책영역별 비서관실에 보고하고, 지시나 의견을 받으면 되었으나 새 체제 아래에서는 이러한 비서관실이 존재하지 않았다. 자연히 보고창구에 대한 문의가 쏟아졌다. 답은 간단했다. '내각이 자율적으로 결정하라'거나 '총리실과 상의·협의'하란 것이었다. 피동적인 관행에 젖은 부처들로서는 만족스러울 수 없는 답이

마비되어 큰 문제를 일으킬 수도 있다. 2003년의 물류사태는 그 좋은 예이다.[15)]

이 경우 한 가지 유의할 점이 있다. 정책실의 기능이 자칫 대통령 프로젝트가 아닌 현안 중심으로 흐를 가능성이 있다는 점이다. 그러나 이 문제는 운영의 묘를 살려 극복할 문제이지 개입 자체를 막아서 될 일은 아니다. 예컨대 사회변화와 국가의 전략적 선택에 관심이 큰 인사가 정책실을 이끄는 경우와 현안문제에 관심이 많은 인사가 이끄는 경우 그 경향성에 있어 큰 차이가 날 수 있다. 또 국무총리실이나 행정 각 부처와 정책실이 얼마나 유기적인 관계를 갖느냐에 따라서도 달라질 수 있다.

3) 대통령 프로젝트 관련 자문위원회 조직의 활용: 지식정보의 취합과 소통

한때 대통령자문위원회에 대한 비판이 심했던 적이 있다. 일면 이해가 가는 일이다. 위원회가 올바로 기능하지 못한 경우가 많기 때문이다. 지금도 그러하지만 많은 위원회들이 정부의 결정을 정당화시켜 주는 역할이나 하거나, 회의 한 번 제대로 하지 않은 채 이름만 걸고 있는 경우가 많다.

었다. 각 부처의 보고는 연일 쏟아져 들어왔다. 가장 근접하다고 생각되는 비서관실이 보고창구가 되었다. 정책실의 정책상황비서관실이었다. 정책상황비서관실은 이들 보고를 받느라 수 명의 직원이 순식간에 수십 명으로 늘어났다. 또 이보다 더 심각한 문제가 있었다. 청와대가 현안문제에 손을 뗀만큼 총리실이나 행정 각 부처들이 필요한 조정업무를 해 나가야 했다. 그러나 소극적 관행에 익숙해 있던 이들 기관들은 그러한 기대에 부응하지 못했다. 결국 이러한 문제는 2003년의 물류사태 등으로 이어졌고, 이러한 문제를 바로잡는 과정에서 청와대 정책실은 할 수 없이 현안을 같이 챙겨나가는 기구로 확대되었다.

15) 2003년 5월 분권형 국정운영이 시도되는 가운데 일어난 일이었다. 즉 대통령은 내각에 현안문제를 일임했고, 국무총리실을 비롯한 내각은 이를 적극적으로 처리하지 못해 생겨난 일이었다. 포항이 화물연대 소속 노조원들에 의해 마비되는 상황에 이르렀음에도 불구하고 내각은 긴급 처방조차도 내어놓지 못했다. 건설교통부와 행정안전부 공정거래위원회 등 관계기관들이 서로 책임을 미루는 가운데 국무총리실조차 적극적인 행위를 하지 않았던 것이다. 국무회의 석상에서 대통령이 "도시 하나가 마비가 되도록 정부는 무엇을 했느냐?" "왜 이에 관한 보고가 없느냐?"는 질책과 함께 어느 부처가 이 문제를 주관하고 있느냐고 묻자 관계 장관들이 서로 자기 부처의 일이 아니라는 듯 서로의 얼굴만 쳐다보는 일이 있기도 했다.

그러나 대통령 프로젝트 수행을 위한 자문위원회의 존재는 매우 중요하다. 첫째는 소통이다. 자문위원회에 전문가와 시민사회, 그리고 정치권과 관료조직을 적절히 참여시키는 경우 대통령과 이들 집단 사이의 소통이 원할해질 수 있다. 둘째 지식정보 기반의 강화이다. 대통령은 참여자들로부터 다양한 지식정보를 얻을 수 있다. 또 올바른 질문을 할 수 있는 역량을 갖추는 데 도움을 얻을 수도 있다(김병준, 2007).

자문위원회의 운영은 국정운영체계를 좀더 촘촘하게 만드는 효과가 있기도 하다. 세로축의 행정 각 부처와 가로축의 자문위원회가 어우러져 매트릭스 형태의 국정운영체계를 가능하게 한다(김병준, 2007). 예컨대 '지역균형발전' 이나 '녹색성장'의 경우 기획재정부와 국토해양부, 그리고 산업자원부와 교육과학기술부 등을 가로지르면서 세로축의 이들 부처와 매트릭스 형의 국정운영 체계를 형성한다. 행정 각 부처의 자율성이 강조되는 상황에 있어, 또 그러한 자율성을 기반으로 한 부처간의 조정이나 통합이 강조되는 시점에 있어 중요한 의미를 지닌다 할 수 있다.

그러나 대통령 프로젝트 수행을 위한 자문위원회 운영과 관련하여 크게 주의할 부분이 있다. 첫째, 형식화될 가능성이 크다는 점이다. 대통령이 사회변화와 국가의 전략적 선택에 대한 고민이 부족한 경우 더욱 그러하다. 또 별도의 사무국을 두지 않고 특정 행정부처의 일부 조직이 사무국 기능을 대신하는 경우도 그렇다. 그 부처의 영향력 아래 놓이면서 쉽게 유명무실해진다.

둘째, 행정 각 부처와 관료조직의 반발이 있을 수 있다는 점이다. 자문위원회가 활성화 될 경우의 이야기이다. 행정 각 부처와 관료조직의 입장에서 이들 자문위원회는 여러가지 점에서 제약요인이 된다. 자문위원회에서 일어나는 논의가 새로운 의무를 부과하거나, 자신들이 관장하는 정책문제에 대한 결정권을 제약할 수도 있기 때문이다. 대통령이나 그의 보좌기구인 정책실이 이를 챙겨가는 경우 더욱 그러하다. 자연히 옥상옥이라는 비판이 나오게 된다. 때로 이러한 비판에 정치권과 언론이 동조를 한다.

대통령은 이러한 비판에 흔들리지 말아야 한다. 오히려 그 활성화를 위해 노력하는 동시에 행정 각 부처와 관료조직, 그리고 시민사회와 정치권을 설득해 나가야 한다. 또 자문위원회의 구성을 되도록 행정 각 부처를 가로지르는 문제에 한정하는 등 자문위원회의 수를 줄이기 위한 노력도 해야 한다.

4) 내부통제 원리의 중시

모든 조직이 그러하듯 대통령실 내부에 있어서도 내부통제는 매우 중요하다. 그렇지 않으면 앞서 제기한 정보왜곡의 문제가 기승을 부릴 수 있고, '실세'나 '실세 그룹'이 등장하면서 국정운영상의 혼란이 야기될 수 있다.

대통령실은 일반 행정부처와 달리 외부통제가 잘 작동하지 않는다. 그래서 내부통제는 더욱 중요하다. 물론 외부통제가 아주 없는 것은 아니다. 정치권이나 언론이 늘 지켜보고 있고, 국회나 감사원의 감시를 받기도 한다. 그러나 다른 조직에 비해 외부통제가 약한 것은 사실이다. 권력적 위상이 높은 데다 내부사정이 밖으로 잘 알려지지 않기 때문이다.

내부통제를 강화하는 가장 좋은 방법은 내부견제 체제를 확립하는 것이다. 즉 내부의 기관이나 부서들이 서로 지켜보며 지나친 권한을 행사하지 못하도록 할 필요가 있다. 노무현정부의 경우 이 점에 있어 특기할 만한 점이 많았다. 운영상 비서실과 정책실을 분리하여 서로가 서로를 지켜보게 한 것은 그 좋은 예이다. 내부 업무처리통신망인 '이지원'을 통해 서로를 지켜보게 했다. 대통령에 대한 보고도 많은 경우 비서실 쪽 보고를 정책실 쪽에서 볼 수 있게 했다. 사안에 따라 의견도 달 수 있도록 했다. 정책실 쪽의 보고 역시 마찬가지였다. 비서실 쪽에서 지켜볼 수도 있고 의견도 달 수 있게 했다(정책기획위원회, 2008a:19-97; 백정미, 2008:48-56).

인사문제를 처리하는 체계 또한 그러했다. 김대중정부까지만 해도 대통령의 인사권 행사는 주로 민정수석실 안에서 이루어졌다. 그러나 노무현정부는 이를 분리시켰다. 인사수석실이 내·외부의 다양한 기관이나 부서로부터 추천을 받아 후보자를 선정하면, 민정수석실이 그 후보자들을 검증했다(국정홍보처, 2008a:279-283).

내부견제 역시 쉬운 일은 아니다. 초기에는 잘 작동하다가도 시간이 흐르면서 형식화되는 경향이 나타날 수 있다. 또 어떤 과정을 통해서건 소위 '실세'가 등장하면 서로 견제해야 할 조직들이 이 '실세'를 중심으로 일체화되어 버리는 경우가 나타나기도 한다.

그러나 그럼에도 불구하고 대통령실 조직을 설계함에 있어서는 이 부분은 내부견제 강화는 반드시 고려되어야 한다. 그렇지 않으면 외부통제가 약한 권력기구의 속성상 많은 문제가 생겨날 수 있다.

5) 시민사회와 정치권과의 채널형성

정치사회적 환경이 열악한만큼 이와 관련된 조직 역시 잘 정비되어야 한다. 시민사회 및 정치권과 잘 소통할 수 있도록 해야 된다는 뜻이다.

전통적으로 이러한 업무는 정무와 시민사회 그리고 홍보를 담당하는 수석비서관실을 두고 처리해 왔다. 정치권과의 관계는 정무수석실이, 홍보업무는 공보수석실이나 홍보수석실(노무현정부, 이명박정부)이 맡는 체제였다. 시민사회관계 수석비서관실을 운영한 것은 비교적 최근의 일인데, 노무현정부는 참여수석실(초기)과 시민사회수석실(중기 이후)을, 이명박정부는 시민통합수석실(이명박정부)을 운영해 왔다.

앞으로도 이러한 기능은 그 중요성을 더해 갈 것으로 보인다. 대통령이 권력으로 시민사회와 정치권을 이끌어가던 시대가 끝나고 있기 때문이다. 권력이 아니라 소통과 홍보로 우리사회를 이끌어 나가고, 또 통합해 나가는 일이 점점 더 중요해지고 있다.

그러나 이와 관련하여 한 가지 지적해 둘 일이 있다. 정무기능 문제인데 그 성격이 변하고 있음에 유의할 필요가 있다. 과거 대통령실의 정무기능은 정무적 사안에 대한 대통령의 의지를 정치권에 전달하거나 정치권의 민원을 대통령과 행정부에 전달하는 일 등이 중심이었다. 그러나 이제 상황이 크게 달라졌다. 당정분리로 대통령이 여당운영에 개입할 수 없는 구도가 자리잡고 있다. 또 행정과정이 투명해지면서 정치권의 민원을 처리하는 일 역시 어려워졌다.

이제 정무기능이 필요한 곳은 오히려 정책 쪽이다. 즉 여·야당과 국회를 설득하여 대통령 프로젝트가 입법화되도록 하는 데 필요하다. 또 이들 프로젝트가 잘 집행될 수 있도록 지방정부 수장들을 설득하고 독려하는 데 필요하다. 지금까지 이들 지방정부 수장들과의 관계는 행정 각 부처의 일 정도로 인식되고 있었다. 그러나 이들의 정치적 위상이 점점 커지고 있는 상황에 있어 더 이상 이를 행정 각 부처에만 맡겨둘 수 없게 되었다.

이와 같이 정무기능을 정책관련 기능으로 파악하는 경우 이를 담당하는 수석비서관이나 비서관을 어디에 두느냐가 문제가 된다. 지금까지는 당연한 듯 비서실장 아래 두었다. 그러나 이제는 그 명칭을 무엇으로 하던 비서실장이 아닌 정책실장 아래 두는 방안을 고민할 필요가 있다.

6) 회의의 활용

회의는 그 자체로 조직 또는 기관의 의미를 가진다. 그 자체가 심의의 단위이자 결정의 단위가 되기 때문이다. 조직설계를 하는 사람들 중에도 회의의 중요성을 간과하는 경우가 많다. 기구도표에 나오지 않는다는 이유에서이다. 그러나 회의는 때로 공직적인 부서조직보다도 더 중요한 의미를 지닌다. 특히 대통령실과 같이 여러 부서가 관련된 결정을 많이 하는 경우 더욱 그러하다. 대통령 프로젝트와 같은 대형 정책문제는 물론이거니와 인사문제와 홍보문제 등 많은 문제들이 단일 수석비서관실이나 비서관실의 범위를 넘는다. 자연히 회의가 곧 결정의 단위가 된다.

실제로 청와대에는 많은 공식 회의체가 존재한다. 참여정부 청와대의 경우 매주 두 차례 열리는 수석보좌관회의와 매일 아침 열리는 상황점검회의를 비롯하여 총 50여 개의 회의가 운영되고 있었다(정책기획위원회, 2008a:26-30). 여기에 대통령과 국무총리가 함께 하는 주례 오찬회의와 비정기적으로 열리는 국정과제회의 등을 포함하면 회의체의 수는 이보다 훨씬 더 많아진다.

어떤 회의를 어떻게 하라고 제안하는 것은 이 논문의 범위 밖이다. 정례적으로 열리는 수석보좌관회의나 매일 아침 국정상황을 점검하는 회의 등은 기본적으로 열릴 것이고, 그 외의 크고 작은 회의들이 대통령의 특성이나 스타일에 따라, 혹은 상황적 필요에 따라 열릴 것이다. 이 자리에서 하나하나 제의하고 설명할 일은 아니다.

다만 한 가지, 분권형 국정운영과 관련하여 반드시 지적하고 넘어가야 할 일이 있다. 대통령과 국무총리, 그리고 국무총리와 청와대 고위직들간의 관계에 관한 문제이다. 앞서도 설명하였지만 분권형 국정운영은 쉽게 이루어지지 않는다. 대통령의 권력적 위상과 국무총리의 그것이 워낙 다르기 때문이다. 소위 '실세 총리'라 하더라도 대통령이나 대통령실의 주요 인사가 국무총리의 발언을 한두 번 부정하면 그 순간 바로 '허세'가 된다. 심지어 사표를 생각해야 하는 상황에 이르기도 한다.

분권형 국정운영은 오로지 국무총리가 대통령의 국정운영 철학과 정책적 의지를 잘 알고 있을 때 가능하다. 대통령으로부터 인정을 받고 있어야 하기 때문이다. 당연히 대통령과 국무총리간의 정례회의는 매우 중요하다. 또 국무총리와 청와대 주요 인사들과의 공식·비공식 회의도 매우 중요하다. 이러한 회의들을 통해 국무총리는 대통령의 의지와 의사를 확실히 읽고 그 범위 내에서 통상적 국정운영을 자신 있게 할 수 있게 된다.

아울러 비서실장이나 정책실장이 주재하는 회의에 국무총리실 고위 관계자가 참석하게 하는 것도 중요하다. 이러한 회의를 통해 국무총리는 물론 국무총리실 관계자들도 대통령실의 국정운영 방향과 정책의지를 재확인할 수 있게 된다. 국무총리나 국무총리실이 자신 있게 자신들에게 부여된 직무를 수행하지 못하면 대통령과 대통령실은 그만큼 큰 부담을 안을 수밖에 없다. 당연히 대통령의 성공은 그만큼 더 멀어지게 된다.

2. 새로운 조직의 대강

모두에 이야기한 바와 같이 이 논문의 목적은 대통령실 조직의 새로운 모습을 구체적으로 그리는 것이 아니다. 그것은 새로운 대통령의 특성이나 국정운영 스타일, 그리고 국정운영 목표 등을 보고 이야기할 일이다. 이 자리에서는 앞서 제시된 원칙에 따라 새로운 조직의 대강만 제시하고자 한다(〈그림 2〉).

<그림 2> 새로운 청와대 조직의 대강

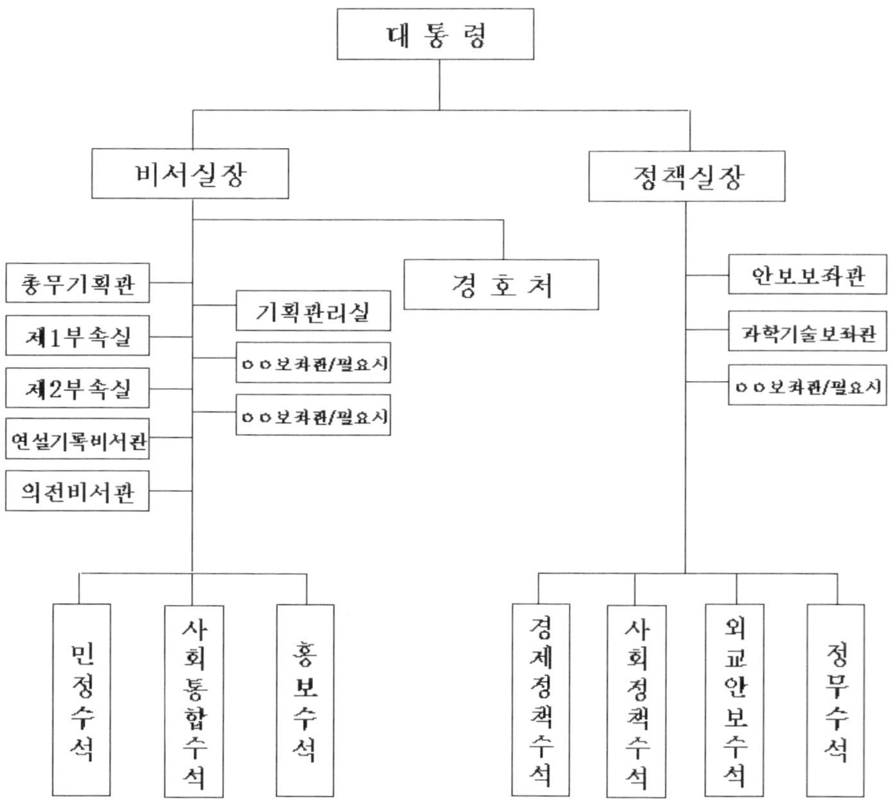

첫째, 비서실과 정책실의 분리운영이다. 정책실은 대통령의 핵심직무라 할 수 있는 대통령 프로젝트와 행정 각 부처가 관장하는 중요한 현안을 관리하는 기구이다. 정부조직법 개정을 통해 정책실을 비서실에서 분리시켜 그 업무를 독자적으로 처리하게 할 필요가 있다.

정책실을 비서실장 아래 두는 경우 비서실장과 정책실장 간의 마찰이 일어날 가능성이 많다. 비서실장이 정책문제를 모르는 경우 불합리한 지휘와 감독으로 마찰이 일어날 수 있고, 비서실장이 정책문제를 잘 아는 경우 불필요한 간섭으로 마찰이 일어날 수 있다. 분리시켜 적절한 선에서의 내부견제를 이루게 하는 것이 좋다.

정부조직법을 개정하기 힘든 경우 지금과 같이 정책실을 대통령실 내에 둬도 좋다. 다만 노무현대통령 시기의 청와대와 같이 그 실질적 그 운영은 독립시킬 필요가 있다. 이 경우 비서실장이 정책실에 대해 불필요한 간섭을 하지 않도록 하는 것이 매우 중요하다.

둘째, 비서실 내에는 홍보를 담당하는 수석비서관과 시민사회를 담당하는 수석비서관, 그리고 법무·민정·공직기강을 담당하는 수석비서관을 두는 것이 좋다. 기존의 체제에서 크게 벗어날 이유가 없는 부분이다. 수석비서관의 명칭조차 변화시킬 이유가 없다. 명칭이나 편제에 있어서의 변화를 최소화한다는 원칙에 의해서이다.

인사권 관련 부서는 명칭과 관계없이 그 기능을 축소하는 방향으로 재편되어야 한다. 노무현 대통령 시기와 같이 인사수석실을 운영하는 것은 분권형 국정운영과 배치된다. 소수의 인력을 가진 보좌관실로 운영하거나 지금과 같이 기획관 형태로 운영하되 인원을 최소화하는 방향으로 조정할 필요가 있다. 아울러 인사검증을 담당하는 민정수석비서관과는 분리시켜 위치시키는 것이 옳다. 추천기능과 검증기능을 분리시켜 인사의 합리성을 확보하기 위해서이다.

총무와 부속실 업무, 의전과 연설 등 일반관리 업무를 담당하거나 대통령에 직접적인 서비스를 제공하는 부서들에 대해서는 이 자리에서 별도로 언급할 이유가 없다. 그야말로 대통령이 원하는 바에 따라 편성하는 것이 가장 바람직하기 때문이다. 다만 한 가지 이들 업무를 담당하는 부서들은 광의의 부속실 개념에서 매일 열리는 회의체를 운영할 것을 권고한다. 대통령의 일정이나 개인적으로 받아야 할 서비스와 직접적인 관계를 갖는 업무들이기 때문이다.

셋째, 정책실의 기능은 지금보다 확대하는 것이 옳다. 경제정책 분야를 담당하는 경제정책수석비서관과 사회정책을 담당하는 사회정책수석비서관, 그리고 정치권이나 국회와의 소통을 위한 정무수석비서관을 둘 필요가 있다. 아울러 외교정책수석도 정책실 내에 두는 것이 좋다. 최근 들어 외교 역시 통상문제나 글로벌 차원의 협력문제 중심으로 전개되고 있기 때문이다.

대통령 프로젝트를 담당하는 대통령 자문위원회를 설치하고 이들 위원회를 정책실과 연계시킬 필요가 있다. 위원회는 크게 두 가지 형태로 구성될 수 있다. 즉 '지역균형발전'이나 '녹색성장' 등의 단위 과제를 다루는 위원회와 큰 틀에서 국가 전체의 미래비전을 다루는 위원회가 있을 수 있다. 후자의 경우 전자의 위원장들이 운영위원으로 참여하는 것이 바람직하며, 정책실장이 이 위원회의 운영위원장을 맡는 것도 좋다. 이 운영위원회를 통하여 정책실과 이들 모든 위원회가 국가비전 실현을 위한 네트워크를 구성할 수 있다.

넷째, 대통령은 필요에 따라 특별한 정책적 임무를 수행하는 대통령보좌관을 임명할 수 있다. 대통령보좌관은 편제상 비서실 또는 정책실에 두지만 그 기능은 비서실장이나 정책실장으로부터 독립시키는 것이 좋다. 즉 대통령의 명을 받아 주어진 직무를 수행하도록 할 필요가 있다. 내부견제나 내부경쟁을 위해서이다. 물론 특별한 경우 대통령의 명에 따라 때로 비서실장이나 정책실장의 지시를 받도록 할 수도 있다.

어떤 분야의 보좌관을 둘 것인가는 대통령이 그 필요에 따라 정할 일이다. 그러나 안보보좌관이나 과학기술보좌관은 필수적이라 할 수 있다. 비서실과 정책실에서 쉽게 다룰 수 없는 문제로 국가의 미래와 안위와 관련하여 대단히 중요한 영역이기 때문이다.

특히 안보보좌관의 존재는 매우 중요하다. 대부분의 민주국가는 대통령과 군을 바로 연결시키지 않는다. 군 조직 특성상 많은 문제가 발생할 수 있기 때문이다. 충성이 과할 수도 있고, 군 특유의 수직적 조직에서 오는 정보왜곡 등의 문제가 있을 수 있다.

당연히 대통령과 군 사이에는 대통령을 대신하여 군 문제와 안보문제를 살펴 줄 조직이 있어야 한다. 대부분의 국가에 있어서는 국방부가 바로 이러한 조직이 된다. 그러나 우리의 경우 국방부는 그 자체가 군과 매우 강하게 연결되어 있다. 군의 입장을 그대로 대변하는 경향을 보이기도 한다. 따라서 군이 아닌 대통령의 시각에서 안보문제와 군의 문제를 살펴봐 주는 보좌관의 존재는 필수적인 요소가 된다.

Ⅵ. 맺는 말

새 대통령은 취임 초부터 많은 어려움을 겪을 것으로 예상된다. 빠른 변화가 일어나고 있는 가운데 경제적 환경부터 좋지 않기 때문이다. 이 논문은 새 대통령이 직면하게 될 이러한 어려움을 염두에 두고 작성되었다. 정책보좌 기능을 강화하고, 정책중심의 소통기능을 강화하여 이러한 어려움을 넘게 하자는 것이 그 중심을 이루고 있다.

이제 대통령은 올바른 비전과 정책으로 말해야 한다. 더 이상 권력으로 국가를 이끌 수 있는 상황이 아니다. 정치적 술수와 일시적 방편으로 버틸 수 있는 상황도 아니다. 변화에 대한 올바른 이해를 바탕으로 국가와 국민의 미래를 위한 전략적 선택을 하고 또 이를 추진해 나가야 한다.

쉬운 일이 아니다. 상황은 어렵고 국민의 요구는 높고 급하다. 지식정보 기반은 약하고, 대통령의 힘은 과거와 같지 않다. 정치권은 전술적 선택에 골몰하고 있고, 관료조직 또한 마음과 같이 움직여주지 않는다. 그래서 올바른 보좌기구의 정립은 더욱 중요하다.

그럼에도 불구하고 기구도표상에 나오는 직제 등의 문제는 자세히 다루지 않았다. 비서관 수준의 직제에 대해서는 그림조차 그리지 않았다. 오히려 대통령의 직무환경을 살펴보고, 그 속에서 새로이 필요하거나 강화되어야 할 기능이 무엇인지를 설명하는 데 논문의 중심을 두었다. 중요한 것은 기능의 변화이지 그러한 형식적이고 세부적인 것이 아니라는 생각에 서였다.

사실 일반 행정조직에 비해 대통령실의 조직운영은 가변적 요소가 많다. 계선조직처럼 편성되어 있는 조직도 실제로는 팀제 조직처럼 프로젝트 중심으로 움직이게 되는 경우도 많다. 외부인이 하부조직의 직제나 명칭까지 정해 줄 이유가 없다는 뜻이다. '보좌'의 수요자인 대통령이나 그 참모들이 스스로 필요한 방향으로 운영하게 두는 것이 좋다.

끝으로 기능의 변화나 조직체계의 변화가 생산성을 보장하는 것이 아니라는 점을 지적해 두었으면 한다. 특히 대통령 보좌기구의 경우는 그러하다. 절대적 권위를 가진 존재를 보좌하는데다 조직운영의 가변성이 큰 조직이기 때문이다. 누가 맡느냐에 따라 결과에 있어 큰 차이가 날 수 있다. 운영방식에 따른 결과 또한 그러하다. 보고체계를 어떻게 하고, 통신망을 어떻게 이용하고, 또 회의체계를 어떻게 갖추느냐에 따라 그 결과는 현격히 달라진다. 이 점 반드시 염두에 두었으면 한다.

〈참고문헌〉

고기동. (2007.5.7). 국회 정부입법안 처리 속도 역대 최악. 국정브리핑.

국정홍보처. (2008a). 대통령비서실 혁신. 국정홍보처. 참여정부 국정운영 백서, 제7권 제8편, pp.260-290.

——. (2008b). 주요 재임 일지. 국정홍보처. 참여정부 국정운영백서, 제8권 제1편, pp.10-68.

김병준. (2012). 99%를 위한 대통령은 없다. 서울: 개마고원.

김병준. (2007). 참여 정부의 국정의사 결정과정에 관한 연구: 국정과제위원회를 중심으로. 사회과학연구, (20), pp.45-61.

김정해. (2002). 역대 대통령부의 조직학습과정 분석: 대통령 리더십과 비서실 조직의 학습과정을 중심으로. 이화여자대학교 대학원 박사학위논문.

김판석. (2002). 청와대 보좌시스템: 인사. 박세일 외. 대통령의 성공조건 Ⅰ: 역할 · 권한 · 책임, pp.293-378. 서울: 동아시아연구원.

박세일. (2002). 대통령과 대통령 프로젝트: 대통령의 조건과 덕목. 박세일 외. 대통령의 성공조건 Ⅰ: 역할 · 권한 · 책임, pp.83-140. 서울: 동아시아연구원.

박중훈. (1996.12). 대통령비서실의 조직과 기능. 한국행정연구원 보고서.

백정미. (2005). 정보화가 의사결정 신속성에 미치는 영향 연구: 대통령비서실을 중심으로. 연세대학교 대학원 박사학위 논문.

손종민. (2006). 대통령비서실의 조직변화에 영향을 미치는 주요요인에 관한 연구: 김영삼정권, 김대중정권의 변화를 통하여. 한국외국어대학 대학원 석사학위 논문.

이헌재. (2012.3.12). 위기를 쏘다(55): DJ와의 처음이자 마지막 독대. 중앙일보.

이홍규. (2002). 청와대 보좌 시스템: 기획 조정 평가. 박세일 외. 대통령의 성공조건 Ⅰ: 역할 · 권한 · 책임, pp.181-240. 서울: 동아시아연구원.

정종섭. (2002). 대통령의 역할재조정. 박세일 외. 대통령의 성공조건Ⅰ, pp.141-180. 서울: 동아시아 연구원.

정책기획위원회. (2008a). 대통령비서실의 변화와 혁신. 보고서 4-01.

———. (2008b). 국정과제위원회의 설치와 운용. 보고서 4-02.

Boulding, Kenneth (1966). The Economics of Knowledge and the Knowledge of Economics. American Economic Review, 56(March 1966).

Relyea, Harold C. (2008). The Executive Office of the President: An Historical Overview. CRS Report for Congress(Order Code 98-606 GOV).

제4장
중앙예산기구의 설계 방안

이 원 희 (한경대학교 행정학과 교수)

I. 의 의

현행 예산 결정 과정을 보면, 행정부가 편성권을 가지고 있고, 국회는 심의권을 갖는 역할 분담을 하고 있다. 이때 행정부의 각 부처에 흩어져 있는 예산 사업을 종합하는 기구가 중앙예산기구이다. 물론 단순히 물리적으로 합산하는 것이 아니라, 사업의 타당성을 검토하고 주어진 재원의 범위에서 사업의 우선순위를 정하여 조정하는 과정에서 막강한 영향력을 행사하게 된다. 개별 부처의 입장에서 아무리 좋은 아이디어를 통해 사업을 발굴하더라도 중앙예산기구가 이를 삭감하면 무용지물이 되기 때문이다.

우리나라는 1960년대 경제 개발기에 경제기획원이라는 매우 특이한 조직으로 출발했다. 경제 정책을 총괄하면서 예산 기능을 부여하였으며, 매우 집권적인 과정을 가졌다. 그리고 그것은 정부 주도형 경제 발전 과정에 적합한 체제이었다.

그러나 1990년대 이후 시장 경제가 발전하여 이러한 모형에 비판이 제기되면서 매번의 정권이 바뀔 때마다 중앙예산기구는 변화를 거듭하였다. 특히 노무현정부에서는 전면적인 재정 개혁을 하면서 기능과 역할을 바꾸는 계기를 마련하였다. 그리고 그 핵심은 분권 즉 파워 쉬프트이었다. 대한민국 정부 수립 이후에 60년 가까이 경제기획원이나 단일 싱크탱크를 중심으로 끌고 왔던, 그래서 그 분야에서 최종적인 재정관련 의사결정이 중앙예산기구를 중심으로 이루어졌다면 분명히 각 부처가 자율성을 가지고 자기 분야에 대한 의사결정을 할 수 있도록 상당부분의 파워 쉬프트가 이루어지도록 하였다. 그것은 중앙예산기구가 각 파트를 다 이해를 하고 그 파트에 대한 재정투자의 우선순위를 정하기에는 너무 사회가 크고 발전했다는 공감대도 있었다. 재정 관련된 정부부처 내부에서의 의사결정 구조를 바꾸는 계기를 마련한 것이었다.

그러나 최근 이러한 재정개혁이 제대로 작동하고 있는가에 대한 비판이 제기되면서 다시 중앙예산기구의 성격에 대한 반성과 새로운 설계 아이디어가 제기되고 있다. 이에 최근 제기되는 논의를 정리하고 대안 설계의 가능성을 검토한다.

Ⅱ. 예산 관련 조직의 변천 과정

1. 중앙예산기구의 연혁

중앙예산기구는 한국의 경제발전 속도만큼이나 많은 변화를 하고 있다. 특히 정부 주도형 경제 개발기에 상징적인 기관이었던 경제기획원 해체 이후에 항상 조직개편의 핵심에 있었다. 해방 이후 중앙예산기구는 크게 7기로 구분된다.

1) 기획처 예산국

1948년 제정된 정부조직법에서 국무총리실 직속으로 기획처를 두었다. 당시 예산국(4과)과 경제기획국(5과)으로 구성되어 정부의 장기적인 계획을 뒷받침하는 기구로서의 성격을 명확히 하고 있었다. 이때는 기획과 예산을 같이 다루었다. 예산국을 재무부 산하가 아닌 기획처 산하에 둔 것은 예산국이 정책조정자로서의 역할을 중시한 것이라고 할 수 있다.

2) 재무부 예산국

1950년에서 1953년의 전쟁을 치루고 나서 한국은 완전히 폐허가 된 상태이었다. 이때 부흥부는 전후 복구사업을 추진하였다. 1954년 헌법 개정에 의해 국무총리제가 폐지되면서 예산국은 재무부로 이관되었다. 이때 건설부에 종합기획국을 두어서 예산이 기획이 분리되는 시기를 가지게 되었다.

제2공화국에서 경제재건(rehabilization)이 아니라 발전(development)을 위해서는 경제 권력이 고도로 집권화된 체제가 필요하다는 인식이 제기되었으나 실천되지 못하고 1961년 5.16혁명이 있었다.

3) 경제기획원

경제개발 리더십을 확립하고, 원조를 효율적으로 관리하면서 국가 근대화를 추진하려던 군사정부에 의해 1961년 재무부에서 예산국, 건설부에서 종합기획을 이관하여 경제기획원을 설치하였다. 경제기획원의 초기 조직은 종합기획국, 예산국, 물가기획국, 통계국으로 하고 외청으로 국토건설청을 두고 있었다. 이는 건설부의 주요 기능, 재무부의 예산 기능, 내무부의 통계 기능을 통합한 기능이다. 이로써 기획, 집행, 조정 기능을 통합한 체제가 되었다.

초기의 경제기획원은 경제장관회의를 통하여 타 경제 부처를 총괄하는 권한을 부여받고 있었다. 그럼에도 경제기획원의 역할이 강화된 것은 1963년 12월 민정과 함께 경제기획원장관을 부총리로 격상시키면서이다.

부총리급의 경제기획원으로 기획과 예산 그리고 경제정책을 담당하면서 정부 주도형 경제개발 과정에서 주도적인 역할을 수행하였다. 이는 우리나라에서 중앙예산기구가 본격적으로 정착하게 되는 계기가 되었으며 이후 1994년까지 30년간 정부주도형 정제발전을 추구하는 과정에서 계획과 예산을 연계한 정책 수단을 지원하는 강력한 기구로서의 성격을 가지게 되었다.

4) 재정경제원

1994년에는 경제기획원과 재무부를 통합한 재정경제원으로 통합되면서 세제실과 국고국과 함께 동일한 기구에 있게 되었다. 이를 통해 세입과 세출의 기능을 통합한 시너지효과를 기대하고자 하였다. 그리고 금융의 기능이 부여되었다. 처음으로 민간을 마주하는 업무를 가지게 된 것이다.

그러나 업무의 연계가 약하고 오히려 공룡 조직이 되더 관료적 행태가 지배한다는 지적이 나오게 되었다.[1] 김영삼정부의 세계화를 지원하기 위해 조정력을 강화하였으나, 부처가 너무 거대해서 다른 부처들이 힘을 잃었다는 지적도 나오고 있다.

가장 중요한 지적은 정책업무와 집행업무를 통합하다 보니 구심점이 없었다는 것이다. 예컨대 기아사태, 한보사태가 발생하면 재정의 관점이 없어지고 당시 재정경제원에 온갖 은행 민원이 쏟아짐으로써 조용한 미래 기획이 아니라, 시장터와 같은 조직 분위기가 조성되었다는 것이 관료사회의 지적이었다. 기획보다 실무와 집행기능에 초점을 갖게 되고 장기적 관점이 부족하게 된 것이다.

과거 경제기획원에 조정권이 있었던 이유는 예산에 대한 권한도 있었지만 중요한 것은 조직의 이해관계가 없었기 때문이었기 때문이다.

5) 기획예산위원회와 예산청 분리

1997년 외환위기를 극복하는 과정에서 신자유주의적 사고가 우리 사회를 지배하고 이러한 과정에서 거대한 재정경제원에 대한 재설계가 모색되었다. 특히 이 당시 김대중 대통령은 인사와 예산은 대통령이 갖고 국무총리에게 많은 권한을 위임한다는 책임총리제를 도입하였다. 이에 중앙인사위원회를 설치하고 기획예산위원회를 대통령 직속기관으로 설치하였

1) 일본의 경우에도 재정과 금융을 통합한 거대 조직인 대장성이 재정 운영이 정치화를 유도하고 이로 인해 재정의 팽창 기조를 유발했다고 지적한다. 真渕勝(1994), 大藏省統制の政治經濟學, 中央公論社.

다. 한편 기획과 결정은 대통령이 하지만 집행 기능을 분리한다는 명분하에 예산청을 설치하는 이원적 구조를 가지게 되었다.

이때 기획예산위원회에는 재정기획국(재정기획, 재정정책, 중기재정계획, 재정협력)과 정부개혁실을 두도록 하였다. 한편 재정경제부 소속의 예산청에는 예산총괄국, 경제예산국, 사회예산국, 행정예산국 등을 두어 기획예산위원회가 작성한 예산편성지침에 따른 예산의 편성 및 집행 관리 기능을 수행하도록 하였다.[2)]

정치적 민주화의 과정에서 중앙예산기구가 정치적 전리품이 된 가장 대표적인 사례가 되었다. 그러나 장기계획을 중요시하는 기능과 일 년 단위의 예산 편성 기능을 분리한다는 정신을 도입한 것은 우리의 예산 운영에 새로운 도전적 발상이라고 할 수 있고, 이러한 생각이 나중에 국가재정법 도입의 도화선이 되었다고 평가할 수도 있다.

6) 기획예산처

1년을 넘기지 못하고 1999년에 이러한 기형적인 조직은 기획예산처로 통합되면서 총리실 소속으로 전환되었다.[3)] 그리고 기획과 예산을 통합하였다. 특히 이때는 공공혁신의 기능이 강화되기 시작하였다.

그리고 참여정부 들어서 기획예산처의 형태는 가지고 있었으나, 중앙예산기구에 대한 정비 작업은 지속되었다. 우선 전략기획본부를 설치하여 국가재정운용계획을 담당하는 기구로서의 성격을 강화하였다. 이는 총액배분 자율편성(top down) 방식으로 예산 편성 과정을 전환하면서 기획예산처의 기능을 세부적인 사업 편성권에서 중장기적인 계획 기능 중심으로 개편한 노력의 연장에서 이해된다. 그리고 해방 이후 처음으로 예산실이 없어졌다. 종전에 기획실, 예산실, 기금실 등 3개 실국으로 나누어 수행하던 국가재정운용계획 수립, 예산안 편성, 기금 운용계획 수립 업무를 한 곳에서 통합 수행하도록 한 것이다. 이에 사업 분야를 담당하는 재정기획

---

2) 기획예산위원회(1998). 정부조직개편백서

3) 대통령제 국가에서 총리에게 예산권을 주는 기형적인 모양은 계속되고 있다.

단과 기능별 총괄을 담당하는 재정전략실, 재정운용실, 성과관리본부로 조직을 이원화하였다. 그리고 사후적인 성과 관리와 예산낭비 방지 대책을 위한 기구로서 성격을 전환하였다.[4)]

개혁의 기능과 관련하여 2004년에는 정부개혁실이 행정자치부로 이관되고 기획예산처는 산하기관에 대한 개혁과 혁신만 담당하는 것으로 개편되었다.

7) 기획재정부

2008년 조직개편으로 기획예산처는 기획재정부로 전면 개편되었다. 이에 예산실, 세제실, 경제정책국, 재정정책국, 공공정책국이 포괄되는 공룡 부처가 되었다. 예산실에는 분야별 심의관 제도를 두고, 재정정책국에서 성과관리를 하도록 하였다.

이는 1994년 재정경제원에 공기업을 담당하는 기능도 포함된 역대 중앙예산기구와 비교할 때, 가장 큰 조직을 가지고 있다.

2. 중앙예산기구의 특징

그간의 중앙예산기구 변천 과정에 나타난 특징을 정리하면 다음과 같다.

첫째는 경제개발기에 부총리의 지위를 부여하여 다른 장관급의 부처에 비하여 우월한 지위를 부여하였다. 부총리 겸 경제기획원장관은 공식적인 경제장관회의 또는 비공식적인 경제장관간담회 등을 통해 다른 부처를 조정하는 기능을 수행했다.[5)]

둘째는 계획과 예산을 같은 부처에서 담당하게 하였다. 1994년 경제기획원 시대를 마치고 재무부와 통합하여 재정경제원이 되기 직전을 보면 경제기획국, 물가정책국, 정책조정국, 심사평가국, 예산실, 대외경제조정

---

4) 기획예산처(2007). 한국의 재정 어제 오늘 그리고 내일, 437-448.
5) 재경회·예우회 엮음(2011), 한국의 재정 60년, 매일경제신문사.

실 등의 직제를 가지고 있어서 경제정책의 총괄 기능뿐만 아니라, 예산의 기능까지 주었다. A. Wildavsky는 후진국의 경우 야심찬 계획이 예산으로 연결되지 않는 것이 국가발전의 가장 큰 문제라고 지적하였다. 이러한 측면에서 본다면 한국의 경우 경제기획원을 통해 계획과 예산을 연계시키는 정부조직을 운영하였다.

셋째, 한국은 건국 초기부터 실적주의를 도입하여 고시제도를 운영하였다. 이에 우수한 인재들이 경제기획원에 근무하도록 하였다. 이러한 질 높은 관료제의 운영은 우수한 국가 관리의 수준을 높이는 계기가 되었다. 그리고 안정적인 관료제의 운영은 장기적인 국가발전을 위한 초석이 되었다.[6)]

넷째, 1971년 3월에 국책연구기관으로서 한국개발연구원(KDI; Korea Development Institute)을 설립하여 전문적인 연구를 통해 국가적 정책을 수립하는 지원 기관으로서의 기능을 수행하였다. 미국에서 유학을 한 우수한 인재를 통해 외국의 모범적인 사례를 소개하기도 하고, 거시 경제와 관련한 전문적인 연구를 통해 정보를 제공하였다.[7)]

Ⅲ. 중앙예산기구 설계의 고려할 변수

1. 2006년 국가재정법의 특징

1) 개 요

1990년대를 지나면서 시장경제는 몇 가지 변화를 보이기 시작했다. 첫째, 30여 년간의 정부 주도형 경제 발전의 결과로 시장 경제가 성숙되어 정부의 집권적 계획이 한계를 드러내기 시작했다. 둘째, 1997년 외환위기

---

6) 한승연(2007), 국가주도 경제개발정책의 연속과 단절; 경제 엘리트의 경험을 중심으로. 행정논총, 제45권 제1호, 1-32.

7) Korea Institute of Public Administration(2010), Korea; from Rags to Riches.

로 인한 경제 구조 조정의 과정에서 국가의 역할에 대한 전면적인 반성과 재검토가 이루어졌다. 셋째, 각 분야에서 전문성이 제고되어 IT, 문화, 환경 등 분야별 계획이 중요성을 가지기 시작했다. 넷째, 재정 규모가 커지고 다양한 사업을 수행하는 과정에서 중복사업의 문제점이 제기되었다. 다섯째, 민주화의 심화과정에서 시민의 참여욕구가 분출되었다.

이러한 배경하에 2003년 2월 임기가 시작된 참여정부에서 재정분야의 혁신에 대해서 강력한 조치들이 취해졌다. 소위 "3+1"의 재정개혁이 추진되었다. 이는 국가재정운용계획을 통해 예산과 계획을 연결한다. 이러한 과정에서 국가적 우선순위를 결정하기 위해 top down 방식의 예산결정 방식이 도입되었다. 예산은 투입 위주의 관리가 아니라 성과와 연계하기 위해 재정사업의 성과관리 체계가 도입되었다. 그리고 이러한 과정의 변화를 지원하기 위해 예산과목을 개편하고 회계와 예산을 연계하기 위한 시스템을 재구축하고자 하였다(〈그림 1〉). 특히 2006년에는 해방 이후 정부재정운영의 기본법이던 예산회계법 대신 국가재정법을 제정하는 노력이 있었다.

<그림 1> 참여정부의 재정개혁 과제: 3+1

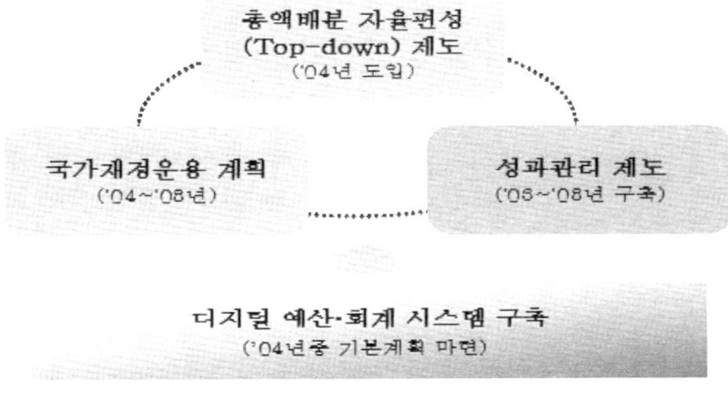

자료: 기획예산처, 2004

2) 국가재정운용계획과 top down 방식의 도입[8)]

기획재정부가 각 부처에 한도액만 설정하여 통보하고 나면 구체적인 사업은 개별 부처에서 결정하도록 한다는 것이 총액배분 자율편성의 제도이다. 소위 말하는 top down식 예산편성 과정이 도입되었다. 이 의미는 두 가지가 전제되어 있다. 첫째는 예산의 우선순위를 획기적으로 바꿀 수 있는 계기가 된다. 과거처럼 개별 사업을 조정하는 방식으로는 특정 분야의 예산을 대폭 늘리는 방식이 어렵다. 예컨대 복지관련 예산을 대폭 늘리고자 할 때, 우선 복지관련 예산의 전체 비중을 정하는 방식이 유리하기 때문이다. 둘째는 중앙예산기구인 예산실의 한계가 있기 때문이다. 프로그램 단위로 8천 개가 되는 사업에 대해 예산실에서 구체적으로 이해하고 심의하는 것이 어렵다. 구체적인 사업에 대해서는 개별 부처에 권한을 주는 것이다. 그래서 재정분권의 과정이라고 이해하고 권력이동이라는 표현이 나온다.

한편 총액배분 자율편성 방식은 개별 부처 입장에서도 행태의 변화를 가져오게 된다. 과거에는 개별 부처에서 사업을 부풀려서 기획재정부에 가져가게 된다. 여기에서 조정이 이루어지기 때문에 개별 부처에서는 불필요한 사업도 끼여들고 사업의 금액도 부풀리게 된다. 그래서 기획재정부에서는 대폭 삭감하는 악순환이 반복되었다. 그러나 자율결정의 과정에서 개별 부처는 실국 별로 그리고 과별로 사업의 필요성에 대한 토론을 하여 사업을 조정하게 된다. 서로 잘 아는 부처 내에서 사업을 조정하기 때문에 활발한 토론이 발생하게 된다.

3) 성과 관리 체계의 도입

국가재정법 제8조(성과중심의 재정운용)에서는 재정의 지원을 위해 성과를 평가하고 이에 근거하여 예산을 배분하도록 하고 있다.

---

8) 정부혁신 지방분권위원회(2005), 참여정부의 재정 세제 개혁.

> 국가재정법 제8조 (성과중심의 재정운용)
> ⑥ 기획재정부장관은 대통령령이 정하는 바에 따라 주요 재정사업에 대한 평가를 실시하고 그 결과를 재정운용에 반영할 수 있다.
> ⑦ 기획재정부장관은 제6항의 규정에 따른 평가와 관련하여 전문적인 조사·연구 등이 필요한 때에는 관계 전문기관 등에 조사·연구 등을 위탁할 수 있다.

이에 근거하여 우선 전 부처 공통사업으로 재정사업평가를 실시하고 있다. 이는 계획, 집행, 평가의 사업 진행 단계별로 평가를 한다. 이를 통해 관리에 관한 요소와 사업의 효과성에 관한 요소를 포괄하도록 하고 있다. 재정사업 자율평가는 유형별로 전 사업에 대해 공통된 지표를 적용한다.

예산운영의 성과관리체계를 강화하기 위해 각 부처가 성과관리표에 입각하여 재정운영의 성과를 자체적으로 평가하고 이를 예산운영에 반영하기 위한 제도가 재정사업 자율평가이다. 이는 사업부서에서 목표개념 없이 전년 대비 몇 %의 증가율에 의존하여 사업을 시행하는 관행을 타파하고 사업의 성과를 관리할 수 있도록 하는 장치이다.

이를 통해 정성적 판단이 가져올 수 있는 편차를 줄이면서 예산사업의 증감을 계량적으로 판단할 수 있는 근거가 되며 또한 예산사업을 점검할 수 있는 체크리스트로서의 의미가 있다.

4) 디지털 예산 회계 시스템의 구축

디지털예산회계시스템은 예산편성·집행·회계결산·성과관리 등 재정활동 전 과정이 수행되고, 그 결과 생성된 정보가 관리되는 통합적인 재정정보시스템이다. 이는 다음과 같은 특징을 갖고 있다.

첫째, 중앙정부의 예산편성, 집행, 자금관리, 국유재산/물품관리, 채권/채무, 회계결산까지 모두 하나의 시스템에서 처리할 수 있도록 구성되어 있으며, 재정활동 전반을 지원한다.

둘째, 재정혁신을 뒷받침한다. 국가재정운용계획수립, 예산총액배분자율편성제도, 성과관리예산제도 등 재정혁신을 지원하기 위해 프로그램

예산체계를 기반으로 구축되었으며, 자금과 자산·부채를 상호 연계관리하고 국가재정의 재무정보를 정확히 산출할 수 있도록 복식 부기·발생주의 회계제도를 반영하여 재정위험관리 기반을 마련한다.

셋째, 재정의 실시간 관리가 가능하다. 재정자금출납의 전 과정을 전자화하고 이를 기반으로 재정운영현황을 실시간으로 파악할 수 있도록 구성한다.

넷째, 재정통계 분석정보를 산출한다. 분야별·부처별·기능별 등 여러 측면에서 통계분석을 수행하여 과거실적, 현황, 예측 등 다양하고 정확한 통계분석 자료를 제공하고, 정부의 정책 결정이 올바르게 이루어질 수 있도록 지원하고 국민들에게도 상세한 재정정보를 투명하게 제공한다.

2. 중앙예산기구의 특성

1) 기관 중립성

예산은 이해관계에서 벗어나 중립적인 기관성격을 갖도록 하는 것이 필요하다는 주장이다. 예컨대 시장에서는 적자재정을 주장하지만, 균형재정의 규범을 지키는 기관이 필요하다는 것이다. 국민의 의사를 반영하는 역량은 국회가 더 앞서가지만 장기적 관점에서 국가적 전략기능을 하는 조직이 필요하기 때문이다.

2008년의 기획재정부 기능을 보면 글로벌 금융위기를 겪는 과정에서 많은 성과를 거두었는데, 그러다 보니 재정이라는 것이 금융의 종속변수가 되었다고 평가되고 있다. 재정부서가 금융에 밀리면서 국가 전체적인 관리기능이 상대적으로 약화될 수 있다.

과거 경제기획원의 기능이 수월하게 작동한 것은 이러한 구체적인 이해관계에 초월하여 장기적인 계획과 연계한 재정운용이 가능했기 때문이라고 보고 있다. 이에 기관 중립성은 중앙예산기구의 요건으로 중요한 개념이 되고 있다.

2) 장기계획과의 연계

정부조직에 '미래전략'의 개념이 필요하다면 그것은 중앙예산기구에 포함되어야 한다. 특히 과거와 같은 경제개발 5개년계획이 없어진 상황에서 보다 신축적으로 장기적인 국가 종합계획을 수립하고 이를 예산운영의 지향점(orientation)으로 활용하는 것이 필요하다.

3) 분권과 조정력

부처의 편성권이 강화된 상황에서 중앙예산기구는 조정력을 강화해야 한다. 이러한 조정권과 관련하여 여러 의견이 있다.

첫째는 과거처럼 중앙예산기구의 장관은 부처의 역동성과 조정력을 위해서 부총리로 승격을 시켜야 한다는 주장이 있다. 장관들의 구심점이 필요하고 조정력을 위해서라도 부총리로 승격시켜 보완하여야 한다는 것이다. 종합적인 조정기능은 일단은 기획재정부 부총리를 통해서 이루어져야 한다는 주장이다. 그러나 부총리 부활이라는 물리적인 기관의 신설을 통해 조정력을 발휘하기보다는 기능을 통해 조정력을 발휘하도록 해야 한다는 주장도 만만찮다. 부총리가 다른 우월적인 정책수단이 없는 상황에서 조정력이 발휘되지 못한다는 주장이 이러한 맥락이다.

둘째는 기능의 재정립을 통한 조정력이다, 지금은 top down 방식이 적용되고 있다. 과거에 비해 부처의 자율성을 주려는 방향성을 가지고 있다. 부처에서 세세한 부분을 많이 보고 예산 부서에서는 큰 골격만 보는 역할을 하여야 한다. 예컨대 대형국책사업, 다부처 복합기능 등에 집중하여 조정력을 강화하는 것이다.

4) 국회와의 관계

중앙예산기구는 정치시스템과 밀접한 관련이 있다. 예산은 정부와 국회 사이의 관계에서 형성되는 것이 사실이다. 국회 과정에 대응되는 체계가 필요하다.

특히 최근 예산법률주의가 대두되고 있다. 예산을 법률과 같은 절차를 따르도록 하고, 법률과 같은 효력을 주자는 것이다. 아예 국회에 편성권을 주자는 주장도 있다.

사전예산제(pre budget)라고 하여 계획을 국회에서 심의 받도록 하자는 의견도 있다.

이러한 논의에 대응할 수 있는 중앙예산기구의 설계가 필요하다.

Ⅳ. 대안 검토

1. 대통령 직속 기관

과거처럼 구체적인 사업에 대한 심의권이 대폭 줄고 계획이나 성과관리에 치중한다면 대폭 기구를 축소하여 대통령 직속기구로 할 필요가 있다는 주장이 있다. 미국의 관리예산처(OMB: Office of Management and Budget)의 유형으로 전환하자는 취지이다. 이러한 과정에서 개별 부처의 예산과 회계 기능을 강화시키는 작업도 병행한다. 특히 top down의 예산결정 방식에서는 재원배분의 결정에서 대통령의 의지를 반영할 수밖에 없고 이를 위해서는 대통령 직속기구로 하여야 한다는 입장이다.

중앙예산기구가 개별적인 사업을 분석하기보다는 거시적인 재원배분의 분석기능을 강조할수록 설득력을 갖는 모형이다. 대통령의 의지를 반영한다는 측면에서만이 아니라 정책조정을 위해서는 강력한 정치적 힘을 필요로 한다는 측면을 강조하고 있다.

그러나 이럴 경우 기획, 재정관리, 예산편성이 흩어질 가능성이 있다. 기획은 미래과학기술부, 성과 관리나 회계는 재정경제부, 예산은 대통령실에서 관장하기 때문이다. 특히 한국의 상황에서 정치적으로 흔들릴 위험이 있다. 대통령 직속기구가 되면 너무 정치적 과정에 노출될 위험이 있다는 것이다. 국회와 행정부의 관계에서 예산이 더욱 정치적 협상의 볼모가 될 가능성이 제기되는 모형이다.

2. 총리실 직속 기관

책임총리제가 대두되면서 총리실의 기능이 강화되고 있고, 무엇보다 여러 부처에 관련되면서 조정의 기능이 강화된다면 중앙예산기구를 총리실 직속으로 두자는 주장이다. 과거 기획예산처의 부활론이다. 이는 대통령실에 두어 권한을 강화시키자는 안의 절충형으로 제기되기도 한다.

그러나 예산관련 기구가 국무위원으로 되어 법률 제·개정에 참여하고, 일상적으로 타 부처의 정책동향을 파악하는 것도 중요하다. 사실 예산업무의 특성상 '처' 단위로 하여 총리실에 둔다고 하여 절차에 변화가 없다는 주장도 있다.[9)]

한국과 같은 정치권력 구도에서 총리실 소속이 갖는 의미는 희석된다는 것이다. 총리실의 조정기능이라고 하더라도 예산조정은 법제처나 총무처와는 기능이 다르다는 것이다.

3. 부처 단위의 기관

부 단위로 두면서 기능을 어떠한 방식으로 부여할 것인지가 쟁점이 된다. 과거의 경험으로 보면, 〈예산〉 〈계획〉 〈정책조정〉 〈국고〉 〈개혁〉 〈공공기관 관리〉 〈금융〉의 범위 설정과 관련이 있다.

이중 가장 논란이 되는 것이 금융 기능의 분리이다. 금융은 재정과 달리 민원을 직접 상대하기 때문에 기관중립성을 갖기 어려운 영역이어서 분리하자는 것이다.

그 다음으로 공공기관 관리와 관련하여 소유권 집중에 해당되는 경영

---

9) 과거 기획예산처 시절에 총리실의 다른 기관과 같은 공간을 사용하지도 않았다.

관리 기능만 남기고 산업정책적인 부분은 집행부처와 협력을 강화하여야 한다는 주장이 제기된다.

나머지 〈예산〉〈계획〉〈정책조정〉〈국고〉〈개혁〉의 업무를 담당하는 기구로 가자는 주장이다. 중앙예산기구의 가장 전형적인 모습이 될 수 있다.

다만 이러한 경우에도 부처의 자율편성권 강화, 성과관리 체계의 강화, 정부회계의 정착과 같은 기능의 수행을 통해 재정분권화를 실현하면서 한편으로 조정의 기능을 강화하는 방안은 지속적으로 병행되어야 할 것이다.

즉 기존의 세부사업을 미세하게 조정하는 기능이 아니라, top down을 정착시키고, 대형국책사업을 조정관리하는 기능으로 전환될 것을 주장하고 있다.

V. 결 론

제도의 변화가 이루어지는 속도에 비해 행태의 변화 속도는 느리게 진행된다. 이러한 속도 차이를 인정하면서 제도의 변화 관리가 필요하나, 이러한 변화 관리(change management)가 되지 않으면 제도와 제도의 운영 그리고 행태가 별개로 된다는 것이다. 이로 인해 좋은 제도를 이식하였지만 제대로 작동하지 못하는 문제가 야기된다.

이러한 맥락에서 지금 우리의 예산 절차에 국가재정운용계획, top down 방식에 근거한 재정사업 자율편성, 그리고 성과관리 체계 등이 도입되어 있지만 제대로 작동하지 못하고 있다는 주장이 강하다. 그리고 국가과학기술위원회에 의한 R&D 예산조정 미흡, 그리고 국가정보화계획과 같은 국책계획이 예산으로 반영되지 못한다는 비판과 연계하여 중앙예산기구의 개편에 대한 주장이 제기된다.

향후 중앙예산기구의 조직설계와 관련하여 중요한 키워드는 재정권력의 분권화와 기관중립성에 근거한 조정력 강화의 조화이다. 과거와 같이 중앙예산기관이 세부 사업별로 검토하는 과정은 대폭 조정되어야 한다. 예산사업 심의의 기준을 마련할 필요가 있다. 그리고 총액배분의 과정에서 구체적이고 명료한 국가적 아젠다가 형성되어야 한다. 그래서 합의된 재원배분의 기준이 정립되어야 한다.

이러한 제도의 성패는 신뢰의 구축 정도에 달려 있다. 어느 정도 개별 부처의 사업결정과정을 투명하게 하고 전문성을 제고하여 믿을 수 있느냐와 관련이 된다. 그런 사업심의의 전문성을 강화하기 위한 제도적 장치로서 성과관리 체계가 구축될 것을 요구되고 있다.

무엇보다 예산은 국민의 부담으로 조성된 세금을 근거로 운영되기 때문에 책임성을 확보하는 설계도 필요하다. 예산의 투명성을 확보하는 조직의 관점이 필요한 이유이다.

제5장
산업정책 거버넌스 개편 관련 주요 이슈와 대안

홍 성 걸 (국민대학교 행정정책학부 교수)

Ⅰ. 들어가는 말

이 장은 목적은 새 정부에서의 산업정책 거버넌스 개편과 관련된 쟁점 이슈들을 검토하고, 산업정책에 대한 최근의 동향이나 정부역할 변화의 시각, 그리고 지금까지의 정부조직 개편과정에서의 경험을 바탕으로 바람직한 개편방안을 제시하는 것을 목적으로 한다.[1)]

언제부턴가 우리나라에서는 대선정국만 되면 정부조직 개편에 대한 논의가 봇물처럼 쏟아지고 있다. 조직개편의 직접적 영향을 받게 될 각 부처들은 물론, 개편을 주도할 정계나 학계, 시민단체 등이 모두 나서서 현행 조직의 문제점을 지적하면서 다양한 대안을 제시하는 것이 일상화되었다. 새 정부가 출범하게 되면 대통령 의제가 바뀌고 이를 실행하기 위한 조직을 재구성할 필요가 있기 때문에 이에 편승하여 이해관계자나 각 부처들은 자신의 이익에 부합하는 방향으로의 정부조직 개편안을 제시하기도 한다.

최근에는 특히 이명박정부가 출범할 때 대부처 대국주의를 바탕으로 한 정부조직의 광범위한 개편으로 퇴출되었던 과학기술부와 정보통신부

1) 일반적으로 거버넌스는 '협치'를 의미하기 때문에 산업정책 거버넌스에서는 정부조직뿐만 아니라 정책고객인 기업이나 산업조직, 일반국민, 정책전문가 등을 모두 포괄하는 정책네트워크의 개편을 논의해야 한다. 그러나 이 논문에서는 이들 이해관계자나 주요 행위자들을 포괄하는 거버넌스의 개편보다 정부가 직접 만들어 갈 수 있는 정부조직 개편만을 한정해서 다루고자 한다. 다만 주요 행위자나 기업을 비롯한 이해관계자들의 입장이나 이익 등은 조직개편의 논의 과정에서 필요한 경우 이를 반영할 것이다.

의 부활을 위한 과학계와 정보통신계의 노력은 가히 눈물겹다고 할 정도로 매우 적극적이다. 이명박정부 내내 교육과학기술부로의 통합에 따라 교육의제만 부각되고 과학기술은 잊혀졌다는 주장이 끊임없이 제기되면서 자문위 수준이었던 국가과학기술위원회가 행정위원회로 전환되고 사무처 기능을 확충하였으며, 범정부 차원에서 과학기술관련 예산을 총괄하고 기획재정부가 이를 참고하도록 법제를 개선했다. 하지만 과학기술입국을 위해서는 과학기술 독임부처의 부활이 필수적이라는 주장이 과학계를 중심으로 지속적으로 제기되었고, 그 결과 대선을 앞둔 여야 모두 어떤 형태로든 과학기술부의 부활을 공약하기에 이르렀다. 또 이명박정부와 함께 출범한 방송통신위원회도 당초 의도했던 것과는 달리 위원들이 정치적 입장에서 의사결정에 임함으로써 IPTV를 제외한 거의 모든 정책분야에서 문제를 일으켰다고 비판받고 있다. 또 ICT산업정책 기능을 이관받은 지식경제부가 전통적 장치산업이나 에너지자원분야에 집중한 나머지 ICT산업분야를 홀대해 왔고, 그로 인해 정보통신산업의 경쟁력이 크게 약화되었다는 주장을 바탕으로 ICT 독임부처의 재설립을 요구하는 목소리가 거세다.

정부조직 개편의 목적이나 동기는 다양하다.[2)] 일반적으로 정부조직의 개편은 정부조직의 효율성이나 효과성 제고를 명분으로 내세우지만 실제 정부조직 개편의 과정을 보면 반드시 과학적 증거에 바탕을 둔 합리적 의사결정으로만 이루어지는 것은 아니다. 정부조직 개편은 크게 행정적 목적과 정치적 목적에 의해 단행된다. 행정적 목적에는 정부조직의 효율성 제고, 정책환경 변화에 따른 조직 부적합성 완화, 또는 대통령 의제의 변화에 따른 조직 개편의 필요성 등이 있다(이윤경·문명재, 2011; Bolman & Deal, 1985:51-53; 박천오, 2011:4에서 재인용; 이창원, 2009:2-4; 김병섭 외, 1997; Grafton, 1975; 윤주철 외, 2011에서 재인용). 정치적 목적에는 선거수요에 의한 조직개편, 공무원이나 기업, 이익단체 등 이해관계자들의 요구, 새 정부의 등장에 따른 관료조직 길들이기 필요성, 권력구조나 정당체계의 변화 등에 따

2) 이에 대한 일반론적 설명은 김윤권 외(2011:52-63)와 조성한(2008) 참조.

른 개편 등이 있는데, 권력재분배의 차원에서 특히 '관료제에 대한 통제력 확보'라는 권력적 동기(김광웅, 1999; 김병섭, 2000; 정의창, 2006; 이창원, 2009:3에서 재인용)를 강조하거나, 권력구조나 정당체계 등 정치제도적 요인(문명재, 2009; 박대식, 2004; Robinson, 2004; Lewis, 2002)을 강조하는 연구들이 이에 속한다(이상 임도빈, 2012에서 재인용). 실제 정부조직 개편의 과정에서는 다양한 정치·행정적 목적이 동시에 추구되고, 다만 정권담당자들의 현실이나 의제에 대한 가치관 혹은 인식에 따라 특정 목적의 비중이 더욱 강조된다고 할 수 있다.

이처럼 다양한 동기를 갖는 정부조직 개편은 건국 이래 50여 차례 이상 단행되어 왔다. 특히 민주화 이후 역대 정부는 개편추진 과정의 독립성과 중립성을 보이기 위해 행정쇄신위원회, 행정개혁위원회, 정부혁신지방분권위원회 등 전담 추진조직을 설치하여 적극적인 정부조직 개편을 단행했다. 김영삼정부는 1962년 이후 경제개발 5개년계획을 통해 산업화를 주도해 온 경제기획원을 없애고, 체신부를 정보통신부로 확대 개편하는 등 환경변화에 치중한 조직 개편을 단행했는데, 이는 대통령 의제의 변화나 정책환경의 변화 등 행정적 목적으로 추진된 대표적 사례이다. 김대중정부는 유래 없이 민간컨설팅 기업들을 활용한 조직진단까지 실시하는 등 정부조직 전반에 대한 점검과 축소지향적 조직개편을 단행했는데, 정부효율성 증대라는 행정적 목적을 내걸었지만 실제로는 최초의 수평적 정권교체가 이루어진 후 정부 관료들에 대한 정권담당자들의 통제력 확보라는 정치적 목적에 따른 정부조직 개편의 측면도 강했다. 노무현정부는 일 잘하는 정부를 표방하면서 이전 정부들과는 달리 표면적인 대규모 개편을 추진하지 않았고 정부혁신을 표방하면서 주로 운영방식이나 고객지향성을 중심으로 한 개선을 추진했다. 사실상 김대중정부를 계승한 노무현정부로서는 정치적 목적의 대규모 조직개편의 필요성이 적었다고 볼 수 있다. 끝으로 이명박정부는 대부처 대국주의에 입각한 작고 능률적인 정부를 표방하면서 대통령직 인수위원회를 통해 대규모 조직개편을 단행했는데, 10년간의 진보좌파 정권의 집권 이후 재집권한 보수우파세력이 조직

개편을 통해 관료조직에 대한 통제력을 강화해야 한다는 정치적 목적도 작용했을 것이다. 그 결과 현재와 같은 기획재정부, 국토해양부, 지식경제부, 문화관광체육부, 행정안전부, 외교통상부, 농림수산식품부에 2차관제가 도입되고 방송통신위원회가 설치되는 등의 개편이 이루어졌다.[3)] 수평적 정권교체에 따라 정치적 동기에 의한 조직개편의 필요성이 강했고, IT의 전면화에 따른 부처간 갈등이 크게 증가한 것도 대규모 조직개편이 신속하게 이루어진 원인이 되었다고 할 수 있다.

그러나 정부조직 개편의 경험으로 미루어볼 때, 행정효율성의 증가라는 일반적 목적이 달성되기는 매우 어렵다. 우리나라의 경우, 정부조직 개편은 과거 발전국가시대의 과도 성장한 정부 관료제를 축소하려는 의도에서 신자유주의적 행정개혁을 시도한 것이었지만, 관료조직의 축소나 통합, 공무원의 퇴출 등 진행과정에서의 공무원의 참여 미흡이나 반발을 초래하였고, 조직개편 이후에도 통폐합된 조직들의 문화적 차이나 행태적 갈등(최성욱, 2001; 장지원, 2006), 조직융합관리전략의 부재나 미흡 등이 어우러져 긍정적 효과보다는 많은 거래비용을 유발한 경우도 많았다(예: 안경섭, 2009). 최근에는 매 5년마다 대규모 정부조직 개편이 정례화되다시피했고, 대통령선거가 가까워지면 부처들은 서로의 정책기능 영역을 확대하거나 축소를 막으려는 의도에서 많은 정책연구를 수행하고 언론을 통한 여론몰이를 하고 있으며, 유력 대선후보의 캠프에 각종 조직개편 대안을 전달하는 등 조직개편의 게임이 반복되고 있다.

이에 여기서는 방송통신위원회의 개편이나 과학기술부 부활논란, 녹색성장을 둘러싼 환경정책분야의 논쟁과 중소기업정책을 둘러싼 부 승격 논란, 통상 및 개발협력정책 기능의 조정 등 현재 쟁점이 되고 있는 산업정책 관련 조직개편에 대한 주장을 검토하고 이를 평가하여 바람직한 개편방안을 제시하고자 한다.

---

3) 역대 정부의 조직개편의 과정과 결과에 대하여는 조직개편을 국제의제의 변화와의 관계 속에서 분석한 이윤경·문명재(2011)와 조직개편의 역사와 특징을 분석한 임도빈(2012: 3-10) 참조.

Ⅱ. 우리나라 산업정책 관련 정부조직의 변화

1. 산업정책 거버넌스의 범위

산업정책이 아닌 정책은 없다고 한다. 교육정책이나 노동정책 등도 산업경쟁력 제고에 필요한 인력양성에 기여한다는 점에서 산업정책으로 보기도 한다. 또 복지정책이나 국방정책, 공정경쟁정책이나 조달정책, 환경정책 등 거의 모든 정책들이 기업들의 매출에 직접적 영향을 미치는 시장의 창출에 기여할 수 있다는 측면에서 산업정책적 효과를 갖는다. 그러나 모든 정책영역을 산업정책으로 분류할 수는 없다. 어느 분야의 정책이건 산업경쟁력에 영향을 미칠 수 있다는 점에서 산업정책을 담당하는 사람들을 직간접적으로 다양한 정책분야를 모두 고려해야 한다는 의미일 것이다.

일반적으로 산업정책은 특정 분야, 혹은 산업 전체의 경쟁력 강화를 위해 산업 내 경쟁에 영향을 미치는 규칙을 제정 혹은 변경하거나(산업조직정책), 현재의 상태를 미래의 바람직한 상태로 변화시키기 위해 정부가 시장에 적극 개입하는 정책(산업구조정책)을 의미한다(이경태, 1995). 하지만 이렇게 산업정책의 범위를 넓게 본다면 정부정책의 대부분이 산업정책으로 분류되고 그에 따라 산업정책 거버넌스 개편의 논의는 정부조직 전체로 확대될 것이다. 실제 정부조직의 재설계 과정에서는 정부의 기능분류에 따라 산업정책 거버넌스의 범위를 설정할 수 있는데, 이명박정부의 대통령직 인수위에 참여했던 김동욱(2008:48-153)은 총괄지원통제 기능, 국가질서유지 기능, 교육문화복지 기능, 경제산업공간 기능 등 4대 대기능 분야 중 경제산업공간 기능 내에 거시경제정책, 금융정책, 재정예산정책, 소비자보호 및 공정거래, 산업진흥과 기업지원, 정보통신 및 방송영상 진흥 및 규제, 농수산업 및 식품, 육상·항공·해상교통, 환경 등의 중기능을 분류한 바 있다. 이 분류에 따르면 산업정책 거버넌스는 산업진흥 및 기업지원과 관련된 조직이지만 이에 국한되지 않고 정보통신이나 방송영상 진흥, 경제정책기능 중 일부도 포함하는 것으로 보아야 할 것이다. 결국 산업정책의 내용과 범위를 어떻게 설정하느냐에 따라 산업정책과 관련된 정부조직의 개편과 관련된 논의의 범위도 달라질 수 있는데, 여기서는 좁은 의미의 산업정책, 그 중에서도 산업정책의 주무부처인 지식경제부의 재편을 둘러싼 논쟁을 중심으로 논의를 전개하기로 한다.

2. 산업정책 주무부처의 역사적 변천과정

산업정책 주무부처는 1948년 11월 4일, 정부수립과 함께 제정된 정부조직법에 의해 상공부가 신설되면서 시작되었다. 설립 당시에는 1차관보 1실 6국 25개 과로 출범했는데, 국 수준의 주요 조직은 상무국, 무역국, 광무국, 수산국, 전기국, 및 공업국으로 이루어졌다. 1960년대와 70년대 급속한 경제발전 과정에서 청와대 경제수석실, 경제기획원과 더불어 산업화를 주도한 발전국가의 핵심적 역할을 담당했던 상공부는 주로 상업, 무역, 및 공업 일반에 관한 사무를 관장하였다. 1977년, 오일쇼크와 세계경제의 어려움에 따른 에너지 위기가 심화되면서 자원차관보, 동력개발국, 광무국을 이관하여 동력자원부를 신설하였다. 에너지, 지하자원, 전기, 연료, 및 열관리 업무를 주요 업무로 하여 1실, 10국 20개 과로 출범했던 동력자원부는 1993년 3월, 다시 상공부와 통합되어 상공자원부로 개칭되었다. 상공자원부는 1995년 1월, 정보통신부의 신설에 따라 IT 산업정책 기능이 축소되었고, 1996년 2월, 통상무역실과 자원정책실을 신설하여 통상산업부로 개편되었다. 한편 당시 개편에 따라 중소기업업무를 분리하여 중소기업청을 신설했는데 소속기관으로 국립기술품질원과 11개 지방중소기업청 및 7개 사무소가 있었다.[4] 1998년, 김대중정부의 조직개편에 따라

4) http://www.smba.go.kr 참조(검색일: 2012년 9월 2일). 2011년 말 현재, 중소기업청의 본청은 1관 5국, 24과에 288명과 11개 지방청, 3개 사무소에 410명 규모로 운영되고 있다.

통상정책기능을 축소하여 산업자원부로 재편되었다가 2008년, 이명박정부의 출범과 함께 정보통신부가 폐지되면서 IT 산업정책기능과 우정사업본부를 이관받았고, 과학기술부가 교육인적자원부와 통합되면서 산업기술 R&D 정책 기능을 흡수했으며, 기획예산처와 재정경제부가 기획재정부로 통합되면서 경제자유구역기획, 지역특화기획 기능 등을 이관받아 오늘날의 지식경제부로 확대 개편되었다.[5)]

건국 이후 여러 차례의 조직변화 중 주목할 만한 변화로는 1962년 상공부로의 개편에 따른 발전국가의 핵심기관으로서 산업정책을 주도하던 것과 1977년, 동력자원부의 신설에 따른 에너지·자원정책 기능의 분리 및 재통합, 1995년 정보통신부 신설에 따른 중소기업청 분리와 산업자원부로의 축소, 2008년 이명박정부의 대부처 대국주의에 따른 지식경제부로의 확대 등을 들 수 있다.

이러한 변화는 정책환경이나 수요의 변화, 정부조직의 효율성 제고, 정권교체에 따른 대통령 의제의 변화와 관료조직에 대한 통제력 확보 등 다양한 정치행정적 동기에 의해 추진된 개편의 결과였다. 정부조직개편의 과정에서 많은 전문가들이나 학회, 조직개편의 공식 추진체계 등에서 제시한 다양한 의견이나 주장들이 관련 부처들과 정책고객이면서 동시에 이해관계자인 기업이나 기업조직, 전문가집단, 국회와 언론 등의 복잡한 상호작용 속에서 각색되고 변화되면서 조직개편의 결과는 매우 정치적 성격을 띠는 것이 일반적이었다. 또 개편의 영향을 받는 조직원들의 반발, 수용, 적응의 과정에서 나타나는 많은 심리적 문제들로 인해 개편의 결과에 대하여 만족하거나 잘했다는 평가보다는 수년이 지나도 조직융합이 되지 않고 이전 조직에 대한 향수가 지속되는 경향도 나타나고 있다.

---

5) http://www.mke.go.kr 참조(검색일: 2012년 9월 2일). 2012년 현재, 지식경제부는 본청 754명, 기술표준원 등 소속기관 482명, 우정사업본부 31,375명 등 총 32,611명 규모로 운영되고 있다.

Ⅲ. 정부조직개편의 일반원칙과 기본방향

정부조직개편에 통시적으로 적용될 수 있는 원칙이 있을까? 일반적으로 행정조직의 효율적 운영을 위해 분업화의 원리와 통솔의 범위, 통합과 조정, 계층제와 참모조직, 합의제와 단독형 기관형성, 전문성과 책임성 확보 등이 거론된다(강신택, 1993; 임도빈, 2012). 정부조직은 POSDCORB 등 일반적 조직 원리에 입각해 구성되지만 사회 환경의 변화와 정책수요의 변화, 정보기술을 비롯한 과학기술의 발전에 따른 조직관리 기법의 변화, 물리적 국경을 뛰어 넘는 글로벌화의 진전, 국가운영 과정에 대한 국민참여의 가속화, 대통령 의제의 변화 등에 따라 다양한 방향을 설정할 수 있을 것이다.

예컨대 김만기(1998:36-47)는 21세기를 목전에 둔 시점에서 한국정부의 전면적 개편의 필요성을 주장하면서, 개편의 기본방향으로 자체진화형 정부조직, 기업가적 정부조직, 고객지향적 정부조직, 성과중심적·경쟁적 정부조직 등 네 가지를 제시하였다. 총무처와 노동부장관을 지낸 직업관료 출신의 이연택(1997:232-255)은 21세기 행정환경의 변화에 대한 전망과 오스본과 게이블러의 행정개혁 방향, 선진국 행정개혁의 경험, 그리고 정부역할의 변화 등을 고려하여 정부기능 및 규모의 축소, 시장 및 경쟁개념의 도입, 관리권한의 분권화, 전문성을 지향하는 인사관리, 지방자치의 효율화 등을 개혁추진의 방향으로 제시하였다. 한편 오스본과 플래스트리크는 정부개혁의 5대 전략으로 ① 명확한 목표를 설정하라(핵심전략), ② 직무성과의 결과를 확립하라(성과전략), ③ 고객을 최우선시하라(고객전략), ④ 상층부와 중앙으로부터 하층부와 지방으로 권한을 이양하라(통제전략), ⑤ 기업가적 문화를 창조하라(문화전략)를 제시한 바 있다(최창현 역, 1998). 이들은 모두 21세기를 눈앞에 둔 상황에서 정부의 효율성과 책임성을 높이는 신공공관리의 입장에서 정부개혁이나 조직개편의 기본방향을 고객만족과 효율성 제고를 위한 성과관리의 측면을 강조하는 민간경영과의 동형화로 설정한 것으로 해석된다. 이러한 입장은 행정개혁에 대한 교과서에도 그대로 반영되어 김정렬·한인섭(2008:347-352)은 행정개혁의 비전과 목표로 ① 유능한 정부(과업지향성과 실용주의), ② 간소한 정부(민간화와 규제개혁), ③ 똑똑한 정부(지식행정과 성과관리), ④ 깨끗한 정부(부패방지와 윤리행정), ⑤ 겸손한 정부(탈권위와 거버넌스)를 제시하고 있다.

한편 이명박정부의 임기만료가 가까워 오는 시점에서 임도빈(2012)은 일반적 조직원리를 바탕으로 정치적 원칙(권력균형), 반응성의 원칙(환경적 요구 반영), 기능중시의 원칙(완결성의 원칙),[6] 정책조정문제의 외부화, 합법성과 체계성(처와 위원회 개편기준) 등을 제시하였다. 앞의 연구들이 효율성 위주의 신공공관리에 바탕을 둔 기본원칙들을 강조했다면, 임도빈(2012)의 주장은 정부개혁 과정의 정치적 특성을 고려해 조직간의 균형과 평준화를 강조했다는 점에서 차이가 있다. 즉 여러 차례 정부조직개편을 경험한 결과, 이론적이고 합리적인 목적이나 원칙의 정부조직은 정치적 과정에서 반대와 저항에 부딪힐 가능성이 크다는 점을 알게 되었고, 무엇보다 정부조직개편의 정답이 없는 상황에서 바람직한 대안으로 제시한 것들이 예상했던 효과를 생산하지 못했다는 반성에서 비롯된 것으로 보인다.

여기서는 선행연구들이 제시하고 있는 정부조직개편의 기본방향이나 원칙들과 조직개편의 정치적 성격, 미래사회 환경의 변화와 산업정책과정에서의 정부역할의 변화, 지금까지의 정부조직개편 경험 등을 종합적으로 고려하여 다음과 같은 기본방향을 설정하였다.

---

6) 이는 이명박정부의 대부처주의에 대한 반성에서 비롯된 것으로 한 명의 장관이 너무 많은 업무를 관장함에 따른 분야별 우선순위로 인해 특정 분야의 정책기능이 약화될 가능성이 있다는 점과(Johnson, 1979) 소 부처가 대 부처에 비해 비효율적이라는 근거는 없다는 점(Ziller, 2006), 정부기능의 중복이 때로는 정책 효과성을 높일 수 있다는 점(Boyle, 1979), 대부처화가 조직간 조정문제를 해결할 수 있는 반면, 조직 내 조정문제를 악화시킬 수 있다는 점(Fesler & Kettle, 1991) 등을 고려한 기본방향이다(원시연·황인자, 2010에서 재인용).

1. 미래사회 환경변화와 정책수요를 반영한 조직개편

산업정책을 둘러싼 미래사회 환경의 변화로 주목할 만한 것은 미국이나 유럽발 글로벌 경제침체의 장기화와 산업구조의 급속한 서비스업화, 부의 양극화 심화, 청년실업문제의 지속, 베이비부머들의 조기퇴직과 급속한 자영업의 진출, 저출산·고령화의 가속화에 따른 인구구조의 변화 등을 들 수 있다. 이러한 변화는 미래사회의 불확실성을 증가시켜 지속적인 경제성장이나 산업발전을 어렵게 하기 때문에 정부 차원에서 미래에 대한 대응능력을 증가시키고 국가경쟁력을 지속적으로 강화시키는 노력이 필요하다.

2. 자본주의4.0 시대의 도래에 따른 시장에서의 정부 역할 변화에 부응

1970년대 경제적 어려움을 극복하면서 지난 30여 년간 세계경제의 지배적 이데올로기의 자리를 차지했던 신자유주의가 퇴조하면서 새로운 정부역할이 요구되고 있다. 정부와 시장, 실물경제와 금융시장에 대한 이분법적 논리가 아니라 서로 협력해야만 서로의 한계를 극복할 수 있다는 자본주의4.0 시대의 논리는 산업정책분야에서도 정부와 시장의 협력 메커니즘을 극대화할 것을 요구하고 있다(Kaletsky, 2010). 새로운 자본주의는 적응성 높은 유연한 시장경제체제이며 자유경쟁시장과 정부개입이 공생하는 체제이다. 정부는 가급적 시장에 대한 직접적 개입을 줄이면서 공정경쟁과 시장효율의 극대화를 위해 노력하지만, 지속적 모니터링을 통해 미래 바람직한 국민경제나 산업의 모습을 상정하고 시장의 행위자들이 그 방향으로 진행하도록 돕거나 그들과의 끊임없는 상호작용을 통해 환경변화에 적응하도록 노력해야 한다. 이는 과거 개발연대의 발전국가나 신자유주의시대의 방임적 국가와는 달리 민간과의 긴밀한 협력관계에 따른 시장자본주의를 만들어가야 한다는 것을 의미한다.

3. 산업정책기능의 총괄조정 기능 강화

미래사회 복잡성의 증가는 그에 대한 정부의 대응도 복잡하게 이루어지지 않을 수 없게 한다. 다른 정책분야도 마찬가지지만 산업정책분야도 특정 부처에서 전담하여 해결할 수 있는 문제보다는 다수의 부처가 함께 나누어 담당하거나 그 복잡성에 따라 기능의 중복을 통한 가외성의 확보가 필요한 경우가 증가하고 있다. 또 산업간 경계가 모호해지는 융합화 현상이 크게 증가하고 있으며, 제조업과 서비스산업의 융합이나 과거에는 없었던 전혀 새로운 산업이 나타나는 등 시장에서의 변화가 매우 크다. 이에 따라 다수의 부처들이 공동으로 처리해야 할 문제를 특정 부처에 맡기기보다는 각 부처들이 협업체제를 이루어 정책문제를 해결하도록 하는 정책추진체계의 필요성이 증가한다. 미래 산업정책분야에서 총괄조정 기능이 강화되어야 하는 이유도 여기에 있다.

4. 부처 자체(HW)의 개편보다 운영 및 관리방식(SW) 중심의 개편

지금까지 우리의 정부조직개편 경험은 부처의 수를 늘이고 줄이거나 기능을 재편하는 방식의 HW중심적 조직개편이 소기의 목적을 달성하기 어렵다는 것을 입증하고 있다. 이것은 현 정부조직의 문제가 조직구조 자체(HW)의 문제인지, 아니면 조직운영방식이나 인사관리 등 관리적 측면(SW)의 문제인지에 대한 인과관계를 밝히려는 노력이 불충분한 상태에서 부처이기주의나 부처별 정책고객의 이해관계에 따라 정치적으로 조직개편이 단행되어 왔기 때문이다.

5. 변화의 최소화를 통한 조직의 안정화 유지

주지하는 바와 같이 우리정부는 매 5년마다 적지 않은 규모의 조직개편이 이루어지면서 개편된 조직의 융합문제나 산하기관의 정비 등으로 막

대한 기회비용을 지불해 왔다. 또 반복되는 조직개편은 부처들간의 승자와 패자를 갈라 5년마다 리턴매치가 펼쳐지고 있는 실정이다. 대통령중심제이면서 5년 단임제를 채택하고 있는 정치시스템의 특성상 빈번한 조직개편으로 정부조직의 안정화에만 2년여가 걸리는 현실은 막대한 정부비효율을 의미한다. 이명박정부는 이를 의식하여 대통령직 인수위원회에서 초단기간에 조직개편을 단행했지만, 산하기관까지 통폐합하고 정비하는데만 2년여가 소요되었고, 통합 이후 소위 화학적 융합을 달성하라는 지침에 따라 혼합(교차)인사 등을 단행하면서 정책고객들로부터 담당공무원들이 전문성이 없다는 혹독한 비판을 받는 등 적응과정에서 많은 어려움을 겪었다. 그러고도 차관이나 실국 수준에서 개편 전의 모체조직을 규모만 축소하여 그대로 유지하는 등 사실상의 '한 지붕 두 가족'을 유지하고 있는 경우도 있다. 이제 정부조직을 대상으로 하는 실험은 더 이상 반복해서는 안되며, 구조적 변화는 최소화하면서 운영방식을 중심으로 한 소규모 기능조정을 통해 문제를 해결해야 할 것이다.

아래에서는 이러한 개편의 기본방향을 바탕으로 현저 산업정책관련 조직개편에 대하여 논의되고 있는 쟁점들을 검토하기로 한다.

Ⅳ. 산업정책 거버넌스 개편과 관련된 쟁점들

1. ICT분야

금번 산업정책분야 조직개편 논의의 시작은 방송통신위원회에서 비롯되었다고 해도 과언이 아니다. 주지하는 바와 같이 이명박정부 출범시 정보통신부가 해체되어 소관 기능이 관련 4개 부처(지식경제부, 행안부, 방송통신위원회, 문화부)에 나누어졌다.[7] 이는 방송통신융합에 더응하고 IT가 국

7) 당시 정통부 해체의 배경과 논리에 대하여는 홍성걸(2009) 참조.

민생활의 모든 부분에 스며들면서 IT 전담부처의 필요성이 그만큼 줄어들었기 때문이었다. 1995년 출범한 정보통신부는 정보화의 선도부처로서 범정부 차원의 정보화를 적극 추진하여 국가 전체의 정보화와 정보통신산업 발전에 크게 기여했다. 하지만 정보화의 보편화와 타 분야와의 융합이 크게 진전되면서 다양한 분야의 소관부처들과의 갈등과 경쟁이 심화되기 시작했다. 1990년대 후반에는 지역정보화사업을 둘러싸고 정통부와 행정자치부가 심하게 대립하였고, 2000년대 초반에는 전자정부사업의 주도권을 둘러싸고 두 부처간의 갈등이 쟁점화되었다. 지역정보화에 대한 갈등은 정통부가 전국에 산재한 우체국을 중심으로, 행자부가 지방자치단체를 중심으로 각각 추진하다가 지역정보화의 핵심이 되는 지역정보 생산의 주요 원천이 지방자치단체일 수밖에 없다는 이유로 결국 행자부 소관으로 귀결되었다. 전자정부사업은 두 부처의 주도권 다툼 속에서 표류하다가 전자정부특별위원회라는 민관합동의 별도 추진조직을 중심으로 추진하게 되면서 정보화정책 추진체계가 정보화추진위원회(위원장 국무총리, 간사부처 정통부)와 전자정부특위로 2원화되는 계기가 되었다. 노무현정부에서는 진대제 정통부장관이 IT-839사업을 중점적으로 추진하면서 산업정책의 주무부처인 산자부와의 갈등이 극도로 심화되었고 당시 윤진식 산자부장관과의 갈등이 대통령 앞에서도 종종 노정되기도 했었다. 전자정부정책은 행자부로 일원화되었지만 정부혁신·지방분권위원회에 전자정부전문위원회를 설치하여 31대 로드맵과제의 추진을 점검하는 등 여전히 부분적으로 이원화된 체제를 유지하였다. 그 밖에도 정통부가 정보화촉진기금(현 정보통신진흥기금)을 바탕으로 타 부처의 정보화사업을 지원하면서 정부의 대부분의 부처들과의 전방위적 갈등이 나타났고(예: u-City를 둘러싼 건교부와의 갈등), 이것은 이명박정부 출범시 정통부를 해체하는 근본 원인이 되었다.

정통부의 해체 이후 탄생한 방송통신위원회는 방송통신서비스와 주파수정책, 이용자보호 분야의 규제와 진흥 기능을 겸비했고 위원장을 포함한 5인의 위원으로 구성된 합의제 기관이었다. 그러나 여야 정치권에 의해 추천된 위원들이 전문성에 바탕을 두어 중립적인 의사결정을 하기보다는 정치적으로 대립하면서 많은 문제점이 나타났다. 합의제 기관이라는 특성으로 인해 방송법 개정 등 이해관계가 첨예하게 대립된 사안들에 대한 정책결정은 극심한 대립이 계속되다가 결국 정치적 대립에 따라 3:2로 결정될 수밖에 없었다. 정보통신진흥기금의 사용과 관련한 방송통신위원회와 지식경제부와의 대립은 수차례에 걸친 청와대의 조정 끝에 별도의 방송통신발전기금을 설치하는 것으로 합의되었다.

한편 정통부의 해체에 따라 IT산업정책기능을 이관받은 지식경제부는 기존 조직에 정보통신산업정책관(6개과)을 두어 IT산업정책을 관장하게 하였다. 하지만 조직규모도 크게 줄었고, 노무현정부까지 대부분의 공공정보화에 대한 투자가 이루어짐에 따라 신규투자가 줄어들어 중소 IT기업들의 시장이 크게 줄어들 수밖에 없었다. 또 2008년 이후 세계경제의 금융위기 이후 지속되고 있는 경제적 어려움으로 많은 IT기업들이 지식경제부의 정책능력에 대하여 불만을 토로하고 있다. 정보통신학계나 기업들, 전자신문이나 디지털타임스 등 언론 기관과 김형오 전 국회의장이나 변재일 의원(전 정통부 차관) 등 정보통신분야의 전문성을 갖춘 정치인들이 중심이 되어 IT정책 컨트롤타워 부재의 문제를 지적하면서 새로운 정보통신정책 거버넌스의 수립을 주장하고 있다.

이러한 상황을 바탕으로 각계 각층에서 ICT분야의 새로운 거버넌스를 구축해야 한다는 요구가 크게 증가하고 있다. 여기서는 ICT분야로부터의 도전을 중심으로 산업정책 거버넌스 개편에 대한 쟁점들을 분석한다.

1) IT정책기능의 통합조정 문제

이는 흔히 IT 컨트롤타워의 부재라는 이름으로 지적되는 문제이다. 이명박정부에서 구 정통부의 기능을 4개 부처로 분산하면서 ICT관련 주요 부처들간의 정책조정이나 협업체제 구축을 위한 시스템을 구축하지 못했다는 것이다. 형식적으로는 과거 정보화추진위원회와 자문위원회를 통합한 국가정보화전략위원회를 설치하여 컨트롤타워의 역할을 수행하도록 했지만 이 위원회는 실질적 조정을 수행할 수 있는 아무런 정책수단(예: 인사권이나 예산권, 평가기능 등)을 갖지 못함으로써 부처들간의 갈등과 경쟁을 조정할 수 없었다. 2009년, 대통령이 IT기업인들과 대화하는 과정에서 기업인들이 조정기능 강화를 요청하였고, 그 결과 청와대에 IT특보를 신설했지만 IT특보는 SW에 대한 관심만 높았을 뿐, 범정부적 ICT 정책 조정능력을 발휘하지는 못했다.

이런 상황에서 방송통신에 관한 규제와 서비스산업 진흥, 이용자보호 등의 기능을 수행하는 방송통신위원회는 방송통신정책의 범위에는 디지털콘텐츠가 포함된다는 입장에서 콘텐츠와 관련하여 문화부와 갈등관계를 지속했고, 방송통신서비스 산업을 구현하기 위한 장비나 부품 등도 진흥정책의 범위 내에 포함시키려는 노력을 지속함으로써 관련부처들과의 갈등이 계속되었다.

한편 국가정보화와 정보보호, 및 전자정부 기능을 보유하고 있는 행정안전부는 국가정보화전략위원회의 간사부처로서 국가정보화 전반을 총괄·조정하는 기능을 수행하도록 예정되었지만, 실제로는 중앙정부 전체의 총무부처로서의 일반 기능에 치중하여 국가정보화 전반에 대한 중장기 계획의 수립이나 실천, 타 부처들의 정보화나 IT활용을 총괄하지 못하였다. 지난 4년간 행안부의 국가정보화 정책기능 수행의 대표적 사업은 스마트워크와 모바일 전자정부 구축 정도 외에는 거의 없었다고 해도 과언이 아니다.

결론적으로 이명박정부에서 정보화 관련 정책기능은 분산되었지만 부처간 기능중복을 원천적으로 해결한 것은 아니었고 이를 통합·조정하는 기능도 수립되지 못했다. 이는 지난 수년간 관련 부처들이 지속적으로 갈등하고 경쟁하는 원인이 되었으며, 주요 정책고객들인 기업이나 관련 협회들이 ICT 관련 정부조직의 문제점으로 정책총괄 및 조정 기능의 미흡을 강조하는 원인이 되었다.

2) ICT 생태계의 수직계열화 문제

스마트폰의 등장 이후 ICT산업은 C(콘텐츠), P(플랫폼), N(네트워크), Device(기기) 등 스마트 생태계를 구성하고 있는 부분들이 플랫폼의 확장과 네트워크의 고도화를 중심으로 유기적으로 결합되면서 발전하고 있다.[8] 방송통신위원회와 정보통신정책연구원, 그리고 전자신문 등 일부 언론들은 이명박정부가 스마트 혁명 이후 ICT 생태계 변화에 대응하지 못하고 있다고 주장한다. 즉 이명박정부의 분산형 ICT 정책추진체계는 스마트 혁명 이후의 ICT 생태계의 유기적 변화에 대한 적절한 대응을 어렵게 만들어 종합적인 대책이 미흡했고 결과적으로 우리나라의 ICT 경쟁력을 저하시키는 원인이 되고 있다고 한다. 그러므로 C-P-N-D는 단일 부처가 담당해야 하고, 이를 위해서는 구 정통부처럼 독임부처가 ICT정책을 전담하도록 하는 것이 바람직하다는 입장이다.

과연 그럴까? C-P-N-D의 유기적 연결을 통한 스마트 중심의 ICT 생태계의 발전이라는 인식에 공감한다 하더라도 C-P-N-D는 한 부처가 담당하기에는 업무의 범위가 너무 넓고 서로 다른 특징을 갖는다. 첫째, 콘텐츠는 창의력이나 문화, 인문학적 지식 등을 바탕으로 창조되어 시장에서 소비자들에게 수용되어야만 경쟁력 있는 산업으로 성장할 수 있다. 즉 콘텐츠는 기술이 아니라 창의력이 경쟁력의 핵심이라는 말이다. 전 세계적으로 경쟁력 있는 플랫폼은 현재 구글, 애플, MS 정도이고, 여기에 최근 아마존이 도전장을 내밀고 있는 상황이다. 이들의 공통점은 모두 기업들이 창의력과 기술력, 마케팅능력, 시장지배력 등을 적극적으로 활용하여 시장경쟁에서 승리했기 때문에 자사의 플랫폼을 확장시킬 수 있었다는 점이다. 즉 플랫폼은 정부가 정책을 통해 확보할 수 있는 단순한 기술이 아니다.

둘째, ICT부문이 C-P-N-D로 구성되어 있으니 이를 한 부처가 담당해야 한다면, R&D는 기초-기반-응용-공정-대량생산 등의 생태계로 구성되

8) 스마트혁명 이후 ICT 부문의 환경변화와 정책과제에 대하여는 최계영(2012) 참조.

어 있으니 R&D정책도 한 부처가 담당해야 할 것인가? 이런 유형의 분야는 정부조직 구조에 얼마든지 있다. 최근 기후변화와 저출산·고령화에 의한 사회경제적 문제 등은 전 세계, 혹은 국가 전체의 문제가 되고 있지만 주무부처는 있으나 이를 한 부처가 담당할 수는 없고 해서도 안 된다.

셋째, C-P-N-D를 담당하는 독임부처를 만들 경우 예상되는 부작용을 어떻게 완화시킬 수 있느냐의 문제다. 구 정통부의 사례에서 보았듯이 ICT를 담당하는 독임부처가 신설되면 이미 ICT의 보편화로 인해 모든 부처들이 소관 분야에서 ICT관련 정책기능을 담당하고 있는 상황에서 나타날 수 있는 갈등을 해결해야 한다. 정보통신진흥기금을 둘러싼 방송통신위원회와 지식경제부의 갈등 조정에만 10개월 이상이 걸렸다는 것을 생각한다면 부처간 갈등조정이 얼마나 어려운 일인가를 알 수 있다. 또 신설될 ICT 독임부처에 ICT정책의 총괄·조정기능을 부여하려면 이를 실행할 수 있는 권한(예산조정권 등)을 부여하지 않으면 안 된다. 그러나 다른 부처와 동일 수준의 독임부처에 이러한 권한을 부여한다는 것은 불가능하다.

넷째, ICT를 전담할 독임부처를 설립할 경우 예상되는 문제점은 정부조직 내의 갈등만이 아니다. ICT산업은 민간의 창의력이 최대한 발휘될 수 있어야 발전의 선순환을 실현할 수 있다. 그러나 규제와 진흥 기능을 겸비할 경우, 시장을 역행하는 규제로 인해 산업발전을 저해하는 경우가 발생할 수 있다. 구 정통부 시절에 있었던 WIPI정책이나 WiBro, DMB 등이 모두 이러한 실패 사례에 속한다. 그로 인해 산업계가 지불해야 했던 기회비용은 막대하다.

결론적으로 C-P-N-D의 유기적 연계는 한 부처에서 담당해야 가능한 것이 아니라 연계를 가능하게 하는 ICT정책의 총괄·조정능력을 강화함으로써 해결해야 할 문제이며, ICT 독임부처를 신설할 경우 예상되는 문제점을 해소하기 위한 명백한 대책이 선행되지 않는다면 독임부처의 신설에 신중을 기해야 할 것이다.

3) ICT 홀대론의 문제

이명박정부 출범 이후 ICT산업정책 기능이 지식경제부로 이관되었지만, 지식경제부는 고유업무에 치중하여 ICT가 소외되고 있다는 주장이 있다. 즉 ICT가 모든 부처에서 다 포함되는 정책기능이지만 동시에 ICT를 전담하는 주관부처가 없어 어느 부처에서도 중심적 업무가 되지 못했다는 입장이다. 주관부처가 없기 때문에 교환기, 반도체, CDMA 상용화, 초고속망 구축 이후 ICT분야의 미래를 선도할 기술이나 기반이 구축되지 못했다고 한다(정태명, 2012). 이 주장의 증거로 자주 거론되는 것이 대부처 대국주의에 따른 ICT 관련 조직에 대한 상대적 무관심과 작은 예산규모, 그리고 EIU의 IT산업경쟁력 지수가 2008년 8위에서 2011년 19위로 하락한 것 등이다.

우선 조직규모를 보자. 구 정통부의 해체로 기능 분산이 이루어졌으므로 규모와 예산이 작아지는 것은 당연한 결과일 것이다. 하지만 상대적 시각에서 보면 ICT산업과 관련된 주무부서의 규모가 인력이나 예산 양 측면에서 볼 때 작아졌다고 볼 수는 없다. 2012년 5월 현재, 지식경제부의 정보통신산업정책국은 6과 1팀에 61명으로 구성되어 있고, 2012년 예산은 1조2,584억원이다. 성장동력실에 속한 다른 국에는 주력산업정책국과 신산업정책국이 있는데, 이들은 모두 정보통신산업정책국어 비하면 상대적으로 적은 규모이다(〈표 1〉 참조).

<표 1> 지식경제부 성장동력실 내 인원, 부서, 및 예산규모, 2012

구 분	부서 수	인 원	2012년 예산
정보통신산업정책국	6과 1팀	61명	12,584억
주력산업정책국	5과 1팀	56명	8,383억
신산업정책국	5과 1팀	52명	4,779억

그럼에도 불구하고 지식경제부의 ICT 홀대론이 주장되고 있는 것은

ICT관련 주요 부처들(방송통신위원회, 문화부)의 ICT 예산이 비교적 큰 폭으로 증가한 반면, 지식경제부의 ICT 예산은 답보상태에 불과하기 때문으로 보인다(〈표 2〉 참조).

<표 2> 연도별 ICT 결산 추이, 2007-2012

부처	07결산	08결산	09결산	10결산	11결산	12결산	연평균 증가율
지식경제부	727.6 (舊 산자부)	12,954	14,251	13,695	12,450	12,584	▲0.7
방송통신위	13,833.6(舊 정통부)	1,285.6	2,193.1	2,377.3	4,316.5	5,418.9	43.3
문화체육부	764.8	773.8	1,677.5	2,405.1	2,544.9	2.920.3	30.7
행정안전부	4,153.7	4,757.5	5,336.3	5,774.1	5,531.6	5,414.7	5.4
계	19,479.7	19,770.9	23,457.9	24,251.5	24,843	26,337.9	6.2

[년도별 IT예산추이, (단위 : 억원%)]

하지만 구 정통부의 기능이 4개의 부처에 분산 배치되었다는 것을 감안하면 이 4개 부처의 ICT 예산 전체를 종합적으로 고려하는 것이 타당할 것이다. 이렇게 보면 2007년 결산 기준으로 ICT 예산은 19,479.7억에서 꾸준히 증가하여 2012년 결산(예정)에서는 약 26,337.9억원으로 연평균 6.2%의 증가율을 보이고 있으니 예산의 측면에서도 홀대론의 근거는 미약하다고 할 수 있다.

ICT 홀대론의 근거 중 하나는 ICT분야의 R&D 투자가 줄어들고 있다거나 정보통신진흥기금을 활용한 R&D 투자가 ICT분야에 집중되어야 함에도 불구하고 지식경제부가 IT 융합분야에 투자함으로써 사실상 자동차나 조선, 항공기 등 ICT 이외의 분야에 쓰이고 있다는 주장이다.[9] 이러한 주장은 일견 설득력이 있는 것처럼 보이지만 현실과는 다르다는 것을 다음의 자료를 통해 확인할 수 있다.

우선 2002-2008년간 우리 정부의 연도별 IT R&D의 투자규모와 비율 추이를 보면, 투자규모는 증가했으나 전체 R&D에서 차지하는 비중은 현상 유지 또는 소폭 감소의 추세를 보이고 있다. 2008년에는 IT R&D투자

9) 홍성걸·박종혁(2011:140-141)에서 수행한 심층 인터뷰와 전문가 설문조사에 의하면 지식경제부가 IT융합 분야에 집중하면서 대기업에 대한 지원이 증가하여 상대적으로 ICT분야의 중소벤처기업에 대한 지원이 줄어들었다는 인식이 많았다.

가 감소했지만 2006년 수준보다는 높다(<그림 1>).

<그림 1> 연도별 IT R&D 투자규모 및 비율 추이

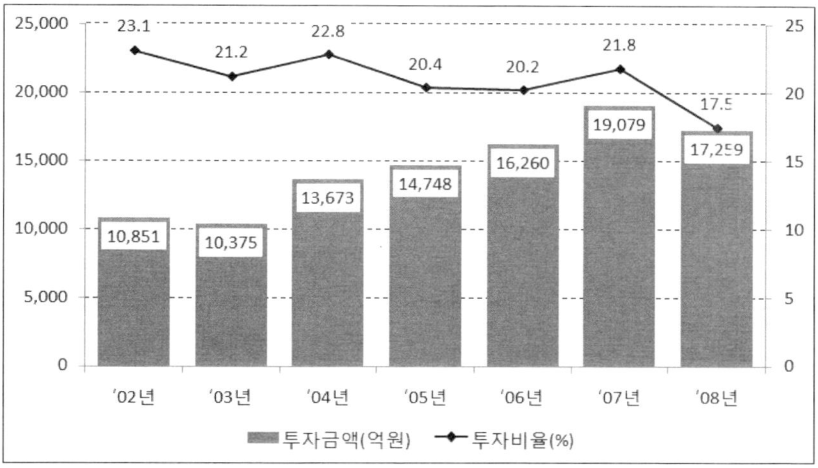

출처: 교육과학기술부(2010), 「2009년도 국가연구개발사업조사분석보고서」.

<그림 2> 우리나라 미래유망신기술(6T)별 연구개발비 비중 추이

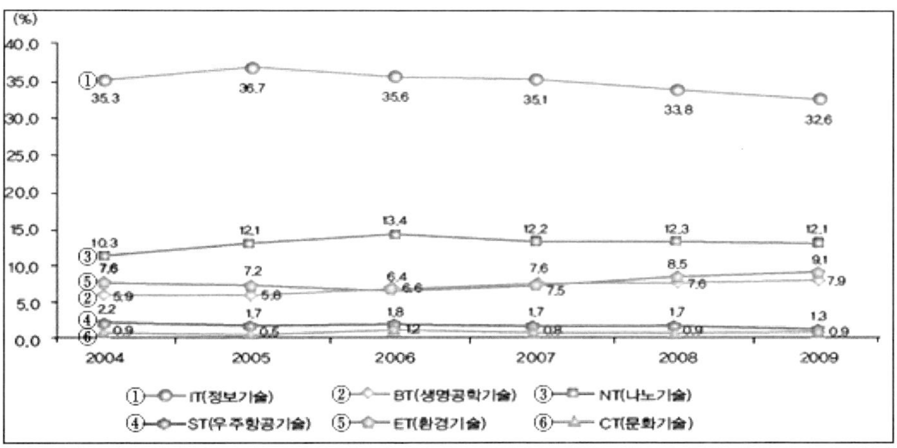

출처: 과학기술기획평가원(2011), 「2010 R&D활동 조사보고서」

한편 국가 R&D 전반에서 ICT가 차지하는 비중의 측면에서 보면, ICT

분야는 다른 신기술분야에 비해 월등히 높은 비중을 차지하고 있으며, 2005년을 정점으로 점진적 감소추세를 보이고 있는데, 그럼에도 불구하고 2009년에도 여전히 32.6%의 높은 비중을 차지하고 있다(<그림 2>).

IT융합에 대한 R&D투자가 대기업에 얼마나 투입되고 있는지를 알아보기 위해 지식경제부 IT R&D의 대부분을 차지하고 있는 정보통신진흥기금 사업의 연구개발투자 중 대기업에 투입되고 있는 비중을 살펴보았다. 2011년 지식경제부의 정보통신진흥기금 사업 전체 규모는 6,915억원이었으며, 이 중 산업융합원천기술개발사업에 총 303개의 과제에 전체의 63.7%인 약 4,404억원이 투입되었다. 과제 수를 기준으로 하면 대기업에 지원된 과제는 전자정보디바이스분야에서 20개, 정보통신미디어분야에서 2개, SW컴퓨팅분야에서 3개 등 25개가 지원되었고, 금액을 기준으로 하면 약 332억원이 대기업에 지원되었다(정보통신산업진흥원, 2012:75-76). 다시 말하면 연구과제수 기준 6.6%, 투입 예산기준 7.5%가 대기업에 지원된 셈이다.[10)] 이 정도의 비율이라면 지식경제부가 자동차, 조선, 항공기 등 대기업이 수혜자인 IT 융합분야에 막대한 R&D 예산을 투입함으로써 순수 ICT분야나 중소벤처기업에 대한 R&D 지원이 감소했다는 주장은 큰 설득력이 없다고 판단된다.

끝으로 흔히 인용되고 있는 근거로 지식경제부 출범 이후 EIU에서 발표하고 있는 ICT산업경쟁력 지수가 추락했다는 주장에 대하여 살펴보자. EIU의 조사에서 우리나라는 2008년 8위에서 2011년 19위로 추락한 것으로 발표되었다. 그러나 이렇게 추락한 원인을 보면 EIU가 평가의 기준을 바꾸었다는 점이 작용했을 가능성이 있다. 즉 2008년에는 IT관련 특허등록 건수를 기준으로 했으나 2011년에는 전체 특허출원 대비 IT의 비중을 기준으로 측정했으며, 특히 2011년의 평가에서 2007년의 R&D 특허 데이

10) 대기업의 경쟁력을 고려할 때 정부가 지원하는 산업융합원천기술 개발사업에 대기업이 수혜를 받는 것은 문제가 될 수 있다. 그럼에도 불구하고 대기업에 대한 지원이 이루어지고 있는 것은 정부기관의 성과평가에 대한 관심에서 비롯된 것이라 할 수 있다. 대기업에 비해 중소기업이나 대학 등은 성공 가능성이 상대적으로 떨어질 수 있으므로 성과관리를 위해 대기업의 연구개발에도 약간 지원을 하고 있다고 해석할 수 있다.

터를 사용하는 오류가 있었다. 물론 이에 대하여 우리 정부가 보다 적극적으로 정확한 데이터를 제공했다면 하는 아쉬움은 있으나 2008년의 결과를 2011년과 직접적으로 비교하는 것에 문제가 있음은 분명하다. 또 우리나라의 ICT산업 경쟁력을 평가하는 지표에 EIU의 조사만 있는 것은 아니다. 다른 지표들의 경우를 보면, 우리나라의 ICT 경쟁력이 저하되었다는 일반적 결론에 도달하기는 어렵다. 예컨대 ITU의 정보통신발전지수는 2009년 2위에서 2011년 1위로 한 단계 상승했고, WEF의 네트워크 준비지수도 2007년 19위에서 2011년 10위로 상승한 것으로 나타났다. 실물경제의 측면에서도 2008년 후반부터 미국과 유럽을 휩쓸고 있는 금융위기와 재정위기의 영향으로 국내 ICT산업의 경쟁력이 상대적으로 높아지고 있음을 고려하면 EIU의 경쟁력 지수만을 선택적으로 수용하는 것은 문제가 있다. 그럼에도 불구하고 우리나라의 ICT산업은 삼성전자와 LG전자 등 소수의 대기업 경쟁력에 크게 의존하고 있고, 중소기업이나 SW분야의 경쟁력이 극히 취약한 소위 '경쟁력의 양극화' 현상이 심각하다는 문제점을 부인할 수는 없다.

결론적으로 지식경제부의 ICT 홀대론의 사실적 근거는 미약하다. 설혹 ICT산업분야에서 과거 반도체와 전자교환기, CDMA 상용화와 같은 중장기적 기술개발 성과가 부족했다 하더라도 이것이 ICT 홀대나 ICT만을 주요 업무로 하는 주무부처의 부재로 인한 것이라는 증거는 부족하다. 다만 대부분의 정책고객들(전문가나 중소기업 등)이 홀대론에 동조하고 있는 것은 인식론적 측면에서 그만큼 지식경제부가 에너지자원이나 융합 등에 정책적 우선순위를 두고 있었고 상대적으로 ICT분야에 대한 관심을 소홀히 하고 있었다는 반증은 될 것이다. 장관의 관심이 특정 의제에 집중되는 상황이 발생할 때, 대부처의 한계에 따라 다른 분야의 정책이 소홀히 취급될 수 있다는 것을 유념할 필요가 있다.

4) 지식경제부의 ICT 무지론에 대한 문제

ICT분야의 정책고객들인 기업인들이나 교수 등 전문가들에 의하면 지식경제부의 ICT담당 공무원들의 전문성이 턱없이 부족하여 그들을 교육시켜야 할 정도였다고 한다. 또 막상 교육을 시켜 놓으면 다른 보직으로 인사이동이 되어 새 인물이 과장이나 팀장으로 오게 됨으로써 시급한 대응을 요하는 정책상황에서 적절히 대응하지 못하는 문제가 있었다고 한다(홍성걸·박종혁, 2011). 지식경제부 공무원들은 정말 ICT를 잘 모르는가?

2008년 정부조직개편 직후 이명박정부는 과거 조직개편의 경험에 따라 단순한 물리적 통합이 아니라 화학적 융합이 될 수 있도록 개편된 부처의 인사관리를 철저히 할 것을 주문했다. 이 지침에 따라 지식경제부도 과거 주력산업이나 에너지자원분야에서 근무하던 인사들을 ICT분야로, 정통부에서 넘어온 ICT 전문가들을 산업통상이나 에너지자원 등 다른 부문으로 옮기는 '통합 후 조직융합'(PMI: Post Merger Integration)을 적극적으로 실시하였다. 이 과정에서 자연스럽게 ICT에 대하여 잘 모르는 간부급 공무원들이 ICT분야에 보임되는 결과를 낳았으니 비록 일시적이나마 공무원들이 자신의 업무분야에 대하여 잘 알지 못하는 상황이 발생한 것이다. 조직개편이 이루어진 직후에는 산하기관을 활용해서 어느 정도 전문성을 보완할 수 있는 것이 보통이다. 그러나 지난 조직개편은 산하기관 전체를 모두 뒤흔들어 이들의 통폐합도 순차적으로 진행되었으며, 산하기관이 안정되는 데 2년여가 소요되었으므로 이들에 의한 전문성 보완도 어려웠다. 이 과정에서 위와 같은 정책고객의 불만이 표출된 것은 당연하다. 대규모 조직개편 이후 조직의 안정화에 많은 시간이 걸리고 ICT분야의 특성상 전문적 지식이 없이는 업무 수행이 쉽지 않다는 것을 감안하면, 이는 지식경제부의 문제라기보다는 대규모 조직개편과 그에 따른 순환인사정책에 그 원인이 있었다고 보는 것이 타당할 것이다.

결론적으로 IT분야의 컨트롤타워 기능이 미흡했다는 점에 대하여는 대다수 전문가들이 동의하고 있다. 현재 방송통신위원회나 구 정통부 출신 관료들, 혹은 학계인사들과 기업인들은 방송통신위원회를 IT를 전담하는 독임부처로 전환하고, 방송통신위원회의 규제기능을 가진 방송통신규제위원회를 별도로 신설하거나 부활하는 독임부처 내에 독립규제위원회의 형태로 유지할 것을 주장한다(송희준, 2012). 반면 일부 전문가들은 ICT 독임부처를 부활한다면 구 정통부 시절의 부처간 갈등이 그대로 재현될 가능성이 크고, 이미 ICT가 일상생활에 보편화되어 있는 상황에서 ICT만을 담당하는 독립부처의 필요성이 크지 않다는 점을 들어 이에 반대하고 있다(최항섭 외, 2012; 홍성걸·정충식, 2012). 다만 현재의 방송통신위원회는 규제와 진흥기능의 혼재로 인해 제 역할을 수행하기 어려우므로 독립규제위원회로 개편할 것을 주장한다. 그러나 방송통신위원회의 입장은 ICT분야를 모두 모아서 ICT분야의 총괄 조정 기능을 담당할 독임부처를 설립해야 한다는 것이다. 특히 현재 문화관광체육부의 신문이나 게임 등 콘텐츠부문도 방송통신부문과 통합해야만 일관성 있는 정책이 가능하다는 입장이다. 이 경우 방송통신규제위원회는 노동부의 중앙노동위원회처럼 독임 부처 내에 독립적인 규제위원회로 설치, 운영할 수 있다고 주장한다.

ICT분야는 정부보다 시장에 의해 발전되고 있다는 점, 정부의 역할은 R&D와 인력양성, 시장창출과 공정경쟁 등의 분야에 제한적으로 유용하다는 점, 그리고 현재 ICT분야 문제의 근본 원인은 독임부처의 설치보다는 정책조정과 협력체제의 구축에 있다는 점 등을 고려할 때, ICT산업정책의 관할권을 이유로 한 ICT 독임부처의 설립을 포함한 산업정책분야의 대규모 조직개편은 득보다 실이 많을 것으로 예상된다. 특히 그러한 브처가 설치될 경우 발생할 가능성이 있는 여러가지 문제를 완화시키거나 해결할 수 있는 구체적인 대안이 부족한 상황에서 또다시 산업정책분야의 정부조직 전체를 재편하는 것은 신중을 기해야 할 것이다.

이에 필자는 ICT산업정책을 분할하는 대규모 개편보다는 정보화와 과학기술, 미래전략 등 총괄조정기능이 필요한 분야를 묶어 국무총리실에 미래전략처(안)를 신설함으로써 관련분야 정책의 총괄조정기능을 강화하는 방향으로의 소규모 개편안을 제시한다. 신설되는 미래전략처(안)의 총괄조정권을 확보하기 위한 인사, 예산, 평가 등의 권한부여(empowering) 방안에 대한 추가적 연구가 필요하다.

2. 에너지자원과 환경정책분야

에너지자원분야의 개편 필요성은 크게 두 방향에서 논의되고 있다. 하나는 지식경제부에 ICT산업정책기능을 계속 존치시킬 경우 지식경제부의 대부처화로 인한 업무의 과중함을 근거로 에너지자원분야를 별도의 부처로 독립시키자는 주장이다(송희준, 2012). 다른 하나는 기후변화에 대한 정책기능을 보유한 환경부가 신재생에너지산업을 자신의 정책영역으로 확대하려는 움직임에서 비롯된다. 기후변화에 따른 녹색성장이 핵심 정책 이슈로 부상하면서 부처간 기능 중복이나 정책추진상의 총괄조정 기능의 미흡으로 녹색성장정책이 힘을 받지 못하고 있다. 이명박정부에서 녹색성장위원회를 설치하여 총괄·조정기능을 수행하도록 했으나, 실질적 권한의 부족으로 사실상 표류하고 있다. 이 분야에 대한 쟁점사항들을 검토하면 다음과 같다.

1) 에너지자원정책기능을 분리하는 대안의 검토

과거 동력자원부를 설치했던 때와 같이 에너지자원정책 기능을 분리하여 자원에너지부 또는 외청 형태로 독립시키자는 제안이 있다(이승종 외, 2012).[11] 자원에너지부는 미국의 사례와 유사한 것으로 미국처럼 에너지산업이나 자원보유의 규모가 세계시장을 좌우할 정도로 큰 경우에 고려해 볼 수 있을 것이다. 그럼에도 불구하고 에너지자원부를 분리시킨다면 에너지 수요의 약 60%를 산업이 차지하고 있는 현실에서 에너지 안보의 약

11) 이승종 외(2012:18)는 에너지자원을 별도의 부처로 분리하는 것은 에너지자원과 통상정책을 분리하고 산업정책과의 연계를 어렵게 하기 때문에 구 동력자원부 형태의 부처 설치보다는 지식경제부를 통상산업부로 전환하고 에너지자원개발청을 외청으로 신설할 것을 제안하고 있다.

화나 수급 차질이 발생할 경우 산업경쟁력에 직접적인 영향을 미칠 것이지만 부처 분리로 인해 즉각적 대응이 어려울 수 있다는 점과, 신재생에너지 육성 및 원전 수출 등 신산업 육성을 통한 미래 먹거리 창출 등에 긴밀한 협조가 필요한데 부처 분리는 이를 어렵게 한다는 문제점이 예상된다.

외청으로 독립시키자는 안은 일본의 사례에서 발견되는데, 에너지자원관련 업무를 분리하여 산업정책 주무부처의 외청으로 설치함으로써 에너지자원정책과 산업정책과의 연계를 유지할 수 있다는 장점이 있는 반면, 중소기업정책처럼 외청으로 독립시킨 후 시간이 흐를수록 동일부처 내에 있을 때와는 달리 독자적인 정책을 추진하게 되어 정책간 연계가 약화될 수 있고, 특히 신재생에너지산업의 육성은 외청 수준에서 독자적으로 담당할 업무의 범위를 넘어선다는 문제가 있다.

현재 해외 에너지자원의 개발과 획득은 지식경제부는 물론, 외교통상부, 기획재정부, 국토해양부 등 유관 부처와 수출입은행, 한국국제협력단 등 공적개발원조 수행기관들, 그리고 광물자원공사, 석유공사, 가스공사 등 공기업과 에너지경제연구원 등 국책연구기관들이 함께 관련되어 있다. 이러한 에너지자원 개발 및 획득의 역할분담체제를 근본적으로 바꾸는 것은 최소개편의 원칙과 정부조직의 안정성 유지에도 문제가 될 수 있다.

2) 자원에너지정책 기능의 환경정책과의 통합문제

기후변화에 대한 대응정책은 현재 지식경제부의 에너지자원실 내 기후변화에너지자원개발정책관(녹색성장기후변화정책과, 신재생에너지과, 자원개발전략과, 에너지기술팀 등)과 환경부 환경정책실(녹색기술정책과, 환경산업팀, 기후변화협력과 등), 농림수산식품부의 녹생성장정책관(과학기술정적과, 녹색미래전략과 등) 등에 혼재되어 있다. 화석에너지에 대한 의존도가 높은 우리나라로서는 이렇게 혼재되어 있는 기후변화대응 거버넌스를 재정비할 필요가 있다. 이에 대하여 각 부처들은 자신의 고유 정책영역에 기반을 드고 서로 경쟁하고 있다. 특히 환경부는 차제에 신재생에너지산업 정책기능을 이관받아 환경에너지부(안)로 확대 개편하기 위해 노력하고 있다.

환경과 에너지기능을 통합하자는 입장은 기후변화와 에너지 분야를 통합함으로써 일관성 있고 효율적인 기후변화 대응 정책의 집행이 가능하고, 환경과 에너지정책 기능이 분리됨에 따른 부처간의 갈등 가능성을 줄일 수 있으며, 온실가스·대기오염 저감과 에너지 정책과의 연계가 가능하다는 장점이 있을 수 있다. 그러나 방송통신위원회의 사례에서 보는 바와 같이 규제와 진흥의 기능을 한 부처에 통합함으로써 어느 한 기능이 다른 기능을 압도하거나 부처 내 갈등이 빈번해지는 문제가 발생한다. 또 환경의 규제기능과 에너지의 진흥기능간의 견제와 균형이 이루어질 수 없다는 문제가 있다. 이와 동일한 이유에서 이승종 외(2012:18)도 에너지자원기능을 환경부에 두는 것은 “규제·진흥 딜레마의 자충수”를 두는 것으로 피해야 한다고 주장한 바 있다. 국내 온실가스 배출의 80%가 산업이나 발전시설에서 배출되고 있다는 점을 고려할 때 에너지정책 기능을 산업정책기능과 분리하는 것은 문제가 있다. 더욱이 해외 에너지자원의 개발과 획득을 위해서는 이를 보유한 개발도상국들과의 긴밀한 협력이 필요하고, 개발도상국의 산업정책능력을 제고하고 지원하는 것이 그들과의 협력에 실질적 수단이 될 수 있다는 점을 고려할 때, 환경과 에너지의 통합보다는 에너지자원과 산업정책의 통합이라는 현상유지가 바람직할 것으로 판단된다.

3. 중소기업정책과 중소기업청의 변화

중소기업청과 관련한 주요 이슈로는 현재 중소기업청이 담당하고 있는 소상공인(자영업자) 정책의 개선을 위해 ‘생활산업부’를 신설하자는 주장(중앙일보, 2012.1.5.)과 중소기업중앙회를 중심으로 한 중소기업청의 부 승격 논의(조선일보, 2012.1.17.)로 요약될 수 있다. 중소기업청의 개편과 관련한 쟁점으로는 다음과 같은 것들이 있다.

1) 중소기업지원정책의 효과성 문제

1996년 2월, 산업자원부의 외청으로 출범한 중소기업청은 2012년 현재, 중소기업정책, 소상공인정책, 창업벤처지원, 판로개척, 및 기술개발지원 등의 업무를 담당하고 있다.

<그림 3> 중소기업청 본청 조직도, 2012.9.8.

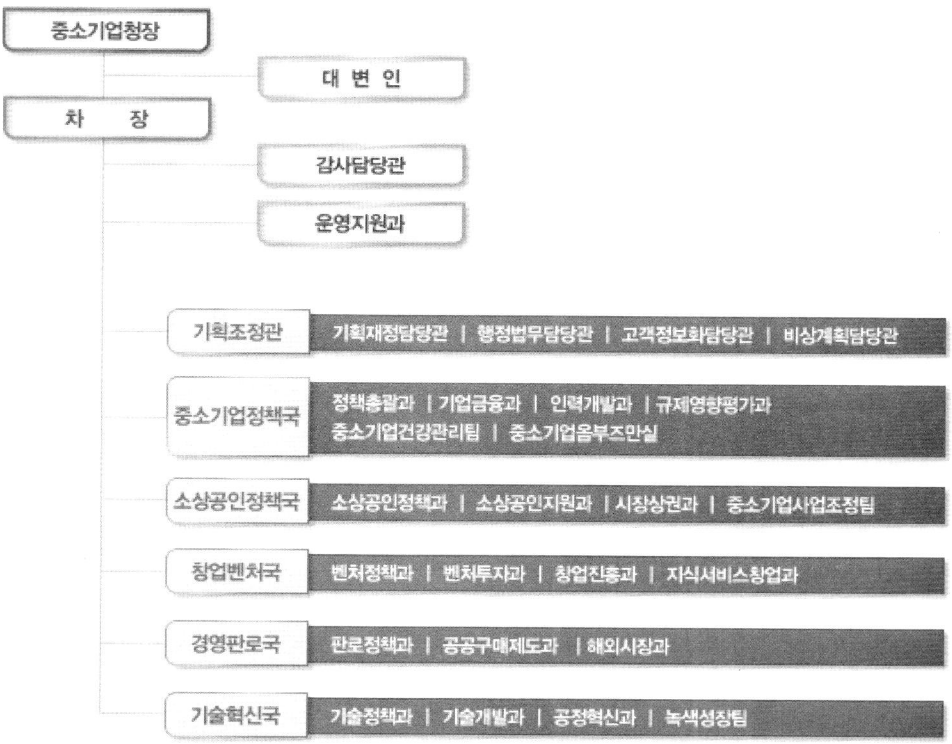

경제 전반에서 중소기업이 차지하는 비중은 꾸준히 증가하여 2012년 현재, 전 사업체 중 99.9%에 이른다. 하지만 그 내용을 들여다보면 중소제조업은 감소하고 비제조업이 증가하고 있으며, 규모의 측면에서도 20인 미만의 소기업이나 영세 소상공인이 증가하고 있다는 문제점이 있다. 보

다 근본적인 문제점은 중소기업청이 중소기업의 육성과 소상공인 지원, 골목상권 활성화 등의 업무를 담당하고 있지만 근본적 혁신을 통해 생산성이 증대되지 못하고 일시적으로 소상공인의 어려움을 완화시키는 복지적 성격의 정책에 집중하고 있다는 점이다.

특히 제조업과 비제조업의 구분이 없이 중소기업이라는 획일적 기준으로 정책을 수립하고 업종의 유망성이나 성공 가능성 등을 고려하지 않고 형평성의 차원에서 일률적으로 지원하고 있다는 점도 정책효과성을 저해하는 원인이 되고 있다. 많은 지원정책에도 불구하고 소상공인의 영세화는 가속화되고 있고 휴폐업하는 소상공인이 늘어가는 것은 미흡한 정책효과의 문제를 단적으로 보여준다.[12] 이러한 시혜적 지원은 일부 중소기업인의 도덕적 해이를 유발시키는 원인이 되기도 한다.

한편 중소기업의 범주를 벗어나면 그 동안 받고 있던 혜택이 일시에 줄어들 것을 우려한 중소기업들이 기업 쪼개기 등을 통해 중소기업으로 안주하려는 '피터팬 신드롬'이 일반화되면서 중소기업의 중견기업화가 어려운 문제를 노정하고 있다. 실제로도 자동차 부품기업인 D사는 매출규모의 확대에도 불구하고 상시 근로자수를 조정함으로써 중소기업의 지위를 유지하였고, 가구회사인 F사는 기업분할을 통한 자회사 설립으로 중소기업 지위를 유지하는 등의 사례가 있다.

중소기업의 성장에 장애가 되는 큰 요인은 납품단가 후려치기나 기술인력 탈취, 정당한 이유 없는 협력업체 교체 등 대기업과 중소기업간의 공생 발전을 어렵게 하는 대기업의 횡포이다. 중소기업청의 중소기업정책국이 중소기업건강관리팀과 중소기업옴부즈만실 등을 운영하고 있으나 중소기업청의 수준에서 대기업과 중소기업의 상생을 위한 정책추진은 현실적으로 거의 불가능하다.

중소기업청의 중소제조업과 관련된 정책기능은 중소기업의 경쟁력 제고를 위한 산업정책과의 연계성 회복이 무엇보다 중요하다. 중소제조업

12) 2010년 현재, 소상공인의 60%가 월 매출액 400만원 이하이고, 소상공인의 90%가 매출 또는 순이익의 정체 또는 감소를 경험하고 있다(지식경제부 내부자료).

자는 냉엄한 시장경쟁을 이겨내고 세계시장에 진출할 수 있도록 중소기업에서 중견기업으로, 다시 대기업으로의 성장이라는 선순환의 성장동력을 확보할 수 있도록 해야 한다. 반면, 소상공인의 경우, 업종별 특성을 고려한 공정경쟁, 과잉 공급된 인력의 원활한 퇴출과 업종 전환을 위한 교육지원 등의 프로그램이 더 합리적일 것이다. 이러한 의미에서 중소기업청의 중소제조업과 관련된 정책기능은 산업정책 주무부처 내에 통합되어 다른 산업정책과의 연계하에 체계적으로 추진되는 것이 바람직하며, 소상공인 지원기능과 골목상권 활성화 등을 중심으로 '소상공인지원청(안)' 또는 '생활산업청(안)'을 설립하는 것을 고려할 필요가 있다.

2) 중소기업청의 지방조직과 관련된 문제

중소기업청의 정책효과성과 관련한 또 하나의 문제는 지방조직이 지방자치단체의 기능과 본질적으로 중복된다는 점에 있다. 중소기업청의 지방조직은 전국에 산재해 있는 중소기업과 소상공인들의 창업지원이나 판로지원 등 본청의 집행업무를 담당하는 특별지방행정기관이다. 문제는 이들의 주요 기능이 모두 지원기능과 집행기능으로 이루어져 각 지방자치단체로의 위임사무로도 해결이 가능하다는 점이다. 도로교통 등의 인프라시설이 크게 개선되었고, 대부분의 업무가 인터넷을 통해 가상공간으로도 처리될 수 있는 등의 환경변화가 있었음에도 여전히 각 지방청을 유지하고 있는 것은 문제가 있다. 중소기업청을 위와 같이 중소제조업과 소상공인에 대한 정책으로 분리하여 조정한다고 해도 지방조직의 중복성은 여전히 문제가 되므로 이를 개선할 필요가 있다.

이와 관련하여 현재 지식경제부에서 추진하고 있는 지역산업 지원사업(광역경제권 선도산업 육성사업, 지역전략산업 육성사업, 지역특화산업 육성사업)의 계획과 집행권한을 지방자치단체로 대폭 이관하고, 지식경제부는 총괄·조정 및 관리·평가기능만 보유하도록 하여 산업정책분야에서의 분권화를 실현하도록 해야 할 것이다. 이를 위해 현재 전국 18개 지역에 산재해 있는

Techno Park사업의 집행기능을 지방자치단체에 이관하고 동시에 책임을 지도록 해야 하며, 지식경제부는 기획과 평가 등의 업무와 광역경제권연계사업 등 다수의 지방자치단체가 연계된 사업에 집중하도록 해야 할 것이다.

<그림 4> 중소기업청 지방청의 현황, 2012.9.8. 현재

4. 통상 및 대외협력분야의 개선과제

통상과 대외협력분야에서는 크게 통상조정기능의 재배치 문제와 공적개발원조의 확대에 따른 산업정책 주무부처의 역할과 관련된 문제가 있다. GDP의 90%를 대외무역에 의존하고 있는 우리나라에게 통상과 대외협력분야의 중요성은 아무리 강조해도 지나치지 않다.

1) 통상조정기능의 재배치 문제

우리나라는 2004년 칠레와의 FTA를 시작으로 싱가포르, EFTA, ASEAN, 인도, 페루와의 FTA 협상을 마무리했고, 2011년 7월 EU와, 그리고 2012년 3월에 미국과 각각 FTA를 발효시킴으로써 2012년 현재, 전체 교역의 36%가 FTA 교역 대상국을 통해 이루어지고 있다. 앞으로는 중국, 일본 등 동북아시아 국가들과의 FTA 논의가 본격화되고 TPP(Trans Pacific Partnership), ASEAN+3, ASEAN+6 등 지역통합 형태의 자유무역에 관한 논의가 본격화될 것으로 전망된다. 또 2001년 시작된 DDA협상은 여전히 답보상태에 있지만 갑작스럽게 극적인 타결을 이룰 수도 있으며, 곧이어 post-DDA에 대한 본격적 논의가 시작될 수도 있다.

통상교섭기능의 주무부처는 외교통상부의 통상교섭본부이다. 통상교섭본부는 대내적으로는 차관급이지만, 대외적으로는 대한민국의 통상업무를 담당하는 통상장관으로 활동한다. 통상교섭본부는 본부장 아래에 통상교섭조정관, 자유무역협정대표, DDA 대사가 위치하고 있고, 내부에 5개의 국과 18개의 과를 두고 있다. 다자 및 양자 협상은 다자통상국, 지역통상국, 자유무역협정교섭국, 자유무역협정정책국에서 담당한다. 국제경제국은 에너지, 경제협력 관련한 업무를 수행한다.

<그림 5> 통상교섭본부 조직도

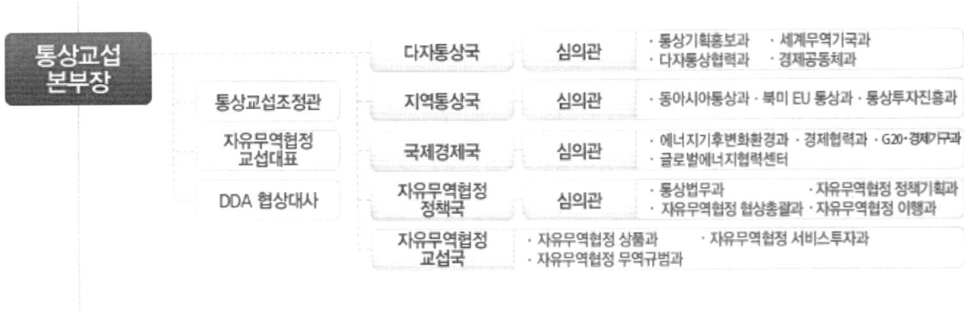

자료: 외교통상부

반면에 통상조정기능의 주무관할 부처는 기획재정부이다. 기획재정부내에서 대외경제국은 대외경제장관회의 의결 및 심의 사항을 준비하고 통상교섭기능의 일부들 담당하고 있다. 통상조정기능은 기획재정부내 무역협정대책본부가 담당한다. 무역협정대책본부는 2006년 8월 11일 노무현정부시절 한미 FTA 협상을 지원하기 위해 대통령 직속으로 만들어졌던 '한미 FTA 체결지원위원회'에서 출발했다. 동 위원회는 한덕수 위원장 아래 7명의 민간위원과 6명의 정부위원으로 구성되었고, 당시 사회적인 이슈였던 한미 FTA 협상 지원, 대외홍보업무 등을 담당했었다. 한미 FTA가 마무리된 후 동 위원회는 FTA의 사후대책을 총괄하는 기구로 조정되어 기획재정부 내에 FTA국내대책위원회와 이를 보좌하는 조직으로 FTA 국내대책본부로 자리잡았다. 당시 자유무역협정대책본부는 차관보급 본부장 아래 3단(전략기획, 대외협력, 지원대책), 12개 과로 구성돼 기존의 한미 FTA 체결지원단(2국, 8과)보다 확대되고 국내대책위원회를 실무적으로 지원한다. 당시 재정경제부로 편입되면서 2008년 말까지 한시 조직으로 만들어졌다가 크게 두 차례의 조직개편을 통해서 3단을 1개로 통합하였고, FTA뿐만 아니라 DDA와 같은 다자무역협정까지 총괄하는 무역협정대책본부로 자리잡았다. 무역협정대책본부의 존속 기간은 2013년 6월 30일까지이며, 고위공무원단 1명, 3급 또는 4급 이하 18명 등 총 19명으로 구성되었고, 증원 인력 중 8명은 문화체육관광부와 농림수산식품부, 지식경제부, 국토해양부, 법제처에서 각각 파견된다. 현재 무역협정국내대책본부 내에는 총괄기획팀, 교육홍보팀, 조사분석팀, 국내대책팀, 산업지원팀, 협력조정팀이 있다.

<그림 6> 무역협정국내대책본부 조직 및 업무분장

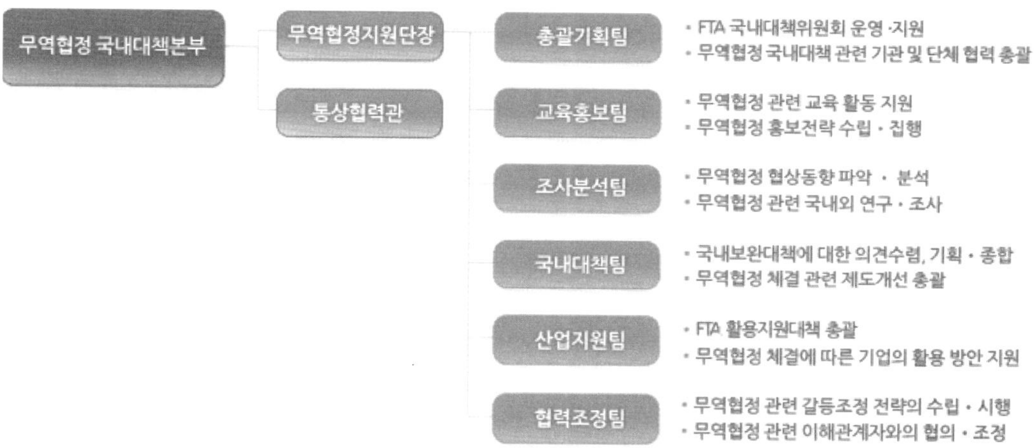

현재 통상조직의 주된 문제는 통상교섭기능과 조정기능의 유기적 연계가 부족하다는 점과 통상조정기능(국내대책)의 주체와 관련된 문제이다.

첫째, 통상교섭기능과 조정기능의 역할이 유기적이지 못하다는 점이다. 일반적으로 교섭기능이 외교통상부 통상교섭본부에 집중되어 있기 때문에 비록 대외경제장관회의의 의결을 거친다고 하더라도 FTA 추진이 지나치게 독단적으로 추진하면서 FTA에 따른 국내산업의 영향을 소홀히 한다는 비판을 받아왔고, 기타 관련부처들과의 업무협조가 원활하지 못한 측면이 부각되기도 했다. 특히, 통상교섭을 대표하는 것이 통상교섭본부라고 하더라도 각 분야별 통상협상이 주무부처별로 이뤄진다는 점을 감안한다면 그러한 업무협조의 문제는 통상협상과정을 매끄럽게 이끌어 가는 데 걸림돌이 된다는 비판도 다소간 존재하고 있었다.

둘째, 통상조정기능을 총괄하는 무역협정국내대책본부의 조직과 관련된 부분이다. 앞서 언급된 것처럼 무역협정국내대책본부는 기획재정부 소관이지만 실제 통상조정기능에서 국내대책의 집행은 각 주무부처에서 담당하고 있다. 기획재정부에서 국가경제정책에 대한 총괄적인 기능을 담당하고 있고, 실제로 통상정책이 가장 중요한 경제정책의 하나라는 차원에서 통상조정의 총괄기능(통상협상의 영향 분석, 국내대책관련 예산 책정)이 기획재정부에 편재되어 있는 것은 이해할 수 있다. 그러나 현재처럼 무역협정국내대책본부를 거쳐서 다시금 관련 부처에서 집행을 결정하는 과정은 대책집행 단계를 증가시키는 낭비적인 요소가 될 수가 있고 영향분석은 차치하더라도 각 산업별 지원방안까지 기획재정부에서 담당하는 것은 바람직하지 않다. 실제 무역협정대책본부의 상시 인력의 대부분은 농림수산식품부, 지식경제부, 혹은 지방자치단체에서 파견형식으로 지원받아서 운용하거나 심지어 정부출연 연구기관의 일부 인력을 활용하고 있는 실정이다. 이를 감안할 때, 통상조정기능을 총괄기능과 집행기능으로 분리하여 집행기능은 농림수산식품부와 지식경제부 등으로 이관함으로써 행정비효율을 제거해야 할 것이다.

2) 공적개발원조의 증가와 관련된 문제

과거에는 산업정책에 포함되지 않았으나 최근 개발도상국에 대한 공적개발원조가 증가하면서 에너지자원의 획득이나 수출을 개발도상국 지원과 연계하는 경향이 증가하고 있다. 현재 공적개발원조는 유상원조와 무상원조로 나누어 유상원조는 기획재정부와 수출입은행이, 무상원조는 외교통상부와 한국국제협력단이 관장하고 있으며 국무총리실에 국제개발협력위원회와 실무위원회를 두어 우리나라의 공적개발원조정책을 총괄조정하고 있다. 실제 원조정책 및 사업의 집행은 다수의 민간사업자와 국제기구, 시민봉사단체와 대학 등 수많은 기구들이 분산하여 담당하고 있다.

<그림 7> 우리나라 공적개발원조 정책추진체계

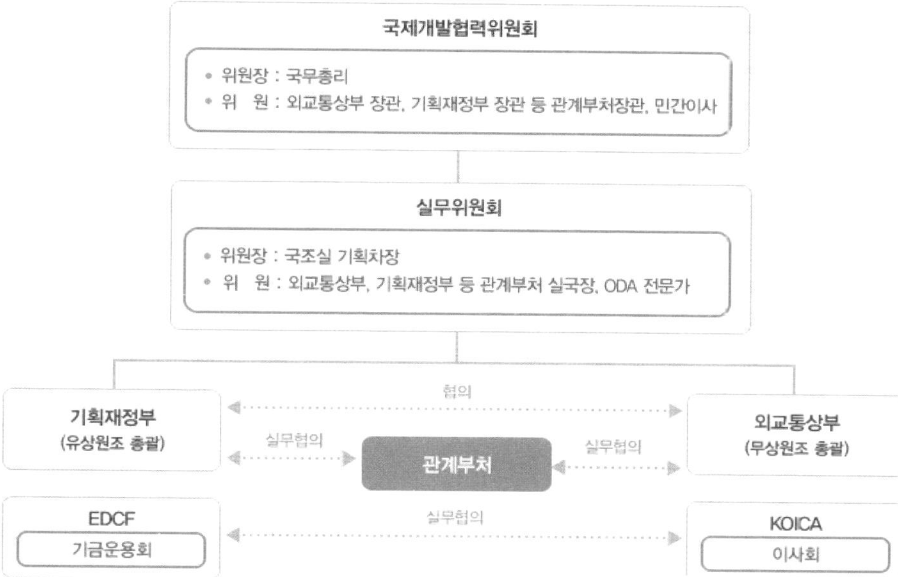

출처: 대외경제협력기금(http://www.edcfkorea.go.kr, 검색일: 2012년 7월 16길)

현재 공적개발원조정책의 근본적 문제는 유무상 원조의 분절화와 통합·조정체제의 미흡으로 요약될 수 있다. 각종 원조사업이 무상과 유상으로 분리되어 있어 효과성이 떨어질 뿐만 아니라 중앙정부의 모든 부처들과 지방자치단체들조차 각각 자신의 영역에서 독자적인 대 개발도상국 협력사업을 진행하고 있다. 공적개발원조정책에서 공식적 조정역할을 수행하는 기구는 국제개발협력위원회인데, 이 위원회는 2006년에 설치되었지만 2011년까지 5년간 불과 7회의 회의를 개최했을 뿐이고, 개최하는 경우에도 불참 혹은 대참위원의 비율이 30%를 넘었다. 결국 이 위원회는 1년에 한두 번 만나 수행된 공적개발원조사업에 대하여 보고를 듣는 수준에서 업무를 처리하고 있다고 해도 과언이 아니다(홍성걸, 2011:16-24). 공적개발원조의 예산규모가 2010년 GDP의 0.12%에서 2015년까지 0.25% 수준까지 증가시키려는 계획을 가지고 있는 우리나라로서는 공적개발원조와 관련된 부처조직의 개편이 시급한 상황이다.

앞에서 논의한 바와 같이 지금까지 공적개발원조는 기획재정부(유상)와 외교통상부(무상)가 중심이 되어 운영되어 왔다. 그러나 공적개발원조는 에너지자원정책과의 긴밀한 연계가 필요하고, 개발도상국의 경제 및 산업 발전에 대한 지원과 중소기업의 수출증대와도 깊은 연관이 있다. 이에 기획재정부와 외교통상부의 두 부처간 협력체제의 미흡에 따라 어차피 총괄조정체제를 확립해야 하는 상황에서 개발도상국과의 대외협력을 총괄하는 기관으로 총리실에 기획재정부의 유상원조부문(수출입은행의 경제개발협력기금사업부문), 지식경제부의 대 개발도상국 산업협력부문, 외교통상부의 무상원조부문(한국국제협력단)을 배치시켜 공적개발원조를 포함한 '대외경제협력처(안)'의 설치를 검토해야 한다.

5. R&D정책과 과학기술분야의 주요 이슈

과학기술분야는 가장 강력하게 부처 부활을 주장하고 있다. 이명박정부의 출범 직후부터 과학기술계는 교육부와 통폐합된 과학기술부의 부활을 줄기차게 요구했다. 이에 정부는 2010년 대통령 직속의 행정위원회로서 국가과학위원회를 설치하고 교과부 소관이었던 국가과학기술기본계획 수립권한을 이양하였으며, 기획재정부와의 끈질긴 협상을 통해 범정부 차원의 과학기술예산에 대한 편성권은 기획재정부가 보유하지만 연구개발 예산의 방향과 배분, 조정 등에서 국가과학기술위원회의 의견을 참조하도록 타협하였다(성지은, 2012). 국가과학기술위원회는 사무처 기능을 보완하여 부문별 과학기술사업을 심의 확정하고 평가하는 기능을 담당하고 있으며, 기초과학원 설립을 계기로 국책연구소의 관할권 문제에 대하여 지식경제부와의 오랜 협상을 통해 산업기술 R&D는 지식경제부가 담당하도록 함으로써 일단 기능분리와 관련한 교통정리가 이루어졌다. 그러나 제도화가 이루어진 지 1년여 만에 대선정국이 되면서 과학기술부의 부활이 다시 논의되고 있는 것이다.

과학기술부 부활 논의는 단순히 부처 차원의 논의를 넘어 과거 선진국을 따라잡는 입장에서(추격자) 갖추었던 R&D체제를 선도적 혁신활동이 자생적으로 발생할 수 있는 체제로 전환을 시킨다는 시각에서 접근해야 할 것이다. 성지은(2012)에 의하면 이명박정부의 과학기술 거버넌스는 ① 과학기술혁신정책의 장기전략 부재와 R&D 중심의 정책 추진, ② 대부처 대국주의에 따른 문제점과 인사정책의 오류, ③ 과학과 기술의 분리와 단기성과 위주의 성과관리, ④ 혁신정책 및 주체간 정합성 부족에 따른 R&D 활동의 중복성 심화 등을 문제로 들고 다양한 개편방안을 제시하고 있다.

문제는 과학기술혁신과 R&D체제가 개편될 경우, 필요에 따라서는 산업정책 거버넌스에 영향을 미칠 수 있다는 점이다. 특히 연구개발분야는 산업정책의 핵심 수단으로 부상한 지 오래이며, 산업기술 측면의 R&D와 과학기술 일반 혹은 혁신을 위한 기초기술 R&D의 연계를 어떻게 설정하느냐에 따라 산업정책관련 정부조직의 개편 범위나 내용이 결정될 것으로 보인다. 다만 과학기술부가 부활되면 현재의 국가과학기술위원회는 과학기술분야의 컨트롤타워 기능을 수행하도록 개편해야 한다. 만일 부활될 과학기술부가 컨트롤타워 기능을 수행할 경우, 과거 연구개발과 관련하여 갈등의 원인이 되었던 '선수와 심판' 논쟁이 재현될 가능성이 있다. 따라서 과학기술부는 기초기술과 미래과학기술 혁신을 담당하며, 컨트롤타워 기능은 타 분야의 컨트롤타워 기능을 통합하여 전술한 미래전략처(안)에서 담당하도록 설계하는 것이 바람직할 것이다.

V. 결론 및 대안

이명박정부의 임기가 끝날 무렵이 되면서 이명박정부의 대부처 대국주의에 바탕을 둔 정부조직에 대한 개편 논의가 활발하다. 그러나 현재 우리가 갖고 있는 정부의 문제가 대부처 대국주의에서 비롯된 것인지, 다른 문제에서 비롯된 것인지에 대한 인과관계도 분명치 않은 상황에서 대규모 조직개편에 대한 논의가 아무런 원칙 없이 난무하는 것은 바람직하지 못하다. 이에 이 논문에서는 조직의 안정성을 유지할 수 있는 최소개편의 원칙을 지향하면서도 미래 정책 환경의 변화와 정부역할의 재편, HW보다 SW 중심의 개선, 총괄조정기능의 강화 등을 기본방향으로 산업정책 거버넌스 개편과 관련된 다양한 쟁점들을 검토해보고 그에 대한 평가를 시도하였다.

검토 결과, ICT산업정책 기능의 분리와 독립은 득보다 실이 더 클 것으로 판단되었고, 에너지자원분야도 분리나 환경부와의 통합보다는 산업정책기능과의 연계가 바람직하다는 결론을 얻었다. 중소기업기능의 경우, 중소제조업 정책은 지식경제부와 통합하고 현재의 중소기업청은 소상공인지원청(안) 또는 생활산업청(안)으로 특화하는 것이 바람직할 것으로 제시되었다. 지방중소기업청과 지식경제부의 지역산업지원사업의 집행기능은 지방자치단체로 이양하여 산업정책의 분권화를 지향한다. 통상 및 대외협력분야에서 기획재정부가 갖고 있는 통상조정기능의 재배치와 공적개발원조의 유무상 원조의 분절화 문제를 해결하고 에너지자원 및 산업정책과 효율적으로 연계시키기 위한 대책으로 국무총리실에 대외경제협력처(안)를 설치하는 안을 제시하였다. 신설될 대외경제협력처(안)에는 수출입은행의 대외경제협력기금사업과 한국국제협력단의 무상원조사업을 배치하고 산업정책의 대 개발도상국 협력기능을 합쳐서 대외경제협력을 총괄 수행하도록 할 것을 제안하였다.

한편 현재의 방송통신위원회는 규제와 진흥을 분리하여 규제전문의 방송통신규제위원회(안)를 설치하고, 소관 기능 중 콘텐츠 관련 정책기능은 문화부로, ICT산업과 관련된 정책기능은 지식경제부로 이관하도록 한다.

다양한 정책의 총괄조정 기능을 강화할 필요성에 따라 여러 분야에서 제기되고 있는 컨트롤타워를 분야마다 설립한다는 것은 옥상옥을 만드는 일로 매우 비효율적이다. 따라서 여러 분야의 컨트롤타워 기능을 모아 국무총리실에 미래전략처(안)를 설립할 것을 제안한다. 미래전략처(안)는 과학기술부의 부활에 따라 개편이 불가피한 국가과학위원회의 총괄조정기능과 ICT분야의 총괄조정기능을 포함하여 중장기적 미래연구를 통해 국정의 중장기 로드맵을 수립하는 역할을 부여할 것을 제안한다.

정부조직 개편에 정답은 있을 수 없다. 지금까지의 경험에 비추어볼 때, 정부조직개편은 대규모의 기회비용을 수반하지만 기대한 성과를 거두기는 매우 어렵다. 또 매 5년마다 정부조직개편을 반복하는 것은 결코 바람직하지 않다. 본 연구에서 제시한 산업정책 거버넌스에 대한 개편안은 앞서 제시한 기본방향에 따라 최소개편의 원칙 하에서 꼭 필요한 부분만을 선별적으로 개편할 것을 제시한 것이다. 개편의 주체세력이 더욱 관심을 두어야 할 부분은 개편된 조직이 제 역할을 잘 수행할 수 있도록 인사나 조직 관리의 방식을 전환하고, 조직문화를 바꾸는 일이다. 이는 상당한 기간이 필요하며, 우리나라처럼 잦은 조직개편으로는 안정적인 정부조직이 정착할 시간이 부족하다. 그 부작용은 우리 국민 모두가 부담할 수밖에 없다는 것을 명심하고 조직개편에는 신중에 신중을 거듭해야 할 것이다.

<참고문헌>

강신택. (1993). "조직개혁의 기본논리". 강신택·김광웅 편. 「행정조직 개혁:새정부의 개편방안」. 서울대학교 행정대학원 한국행정연구소.

김광웅. (1999). "제2차 정부개편의 모순과 한계: 정부조직개혁의 평가와 대안", 한국행정학회 특별세미나 발표논문집.

김동욱. (2008). 「새 정부조직 설계」. 서울: 법문사.

김만기 편. (1998). 「2000년대를 대비한 정부조직의 혁신」. 서울: 대영문화사.

김병섭. (2000). "정부조직 개혁의 방향과 과제". 한국행정학회 추계학술대회 발표논문집.

김병섭·김근세·이창원·조경호. (1997). "정부조직개혁의 방향과 과제". 한국행정학회 하계학술대회 논문집.

김윤권·윤수재·최호진·이재호. (2011).「글로벌 행정환경의 변호에 따른 미래 정부 조직 재설계 연구」. 서울: 한국행정연구원 연구보고서 2011-10.

김정렬·한인섭. (2008).「행정개혁론」. 서울: 박영사.

문명재. (2009). "정부조직개편의 정치주기적 반복성과 실제".「한국공공관리학보」, 23(4), pp.3-41.

박대식. (2004). "정부조직개편 입법과정의 유형과 변화: 한국역대정부의 조직개편을 중심으로",「한국정치학회보」, 38(2), pp.237-262.

박천오. (2011). "한국 정보조직개편에 대한 비판적 고찰".「한국조직학회보」, 8(1), pp.1-30.

성지은. (2012). "과학기술혁신 거버넌스 검토와 새로운 개편방안". 한국행정학회 하계학술대회 발표논문.

송희준. (2012). "스마트 생태계를 위한 ICT 거버넌스". 소통과 창조 포럼 토론회 발표자료. 8월 29일.

안경섭. (2009). "성공적 정부조직개편을 위한 통합조직의 융합전략에 관한 연구: 중앙부처의 Post Merger Integration을 중심으로",「한국행정논집」, 21(1), pp.261-285.

원시연·황인자. (2010). "중앙행정기구 조직개편의 정치: 보육·가족저책 담당기구를 중심으로".「한국정치연구」, 19(2), pp.107-133.

윤주철·양지숙·전영한. (2011). "조직개편 개관특성, 그리고 정치적 환경: 한국중앙행정조직의 생존기간에 관한 실증분석",「한국행정학보」, 45(2), pp.187-213.

이경태. (1995).「산업정책의 이론과 현실」. 서울: 산업연구원.

이승종 외. (2012). "차기 정부조직 개편의 원칙과 방향". 한국행정학회 하계학술대회 발표논문.

이연택. (1997).「세계의 행정개혁과 21세기 한국정부」. 서울: 고려원.

이윤경·문명재. (2011). "국정의제의 변화와 정부조직개편에 대한 연구".「한국조직학회보」, 8(1), pp.59-106.

이창원. (2009). "우리나라 민주화 이후 정부조직 변화에 대한 고찰". 한국행정학회 목표국정포럼 발표집.

임도빈. (2012). "차기 정부 조직개편에 대한 단상", 한국행정학회 하계학술대회 발표논문집.

장지원. (2006). "통합부처의 문화통합 영향요인 분석: 행정자치부의 조직통합사례를 중심으로".「한국행정논집」. 18(1), pp.29-60.

정보통신산업진흥원. (2012).「2011년 기금사업 성과분석 결과보고」회의자료(초안). 9월 6일.

정의창. (2006). "정부조직개편의 역사제도주의적 분석",「한국정책과학학회보」, 10(3), pp.1-25.

정태명. (2012). "대한민국 ICT 거버넌스의 현재와 미래". 제1회 국회 ICT 전문가포럼 발제문, 7월 31일.

조성한. (2008). "정부조직구조의 영향요인".「한국조직학회보」, 4(2), pp.1-18.

최계영. (2012). "스마트 생태계와 ICT 정책방향". 소통과 창조 포럼 토론회 발표자료. 8월 29일.

최성욱. (2001). "조직문호를 통해서 본 통합관료조직: 스키마 중심의 인지해석적 접근".「한국행정학보」, 35(3), pp.127-145.

최성욱·황성수. (2012). "산업정책 거버넌스의 개편논리에 대한 성찰". 한국정책학회 기획세미나 발표자료. 8월 30일.

최창현 역.(1998).「정부개혁의 5가지 전략」, 서울: 삼성경제연구소. 원작 David Osborne and Peter Plastrik, Banishing Bureaucracy. Reading, MA: Addison Wesley Longman, Inc.

최항섭·이상준·성한경. (2012). "미래사회 및 정책수요의 변화와 산업정책 거버넌스". 한국정책학회 기획세미나 발표자료. 8월 30일.

홍성걸. (2009). "이명박 정부의 IT정책 추진체계: IT 컨트롤타워 설치 필요성과 효율적 운영을 위한 제언." 16(4), pp.27-48.

홍성걸. (2011).「ODA 리포트」. 서울: 도서출판 오래.

홍성걸·박종혁. (2011).「IT R&D 성과평가 및 정책발전방안 연구」. 정보통신산업진흥원 정책연구, pp.11-23.

홍성걸·정충식. (2012). "미래사회 바람직한 산업정책 거버넌스 정립을 위한 개편방안". 한국정책학회 기획세미나 발표자료. 8월 30일.

Bolman, Lee G. and Terrence E. Deal. (1985). Modern Approaches to Understanding and Managing Organizations. San Francisco: Jossey-Bass Publishers.

Boyle, J.M. (1979). "Reorganization Reconsidered: An Empirical Approach to the Departmentalization Problem." Public Administration Review 39(5): 458-465.

Fesler, Louise and Donald F. Kettl. (1981). The Politics of Administrative Bureaucrach. Chatham, NJ: Chatham House Publishers, Inc.

Grafton, Carl. (1975). "The Creation of Federal Agencies," Administration & Society, 7(3), pp.328-365.

Kaletsky, Analtole. (2010). Capitalism 4.0: The Birth of a New Economy in the Aftermath of the Crisis. New York: Public Affairs.

Lewis, David E. (2002). “The Politics of Agency Termination: Confronting the Myth of Agency Immortality.” The Journal of Politics, 64(1), pp.89-107.

Robinson, Scott E. (2004). “The President as Reformer: When Do Presidents Initiate Administrative Reform Through Legislation?” Presidential Studies Quarterly, 34(4), pp.793-803.

Ziller, J. (2006). Organising the Central State Administration: Policies and Instrument. Paris: OECD.

제6장 ICT산업 활성화를 위한 거버넌스 설계 방향 [1)]

정 충 식(경성대학교 행정학과 교수)

Ⅰ. ICT 거버넌스 논의의 필요성

2008년 2월말에 출범한 이명박정부는 정부조직법을 개정하면서, 국내외 정보통신의 환경변화에 대응하여 정보통신부를 발전적으로 해체하였다. 기존의 정보통신부 기능은 신설한 방송통신위원회, 지식경제부, 문화체육관광부 및 행정안전부로 이관시켰다. 그러나 이명박정부 출범 이후 지속적으로 언론과 산업계를 중심으로 하여 부처별 기능 중복 및 예산 중복 등 ICT산업의 지원기능 분산에 따르는 문제점이 제기되고 있다.

현재 ICT산업 관련 부처별 업무는 일반적인 정보통신산업은 지식경제부로, 정보통신서비스산업은 방송통신위원회로, 디지털 콘텐츠를 중심으로 하는 소프트웨어산업은 문화체육관광부로, 전자정부 및 국가정보화 관련 정책은 행정안전부로 이관되어 있는 상태이다.

ICT산업은 급속한 기술의 발전 및 산업간의 융합에 따라서 변화의 폭과 깊이를 예측하기 힘든 불확실성이 존재한다.[2)] 그러므로 이러한 환경변화에 적절하게 대응하지 못할 경우, 국가의 성장동력으로서의 ICT산업

---

1) 이 논문은 2012년 정보통신정책학회 정기학술대회에서 발표한 논문을 수정하여 보완한 것입니다.

2) 휴대전화 하나가 전화기, 카메라, TV, 게임기 및 빔 프로젝터의 역할을 수행하고 있는 것이 디지털 융합의 대표적인 사례이다. 그러므로 휴대전화 산업의 경우, 한 부처의 관할권으로 해결할 수 없는 문제들이 나타난다.

기반이 훼손될 수 있는 위험을 지니고 있다(정충식, 2009).

국내 언론들은 ICT산업의 성장률이 저하되고 있는 이유를 세계적인 경기침체보다는 정부조직 개편의 후유증으로 진단하고 있다. 또한 정보통신분야의 선진 국가들은 국가의 경쟁력 강화를 위하여 강력한 리더십으로 뒷받침하고 있다는 점을 고려할 때, 우리나라에서도 ICT산업의 분야에 대하여 주무기관의 독자적 지위 확립과 강력한 리더십이 절실히 요구되고 있다(국가정보화전략위원회, 2011).

2010년 4월 13일, 당시 김형오 국회의장은 이명박정부의 ICT정책 추진체계에 대하여 공식적으로 문제 제기를 하였다.[3] 김형오 국회의장의 문제제기로 논의가 촉발된 ICT총괄 통합부처 설립은 정보통신부의 부활론에서부터 미래부의 신설에 이르기까지 다양한 방안으로 제시되었다. 그러나 현재의 상황은 ICT통합부처 설립의 필요성에 대하여 합의가 이루어지지 못하고 있는 상황이며, 대내외 상황을 고려한다면 이명박정부 임기 내에 실현 가능성은 떨어진다고 볼 수 있다.

하지만 정권교체와는 무관하게 차기 정부에서는 ICT관련 총괄 통합부처에 대한 논의가 다시 공론화될 것으로 예상된다. 따라서 ICT산업 분야에서 기존의 부처간 갈등을 최소화시키기 위해서는 ICT산업 분야의 정부기능을 하루빨리 재정립할 필요성이 있다. 특히 ICT산업을 기반으로 국가의 성장 동력을 확충한다는 전략의 측면에서 중복 사업의 조율 및 정책 갈등을 조정할 수 있도록 ICT산업을 중심으로 하는 콘트롤타워의 정립방안을 도출하여 제시할 필요성이 있다.

---

3) 김형오 국회의장은 "모바일 빅뱅 등 변화하는 시장 상황에 대응하지 못해 그 동안 쌓아온 ICT분야의 성장 동력이 힘을 잃고 있다"고 지적하였다. 김 의장은 문제의 원인을 4개 부처로 분산돼 난맥상을 보이고 있는 ICT정책의 의사결정 구조에서 찾았다. 따라서 미래 먹거리가 될 정보·통신·콘텐츠 등 이른바 ICCT(Information, Communication and Contents Technology) 분야를 총괄할 통합 부처 설립을 대안으로 제시했다(전자신문, 2010년 4월 14일).

Ⅱ. ICT산업의 환경 변화

세계적으로 ICT산업은 기술간 그리고 산업간 융합이 일어나고 있으며, 이에 대한 활용이 증가됨에 따라 지속적인 발전이 이루어지고 있다. 이는 과거 개별기기 중심이었던 ICT 제품들이 현재에는 컨텐츠, 네트워크, 모바일 중심의 제품들로 변화를 가져오도록 하였으며, 이에 따라 ICT산업의 중요성은 더욱 높아지고 있다.[4)]

스마트 혁명 또는 변화는 급변하는 생태계 변화에 적극적으로 대응하기 위하여 정책의 주무 부처들 간에 기능 및 역할 재정립, 업계간 협력 등을 요구하게 된다. 특히 우리나라의 경우에는 ICT산업 관련 추진체계 특성에 따른 정부 부처들 사이의 갈등 심화에 주목하는 경우가 많다. 이는 기본적으로 ICT산업 분야가 이해 당사자 사이의 갈등을 내포하고 있는 속성이 있기 때문이다. 즉 CPND(콘텐츠(C), 플랫폼(P), 네트워크(N), 단말기(D)를 의미함)로 일컬어지는 산업분야들이 스마트 혁명의 진화에 따라 각자의 이해관계가 달라지고 플랫폼으로의 통합현상에서 주도권에 대한 선점요구가 발생하게 되는데, 기존의 관련 정부 부처들 또한, 산업적 영역의 구분을 반영하는 경우가 많아 이러한 갈등과 주도권 쟁투가 거버넌스의 영역에서도 동시에 발생할 수 있기 때문이다.

따라서 이는 스마트 혁명의 진전에 따라 ICT 거버넌스의 중요성이 더욱 부각되고 효과적인 ICT 거버넌스 구축에 대한 요구도 강해짐을 의미한다. 궁극적으로 기업 및 정부는 ICT산업을 기반으로 국가의 성장 동력을 확충한다는 전략적 측면에서 중복 사업의 조율 및 정책갈등을 조정할 수 있는 해법으로 ICT 거버넌스에 주목할 수밖에 없게 되는 것이다.

정보화 기반의 네트워크화는 경제의 국제동조 현상 등 국가간의 영역을 파괴하고, 글로벌 무한경쟁체제를 가속화하면서 지식기반경제로 전환

4) ICT제품들은 개별기기 중심에서 콘텐츠, 네트워크, 모바일로의 급속한 변화 과정에 놓여 있다.

되고 있다. 그 동안 '정보화의 촉진' 중심에서 '지식정보의 활용' 중심으로 정보화 패러다임이 전환되고, 다양한 분야간의 연계·융합을 통한 신규가치 창출의 중요성이 증대되고 있다. 아울러 ICT와 ICT의 융합, ICT와 BT·NT·CT의 융합, ICT산업과 전통산업의 융합 등 디지털 컨버전스 현상이 가속화되고 있다(유수근, 2008).

ICT산업은 우리 경제의 기반을 형성하고 있다. 특히 지난 1998년 외환위기를 극복하고 국민소득 2만 달러를 실현하는 데 ICT산업이 가장 큰 기여를 하였다. ICT산업은 지난 10년간 연평균 18.2%의 높은 성장률을 기록하면서 GDP 내 ICT산업의 비중을 16.9%까지 끌어 올렸다. 또한 전체 수출에서도 33.5%의 비중을 차지하고 있으며, 지난 10년간의 무역수지 누적 흑자는 3,297억 달러에 달하고 있다. 또한 지난 10년간 ICT산업의 고용은 연 평균 4.2% 증가하여 고용창출에 큰 기여를 하였다.

2008년 이후 ICT산업 수출은 전체 산업 수출의 30% 정도이고, 무역흑자에서는 절대적인 비율을 차지하고 있다. 2011년 ICT산업의 흑자액(755억원)은 다른 전 산업의 적자(442억원)를 모두 메우고도 333억원의 흑자를 내었고, 이런 추세는 이미 2000년대 초부터 고착되었다. 흑자는 극소수 전자회사의 반도체, 휴대전화, 디스플레이 패널, 컴퓨터 및 주변기기, TV 같은 H/W 제품의 활발한 수출에 힘입고 있다(송희준, 2012).

문제는 S/W와 애플리케이션이다. S/W는 연도별 추세통계의 세부항목 속에 분류할 수 없을 만큼 빈약하다. 2011년 ICT 수출에서 차지하는 S/W 비중(13억불)은 전체(1,570억불)의 1%에도 미달하고, 그나마 패키지 S/W의 비중은 더욱 낮고, 전자정부 솔루션 등 ICT 서비스의 수출이 대부분이고, S/W 산업의 세계시장 점유율도 매우 낮다.

이처럼 ICT산업의 큰 기여에도 불구하여 여전히 다음과 같은 취약점들을 지니고 있다. 첫째, 대기업 중심으로 ICT산업이 편중되어 있어서 중소기업의 기반이 취약하다는 점이다. 현재 ICT수출은 디스플레이, 휴대전화와 반도체 등 3대 품목이 전체 ICT 수출의 76.7%를 차지하고 있다. 따라서 중소기업의 ICT 수출은 13%에 불과한 실정이다. 둘째, 낮은 ICT 활용도를 보이고 있다. 중소기업이나 서비스업의 ICT활용이 미흡하기 때문에 2008년 EIU의 조사 결과에 의하면 전체 조사대상 69개국 가운데 15위의 ICT 활용도를 보이고 있다. 셋째, 취약한 S/W산업이 문제로 부각된다. 현재 국내 S/W 업체들은 내수 시장에만 전념할 뿐, 글로벌 시장에서는 취약한 모습을 보여주고 있다. 현재 국내 S/W 시장은 세계 굴지의 S/W 회사들이 점유율을 높이고 있는 실정이다.

따라서 이제 ICT산업은 새로운 변화의 패러다임을 준비할 필요가 있다. 이러한 변화의 기반으로는 ICT산업이 이제까지의 내부성장에서 외부로 확대되어 타 산업의 ICT 수요를 확대하여야 하는 과제가 있다. 그러므로 자동차나 조선 등의 분야에 ICT를 접목하고 금융, 교육, 의료 및 건설 등의 분야에 ICT 접목을 확대하여야 한다. 이를 위해서는 기존의 대기업 독점적인 구조에서 탈피하여 기업간의 경쟁구조와 협력관계를 강화하여 글로벌 ICT산업으로 변화하여야 한다.

오늘날 스마트폰에 의해 촉발된 모바일 혁명은 태블릿 PC, 가전, 자동차, 조선, 항공 등 전 산업의 영역으로 급속히 확대되고 있다. 특히, 태블릿 PC, 스마트 TV 등 스마트 디바이스와 클라우드 서비스의 결합은 현재까지 스마트폰이 가져왔던 변화보다 훨씬 더 큰 변화를 촉발시키고 있다(최천근, 2012).

산업 패러다임 변혁의 제5의 물결 중 하나인 스마트 모바일 혁명은 애플사의 아이폰 발매 이후 전 세계적으로 폭발적으로 일어났다. 아이폰 발매 이후 스마트폰이 전 세계적으로 급속히 확산되었으며, 스마트폰을 통한 모바일 인터넷은 5년 안에 유선인터넷 이용자를 능가할 것으로 전망되고 있다.

스마트폰, 태블릿 PC의 확산은 기존의 ICT 시장을 모바일 시장으로 급속히 재편시키고 있으며, 스마트 기기의 대중화는 무선의 속도 경쟁과 데이터 폭발을 유발시켜 무선인터넷시장을 개화시키고 있다. 따라서 기존의 PC 중심의 인터넷 생태계가 모바일 생태계로 재편되고 무선인터넷은 그 어떤 기술 사이클보다 빠르게 발전할 것으로 전망되고 있다.

이러한 스마트 모바일 혁명은 단순한 편리함을 넘어 효율성, 다양성, 기회, 보편성 등 중요한 사회적 가치를 제공하고 있고, 새로운 비즈니스 모델을 만들고 있다. 특히, 스마트 기기의 확산은 정보이용과 소통방식을 급격히 바꾸면서 다양한 변화를 견인하고 있다.

스마트폰 보급으로 인한 스마트 시대의 도래는 ICT를 포함한 산업 전반에 걸쳐 장벽 해체를 촉발시키고 있다. 특히, 인터넷의 개방·혁신의 생태계가 모바일로 확산되면서 글로벌 수준에서 컨버전스 혁신 본격화 및 플랫폼 기반의 '경험 생태계'(experience ecosystem) 구축 경쟁에 돌입하였다. 글로벌 플랫폼 사업자, 미디어 그룹, 통신사업자가 같은 시장에서 본격적으로 경쟁을 하기 시작하였고, 국가간에도 글로벌 플랫폼 사업자의 국내 시장 침투가 가속화되고 있다. ICT산업 경쟁이 과거 콘텐츠, 네트워크, 플랫폼, 단말 등 가치사슬 내부의 경쟁에서 가치사슬간 연합체의 힘, 즉 생태계간 경쟁으로 변화하고 있으며, 플랫폼은 하드웨어적 협의의 개념에서 서비스 핵심 기반으로 다양하게 확장되어 생태계 구축의 핵심 자산으로 그 중요성이 증가하고 있다.

아울러 경쟁력 우위 요소가 네트워크 단말에서 플랫폼·SW·콘텐츠로 이동하고 있으며, 수평적 협력의 중요성이 증대하고 있다. 이에 따라 운영체제(OS) 사업자, 단말 제조사, 인터넷 서비스업체, 통신사는 시장을 주도하기 위해 자체 플랫폼 확보 및 구축 등 플랫폼 경쟁이 격화되고 있다. 또한 창의성과 유연한 사고에 기반한 '소프트 파워'가 경쟁력의 핵심요소로 부각되고 있으며, Web 2.0으로 대변되는 개방·공유·협업의 새로운 인터넷 문화가 급속히 확산되고 있다.

우리 정부도 이에 대응하기 위하여 조직개편을 통해 (구)정보통신부의 국가정보화 기능을 다수 부처로 분산시켰다. 그러나 정보화 패러다임이 촉진 중심에서 연계·활용 중심으로 변화함에 따라 정보화와 ICT산업의 부문간 총괄·조정의 필요성은 오히려 증대하고 있다(김동욱, 2008).

또한 뉴미디어와 ICT기술의 발달로 정부와 시민사회와의 관계가 종래의 계층적·법률 중심의 독점적 관계(government)에서 다양한 참여자간 참여와 협력, 공유와 소통을 중시하는 개방적 상호관계(governance)로 전환되고 있다. 따라서 글로벌 무한경쟁시대에서의 정부는 다양한 지식정보의 수집·분석을 통한 종합적인 상황판단, 빠르고 정확한 의사결정, 신속한 대응능력 등 효율적인 행정운영과 편리하고 수준 좋은 대민서비스 제공을 동시에 요청받고 있다. 그러므로 이러한 변화하는 ICT환경에 대응하여 ICT산업을 지원할 수 있는 새로운 정부조직을 모색할 필요성이 있다.

Ⅲ. 이명박정부 출범과 ICT조직 개편 현황 분석

정부조직은 정부가 수행하는 기능을 현실화하는 체계적 구조이며 최고통치자인 대통령의 국정비전을 실현하는 중요한 통치수단이다. 이에 정부조직은 바람직한 정부기능 수행과 미래 관리를 위하여 시대상황과 행정수요의 변화에 적극적으로 대응할 수 있도록 설계되어야 한다. "작지만 일 잘 하는 정부" 설계를 목표로 추진된 이명박정부의 조직개편은 2008년 2월 29일 정부조직법 개정안이 공포됨에 따라서 2원 15부 2처 18청 3실 5위원회로 확정되었다. 개편 전 2원 18부 4처 18청 4실 10위원회에서 총 11개 기관이 감축된 것이다(행정안전부, 2008).

이명박정부의 정부조직 개편의 핵심은 기존에 대통령 비서실 및 자문기구의 비대화로 부처의 기능이 위축되고 책임소재가 불명확해지는 데에 따른 문제점을 해소하기 위하여, 대통령실의 규모를 축소, 정예화하고 기존의 국정과제위원회를 대부분 폐지, 또는 이관한 것이다. 따라서 참여정부 초반에 전자정부 총괄기능을 수행했던 정부혁신지방분권위원회는 해체되었고, 대통령 비서실에도 국가정보화 관련 기능은 없어졌다.

또한 우리 경제가 지식기반형 경제, 기술혁신형 경제르 탈바꿈함으로써 실물경제의 융합과 신산업 출현 등의 변화에 유연하게 대응하도록 하기 위하여 산업자원부와 정보통신부의 정보기술(ICT) 산업정책, 과학기술부의 산업기술 연구개발(R&D) 정책을 통합하여 지식경제부를 신설하였다. 이에 따라서 정보통신부는 해체되었으며, 기존의 정보통신부 기능은 네 개 부처로 이관되었다.

이명박정부 출범을 위한 대통령직인수위원회는 산업자원부-정보통신부 체제는 산업화와 초기 정보화를 이끌었지만, 융합과 신산업 창출에는 역부족이라고 전제하고, 이 같은 통합 확대 개편을 통해 지식기반형 경제, 기술 혁신형 경제로 탈바꿈될 수 있도록 유도한다는 방침을 수립하였다. 그리고 이를 통해 고질적인 영역 다툼과 R&D의 중복지원 등을 해소하고 다양한 정책수단을 묶어 통합지원 경로를 마련할 수 있을 것으로 예상하였다(이하 한국행정연구원, 2011b: 214-216 재인용).

또한 이명박정부는 조직개편을 통해 ICT산업 육성의 전문성을 강화하고, 융합 추세에 성공적으로 기여할 것으로 기대를 하였으며, 전통산업과 ICT산업의 융합을 통해 새로운 성장동력을 발굴하고, 국가 전 분야의 고른 성장을 모색할 기회를 제공할 것으로 예상하였다. 그리고 개별 분야별 전문성을 제시, ICT산업 자체의 발전을 위한 새로운 방향성을 제시할 수 있을 것으로 평가하였다.

정보통신부 폐지의 배경은 이를 분석하는 학자나 언론보도 자료들 마다 각자의 관점에서 다양한 의견들을 제시하고 있다. 이 중 가장 유력한 의견으로 수용되고 있는 내용은 홍성걸(2009)의 연구에서 주장하는 바와 같이, 지난 20여 년간 산업정책을 비롯한 다양한 정책영역에서 업무 및 기능이 중복되거나 중첩되어 부처간 과도한 갈등과 정책 주도권 다툼이 발생하였고, 그로 인해 행정효율성이 크게 저하되었다는 인식에서 정보통신부 해체가 결정되었다는 것이다.

홍성걸(2009: 36)은 이명박정부의 ICT정책 추진체계를 분석하는 연구를 통해 정보통신부 폐지의 배경을 다음과 같이 설명하고 있다. 우선, ICT산업의 범위와 산업육성기능과 관련하여 정보통신부는 산업자원부와 일부 정책영역이 중복되어 있었다는 것이다. 1994년 12월 경제산업 부처에 대한 조직개편을 통해 ICT산업에 대한 정책기능을 정보통신부로 이관하였지만 첨단산업을 포함한 일반적인 산업정책기능은 산업자원부의 고유기능이었다. 특히, 반도체, 디스플레이, 컴퓨터 등 대부분의 핵심 전자산업이 모두 ICT산업이므로 두 부처간의 정책갈등은 피할 수 없는 측면이 있었다. 여기에 진대제 장관의 취임 이후 ICT839전략에 따라 정보통신부가 보다 적극적으로 ICT산업 진흥정책을 쏟아내면서 산업자원부와의 갈등은 더욱 증폭되었다는 것이다.

또한 WTO체제의 출범 이후 산업지원정책의 수단이 제한되어 연구개발정책의 중요성이 더욱 높아지면서 과학기술부 및 산업자원부와의 기능중복 및 영역 갈등도 문제로 지적되어 왔고, 전자정부의 추진과 관련한 행정자치부와의 영역 갈등도 많은 어려움을 제기하였다. 뿐만 아니라, 콘텐츠산업 분야의 진흥기능은 문화관광부와 중복되었고, 방송통신융합과 관련하여 민간기구인 방송위원회와의 갈등이 증폭되면서 IPTV 등 신규서비스의 인허가가 제때 이루어지지 못하였고, 그에 따라 관련 산업에의 진입이 늦어져 사실상 세계시장 선점효과를 거두기 어렵게 되는 문제도 발생하였다.

따라서 이명박정부는 이에 대한 대응책으로 정보통신브의 폐지 및 기능 분산을 선택하였다는 것이다. 즉, 대통령직 인수위원회가 이러한 정책영역의 중복이나 중첩, 그에 따른 정책영역에 대한 부처간 갈등으로 인해 기술, 산업, 시장의 융·복합이 가속화되는 현실에서 능동적인 대처가 어렵다는 인식을 하게 된 점이 정보통신부 폐지까지 결정하게 된 중요한 배경이 되었다고 판단할 수 있다.[5)]

먼저 정보통신부에서 행정안전부로 이관한 분야는 〈그림 1〉과 같이 정보화 및 정보보호정책(전자정부, 정보화촉진 기본계획과 정보화추진위원회 관리

5) ICT기술이 산업 전반에 보편화된 상황에서 ICT분야 전담부처의 존재로 인하여 악화되고 있는 부처간 영역다툼은 신산업 발전에 장애요인으로 작용할 가능성이 크고 현재와 같은 영역별 부처의 존재는 특정 사업자의 보호막으로 전락할 가능성이 있으므로 ICT기술과 타 산업과의 융·복합을 촉진하고 기 구축된 정보망이 이미 세계 최고 수준이므로 ICT 전담부처를 두기보다는 관련 기능을 각각 지식경제부, 문화체육관광부, 행정안전부, 방송통신위원회 등으로 분산시키는 것이 바람직하다는 입장이었다(홍성걸, 2009: 36).

기능, 개인정보관리정책, 전자서명 관리, 정보격차해소 기능, 정보보호정책 기조 등) 부문이다. 지식경제부로 기능 이관한 분야는 ICT R&D 사업(정보통신기금 포함), ICT산업 육성기능(정보보호산업, SW산업 등 포함), 우정사업 등을 포함한다. 방송통신위원회로 이관한 기능은 방송과 통신서비스 정책·규제, 전파 및 네트워크 정책(인터넷 및 정보보호 기능 등) 부문이다. 문화체육관광부로 디지털 콘텐츠와 게임산업 진흥기능이 이관되었다.

<그림 1> 정보통신부의 기능 배분 현황

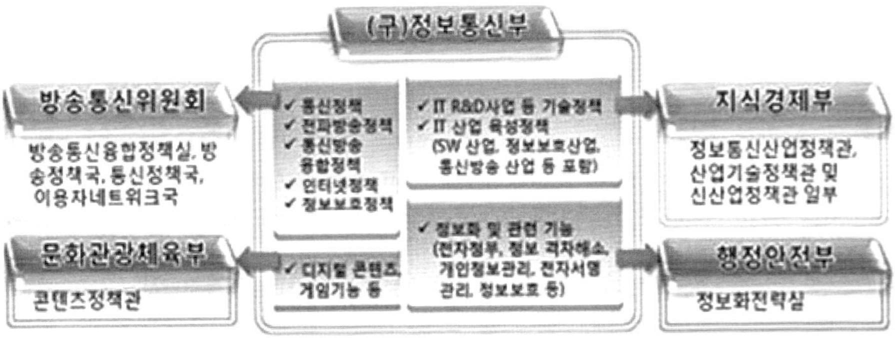

1. ICT 거버넌스 현황

2008년 출범한 이명박정부는 정보통신부를 해체하였다. 이에 따라서 정부 조직개편을 통해 (구)정보통신부의 국가정보화 기능은 다음 〈표 1〉과 같이 네 개 부처로 분산되었다.

<표 1> 정보통신부 해제에 따른 ICT관련 기능개편 현황

부 처 명	주 요 기 능
행정안전부	국가정보화 총괄 + 전자정부 + 정보보호 + 정보문화 + 정부통합전산센터
지식경제부	ICT산업 + R&D + 정보통신진흥기금
방송통신위원회	방송통신융합 +방송통신인프라
문화체육관광부	디지털콘텐츠

이들 기능 가운데 ICT 융합 및 거버넌스와 관련되는 분야들은 크게 지식경제부의 ICT산업, 방송통신위원회의 방송통신융합 및 문화체육관광부의 디지털콘텐츠 기능으로 나누어 볼 수 있다. 따라서 해당 부처들의 최근 현황을 간략하게 살펴보면 다음과 같다.

1) 지식경제부

현재 ICT산업과 관련한 정책의 주무부서는 지식경제부이다. 지식경제부는 2008년 2월 29일 정부조직개편에 따라 산업자원부의 산업, 무역·투자, 에너지정책, 정보통신부의 ICT산업정책, 우정사업, 과학기술부의 산업기술 R&D정책, 재정경제부의 경제자유구역기획, 지역특화기획 기능을 통합해 신설되었다.

설립 당시에는 5실 16관 59과 10팀(3위원회, 3원, 5소, 3단, 1본부)으로 편제되었다. 이후 2009년 4월 30일에 유사기능 및 업무의 연계가 필요한 기능을 통합하여 하부조직을 대과체제로 전환하기 위하여 조직을 개편하였다. 2012년 현재 6실 16관 56과(2위원회, 4원, 5소, 1본부, 3단)로 구성되어 있다. 지식경제부의 ICT산업관련 부서는 정보통신산업 정책관 밑에 정보통신정책과, 소프트웨어 산업과, 전자산업과, 반도체 디스플레이과, 정보통신산업과, 소프트웨어 융합과 등 6개 과를 두고 있다.

지식경제부의 업무 범위는 매우 다양하지만 2009년 대통령보고 주요 업무계획을 중심으로 ICT관련 및 S/W 업무현황을 살펴보면 다음과 같다(지식경제부, 2008b). 우선 지식경제부는 산자·정통·과기·재경부의 유사·중복 기능 통폐합으로 산업 지원을 총괄하는「실물경제 주무부서」로서의 위상을 확보하였다. 따라서 실물경제의 융합과 지식정보화 흐름에 대응하여, '지식기반형 경제', '기술혁신형 경제'로 탈바꿈을 유도하는 정책을 추진하고 있다. 구체적으로는 ICT산업의 고질적인 영역 갈등과 R&D 중복투자 등을 해소하고 다양한 정책수단을 조합한 종합정책을 마련할 수 있게 되었다. 따라서 지식경제부 ICT정책은 한 마디로 요약하면 제조-서비스업, 비ICT-ICT산업간 융합을 통해 신성장동력을 창출하는 것이다. 그 구체적인 내용은 다음과 같다.

첫째는 앞에서 살펴본 바와 같이 5대 주력기간산업과 ICT기술융합을 위한 기술개발이다. 둘째는 ICT융합 기술로드맵 수립을 지원하는 것이다. 셋째는 국내 SW산업 생태계 조성과 인프라를 고도화하고 내수시장 활성화 및 국산SW 해외진출을 통해 SW 강국을 건설하는 것이다.

현재 지식경제부는 SW M&A기금 조성(매년 200억원 이상), 공공부문 SW 분리발주 의무화 등 SW시장 확대를 위한 제도 개선 등에 치중하고 있다. 지난 2011년, 지식경제부 총지출 15조 7,831억원 가운데 정보통신산업 분야에 총 1조 1,397억(7.2%)이 지출되었다. 구체적으로는 현 정부 출범 이후 ICT 분야 정부 예산은 연평균 6.2% 증가하였으며, 이는 중소기업/산업/에너지 분야 예산 증가율(3.7%)을 상회하는 것이었다. 특히 취약 산업인 SW 분야에 대한 예산 투입도 3배가 증가하여('07년 879억원 → '12년 2,764억원), 〈그림 2〉와 같이 반도체, 디스플레이, 이동통신 등의 영역에 투자되었다.

<그림 2> ICT 분야 정부 예산 투입 추이 (단위: 억원)

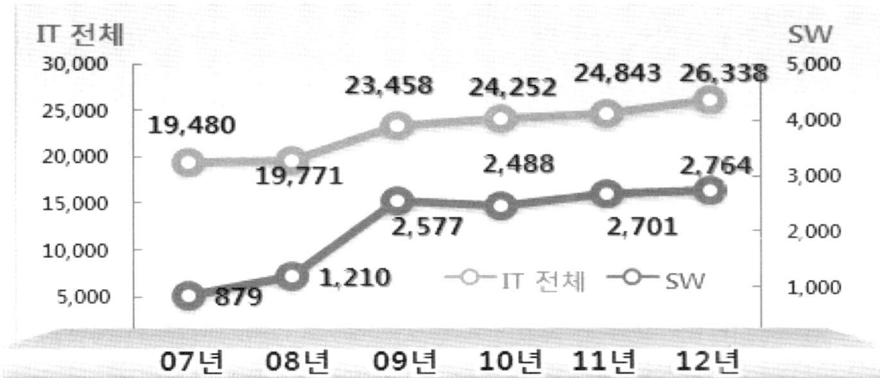

특히 ICT융합이 새로운 성장동력으로 부상하는 추세(세계 ICT성장률 5% vs ICT 융합 성장률 12%)하에 ICT융합 확산을 위한 예산을 지속적으로 확대하고 있다. 구체적으로는 ICT융합 지원 예산을 2010년 3,162억원에서 2011년에 3,205억원으로 늘리고 있다. 따라서 국내 ICT 융합생산은 연평균 13%대로 지속적인 증가세('07년 38.7조 → '11년 49.7조 → '15년 751조 예상)를 보여주고 있다. 또한 ICT+제조업 융합기술 개발도 활성화되어, ICT+조선: 선박 실시간 통신기술 개발, ICT+항공기: 항공기 운용 SW, T-50 탑재 등에서 가시적인 효과가 나타나고 있다.

그러나 이처럼 자동차와 조선 등의 분야에서 ICT융합에 대한 실적은 있으나, 지식경제부가 담당하는 영역이 모든 전통산업과 전력, 에너지, 자원 및 무역 등으로 광범위하기 때문에 급변하는 ICT환경에 적절하게 대응하기에는 한계를 지니고 있다. 또한 2011년의 전력대란으로 장관이 교체되면서, 부처의 관심사가 전력과 에너지에 집중되고 있는 실정이다. 따라서 ICT환경이 급속하게 스마트화하는 과정에 정부차원의 대응이 미흡하다는 비판에 직면하고 있다.

2) 방송통신위원회

방송통신위원회는 대통령 직속 합의제 행정기구로 2008년 2월 29일 출범하였다. 이후 1년이 지나서야 '방통위와 소속기관 직제 개정안'이 국무회의를 통과함에 따라 2009년 5월 4일 일부 조직개편을 단행하였다. 2009년 개편으로 방통위 정원은 그대로 유지되었지만, 기존의 2실 3국 7관 43과에서, 〈그림 3〉과 같이 '2실 4국 6관 32과 3팀'으로 개편되었다. 특히, 새로 도입된 방통위 직제는 기존 조직에서 1개국과 1개 기획관 자리가 늘어나고 43개과가 32개과로 줄어들었다. 2012년 현재는 2실 4국 7관 36과로 운영되고 있다.

<그림 3> (구)정보통신부에서 방송통신위원회로 이관된 부서 비교

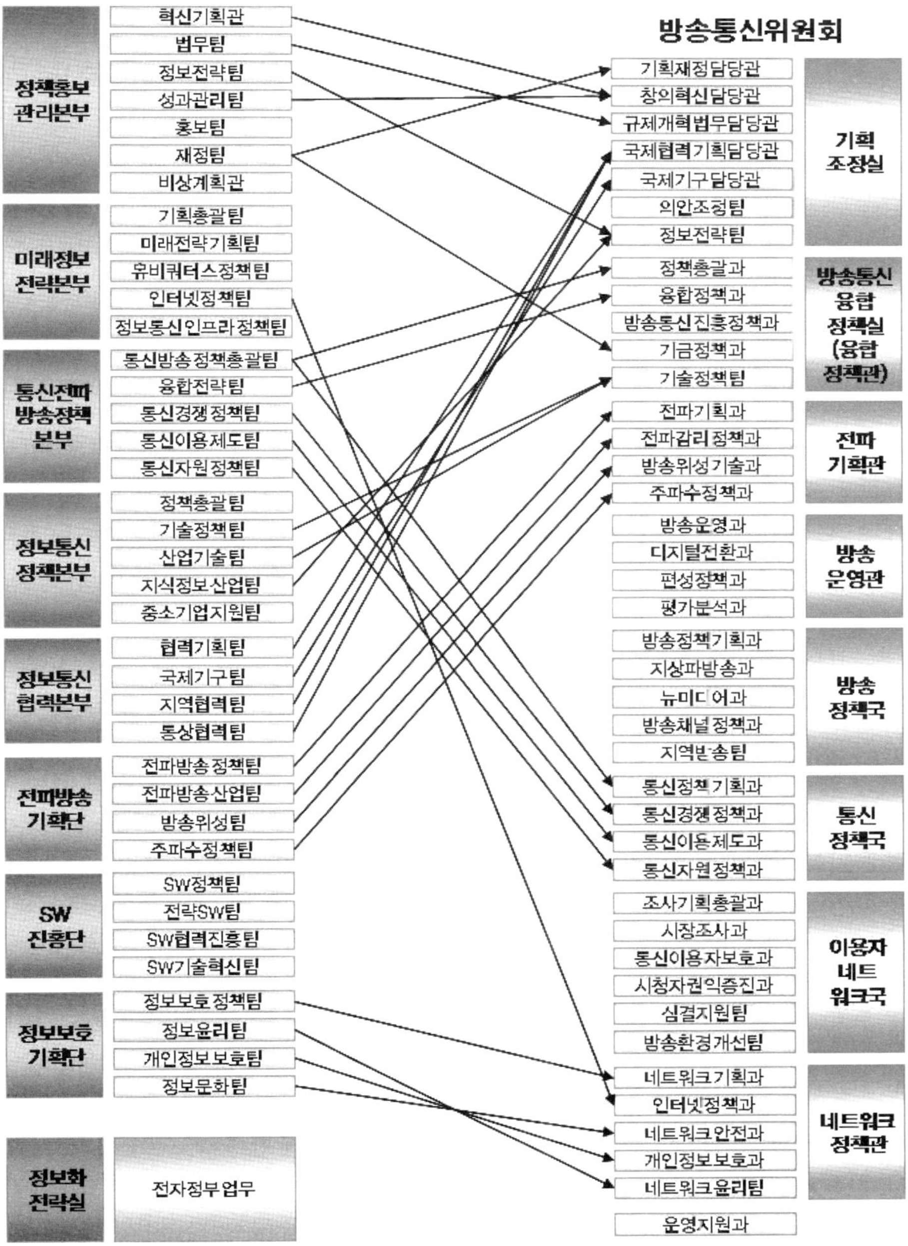

우선 조직개편에서는 '네트워크정책국'과 기획조정실 산하 '정책기획관'이 신설되었다. 방송발전기금 등을 취급하던 기금정책과는 정책총괄과로 흡수되었다. 네트워크정책국 신설에 따라 기존 이용자네트워크국은 이용자보호국으로 바뀌며, 심결지원업무가 조사기획 총괄과로 흡수되었다.

방송통신위원회는 디지털기술 등의 발전으로 급속히 진행되고 있는 방송과 통신의 융합화 추세에 능동적으로 대응하고 나아가 국민들이 보다 풍요로운 방송통신융합의 혜택을 누릴 수 있도록 하기 위해 이처럼 대통령 직속 합의제 행정기구로 출범하였다. '방송통신위원회의 설치 및 운영에 관한 법률'에 의거하여 설립된 방송통신위원회는 (舊)방송위원회의 방송 정책 및 규제 기능과 (舊)정보통신부의 통신서비스 정책과 규제 기능을 총괄하고 있으며, 방송과 통신의 융합현상에 능동적으로 대응하고, 방송의 자유와 공공성 및 공익성을 보장하며, 방송과 통신이 균형 있게 발전하고 국제 경쟁력을 강화하는 것 등을 설립목적으로 하고 있다.

방송통신위원회가 담당하는 주요 기능은 방송통신 융합정책의 수립과 융합서비스의 활성화 및 관련 기술 개발, 전파에 관한 정책 수립 및 전파자원의 관리, 방송통신정책의 수립과 방송통신 시장의 경쟁 촉진, 방송통신망의 고도화와 방송통신의 역기능 방지, 방송통신 이용자 보호정책의 수립과 방송통신 사업자의 불공정행위 조사 및 분쟁 조정 등이 있다.

정보통신부의 통신산업 규제와 진흥 업무를 총괄하는 기구로 출범한 방통위는 방송과 통신, 방통융합산업을 근간으로 새로운 산업진흥 기구로서 나아가야 한다는 주장이 제기되고 있다. 다시 말하면, 향후 방송통신위원회의 정책방향은 방송 통신 규제기관에서 벗어나 IPTV를 비롯한 융합형 산업을 주도하고, 경쟁촉진을 통해 신 성장동력원을 창출하는 기관으로 탈바꿈되어야 한다(박상원·박치성, 2009). 그러나 방통위가 방송통신 규제기관으로서뿐만 아니라 ICT컨트롤타워로서의 위상을 확립하기 위해서는 현재의 합의제 조직으로는 불가능하다. 왜냐하면 규제위주의 기구로 꾸려진 현재의 조직편제나, 사소한 정책결정까지 상임위원들의 합의를 거쳐야 하는 현재의 합의제 형태로는 하루가 빠르게 돌아가는 ICT 패러다임과 시장의 요구사항을 맞추기 힘들기 때문이다.

방송통신위원회의 조직과 관련해서는 크게 두 가지의 의견이 개진되고 있다. 첫째는 신속한 정책결정을 위해 사무총장제를 도입하자는 것이다. 이것은 미봉책에 불과할 뿐이지만, 이를 구체적으로 살펴보면 다음과 같다. 기존 방송위원회의 방송정책과 규제, 정보통신부의 통신산업 규제와 진흥 업무를 총괄하는 기구로 출범한 방통위는 방송과 통신, 방통융합산업을 근간으로 새로운 산업진흥 기구로서 나아가야 한다는 것이다. 다시 말하면, 향후 방송통신위원회의 정책방향은 방송통신 규제기관에서 벗어나 IPTV를 비롯한 융합형 산업을 주도하고, 경쟁촉진을 통해 신 성장동력원을 창출하는 기관으로 탈바꿈되어야 한다. 그러나 문제는 방통위가 방송통신 규제기관으로서뿐만 아니라 ICT컨트롤타워로서의 위상을 확립하기 위해서는 규제위주의 기구로 꾸려진 현재의 조직편제나, 사소한 정책결정까지 상임위원들의 합의를 거쳐야 하는 현재의 합의제 형태로는 하루가 빠르게 돌아가는 ICT 패러다임과 시장의 요구사항을 맞추기 힘들다는 것이다.

민간 업계와 정치권에서는 방통위가 단순 규제기능에서 벗어나 ICT 컨트롤타워로서 면모를 찾기 위해서는 이를 추진할 수 있는 조직체계와 시스템을 갖춰야 한다고 제시하고 있다. 또한 부처간 업무영역이 중복 또는 분산되면서 부처간 규제충돌을 일으키고, 산업진흥의 걸림돌이 되고 있는 문제는 범정부 부처 차원에서 조속히 해소해야 한다는 것이다.

먼저 산업계와 정치권은 방통위가 방송통신 산업 정책과 규제 등을 일괄되게 끌고 갈 내부행정조직 체계를 정비할 것을 주문하고 있다. 무엇보다 세계시장의 트렌드 변화나 산업활성화 정책을 신속하고 일관되게 추진할 중심체 조직이 필요하다는 것이다. 이런 관점에서 과거 규제기능 위주의 실국 조직들을 산업진흥 조직으로 전환하기 위해서는 방통위 실무를 총괄하는 사무총장제 도입이 필요하다는 주장이다. 무엇보다 정책결정의 신속성, 합의제 형태의 위원회 기능을 보완하는 측면에서 사구총장제이 절대적으로 필요하다는 입장이다.

방통위 직제가 상임위원들간 합의제를 근거로 설립되기는 했지만, 위원회는 중요한 정책결정에 전념하고 산업진흥, 세부 실무사항 등 법령집행적 성격을 갖는 행정업무는 내부위임 등을 통해 보다 효율적으로 집행될 수 있도록 프로세서를 개선해야 한다는 것이다.

둘째로 방송통신위원회가 ICT스마트 혁명시대에 적절하게 대응하기 위하여 보다 독립적인 규제기구로 전환해야 한다는 의견이 존재한다(박상인, 2011). 이러한 규제기구의 필요성은 스마트 미디어 시대로 요약되는 디지털 융합의 급속한 전개로 수평적 규제체제의 필요성이 증가하고 있기 때문이다. 또한 표준화 정책과 망중립성 규제와 같은 전문적 지식이 요구되는 정책 과제들이 발생하고 있으며, 방송과 신문의 겸영과 같이 정치적으로 민감한 이슈들이 제기되고 있기 때문이기도 하다.

따라서 이러한 관점에서 방통위는 수평적 규제를 위한 정부조직으로서, 전문성과 독립성이 중요시되는 정책 주관 정부조직이라는 관점에서 합의제 기구로 설립된 것이라고 본다. 그러나 현재의 방통위가 미국 FCC를 벤치마킹한 것은 사실이나, 규제행정위원회라는 법제도적 한계를 지니고 있고, 독립규제위원회인 FCC와 같은 전문성과 독립성을 가지고 있다고 보기 어려운 측면이 있다. 특히 스마트 미디어 시대로 요약되는 산업환경을 고려할 때, 과거의 지원 및 또한 방송 및 언론 관련 정책결정을 담당하고 있는 방통위의 권한 때문에 오히려 방통위가 국회의 일정한 통제를 받는 제도적 장치가 필요하며, 이러한 국회의 통제와 대통령으로부터의 어느 정도의 독립은 방통위의 독립성을 위해 필수적이라는 견해가 존재한다. 따라서 행정규제위원회인 방통위를 FCC와 동일한 지위의 독립규제위원회로 전환하는 것이 하나의 대안이 될 것이라고 주장한다(박상인, 2011).

3) 행정안전부

행정안전부의 정보화 조직은 과거 국민의정부 시절에 전자정부특별위원회가 구성되고 11대 과제가 선정되면서 확대되기 시작하였다. 이어서 참여정부에서 정부혁신지방분권위원회가 구성되고 전자정부가 정부혁신지방분권위원회의 5대 분야의 하나로 채택되면서 전자정부국 및 전자정부본부로의 확대 개편이 이루어졌다. 그러나 원래 조직의 모태는 내무부의 지역정보화와 총무처의 행정정보화가 결합된 것이기 때문에 유비쿼터스 환경하에서 전자정부서비스를 제공하는 데 어려움을 겪었다(김현성, 2009).

2008년 2월 이명박정부가 출범하면서 정보통신부가 해체되고 행정안전부는 과거 전자정부본부를 정보화전략실로 개편하였다. 이 과정에서 정보화전략실의 소속은 제1차관에서 제2차관으로 변경되었다. 정보화전략실은 2008년 초기에 3명의 조정관과 12개의 과로 운영되다가 대국 대과제에 맞추어서 2009년에 정보화전략실장 산하에 2관 8과 142명으로 구성되었다.

구체적으로는 제2차관 소속의 정보화기획실 내 정보화기획관에 정보화총괄과, 정보화지원과, 유비쿼터스기획과, 정보문화과 4개가 있었으며, 정보기반정책관에 정보보호정책과, 개인정보보호과, 정보자원정책과 및 정보화인력개발과 등 4개가 있어 전체 8개의 과가 정보화와 관련된 업무를 수행하고 있었다.

이어서 2011년 2월 1일자로 정보화전략실을 2차관에서 1차관 밑으로 소속 변경하고,[6] 정보화전략실에 정보화총괄과·정보화지원과·미래정보화과·정보문화과·정보보호정책과·개인정보보호과 및 정보자원정책과 등 7개 과를 두고 있다. 변화의 핵심 내용은 유비쿼터스기획과를 미래정보화

---

6) 국가정보화든 전자정부의 구현이든 간에 정보화는 단순히 정부 부처에 전산망이나 정보시스템의 도입만을 의미하지 않는다. 이러한 국가정보화사업은 고도의 정치적인 사업이며 또한 정부 내부의 업무처리 절차에서 조직까지를 변화시키는 총체적인 정부혁신 사업이다. 따라서 지방과 재난안전을 관장하는 제2차관의 소속으로는 국가정보화든 전자정부든 간에 어떠한 업무도 강력하게 추진할 수 없는 구조를 지니게 되었다. 왜냐하면 이제 국가정보화 사업들은 대다수가 다부처관련 사업이기 때문에 행정안전부 부처의 수준에서는 타부처에게 영향력을 발휘할 수 없기 때문이다. 과거 정보통신부는 정보화촉진기금이라고 하는 예산권이 있었으나 현재 행정안전부는 예산권을 지니고 있지 못하다. 따라서 조직과 인사를 통하여 타 부처에 영향력을 행사할 수밖에 없는 구조이기 때문에 정보화전략실의 제1차관 소속으로의 이관이 중요한 의미를 지니고 있다(정충식, 2010).

과로 바꾸고, 정보화인력개발과를 이관시킨 것이다. 또한 전자정부법의 개정으로 법제화된 행정정보공유추진단에 민원서비스추진단을 통합시켰다.

행정안전부는 '국민이 만족하는 행정서비스를 제공하는 유능한 정부 구현'이라는 전략목표를 지니고 있으며, 이를 실천하기 위하여 정보화전략실은 국가정보화 기반환경 구축, 지방자치단체 정보화 구현, 전자정부 지원사업, 건전한 정보문화 확산 및 정보격차 해소, 개인정보보호 강화, 글로벌 협력 강화 등 범부처 정보화 사업 외에 부처 고유업무와 관련된 정보화 사업을 추진하고 있다(행정안전부, 2011b).

정보화전략실은 〈표 2〉와 같이 정보화기획관과 정보기반정책관을 두고 있으며, 정보화기획관실에는 정보화총괄과, 정보화지원과, 미래정보화, 정보문화과 등이 설치되어 있고 정보기반정책관실에는 정보보호정책과, 개인정보보호과, 정보자원정책과 등이 설치되어 있다. 정보화기획관은 국가사회정보화 업무를 주로 관장하고 정보기반정책관은 정보보호 및 정보자원관리를 관장한다.

이와 함께 행정정보공유추진단에서는 행정정보의 공동활용 및 협업 등에 관한 기본계획의 수립 및 시스템 구축을 총괄하고 있다. 행정안전부 소속 정부통합전산센터는 범 정부적 정보시스템 하드웨어와 네트워크를 운영하고 있다. 행정안전부 방계조직인 개인정보보호위원회는 개인정보보호를 위한 정책과 규제집행 업무를 담당하고 있다.

<표 2> 정보화전략실의 구성과 주요 기능

부 서		주 요 기 능
정보화 기획관	정보화 총괄과	- 국가정보화 정책 수립, 법제도 등 국가정보화 정책 총괄 - 국제 정보격차 해소 등 정보화 국제협력, 전자정부사업 총괄
	정보화 지원과	- 정보화 평가 및 전자정부서비스 이용활성화 - 지자체 정보화사업 평가·조정 및 지역정보화 법제도
	미래 정보화과	- 정보통신 융합 등 정보화촉진에 관한 정책의 수립 및 협력 - 뉴미디어를 활용한 전자정부 서비스 제공

	정보 문화과	- 인터넷 중독 예방·정보윤리 등 정보화역기능 하소 - 정보취약계층 등 정보격차 해소사업 총괄
정보기반 정책관	정보보호 정책과	- 정보보호 정책 수립, 법제도 정비 등 정보보호 정책 총괄 - 사이버침해 예방·대응 및 전자서명 인증·관리
	개인정보 보호과	- 개인정보보호 정책수립, 법제 정비 등 개인정보보호 총괄 - 개인정보 보호 교육·홍보 등 개인정보 코호 인식 제고
	정보자원 정책과	- 정보자원관리 정책 수립·법제도 등 정노자원정책 총괄 - 정보자원 통합·공동 활용·표준화 등 정보자원 관리 효율화
행정정보공유 추진단		- 행정정보 공동이용 기본계획 수립 및 이용활성화 - 행정정보 공동이용시스템 구축 및 운영 관리 - 행정정보 공동이용 세부 기준·절차 수립 및 이용자 관리 - 행정정보 공동이용 수요조사·실태조사 및 제도 연구개선

이명박정부에서는 정보통신부의 해체에 따르는 국가정보화 기능을 통합하였음에도 불구하고 정보화전략실의 규모는 축소되었다. 현재는 규모만 축소된 것이 아니라 기능적인 측면에서도 다양한 문제점을 보여주고 있다. 특히 ICT산업과 관련해서는 어떠한 기능적인 역할도 수행하지 못하고 있는 실정이다. 그러나 2010년초와 2012년에 UN의 전자정부 평가에서 세계 1위를 달성함에 따라서 ICT업무 분야가 부처 내에서 다시 조명을 받고 있다(UN, 2010; 2012). 이에 따라서 행정안전부는 전자정부 프레임워크 센터를 개설하는 등 우리나라 전자정부의 해외 진출 방안을 모색하고 있다.

행정안전부는 현재 정보화전략실을 중심으로 국가정보화 및 전자정부 정책을 추진하고 있으나, ICT의 융합 및 스마트 생태계와 관련하여 큰 의미를 부여하기 힘든 상황이다. 또한 전자정부 정책에 매몰되어 국가정보화가 실종되어 있는 것이 현실이다(정충식, 2012). 다만 2012년부터 공공부문의 시스템통합 사업의 경우, 현재 40억에서 80억원으로 대기업 SI업체의 진입을 규제하는 등의 정책을 통하여 중소기업과의 상생을 모색하고 있다. 또한 저탄소 녹색성장의 일환으로 스마트워크 추진센터 설립을 통한 스마트워크 확산정책을 추구하고 있다.

행정안전부의 경우, 클라우드 컴퓨팅과 관련하여 통합전산센터의 향후 행보가 국가 전체의 ICT 방향에 영향을 미칠 수 있을 것이다. 즉 통합전산센터가 기존의 서버의 물리적 통합 중심에서 정부업무관리시스템의 클라우드 제공을 통한 S/W 지원센터로서의 역할을 수행할 경우, 그 영향력이 상당할 것으로 예상된다.

4) 문화체육관광부

문화체육관광부의 ICT산업 관련 부서는 제1차관 소속의 문화콘텐츠산업실 내 콘텐트정책관 산하에 문화산업정책과, 영상산업과, 게임산업과, 전략컨텐츠산업과 및 디지털컨텐츠산업과 등 5개가 있으며, 미디어정책관 산하에 미디어정책과, 방송영상광고과, 출판인쇄산업과, 뉴미디어산업과 4개가 있어 전체 9개의 과가 문화콘텐츠 산업과 관련된 업무를 수행하고 있다.

문화체육관광부의 경우, 문화컨텐츠 서비스의 제공 및 미디어정책을 수행하고 있다. 그런데 이러한 두 분야에서 방송통신위원회와 지속적인 갈등관계를 유지하고 있다. 특히 최근에 3D영화의 흥행을 계기로 영상 및 방송컨텐츠의 분야에서는 첨예한 대립 구도가 형성되어 있다. 하지만 문화체육관광부는 다른 3개의 부처와는 달리, 과거 정보통신부로부터 인력이나 부서를 이관받은 것이 전혀 없기 때문에 업무기능의 조정만 이루어졌다.

지난 2010년에 재정비된 조직을 살펴보면 본부에 문화콘텐츠산업실의 콘텐츠정책관과 미디어정책국이 있으며, 콘텐츠 업무의 중심기관으로 한국콘텐츠진흥원으로 구성되어 있다. 문화체육관광부가 주관하고 있는

ICT 관련 기능은 콘텐츠 서비스 제공의 기능만을 수행하고 있는 것으로 나타났다. 콘텐츠라고 하는 하나의 큰 틀에서 ICT산업 지원 기능을 고려해 보았을 때, 방송콘텐츠와 관련하여 방송통신위원회와 지속적인 갈등의 관계를 가지고 있다.

만일 방송통신위원회가 ICT관련 정책 총괄기관이 될 경우, 현재 문화체육관광부에서 관장하고 있는 방송콘텐츠는 모두 방송통신위원희로 이관되어야 한다. 그러나 그 반대로 방송통신위원회가 독립된 규제위원회의 성격이 강화될 경우, 콘텐츠 관련 업무를 방송통신위원회에서 모두 이관받아 올 수 있을 것이다. 이 경우, 문화체육관광부가 모든 콘텐츠 관련 업무를 관할하게 됨으로써 디지털콘텐츠를 비롯한 방송콘텐츠까지를 관장하는 콘텐츠 업무의 수장이 되는 것이다.

Ⅳ. ICT산업 활성화를 위한 거버넌스 방향

향후 ICT산업의 진흥을 위한 정부조직 개편을 단행할 경우, 지식경제부, 방송통신위원회 및 문화체육관광부 등을 중심으로 하는 방안을 모색해 볼 수 있다. 이러한 개편(안)의 내용 및 장단점을 간략하게 살펴보면 다음과 같다.

1. 지식경제부 중심의 ICT조직 개편(안)

현재 ICT산업과 관련한 정책의 주무부서는 지식경제부이다. 그러나 지식경제부는 ICT산업 정책을 ICT 1차산업에 치중하여 추진하여 왔다는 비판을 받고 있다. 물론 지식경제부도 고용창출 효과가 높고 미래 ICT시장을 선점할 수 있는 분야를 중심으로, 2009년부터 종합계획을 수립하여 추진해 오고 있다. 지식경제부는 〈표 3〉과 같은 사업들을 2009년부터 추진해 오고 있다. 이처럼 ICT·SW 뉴딜과 관련하여 지식경제부가 확보한 예산은 총 528억원이었다.

<표 3> 고용창출 등 기대효과가 큰 ICT사업들

후보 과제	'09년 예산	주요 내용
RFID/USN 확산	240억원	·우편 물류, 공공 자산관리 등에 접목
ICT융합 상용화	79억원	·차량ICT 등 ICT융합 제품·공정 개발 지원
디지털병원 구축	12억원	·u-Health를 위한 장비 및 정보시스템 구축

이러한 ICT산업들은 지식경제부내의 다양한 과에서 독자적으로 추진되었다. 따라서 향후 지식경제부가 ICT산업 그 가운데서 2차와 3차 ICT산업을 지원하기 위해서는 과감한 조직개편이 선행되어야 한다. 물론 지식경제부도 최근에 ICT산업을 지원하기 위하여 조직을 개편하였다. 2011년 1월 1일부터 융합시대를 선도하기 위하여 SW 진흥업무를 기존의 신산업정책국에서 정보통신정책국으로 이관하고 통합시켜서 확대 개편하였다.

구체적으로는 하드웨어와 소프트웨어를 결합하여 시너지 효과를 제고할 수 있도록 신산업국의 소프트웨어정책과와 소프트웨어진흥과는 폐지되고, 정보통신국의 소프트웨어산업과와 소프트웨어융합과로 개편되었다. 소프트웨어산업과는 법·제도개선 등 정책적인 업무를 담당하고, 소프트웨어융합과는 임베디드 소프트웨어(embedded software)[7] 등 소프트웨어를 활용한 ICT융합 업무를 집중적으로 수행하고 있다.

이를 통하여 지식경제부는 소프트웨어-시스템반도체의 동반육성 전략 수립 등 소프트웨어산업의 육성을 통해 「융합시대」에 앞장설 수 있는 정책을 추진할 계획이다. 이것은 지식경제부가 2011년 대통령 업무보고에

7) 개인용 컴퓨터(PC) 이외 전자 기기의 임베디드 시스템에 내장(embedded)되어 제품에 요구되는 특정한 기능을 구현할 수 있도록 하는 소프트웨어이다. 일상에서 쉽게 접하는 셋톱박스, 휴대폰, 디지털TV, 게임기 등 거의 모든 디지털 제품에 내장되는 소프트웨어를 의미한다.

서 2분기 중 「소프트웨어-시스템반도체 동반육성 전략」을 수립할 것으로 발표한 것의 결과이다.

이처럼 지식경제부 조직개편의 핵심은 S/W를 중심으로 하는 ICT산업의 위상 강화일 것이다. 하지만 현재의 인력과 조직으로는 ㄱ진한 실정이다. 따라서 S/W에 집중하기 위해서는 <그림 4>와 같이 별도의 S/W정책관을 둘 필요가 있다. 이 경우, 과거 정보통신부에서 정보통신산업 정책업무를 수행했던 현재 방송통신위원회 인력을 대폭 충원받아야 한다. 또한 행정안전부로부터는 S/W표준화 업무를 이관받아야 하고, 문화체육관광부로부터는 디지털콘텐츠 및 불법복제관련 기능과 인력을 돌려받아야 한다. 그 이후에 성장동력실 산하에 S/W산업정책관을 두고 기존에 S/W진흥과와 S/W정책과를 포함하여 4-5개 과의 업무를 관장하도록 편제하여야 할 것이다.

<그림 4> 지식경제부 ICT관련 조직 개편안

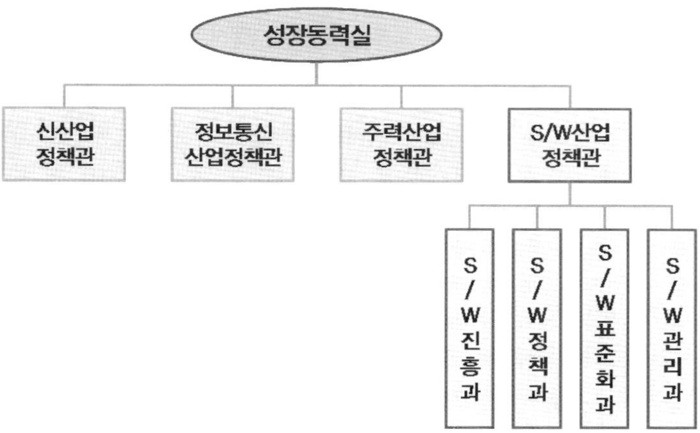

이 경우에 (가칭)산업통신부로 확대 개편할 수 있을 것이다. 산업통신부는 통신 업무의 기능에 지식경제부의 산업과 연구개발 기능을 통합한 것이다. 기존의 지식경제부가 중심이 되어 <그림 5>와 같이 방송통신위원회와 문화체육관광부로부터 방송통신과 디지털 콘텐츠관련 업무를 이관

받는 방식이다. 이러한 사례는 중국의 공업신식화부에서 찾아볼 수 있다.

<그림 5> 지식경제부 중심의 ICT 조직 개편

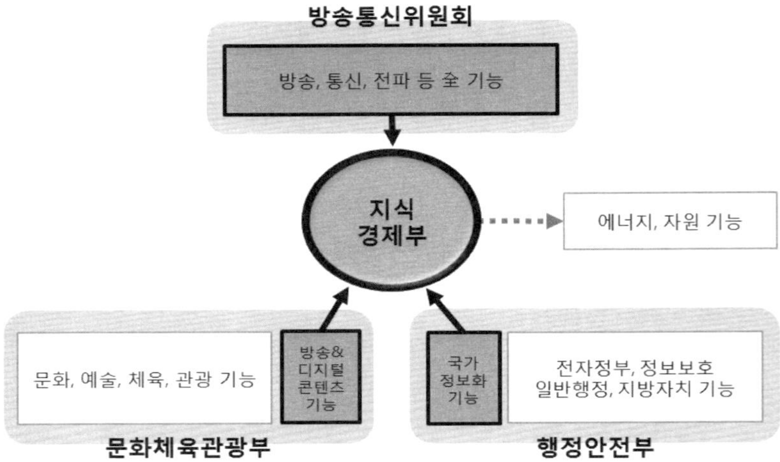

이 경우, 기존의 5대 산업과 ICT 융합이 보다 탄력을 받을 수 있을 것이다. 이러한 산업통신부는 방송통신위원회의 통신 기능과 문화체육관광부의 디지털 콘텐츠 기능을 지식경제부로 이관시키는 것이다. 이 경우, 산업통신부는 복수차관제를 통해 ICT업무를 위한 차관직을 신설할 필요가 있다.

이러한 방안의 장점으로는, 다양한 산업의 진흥을 경험해 본 부처에서 본격적으로 ICT산업을 전담하여 추진할 수 있는 기반이 마련될 수 있다는 것이다. 이제까지 자동차, 조선, 원자력 및 반도체 등 거대 산업을 담당해 온 지식경제부는, 기존에 상대적으로 ICT산업에 대하여 관심을 기울이지 못하였다. 따라서 이러한 관점이 지속된다면 C-P-N-D의 통합이 제대로 이루어져서 〈그림 6〉과 같이 ICT산업 업무가 부처에서 차지하는 비중이 커질 수 있을 것이다.

<그림 6> 지식경제부 중심의 ICT 부처 조직도

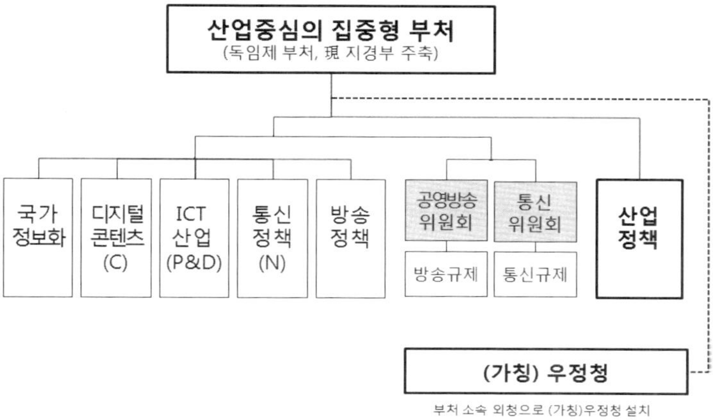

그러나 한편으로는 부처의 업무관할 범위가 너무 커져서 공룡부처라는 비난에 직면할 수 있다. 따라서 이 경우에 중소기업이나 에너지 자원 등의 분야에서 분리 독립의 목소리가 커질 수 있다. 또한 기존 전통분야의 산업정책을 고수한다면 ICT분야에 상대적으로 소홀할 수 있다는 우려의 목소리도 있다.

2. 방송통신위원회 중심의 ICT조직 개편(안)

기존의 분산된 부처 체제로는 ICT 융합 및 스마트 빅뱅의 시대에 적절하게 대처할 수 없다는 전제 아래 과거 정보통신부와 같이 ICT산업의 진흥과 규제, 국가정보화 기획을 함께 담당하는 部를 신설하는 안이다. 이처럼 ICT산업정책과 국가정보화정책을 통합시킬 경우, 국가혁신 차원에서 ICT산업의 경쟁력을 높이고 정보화 기획을 통해 ICT 수요를 예상할 수 있어 ICT 생태계에 대한 투자를 용이하게 촉진할 수 있다. 따라서 ICT를 통한 국가의 혁신을 주도하기 위하여 부처의 명칭은 (가칭)정보혁신부로 할 수 있을 것이다. 새로이 신설되는 부처는 ICT의 공급과 수요 측면을 통합적으로 관장하게 되어, (가칭)정보혁신부의 정책 추진역량이 확보될 수 있을 것이다.

이를 위해서는 C(방송통신위원회의 방송영상진흥, 문화체육관광부의 디지털콘텐츠 진흥), P(방송통신위원회의 인터넷, 지식경제부의 소프트웨어, 연구개발), N(방송통신위원회의 유무선 통신, 케이블SO와 위성방송서비스, 주파수관리), D(방송통신위원회의 기기표준, 지식경제부의 R&D) 등의 업무가 하나의 부처로 통합되어야 한다. 또한 행정안전부의 국가정보화 기능들 가운데서 국가정보화의 기획, 보안 기능은 정보혁신부로 이관되고 전자정부(행정정보화와 정부통합전산센터)와 개인정보보호의 기능은 행정안전부(와 개인정보보호위원회)에 남게 된다. 이처럼 (가칭)정보혁신부는 ICT산업정책과 국가정보화 정책을 통합적으로 담당한다.

다음으로 방송의 정치적 중립성에 관련된 사안을 다루는 합의제 기구의 위치 설정을 검토해 볼 수 있다. ICT 전담 독임제 部를 신설할 경우, 방송규제 기구인 '방송규제위원회' 를 ICT 전담 부와 별도의 중앙행정기관으로 설치하는 대안과 ICT 전담 부내의 반 독립적인 규제위원회로 두는 대안을 고려할 수 있다. 기술과 사업 측면에서 통신과 방송의 융합이 이미 상당히 진행되었고 현 정부 출범 이후 통신과 방송 융합을 위한 통합적 법제와 정책체제가 이미 마련되었기에 다시 분리하기가 쉽지 않다. 또한 ICT 전담 部와 방송규제위원회를 분리하여 설치할 경우 노무현정부에서의 (구)정보통신부와 (구)방송위원회간의 관할권 갈등으로 수많은 융합적 서비스의 도입이 표류된 경험을 반복할 수 있다. 따라서 '방송규제위원회'를 ICT 전담 部 내의 규제위원회로 두는 안을 고려해 볼 수 있다. 위원회는 다수의 비상임위원을 두고 국회와 대법원이 위원을 추천하는 방식으로 구성하는 안을 제안한다.

'정보혁신부'와 그 내부의 '방송규제위원회'를 신설하는 안을 추진할 경우 유관 부처 조직체계는 문화체육관광부(또는 문화체육관광부와 국민소통처), 산업부(중소기업청 통합)와 에너지자원부, 행정안전부, 과학기술부(국가과학기술위원회 심의기구로 전환, 원자력안전위원회 존치)와 교육학술부 등으로 개편될 수 있다.

소관법률의 관점에서는 기존의 방송통신위원회의 모든 법률, 지식경제부의 정보통신산업진흥법, 문화체육관광부의 콘텐츠산업진흥법, 행정안전부의 국가정보화기본법, 정보통신기반보호법의 소관이 '정보혁신부'로 이관되어야 한다. 정보통신산업진흥법에 근거한 정보통신진흥기금과 방송통신발전기본법에 근거한 방송통신발전기금은 통합되게 된다. 통신사업자들이 부담하는 출연금과 주파수 할당대가 수입 등으로 조성된 정보통신진흥기금을 지식경제부가 사용하면서 정보통신산업의 고도화보다는 ICT와 타 산업의 융합에 더 많이 사용하여 결과적으로 정보통신 영역의 정부 연구개발 투입 규모를 축소했다는 비판이 있어 왔다. 정보혁신부가 정보통신산업진흥법을 이관받으면서 정보통신진흥기금의 징수와 관리의 이원화에 따른 갈등을 해소하게 된다. 법률에 근거한 산하 공공기관도 정보혁신부로 이관되는데 지식경제부 산하 정보통신산업진흥원(NIPA), 문화체육관광부 산하 한국콘텐츠진흥원, 행정안전부 산하 한국정보화진흥원(NIA)이 해당된다.

'정보혁신부'가 신설될 경우 지식경제부의 우정사업본부를 지식경제부(또는 '산업부')에 존치하거나 정보혁신부 소속으로 이관하는 대안을 검토할 수 있다. 우정사업본부가 과거 체신부, 정보통신부 소속 기관이었던 것, 우정사업과 ICT의 높은 관련성, 외국에서의 ICT와 우정사업의 정책규제가 ICT 관련 기관에서 수행되는 사례 등을 고려한다면 정보혁신부 소속으로 변경하는 것이 자연스럽다. 우정사업본부의 예산과 인력이 매우 큰 편이고, 사업 예산과 인사 운영에서의 자율성을 확대하고 장기적으로 공사로 전환하는 것을 감안한다면 '청'(가칭 우체청)으로 승격시키는 것이 적절하다고 본다. 우정사업운영에 관한 특례법, 우편법 등 우정사업 관련 법률은 정보혁신부가 소관한다.

이러한 사례는 호주의 광대역통신디지털경제부(Department of Broadband, Communications & the DigICTal Economy)에서 찾아볼 수 있다. 호주에는 이와 함께 통신과 방송 사업을 규제하는 통신미디어청(Australian Communications & Media AuthorICTy)과 공기업인 호주 우정(Australia Post)이 있으며 광대역통

신디지털경제부가 호주 우정의 주무 감독기관이다.

이처럼 C-P-N-D 기능을 통합하고 국가정보화를 기획하는 독임제 부처를 신설할 경우, ICT산업과 ICT 기반의 국가혁신에 국가경쟁력 강화의 최우선 순위를 부여하고 정보통신산업 정책을 강력하게 추진하는 효과를 거둘 수 있을 것이다. 현재 지식경제부에서 소프트웨어 산업이 주력 산업으로 인정받고 있지 못하고 있고, 문화체육관광부 역시도 디지털 콘텐츠를 중점으로 다루고 있지 않기 때문에 이들을 통합하여 전담부처에 융합하여 활성화시킬 수 있다. 정보혁신부 부서 조직은 다음 〈그림 7〉과 같이 나타낼 수 있다.

<그림 7> 방송통신위원회 중심의 (가칭)정보혁신부 조직

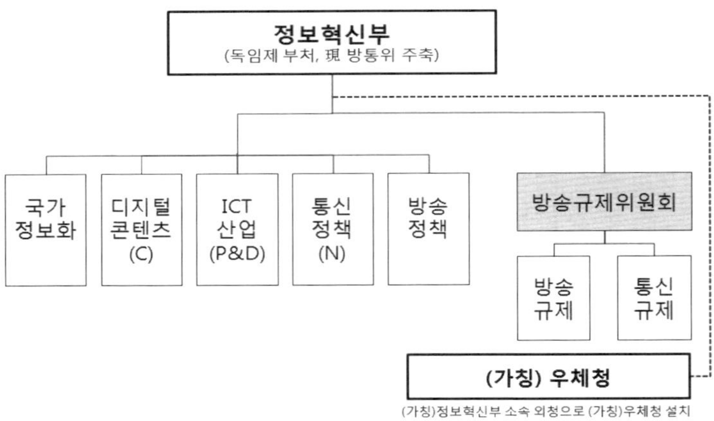

하지만 이처럼 방송분야를 하위의 규제위원회로 함께 갈 경우, 방송의 정치적 중립성에 정보통신정책이 매몰될 우려가 있다. 이명박정부에서도 방송통신위원회는 MBC사장선임과 종합편성채널(종편) 등 방송정책의 정치적 부담으로 인하여 통신정책을 제대로 시행하지 못하였다는 비판에 직면하고 있다. 따라서 방송과 통신 및 진흥과 규제를 분리시켜야 한다는 의견도 개진되고 있는 실정이다.

3. 문화체육관광부 중심의 ICT조직 개편(안)

문화체육관광부를 중심으로 ICT조직의 개편안을 마련할 경우, (가칭)정보통신매체부 또는 (가칭)문화정보통신부 등의 모습을 그려볼 수 있다. 이것은 앞에서 살펴본 (가칭)정보혁신부의 기능과 문화체육관광부의 미디어, 콘텐츠, 저작권기능을 통합한 것이다. (가칭)문화정보통신매체부는 출판저작물, 엔터테인먼트, 광고 분야의 콘텐츠 영역의 완벽히 통합하면서 C-P-N-D에서 우리나라가 취약한 콘텐츠 영역의 경쟁력을 높이는데 효과적인 조직일 수 있다.

이 경우, 문화산업의 핵심적 영역을 통합하고 저작권 규제기능을 관장하게 되면서 창조산업(Creative Industry)의 육성을 도모할 수 있다. K-pop, 드라마 영화 등 한류 콘텐츠의 글로벌 확산을 보다 효율적으로 추진할 수도 있다. 특히, 문화체육관광부 소관인 저작권 문제가 방송통신위원회의 규제 기능과 연계됨으로써 그 동안 콘텐츠 유통에 장해가 되었던 갈등 요소들을 없애고 원천 저작권의 중요성을 한층 더 강조하는 계기가 마련될 수 있다. 이와 같은 저작권을 총괄하는 행정기구가 설립됨으로써 향후 글로벌 시장 확대와 유통산업 발전에 크게 기여할 수 있다.

그러나 문화정보통신매체부가 관장하는 콘텐츠와 체육관광부(또는 예술체육관광부로 존치할 경우)가 관장하는 콘텐츠의 원천소스간의 관할권 갈등이 존재할 수 있다. 여전히 오프라인 중심인 신문, 잡지, 출판이 통합되면서 디지털 콘텐츠로의 전환을 억제할 수도 있다. 따라서 이 경우에는 기존의 오프라인 출판 및 문화 등과 디지털을 어떻게 분리시킬 것인가가 문제도 대두된다. 또한 전통적인 홍보 기능의 재배치 문제가 발생할 수 있다. 따라서 기본의 문화체육관광부 업무 전체와 통합되어야 하는데 이러한 이질적인 요소를 통합시키는 것이 합리적인지는 의문의 여지가 있다. 이러한 문화정보통신미디어부의 외국 사례는 찾기 어렵지만 실현 가능성은 없는 것만은 아니다.[8] (가칭)문화정보통신매체부는 다음 〈그림 8〉과 같이

8) 김형오 전 국회의장이 ICCT(Information, Communications and Contents Technology)를

나타낼 수 있다.

<그림 8> 문화체육관광부 중심의 ICT 조직

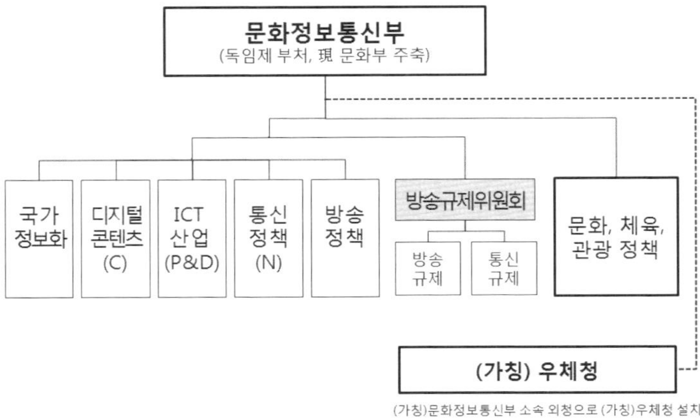

4. ICT콘트롤타워 수립 방안

ICT 전담 部가 신설된다 하더라도 정보화 등 ICT 관련 부처간 조정 수요가 발생할 수 있다. ICT 전담부의 소관일 수도 있고 타 부처의 소관일 수도 있는 사안이 늘상 발생할 것이고 ICT 전담부가 타 부처의 정책을 조정하는 데는 한계가 있다. 부처간 정책조정은 예산편성, 국무총리실과 대통령실의 정책조정과정, 국무회의, 차관회의, 관계장관회의 등의 통상적인 과정을 거칠 수도 있으나 ICT의 전문성을 확보한 부처 상위의 조정 기제를 둠으로써 상시적 사전적 정책조정의 효율성을 확보할 수 있다.

부처간 유기적 연계미비에 따른 ICT산업 활성화부진 문제를 해소하기 위해서는 크게 두 가지 방안을 고려해 볼 수 있을 것이다. 첫째는 정책조정을 위한 부처 상위의 기제로서 대통령실 수석비서관 직제를 두는 것이고, 둘째는 기존의 대통령 소속 국가정보화전략위원회를 활용하는 방안이다.

통합적으로 관장하는 독임제 部의 신설을 2010년 3월 이후 꾸준히 제기하고 있다(전자신문 2012.8.17, 9면).

1) 대통령실 수석비서관 신설

대통령실에 ICT를 담당하는 수석비서관을 두고 ICT 전문가를 임명하는 방안을 검토할 수 있다. 대통령실이 직접 챙겨야 할 수많은 국정 과제들 중에서 ICT와 정보화만을 담당하는 수석비서관을 둘 수 있을지 의문이 된다. 역대 대통령실에 ICT만 전담하는 수석비서관(차관급) 직위가 설치된 적은 없었고 노무현정부의 정보과학기술보좌관(차관급)과 이명박정부의 미래전략기획관(차관급 예우)가 있으나 임용된 인사는 모두 과학기술계 전문가였고 ICT 전문가로 알려진 인사는 없었다. 현재 대통령IT특보는 명예직이고 별도의 보좌조직과 인력이 없다.

따라서 ICT 전담 수석비서관은 실현 가능성이 크지 않다고 보며, 차선으로 과학기술을 함께 다루는 수석비서관(가칭 정보혁신과학수석비서관)을 두는 것을 고려해 볼 수 있다. 정보혁신과학수석하에 정보통신비서관, 혁신비서관, 과학기술비서관을 둘 수 있다(김동욱, 2012).

2) 국가정보화전략위원회 활용

2009년 4월 국가정보화기본법이 제정됨에 따라서 이명박정부는 국가정보화 추진체계로 대통령 소속 국가정보화전략위원회를 신설하였다. 국가정보화전략위원회는 국가정보화 추진과 관련된 사항을 심의하는 기관으로 정보화정책을 총괄하여 조정하면서 국가정보화 기본계획과 실행계획의 수립 및 이행관리, 그리고 부처간 이견 조정 등의 업무를 수행한다. 이를 위하여 각 부처의 시행계획을 사전에 검토하고 성과점검 등의 수단을 이용하여 실행계획의 이행을 관리한다.

국가정보화전략위원회는 2012년 1월에 국가정보화기본법시행령 제7조에 근거하여 부처간 정책의 연계와 조정 및 ICT 현안 해결을 위해 유관부처 중심으로 운영협의회를 구성하여 운영하고 있다. 이러한 운영협의회는 국가정보화전략위원회 민간위원장이 의장을 맡고, 대통령실 관계 수석비서관급(미래전략기획관)과, 행정안전부 제1차관, 지식경제부 제1차관, 문화체육관광부 제1차관, 방송통신위원회 상임위원들로 구성되어 범정부적인 ICT 정책의 실질적 조정기제로 작용할 수도 있다.

그러나 국가정보화의 각 사업별 소요재원이 주관부처를 중심으로 예산 당국과 협의하여 추진되기 때문에 전략위원회가 강력한 통제력을 행사할 수 없는 한계를 지니고 있다(정충식, 2010). 따라서 국가정보화전략위원회에 ICT 관련 예산 선심권한을 부여하여 성과관리와 연계시킨다면 ICT 분야에서 조정력을 확보할 수 있을 것이다. 이러한 개선방안에 기획재정부 예산실이 동의해야 한다는 장애물이 있지만, ICT 분야가 전체 예산에서 차지하는 비중과 전문성을 감안할 때 실현 가능성이 없지는 않을 것이다.

V. 맺 음 말

최근의 스마트 정보기술의 융합은 단순한 기술혁신을 넘어서 국가 경제사회 전반의 패러다임을 바꾸고 있다. 지금까지 기업간 경쟁에서 애플과 구글이 구현하는 생태계에 대한민국의 ICT 생태계가 경쟁하는 시대가 되었다. C-P-N-D를 유기적으로 연계하여 ICT산업 경쟁력을 제고하고 사회 각 부문에서 ICT 기반의 혁신의 분위기를 진작하는 것이 차기정부의 최우선 과제인 일자리 창출의 관건이다.

현재와 같은 분산된 ICT 정책체계로서 스마트 시대의 생태계 경쟁력을 확보하기 어렵고 따라서 ICT 생태계를 통합적으로 지원하는 집중형 정책체계를 모색하지 않을 수 없고 몇 가지 대안 중 '산업통신부', '정보혁신부' 및 '문화정보미디어부'를 신설하는 대안을 제시하였다. 이 가운데 '정보혁신부'는 방송통신위원회의 모든 기능, 지식경제부의 정보통신산업진흥과 소프트웨어, 연구개발 기능, 문화체육관광부의 디지털콘텐츠 기능, 행정안전부의 국가정보화 기획과 보안 기능을 통합적으로 수행한다. 정보혁신부 내부의 반독립적인 방송규제위원회는 방송사업자 인허가, 방송평가, 공영방송사 임원 선임 등의 기능을 수행한다. 우정사업본부는 정보혁신부 소속 우체청으로 승격되며 장기적으로 한국우체공사로의 전환을 준비한다.

이처럼 ICT를 전담하는 부처가 신설되기 위해서는 정부조직법 등 관련 수많은 법령이 제·개정되어야 하는데, 그 과정에서 유관 부처와 그 산하 공공기관 그리고 이해관계자들의 엄청난 저항과 반대 목소리가 있을 것으로 예상된다. 하지만 ICT산업이 향후 대한민국의 성장동력으로서 지속적으로 발전해 나가기 위해서는 이번 기회에 ICT 전담 부처가 신설되어야 할 것이다.

<참고문헌>

국가정보화전략위원회. (2011). 「국가정보화 거버넌스 개편 방안」. 2011년 12월.

김동욱. (2008). 「새 정부조직 설계」. 법문사. 2008년 2월.

———. (2012). 「정부 기능과 조직」. 법문사. 2012년 10월.

김사혁. (2009). "미국 오바마 차기정부의 ICT투자와 일자리 창출 정책 분석", 「정보통신정책」, 제21권 1호 통권 454호, pp.43-47.

김태은. (2009). "글로벌위기 대응을 위한 일본의 ICT전략", 「정브통신정책」 제21권 5호, 통권 458호, pp.59-63.

김현성. (2009). "유비쿼터스 시대에서 지역정보화의 딜레마와 전자정부서비스 활성화 방안", 「한국지역정보화학회지」, 제12권 제1호, pp.1C3-129, 한국지역정보화학회.

박상원, 박치성. (2009). "IPTV 정책형성 과정의 역동성에 관한 연구", 「한국정책학회 춘계학술대회논문집」, pp.511-536, 한국정책학회.

박상인. (2011). 「바람직한 방송통신 정책주관 정부조직에 관한 연구」 2011년 9월 28일.

삼성경제연구소. (2011). 위기 이후 세계 경제질서 변화와 대응. 2011년 3월 31일.

송희준. (2012). "ICT 생태계를 위한 공공 거버넌스 구축 전략", 「한국정책학회 하계학술대회논문집」.

유수근. (2008). "뉴 ICT전략 -새로운 ICT산업 비전과 발전 전략", 「2009 ICT산업 전망 컨퍼런스자료집」, 지식경제부.

정충식. (2009). “국가정보화 추진체계에 대한 비판적 검토”, 「한국지역정보화학회지」. 제12권 제4호, 한국지역정보화학회.

———. (2010). “정보통신산업 지원을 위한 정부조직 개편방안 : 정보통신산업 지원 기능의 재설계를 위한 논의”, 「한국사회와 행정연구」. 제21권 제3호, 서울행정학회.

———. (2012). “행정안전부의 조직 개편을 통한 국가정보화 정립방안 -정보화전략실의 기능 재편을 중심으로-”, 「한국정책학회 추계학술대회논문집」, pp. 417-440. 2012년 9월 15일. 서울: 한국정책학회.

지식경제부. (2008a). “지식·혁신주도형 산업강국 건설”, 지식경제부 2008년도 업무계획.

———. (2008b). “실물경제의 선제적 위기대응과 미래준비 전략”, 지식경제부 2009년도 업무계획.

———. (2011a). 2010년 지식경제부 백서

———. (2011b), “1조 달러 행정, 2조 달러 전략”, 지식경제부 2012년도 업무계획.

최천근. (2012). “우리나라 방송통신 융합산업 및 정책분석”, 「한국정책학회 하계학술대회논문집」.

한국행정연구원. (2011a). 「스마트시대에 적합한 ICT 거버넌스 연구」. 2011년 12월.

———. (2011b). 「글로벌 행정환경의 변화에 따른 미래 정부조직 재설계 연구」. 2011년 12월.

홍성걸. (2009). “이명박정부의 ICT정책 추진체계: ICT 컨트롤타워 설치 필요성”, 「정보화정책」 제16권 제4호. 서울: 한국정보화진흥원.

행정안전부. (2008). 「정부조직개편 백서」. 2008년 11월.

Cabinet Office. (2011). “Government ICT Strategy”.

Congressional Budget Office. (2009). “Estimated Macroeconomic Impacts of the American Recovery and Reinvestment”.

UnICTed Nations. (2010). “UnICTed Nations E-Government Survey 2010: Leveraging e-government at a time of financial and economic crisis.”

UnICTed Nations. (2012). “UnICTed Nations E-Government Survey 2012: e-government for the People.”

U. S. House of Representative. (2009). “American Recovery and Reinvestment.” CommICTtee on Appropriations.

WEF. (2007). “DigICTal Ecosystem Convergence between ICT, Telecoms, Media and Entertainment: Scenarios to 2015.”

제7장

대내외 에너지 환경변화와 산업 및 에너지 정책 거버넌스[1]

이 상 준(국민대학교 국제학부 교수)

Ⅰ. 서 론

에너지를 둘러싼 대내외 환경은 큰 변화를 겪고 있다. 화석연료 에너지 자원은 신흥시장 국가들의 빠른 성장에 따라 급속도로 고갈될 위기를 맞고 있다. 중국과 인도의 경제성장으로 석유 수요는 공급량을 추월하게 되고 석유가격은 계속 상승세를 이어갈 것으로 전망된다.[2] 현재의 생산 시스템과 소비 형태를 한꺼번에 바꾸는 일은 막대한 자본이 필요할 뿐 아니라 관련한 기술발전과 사회적 인식이 같이 수반되어야 하기에 생산과 소비는 점진적으로 변화될 수밖에 없을 것이다. 그렇기에 현재의 시스템을 유지하는 데 절대적으로 필요한 화석연료 에너지 자원을 확보하기 위한 자원개발 경쟁은 계속 치열해질 것이다.

석유가격 상승과, 자원고갈, 기후변화 등에 대응하기 위한 다양한 대체에너지 공급원에 대한 개발도 활성화되고 있다. 특히 기후변화에 대한

---

1) 본 논문의 초안은 2012년 9월 15일 한국정책학회 추계학술대회에서 발표되었다. 유익한 토론을 해 준 박상현(한국정보화진흥원) 박사에게 감사드린다.

2) EIA의 International Energy Outlook 2011은 2008년과 비교하여 2035년까지 세계 에너지 소비는 약 52% 증가하는데 OECD회원국은 18% 증가하는 반면 비OECD회원국은 85%가 증가할 것(reference case)으로 전망하고 있다. U.S. Energy Information Administration, 2011, International Energy Outlook 2011, p.1.

국제사회의 관심 증대와 관련 규범이 하나 둘 씩 정비되면서 이러한 노력은 가속화되고 있다. 지난 수십년 동안 대기 중 온실 가스 배출량은 크게 증가하였다. 물론 온실가스가 기후에 미치는 영향을 정확하게 파악하는 것이 불확실한 측면도 많지만 온실가스 배출 속도를 늦추는 것에는 국제사회가 어느 정도 합의를 하고 있다. 네이처 학술지에 보고된 과학자들의 분석은 현재와 같은 속도로 온실가스를 배출한다면 2500년까지 지구가 감당할 수 있는 온실가스 배출규모를 2050년이면 벌써 넘어서게 될 것으로 전망한다(Meinshausen et al., 2009, Allen et al., 2009). 이러한 종류의 연구결과들과 더불어 기상이변 등 기후변화의 징후들이 곳곳에서 관측됨에 따라 화석연료 에너지 사용에 대한 규제도 점차 커지고 있다. 1992년 리우회담 이후 지속 가능한 발전이라는 개념이 채택되면서 환경을 보존하면서 경제성장을 도모하는 노력이 가속화되었다. 1997년에는 탄소 에너지에서 발생시키는 온실가스 감축을 위한 교토의정서가 마련되었고 2012년에는 이를 다시 2020년까지 연장하는 합의가 진행되었다.

우리나라는 소득수준과 대비하여 에너지 집약도가 높은 국가이다. 에너지는 산업생산의 경쟁력을 확보하는 주요한 원천이다. 즉 우리나라는 산업생산과 관련하여 에너지를 소비하는 국가이다. 우리나라의 에너지 정책과 관련된 논의는 경제사회의 동력으로서 에너지를 확보하는 안보정책과 에너지를 사용하여 산업경쟁력, 국가 경쟁력을 확보해야 하는 산업정책, 화석연료 에너지와 원자력 에너지로부터 발생하는 환경문제를 해결해야 하는 환경정책으로 대별할 수 있다. 그러나 에너지는 민간 기업의 생산력을 결정한다는 점에서 시장에 의존하여야 하지만 식량, 환경, 보건과 더불어 대다수 국민들의 생활과 연관되어 있다는 점에서 공공재화의 성격도 가지고 있다.

그래서 에너지 안보는 석유의 안정적인 확보에만 국한된 개념에서 벗어나 모든 에너지의 생산 및 소비에 대한 새로운 시각을 담고 있어야 한다. 실제 화석연료가 뿜어내는 온실가스로 인한 기후변화는 이상기후의 원인이 되고 국지적 혹은 전 지구적 식량부족을 야기할 수 있다. 식량부족으로 인한 테러의 확산과 재해를 피해 이웃 국가로 이동하는 기후난민들은 국경분쟁과 국지전의 원인이 될 수도 있다. 그래서 기후정책은 안보정책일 수밖에 없다.

한편 화석연료(fossil fuel) 에너지와 달리 신재생에너지는 그 종류가 다양할 뿐만 아니라 또 어느 범위까지를 신재생에너지로 볼 것이냐에 따라 나라마다 다르게 정의하고 있을 정도로 다양한 정책적 수요와 연관되어 있다. 신재생에너지는 세계적으로는 '재생가능에너지'(renewable energy)라는 개념이 가장 보편적으로 사용되고 있는데 기존의 석탄이나 석유 같은 화석연료는 한 번 사용하고 나면 고갈되는 데 반해 태양, 풍력, 수력, 바이오, 지열 같은 재생 가능 에너지는 고갈되지 않고 끊임없이 사용할 수 있다는 특징을 가지고 있다. 신재생에너지는 에너지의 집적, 운송, 소비까지 일련의 과정에서 새로운 기술과 산업의 출현이 필요하고 그래서 기존의 유틸리티 산업과 신성장 동력산업을 아우르는 산업정책이 필요하다.

에너지정책을 둘러싼 대내외 환경은 기후변화에 대한 국제사회의 관심 고조와 이에 대응하기 위한 신재생에너지 개발로 인한 에너지 믹스에 대한 변화가 같이 맞물리면서 불확실성이 크게 증가하고 있다. 프스트 교토의정서, 지속 가능한 생산과 소비, 원전 안전성, 에너지 효율적 사용, 개도국의 온실가스 감축과 기후변화 적응을 지원하기 위해 연간 1000억 달러 규모로 GCF(Green Climate Fund) 조성 등 에너지 산업의 생태계에 큰 변화를 줄 수 있는 다양한 대내외 에너지 정책의 환경 변화가 현재 진행되고 있다는 점에서 효과적이고 효율적인 에너지 정책 거버넌스에 대한 논의는 안보정책, 에너지 정책, 산업정책, 환경정책을 포괄적으로 고려하는 가운데 진행되어야 할 것이다.

본 논문은 에너지 대외환경변화와 수반하여 새로운 정책 패러다임의 대두, 현재의 에너지 정책 관련 정부조직의 문제점, 바람직한 거버넌스 대안 및 그 대안별 특징 및 장단점을 비교하는 순으로 기술되었다.

Ⅱ. 에너지의 대내외 환경변화와 새로운 정책 패러다임 대두

1. 대내외 에너지 환경의 변화

1) 에너지 위기와 에너지 안보의 중요성 부각

화석연료 에너지 자원 수급은 커다란 변화를 맞이하고 있다. 중국, 인도의 급격한 산업화와 경제성장으로 화석연료의 소비는 크게 증가하고 있으며 또 다른 한편으로 후쿠시마 원전사태 이후 핵에너지의 안전성 논란도 커지고 있다. 이러한 상황에서 합리적이고 수용 가능한 가격수준에서 산업생산에 가용한 자원을 확보하는 에너지 안보는 자원에 대한 의존율이 높은 한국경제의 사활을 결정한다.

먼저 예측 가능한 미래의 에너지 수요를 살펴보면, 에너지 수요 증가의 상당 부분은 개도국의 경제성장 및 인구증가에 따른 것이다. 미국의 EIA는 2035년까지 OECD회원국의 에너지 수요는 크게 증가하지 않지만 중국과 인도를 필두로 비OECD국가의 에너지 수요는 크게 증가할 것으로 전망하고 있다. 또 Exxon Mobil의 통계에서도 중국과 인도 등 개도국의 에너지 수요는 2040년까지 60% 이상 증가할 것이라고 전망된다(〈그림 1〉 참조). 현재의 소비수준에서 수요가 증가하지 않는다고 가정하더라도 석유는 가채 연수가 49년에 불과한 실정이다. 천연가스는 이보다 더 오랫동안 사용할 수 있고 온실가스 배출도 적어 산업활동에서 석유와 석탄의 상당 부분을 대체할 수 있다는 장점이 있지만 현재 수송부문 에너지 소비의 90%를 석유가 차지하고 있다는 점에서 천연가스가 교통운송 시스템을 유지하는 데 당장 큰 도움이 되지 못하고 있다. 한편 석탄은 가채연수가 176년이지만 탄소배출로 문제가 된다(〈표 1〉 참조).

<그림 1> 2040년까지 에너지 소비(단위: Quadrillion BTUs[3])

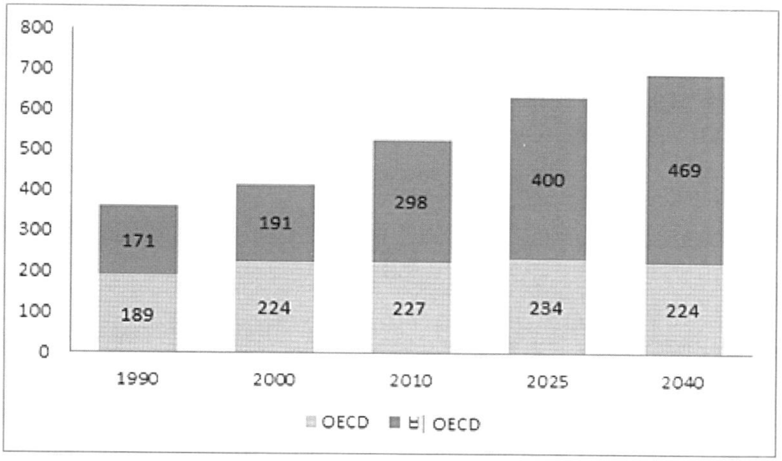

자료: Exxon Mobil(2012), The Outlook for Energy: A View to 2040, p.49

에너지 안보를 위협하는 것은 세계적으로 에너지 수요가 급격하게 증가하는 것에만 있지 않다. 기존의 매장지들이 고갈되면서 오늘날 상당량의 석유와 가스는 보다 개발이 어려운 지역으로부터 공급되고 있다. 열대성 사이클론이 발생하는 멕시코만 등 자연재해가 빈번한 지역과 극지방, 심해유전 등 자원개발 여건이 열악한 지역에서 에너지 공급이 이루어지면서 에너지 수급은 큰 타격을 받을 수 있고 그 결과 에너지 수급안보는 에너지 정책에도 큰 영향을 끼치고 있다. 이뿐만 아니라 석유를 생산하는 대다수 국가들이 지정학적으로 불안정한 중동 및 아프리카 지역에 위치하고 있다는 점도 에너지 공급의 불안요인이 되고 있다. 비록 2003년 발발한 이라크 전쟁은 종결되었지만 이란 핵개발, 나이지리아 반군활동 등 지정학적 불안을 가중시키는 많은 원인들은 여전히 계속되고 있다. 또한 CIS 지역 자원부국들도 권위주의 체제 국가들이기에 지정학적 위험과 정치적 혼란에 의하여 에너지 공급에 영향을 끼칠 수 있다.

3) BTU: 영국열량단위(British Thermal Unit)로서 1파운드의 물을 화씨 60에서 61도로 올리는데 소요되는 열량을 의미한다. 1BTU는 0.252Kcal이다. 홍욱희 역(댄소니 기든슨 저), 2009, 기후변화의 정치학, 64쪽.

<표 1> 석유, 가스, 석탄 매장량 및 가채연수

	매장량			현재 생산기준 가채연수		
	확인매장량	자원	잠재	확인	자원	잠재
석유 (bn barrels)						
전통	1333	1351	3322	43	44	108
비전통	143	150	6829	5	5	223
석유총계	1476	1500	10151	48	49	331
가스 (bn barrels of oil equivalent)						
전통	942	942	1759	53	53	98
비전통	200	1007	5716	11	56	320
가스 총계	1142	1949	7475	64	109	418
석탄l (bn tonnes)	826			176		

자료: HSBC(2011) Energy in 2050, p.14.

화석연료 자원을 전적으로 해외에서 수입해야 하는 우리나라는 안정적인 에너지 수급이 국가의 사활을 결정할 수 있다. 따라서 정부의 에너지 정책은 안보, 경쟁력, 환경을 포함하는 중층적이면서도 다면적인 정책 수요를 반영하여야 할 것이다.

2) 기후변화 협약과 신재생에너지 개발 가속화

기후변화와 에너지 위기를 극복하기 위하여 태양광, 풍력, 지열, 수력, 조력, 파력 등의 재생 에너지와 바이오매스, 수소에너지 등 신에너지는 국제사회가 가장 관심을 기울이고 있는 청정에너지원이다. 세계 자원시장에서 신재생에너지의 규모는 계속 증가하였다. 저탄소 경제를 위한 신재생에너지 개발과 관련된 대외환경은 주로 국제사회의 규범에 의하여 결정된다. 또한 이러한 규범은 국제기후변화체제에 대한 세계 각국의 입장이 투영되어 있다. 2011년 말 포스트 교토의정서 체제, 즉 2012년 이후 국제기후변화체제를 논의하기 위한 제17차 유엔기후변화협약 당사국 총회(Conference of the Parties 17)가 남아공 더반에서 개최되었다. 그 동안 교토의정서 불참국인 미국, 중국, 인도, 그리고 2013년 이후 교토의정서 불참가능성을 열어둔 일본, 캐나다, 러시아의 온실가스배출량이 전 세계 총량의 60%에 이르고 있다[4]는 점에서 2013년 이후 교토의정서가 온실가스 감축 메커니즘으로서 유명무실해질 수 있는 가능성도 없지 않았지만 제17차 당사국 총회에서 모든 국가가 참여하는 새로운 기후체제의 2020년 출범을 합의하였다.

2012년 6월에는 유엔 회의 '리우 플러스 20'이 개최되는 등 새로운 기후변화협의 체제에 대한 논의가 활발하게 진행되고 있다. 녹색성장은 더 이상 규제라기보다는 조건이라고 할 수 있으며 온실가스 배출에 대한 탄소세 부과를 포함한 녹색 보호주의는 점차 강화되고 있다. 특히 미국, 중국, 인도 등의 입장변화에 따라 강력한 온실가스 방지체제도 가능하다는 점에서 산업 부문별 또는 제품·설비에 대한 온실가스 감축 활동에 대한 요구가 강화되는 추세는 당분간 지속될 것이다.

세계 각국은 온실가스 감축과 탄소배출권 거래제의 도입을 기회로 자국이 가지고 있는 산업 및 환경적 특성에 따라 축적한 지식과 경쟁력을 신재생에너지 산업의 활성화로 연결시켜 글로벌 금융위기 이후 변화하는 신경제질서에서 주도권을 잡으려는 노력을 기울이고 있다. 미국은 2025년까지 신재생에너지의 보급을 25%까지 늘리고 이를 위하여 1,500억불을 투자하여 500만개의 일자리를 창출하는 것을 목표로 그린 뉴딜 정책을 발표하였다. EU역시 2020년까지 신재생에너지의 보급을 20%까지 늘릴 계획을 가지고 있으며, 중국은 4%까지 확대하기 위하여 800억불까지 투자할 계획이다(국민포럼 2009).

---

4) 2011년 온실가스 배출량은 중국이 9,700백만톤으로 1위이고 미국 5,420백만톤, 인도 1,970백만톤, 러시아 1,830백만톤, 일본1,240백만톤, 독일 810백만톤, 한국 610백만톤, 캐나다 560백만 순이다. Olivier et al., (2012), p.29 참조.

우리나라는 1997년 이후 감소하였지만 에너지 다소비형 산업이 발달한 산업구조의 특징으로 인하여 에너지 원단위(energy intensity)는 OECD 국가 중에서 6번째로 여전히 높다(OECD 2012, p.9). 또한 2009년에 수입한 에너지가 전체 1차 에너지 공급량(primary energy supply)의 86%를 차지하고 있다는 점에서 신재생에너지 개발을 통한 녹색성장 전략은 막대한 투자를 전제로 한다. 이러한 정책 목표를 효과적으로 달성하기 위해서는 기술개발, 금융지원, 환경 규범 등을 전반적으로 고려하는 정책적인 지원이 필요하다.

3) 산업 및 에너지 융합화: 전력생산 및 에너지 사용 효율화

가까운 미래사회에서 사용되는 에너지 형태는 주로 전기가 될 것으로 전망되고 있다. 따라서 전력생산과 생산된 전력의 효과적인 저장장치, 효율적인 사용이 요구된다. 우리나라는 전체 전력생산에 있어 천연가스 발전량이 증가하고 있지만 그 점유율은 2007년 17%에서 2035년 18%로 변화가 미미할 것이며, 각각 43% 및 34%를 점유하고 있는 석탄과 원자력 발전이 2035년에도 여전히 합계 78% 정도의 높은 점유율을 유지할 것으로 전망된다. 최대 전력생산 규모는 2030년 최대 110,000MW 정도이며, 전기자동차가 널리 보급된다면 140,000MW 정도 전력생산이 필요할 것으로 전망된다. 2010년 전력생산 규모가 약 68,000MW라는 점을 감안한다면 이는 1.8-2.4배에 달하는 전력생산이 추가적으로 필요하다는 것을 의미한다.[5] 하지만 우리나라에 추가적으로 원전을 건설할 수 있는 공간은 최대

---

5) 한국개발연구원(KDI)이 발표한 보고서에 따르면 2006년 정부가 발표한 제3차 전력수급기본계획(2006-2020년)은 2006-2011년 연평균 전력수요 증가율이 2.4%인 것으로 추정했다. 그러나 실제 증가율은 그 두 배인 4.8%에 달했다. 당시 계획에서는 2011년 최대 전력수요를 6594만KW로 잡았으나 작년 최대 수요는 7313만KW였다. 이것은 2020년 예측량 7180만KW보다도 많은 것이다. 더군다나 제3차 수급계획상 2010-2013년 건설 예정인 민간발전설비의 82%(4650MW)가 취소 또는 6개월 이상 지연되고 있다. 보고서에서는 적극적인 수요관리 정책이 없다면 2015년까지 설비예비율이 6.6% 이하로 유지되고 그 이후에도 설비부족에 따른 문제가 지속될 것으로 전망하고 있다.

2곳 정도이고 2011년 후쿠시마 원전사고 이후 사회적 저항으로 새로운 원전의 건설도 쉽지 않은 상황이다.[6)] 따라서 '블랙아웃'으로 산업현장이 마비되는 상황을 피하기 위해서는 전력생산을 늘리기 위한 조치들로서 원전 건설 및 신재생에너지 개발이 동시에 추진될 수밖에 없는 제약이 놓이게 된다.

이러한 노력에 병행하여 전기를 자유롭게 저장할 수 없었던 상황을 개선하기 위하여 울트라 캐퍼시티(Ultra Capacity),[7)] 초전도 플라이휠(Fly-wheel)[8)] 등 전력 저장 장치에 대한 노력도 개선되어야 할 것이다. 신재생에너지 가운데 풍력 및 태양광의 경우 전력생산이 기후변화에 따라 급변하는 단점을 보유하고 있으며 이를 해결하기 위해서는 발전 능력과 소비수요간 완충장치 역할이 가능한 전력저장장치 도입이 필요하다. 신재생에너지 의무할당제(Renewable Portfolio Standards, RPS)를 시행할 경우 특히 대용량 전기저장장치는 필수적이다. 에너지 저장을 통한 전력 효율 극대화는 공급자와 소비자가 정보를 교환하여 에너지 효율을 최적화하는 스마트 그리드(Smart Grid, 지능형 전력망)의 핵심 요소이기도 하다.

전력산업과 IT기술을 결합하여 안정적이고 고효율의 지능화된 전력망을 구축하는 스마트 그리드는 전력 수급 상황에 따라 전기요금을 차등 적용하여 전기요금이 낮은 시간대로 사용자들의 전력 수요를 분산시킬 수 있어 에너지 효율을 높일 수 있고 전력변환장치를 통해 신재생에너지의 효율성을 극대화한다. 국제에너지기구(IEA)는 2030년까지 스마트 그리드 관련 글로벌 시장 규모는 2조9천억 달러에 이를 것으로 예상하고 있고, 한전(KDN)은 2010년 1340억에서 2030년 8700억 달러로 스마트 그리드 시장이 성장 할 것으로 전망한다. 스마트 그리드는 신재생에너지 사용기회를 확대하고 전기자동차의 인프라를 제공하고 이를 통해 새로운 서비스를 창

---

6) 향후 안정적 전력수급을 위해 2020년까지 계획돼 있는 10기(1만2800MW)의 원자력 발전소는 원자력에 대한 안전규제 기능 강화와 병행해서 추진될 필요가 있을 것이다.
7) 미래형 자동차 및 산업 전력시스템에 적용되는 차세대 핵심 에너지 저장장치.
8) 여분의 전기에너지를 회전자의 회전에너지로 저장하는 기술로 초전도체를 이용하여 회전자를 부상시키고 마찰을 없애 변환효율이 97%에 이름.

출할 수 있을 것이다.

<그림 2> 에너지와 산업의 융합화

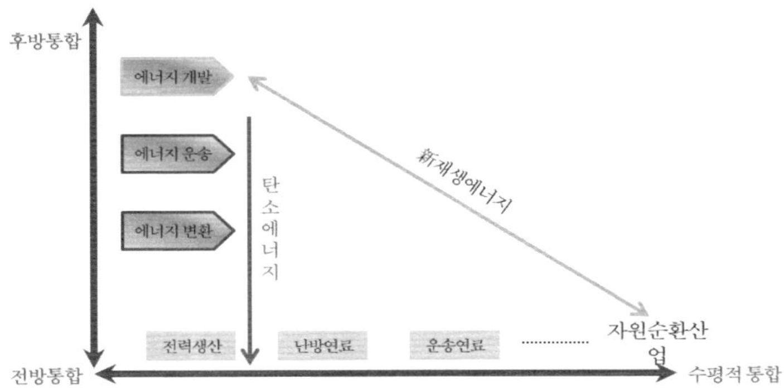

2. 에너지 정책의 변화 필요성

1) 정책공조

예측 가능한 미래까지 화석연료 에너지는 주된 에너지 원천이 될 것이다. 해외에서 자원을 대부분 수입해야 하는 우리입장에서는 해외자원 개발협력 강화는 필수적이다. 화석연료 에너지 자원이 많고 수출 여력이 많은 국가들은 중동·아프리카·CIS 국가들로서 이 지역의 국가들은 지정학적 불안요소를 안고 있으며 대내적으로는 권위주의 정권에 의하여 국가가 통치되면서 체제 불안요소도 함께 지니고 있다. 과거 부존자원이 많았던 국가들이 '자원의 저주' 현상에 따라 경제와 사회발전이 뒤처지는 경험을 하였던 것과 달리 2000년대 들어서면서 자원부국들은 눈에 띄게 경제성장을 이루었다. 물론 최근까지 급격하게 치솟은 자원가격 상승으로 인한 것이다. 하지만 더욱 중요한 것은 정보와 교류가 폐쇄적이었던 과거와 달리 국내외적인 이목이 자원개발 이익이 어떤 식으로 사용되고 있는지에 집중됨에 따라 그 어느 때보다도 자원개발이익을 사회경제 발전을 위하여 사용해야 하는 압력이 증가함에 따라[9] 권위주의 국가의 통치자는 자신의 지배력을 강화하면서도 동시에 낙후된 자국의 사회경제발전에도 관심을 기울이고 있다.

현재 해외자원개발과 관련된 주요 광구는 메이저 글로벌 기업들에게 개발권이 주어진 상태이고 개발되지 않았지만 매장량이 크고 개발 수익성이 클 수 있는 광구들도 이들 메이저 기업들이 취득할 가능성이 큰 상태이다. 거대한 석유 및 천연가스 기업에 비하여 한국석유공사와 한국가스공사는 작은 기업에 불과한 실정이다. 규모와 자금에 있어 경쟁력이 떨어지는 현실에서 우리 기업들이 해외자원개발에 성공할 수 있는 조건은 자원개발과 그 이익을 가져간다는 인상보다는 개발협력을 하면서 서로에게 이익을 주는 국가라는 이미지와 실천력을 제공하는 것이다. 권위주의 국가의 지도자들이 실패한 지도자로 남기보다는 성공한 지도자로 역사에 남고자 한다는 점에서 개발협력과 자원개발은 동시적으로 진행되어야 할 것이다.

한편 신재생에너지 산업 육성은 에너지 대외의존도를 해소할 수 있는 가장 좋은 대안이면서 동시에 온실가스 배출 등 환경문제에 대한 국제사회의 압력에 대처하는 중요한 수단이다.[10] 또한 유틸리티 산업과 융합되어 전통 에너지 산업보다 2-3배의 고용창출 효과를 기대할 수 있다. 뿐만 아니라 전 세계적으로 2004년부터 2010년까지 연평균 32%의 고도성장을 기록하였고, 향후 10년간 평균 15%내외 성장이 전망되는 신성장 동력산업이기도 하다. 따라서 신재생에너지 분야는 산업정책, 금융정책, 환경정책, 지역균형발전 정책 등이 서로 연관되어 정책 공조가 필요하고 정책지원의 효과도 다원적으로 나타난다.

---

9) 쟈스민 혁명이 대표적인 예이다.

10) 우리나라는 EU, 일본 등 전통적인 신재생에너지 강국과 비교하여 신재생에너지의 보급률이 낮은 실정이다. 뿐만 아니라 에너지 소비가 급격하게 증가하고 있는 중국, 인도 역시 신재생에너지 분야에서 급부상하고 있다. 중국은 태양전지시장에서 28%의 점유로 세계 3위를 차지하고 있고 인도의 Suzlon은 세계 6대 풍력 메이저로서 세계시장 점유율이 7%에 달한다. 노상양, 신재생에너지 보급 및 산업육성 시책 참조.

신재생에너지는 태양광, 풍력, 연료전지, 지열, 바이오매스 등 에너지 원천별로 기반기술, 경제성, 산업 여건이 차이를 가진다. 신재생에너지 산업이 산업 생태계를 형성할 수 있기 위해서는 산업기반 조성과 개발된 신재생에너지가 보급될 수 있도록 정부의 지원이 필요하다. 예를 들어 반도체가 가지는 광전효과를 이용하여 태양빛의 에너지를 직접 전기에너지로 변화하는 발전 시스템인 태양광 산업의 가치사슬은 폴리실리콘, 잉곳 및 웨이퍼, 태양전지, 모듈, 발전 시스템 사업으로 분류된다. 폴리실리콘 및 태양광 발전 부품소재의 수급상황과 태양전지 및 모듈의 가격 하락을 고려해 본다면 태양광 발전 단가가 화석연료 발전 단가와 같아지는 시기인 그리드 패리티(Grid Parity)[11]는 2015-2020년 사이일 것으로 추정된다(한국에너지자원기술기획평가원, 2009, p.8). 이는 다른 의미에서 당분간 태양광 발전이 높은 발전단가로 인해 경제성이 아직은 취약하다는 것을 의미한다. 현재 각국 정부는 태양광의 초기 시장 형성 및 보급을 위하여 발전차액지원제도(FiT: Feed-in-Tariff)를 운영하였다. 우리나라 역시 2002년부터 FiT를 통하여 태양광 산업의 초기형성을 지원하였다(이민식, 2009, p.59). 그리고 올해부터는 신재생에너지 의무할당제를 도입하여 총 발전량의 일정비율을 신재생에너지로 의무화하기로 하였다. 즉 태양광 에너지 관련 산업의 기술개발, 인증 및 상용 보급을 위해서는 정부부처의 정책 공조가 전제되어야 한다.

11) 유가가 오를수록, 태양전지 모듈 가격이 내려갈수록 그리드 패리티 도달 시점은 빨라짐.

<그림 3> 신재생에너지 산업정책의 협력 거버넌스

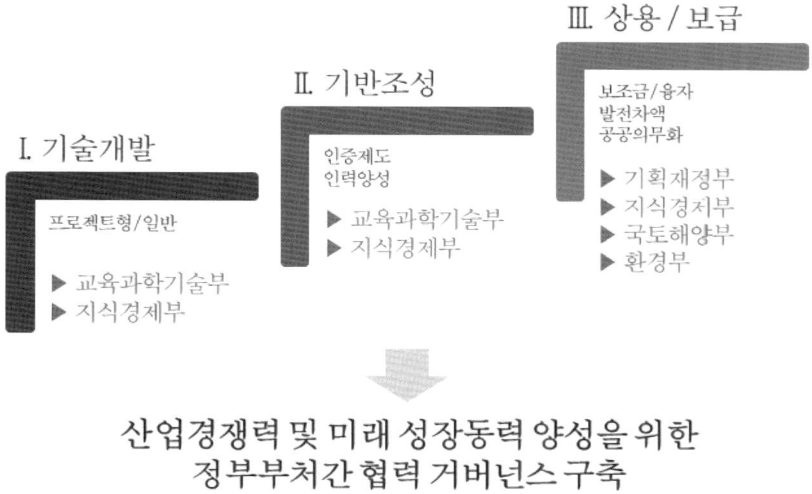

독일 등 신재생에너지 분야에서 앞서가고 있는 국가들의 사례는 중공업, 화학, 반도체 등 주력산업의 경쟁력이 바탕이 되어 태양광, 풍력 등에서 경쟁력을 확보하고 있음을 보여주고 있다. 주력산업의 녹색전환은 정부가 지속적인 인센티브를 제공하여 신재생에너지 초기시장을 만들려고 노력한 결과이다. 유럽의 각국은 초기 가동 5-6년간 발전차액을 통하여 신재생에너지 산업의 발전을 촉진하였다(김동열, 2009, p.7). 뿐만 아니라 국가는 기업들이 공동 연구개발 사업을 통하여 산업 내 시너지 효과가 제고될 수 있는 산업 생태계를 구축을 지원하였다. 따라서 서로 연관된 기업에 대한 세제지원, 금융지원, 행정 간소화 등 정책수립이 동시적으로 선행되면서 기술적 진보, 환경규제 및 화석연료의 가격 등이 연계되어야 신재생에너지 분야가 활성화될 수 있다.

2) 생산, 소비, 혁신의 통합 정책

기후변화에 대응을 위하여 국제사회가 합의한 온실가스 감소는 세계 에너지 시장의 판도를 바꾸는 계기인데 세계 각국은 광범위한 신재생에너지 산업에서 선택과 집중, 차별화된 전략을 통해 새로운 에너지시장을 선점하기 위하여 노력하고 있다. 신재생에너지 가운데 현재 가장 주목받고 있는 풍력과 태양광의 경우 전력생산이 지역별 기후편차에 따라 차이를 보이고 생산도 급변할 수 있다는 단점을 가지고 있다. 이러한 난점을 극복하고 발전 능력과 소비 수요 사이의 완충장치 역할을 할 전력 저장장치를 포함한 관련 산업이 새로운 성장 동력으로 기능하도록 만들기 위해서는 국가차원의 인프라 형성을 통해 새로운 에너지 시스템을 구축하는 것이 바람직하다.

현대화된 전력기술과 정보통신기술의 융복합화를 통한 차세대 전력시스템 및 관리체계인 스마트 그리드는 수요자와 전력 공급자간에 실시간으로 정보를 교환하여 에너지 효율을 최적화한다. 스마트 그리드는 에너지, 정보통신, 가전, 건설, 자동차 등 전통적인 주력산업 및 유틸리티 산업과 ICT 등의 기술응용이 많은 이종업체간의 제휴와 협력의 개방형 전력시스템이다. 스마트 그리드는 광역 상황인식,[12] 수요반응(DR), 전력저장, 전력수송, 첨단 계량인프라(AMI), 배전망 관리 등 6가지 응용 서비스를 제공하여야 시스템의 효율성이 커질 수 있다(박창민 & 조평동, 2011, pp.76-77).

12) 상호 연결망과 광역에 걸쳐 전력계통 구성요소들과 성능을 실시간 모니터링하는 서비스로 정전 발생에 대비하여 사전 문제점 예견 및 방지와 대응을 위한 방안을 제공.

<그림 4> 스마트 그리드의 적용 산업 및 신사업 영역

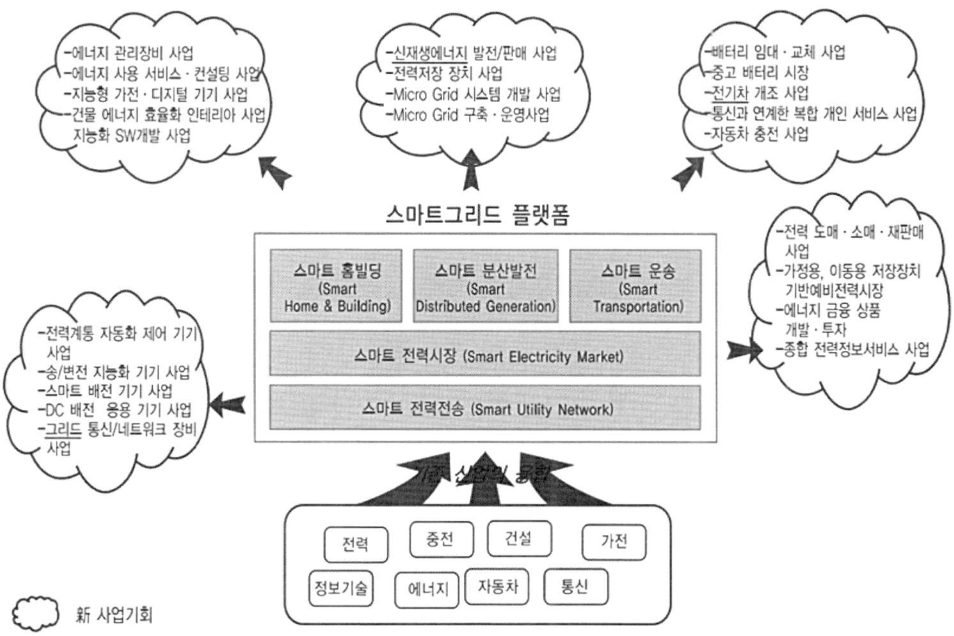

자료: 박종배, 2009, p.19

스마트 그리드는 전기자동차, 신재생에너지, 스마트 기기 산업의 필수 인프라로서 신성장 동력으로서 기능하기 위해서는 스마트 그리드 관련 법제정, 중복된 규제 정비, 보안문제 등을 위한 정책적인 지원과 범부처적인 조정이 필요하다. 또한 기술 표준화, 법제도, 투자지원 등을 통하여 기존의 주력산업과의 각종 쟁점을 해결하기 위한 정부의 선제적인 대응도 필요하다. 세계 각국이 이 분야에서도 세계 최고 수준의 에너지기술력 확보하려는 움직임을 고려할 때 이와 관련된 정책적인 지원이 필요한 상태이다.

녹색성장 관련 기술은 일정한 패턴을 통하여 발전양식을 따른 기존의 산업기술발전 양상과는 다르게 동시다발적이고 그 과정에서 부처간 경쟁에 따른 혼란과 통합적인 접근이 제약받을 수 있다(송위진 등, 2011). 그러므로 신재생, 보안문제, 자동차, 배터리 등 가치사슬에 따라 파생되는 다양한 분야에서 성장 동력을 확보하기 위해 기술 표준을 신속하게 결정하고 스마트 그리드의 확산 속도를 가속화할 수 있도록 정부 정책의 공조가 필요하다. 또한 전력망을 독점하고 있는 한국전력과 통신망을 독점하고 있는 통신기업간 협력이 절대적으로 필요하다는 점에서 양 산업의 독점적 공급업체 간 이해관계를 조정할 필요가 있다. 전력공급업체와 인프라로서 스마트 그리드가 일단 틀을 잡으면 정보의 양방향 통신과 관련된 IT 분야의 기술과 혁신의 경험, 관련 장비 업체의 참여가 가능할 것이다.

변화하는 에너지 환경과 현황을 지속적으로 모니터링하고 이를 통한 기회를 활용하기 위해서는 더욱 전략적인 혁신과 기술개발이 요구된다는 점을 감안한다면 개별기업이 관리하기에는 기술개발이 너무 복잡하므로 신재생에너지 관련 기업간 기술개발 파트너십이 더욱 필요해질 것이고 이를 위해서는 산업 생태계에 상응하는 정책지원이 필요하다. 이런 정책적인 지원은 반드시 재생에너지가 기존 에너지시스템에 연계될 수 있도록 마련되어야 할 것이다. 이를 통하여 제도적으로 재생에너지의 구입 및 판매를 보장하고, 발전차액지원제도를 통해 재생에너지 공급네트워크 구축에 소요되는 비용을 최소화하면서 신재생에너지 관련 인프라가 빠르게 구축될 수 있을 것이다. 재생에너지 산업형성의 주된 역할은 기업의 생산력 강화이며, 이를 위해 정부는 관련 분야 중소기업의 연구개발과 생산성 강화를 위한 낮은 금리의 융자 및 각종 지원금을 확대할 필요가 있다.

3) 환경 친화적 에너지 정책의 필요성

온실가스 최대 배출의 원인이 되고 있는 발전부문에서 원자력은 현재로서는 가장 현실적인 온실가스 저감 방안이며 일반적인 인식과 달리 안전성을 가지고 있다(한도희, 2012). 다만 후쿠시마 원전사태 이후 원전에 대한 위험성이 부각되며 원자력 발전에 대한 회의적인 시각이 지배적이었다. 후쿠시만 원전사태 이후 원자력발전소에 대한 안전설비 확충 및 상시적인 안전 점검 요구가 커지고 있다. 원전건설 비용도 최신 안전 설비들의 건설비용과 설계변경에 따른 공기 연장 등으로 급등하였다. 물론 화석연료 가격 상승과 온실가스 배출 비용을 계산할 경우 원전은 아직까지는 저렴한 수준이지만 환경단체 등 시민사회의 압력으로 일본·독일·스위스·이탈리아 등 일부 국가는 '탈원전'을 선택하였다.

후쿠시만 원전 사태는 포스트 교통의정서에도 영향을 끼쳤다. 상당수 국가들이 온실가스 배출 감소를 위하여 에너지 믹스에서 원전을 비중을 늘리려고 하였다가 계획을 취소하였거나 보류한 상태이다. 탈원전을 선언한 독일은 우리나라와 비슷하게 제조업을 중심으로 산업구조가 발전하였으며 EU 내에서 에너지를 가장 많이 소비한다. 독일은 70% 정도의 에너지를 해외에서 수입하고 있는데 1차 에너지 믹스(2010년 기준)에서 원자력(11%)은 석유(34%), 천연가스(22%), 석탄(12%), 갈탄(11%) 다음으로 높은 점유를 보이며 전력생산에서는 33.6%를 차지하였다는 것이다.[13] 장기적으로는 신재생에너지의 비중을 확대할 계획을 가지고 있지만 원전 가동을 중단한 결과 독일은 당장 10개 정도의 화력발전소를 추가적으로 건설해야 하는 상황에 처해있다.

최근 터키, 핀란드 등이 다시 원전 건설을 추진하고 있고 또 원전가동 중단을 선언하였던 일본도 원자력발전을 멈춘 다음 에너지 수입이 급격하게 늘면서 이례적으로 무역적자가 발생하였고 여름 전력난을 우려하면서 지난 6월 가동이 중단되었던 50기 원전 가운데 오이 2기를 다시 가동하기 시작하였다[14]는 점을 감안한다면 우리나라 역시 원전 자체의 가동 중단보다는 미국 등 여타 원자력 선진국들처럼 순환형 핵연료주기를 채택하고, 그 부산물인 장수명 고방사능 물질을 연소·소멸시킬 수 있는 고속로의 채택을 통하여 원전의 안전성을 높이는 기술개발에 적극 나설 필요가 있다.

13) 제베린 피셔 & 잔드라 베트게, 2011, p.3.
14) MBN 2012년 6월 16일 보도. 윤경준(2012)은 일본이 전체 에너지 믹스에서 원자력의 비중을 15% 내외로 유지할 가능성이 크다고 전망하였다.

더욱이 순환형 핵연료주기 기술의 보유 여부는 급팽창하고 있는 향후 해외 원전 시장에서 그 참여의 전제 조건으로 등장할 가능성도 크다(한도희, 2012, p.47).

원자력의 사례가 보여주듯이 에너지 관련 정책은 기술적인 문제 못지않게 사회적 수용 정도, 국내 정치 환경과 국제사회의 압력 등 기술외적인 문제에 의하여 제약되는 경우가 많다. 국제사회는 지속 가능한 발전을 위하여 2002년 세계 지속 가능발전 정상회의(WSSD 2002)에서 생태계가 지탱할 수 있는 범위 내에서 사회경제적 발전이 이루어질 수 있도록 10년 프레임(10-Year Framework of Program)의 초안을 마련하였다. 이 초안은 2021년까지 정부를 비롯한 각계각층의 이해관계자들이 지속 가능한 소비와 생산(SCP: Sustainable Consumption and Production)[15]을 가속화하기 위한 절차와 계획을 갖추도록 하고 있다. 또한 세계 각국의 경제와 산업분야는 자원, 물질 및 에너지 효율이 높은 기술을 채택하여 경제성장에 따른 자연자원 이용을 생태적 안전범위 내로 제한하도록 규정한다. 이러한 노력으로 광범위한 자연훼손과 자원 채취가 경제발전에 수반되지 않도록 환경과 발전의 연계성을 단절(decoupling)하는 것을 목표로 한다

따라서 에너지를 환경 친화적으로 방식으로 생산, 개발, 소비하기 위해서는 향후 기후변화협약의 준수 의무화에 따른 이산화탄소 배출량 저감 정책 추진 및 에너지의 안정적 공급 등의 정책 목표 달성을 위해 신재생에너지를 보급·확대시키고 저탄소형 산업구조로의 전환을 위한 정책적인 지원이 필요하다.

---

15) "서비스와 제품의 사용이 기본적 요구에 부응하고 생활의 질을 높이되 서비스와 제품의 전생애주기에 걸쳐 자연자원과 유해물질의 사용 및 폐기물과 오염물질의 배출을 줄이고 미래세대의 요구 충족이 위협받지 않도록 하는 활동" (Oslo symposium, 1994).

Ⅲ. 이명박정부의 에너지 정책 거버넌스 현황과 문제점

1. 해외 자원개발

해외자원개발은 이명박정부의 가장 중요한 국정과제였다. 그래서 해외자원 개발과 관련하여 국무총리실이 범정부적 에너지협력외교 총괄조정기능을 가지도록 하였고 에너지·자원 관련된 국내 현안을 조정토록 하였다. 외교통상부는 에너지협력외교와 관련된 대내외 협력 및 협상, 외교정책을 수립하는 역할을 맡았으며 지식경제부는 에너지·자원 부문의 양자협력을 강화하고 해외 석유 및 가스전, 광물자원의 개발 지원 등의 업무를 수행하게 되어 있었다(〈그림 5〉 및 〈표 2〉 참조).

이명박정부 출범 이래 해외자원 에너지 개발은 눈에 띄지 않은 몇 개의 성공사례와 눈에 띄는 실패사례로 많은 비난을 받고 있다(〈표 3〉 및 〈표 4〉 참조). 지난 2008년부터 한국석유공사는 〈GREAT KNOC 3020〉을 기치로 내걸고 올해 즉 2012년까지 하루 생산량 30만 배럴, 매장량 20억 배럴 확보를 목표로 하였는데 그 동안 대형 M&A 및 지분인수 등을 통하여 석유가스 자주개발율을 2008년 5.7%에서 2011년까지 13.7%로 2배 이상 증가시키는 실질적인 성과를 거두기도 하였다. 그러나 2005년 이후 실시한 48개 광구 가운데 실패가 확정된 광구는 15곳에 달하고 실패한 광구에 투자한 금액도 6,665억원에 달하였다. 이러한 이유로 해외자원개발은 "자원공기업의 무덤"이라는 평가를 받고 있는데 한국가스공사의 부채는 27조 9,666억, 한국석유공사는 20조 8,000억원을 기록하여 공공기관 가운데 부채가 많은 기업 2, 3위를 각각 기록하였다. 광물공사도 2008년부터 2011년까지 모두 20여 건의 MOU를 체결하였지만 성사가 된 것은 거의 없다.[16)]

16) 머니투데이, 해외자원개발, 에너지 공기업 무덤, 왜? 2012년 6월 17일.

<그림 5> 정부기관별 에너지 협력외교 역할분담체계

자료: 감사원, "감사결과보고서: 외교통상부 보도자료 배포 등에 대한 감사(국회 감사 요구사항)", 2012.01, p.3

<표 2> 에너지 협력외교 주요부처별 업무현황

부 처	실 · 국	관련업무
국무총리실	외교안보정책관실 개발협력정책관실	범정부적 에너지협력외교 총괄·조정 에너지 자원 관련 국내현안 조정
외교통상부	에너지자원대사 국제경제국 아프리카·중동국	에너지 협력외교 관련 대내외 협력 및 협상과 외교정책의 수립·시행 및 종합·조정 정보체제 구축관리 (조사 및 정보수집)
지식경제부	산업자원협력실 에너지지원실	에너지·자원 부분 양자 협력 강화 해외 석유가스전 및 광물자원 개발 지원 국내외 석유가스 및 광물자원에 관한 투자환경, 통계 등 정보의 수집분석 및 유통

자료: 상동

그러나 이러한 비난에 앞서 더욱 중요한 것은 자원개발 협력에 있어 우리 정부가 통제할 수 있는 것과 통제할 수 없는 것을 먼저 구분하고 통제가 가능한 부분에서 우리 정부의 운영상황과 개선점을 찾아보는 것이다. 하지만 씨앤케이(CNK) 주가조작 사건에 따른 감사원의 감사결과 국무총리실은 주의조치를 받았다. 국무총리실은 에너지 외교에 더 이상 직접 나서지 않기로 하였고 자원외교 목적의 차관급 이상 고위 순방단을 없애기로 하였다. 이러한 조치는 보여주기식 외교에서 벗어나 보다 실질적인 자원개발 협력이 가능하도록 업무가 추진되어야 한다는 것을 의미할 수 있다. 그래서 국무총리실은 감사원 조치에서 한발 더 나아가 사실상 자원외교에서 손을 떼고 외교통상부(대내외 협상·협력), 지식경제부(자원개발 지원·협력), 국토해양부(해외 건설사업·수주 지원) 등 자원외교 관련 정부부처와 자원개발 관련 공공기관 업무의 총괄 조정에 주력하는 방식으로 업무를 조정하였다.

이러한 업무조정만으로 해외자원개발과 관련된 성과를 개선하는 것에는 한계를 보인다. 앞서 언급한 대로 대다수 주요 광구들 가운데 수익성이 높거나 확인 매장량 등이 큰 지역은 이미 상당수 메이저 기업들이 혹은 해당국의 국영기업들이 차지하고 있기 때문이다. 그런 측면에서 장기적이면서도 지속적인 자원보유국과의 협력 체제를 만드는 것이 더욱 중요하다고 할 것이다.

<표 3> 에너지협력외교 주요 성과

<table>
<tr><th>구 분</th><th colspan="4">주요 성과</th></tr>
<tr><td rowspan="4">자주개발률 제고</td><td>구분</td><td>2007</td><td>2010</td><td>2012(목표)</td></tr>
<tr><td>석유·가스</td><td>4.2%</td><td>10.8%</td><td>20%</td></tr>
<tr><td>6대 전략광물(유연탄, 우라늄, 철광, 동, 아연, 니켈)</td><td>18.5%</td><td>27%</td><td>32%</td></tr>
<tr><td>新 전략광물(리튬, 희토류)</td><td>3%</td><td>8.5%</td><td>12%</td></tr>
<tr><td>미래 에너지·자원 확보를 위한 기반 구축</td><td colspan="4">▪ 정상급 외교를 통해 대형 유전개발 참여
- UAE 유전확보로 4% 이상 자주개발률 제고
- 「한·이라크 경제·에너지 협력 협정」 체결('11. 4월)로 이라크 진출 기반 확보
▪ 잠재력이 크고 유망한 탐사·개발·생산광구 확보
- 2008년 이후 265개 사업(석유가스 92, 광물 173)에 신규 진출</td></tr>
</table>

자료: 감사원, “감사결과보고서: 외교통상부 보도자료 배포 등에 대한 감사 (국회 감사 요구사항)”, 2012.01, p.6.

<표 4> 불발로 끝난 자원외교

연도	국가	MOU명	현황
2008	카자흐스탄	광물자원 개발협력	총리 순방으로 MOU 맺었으나 투자여건 조사 후 종료
	우즈베키스탄	광물자원 탐사협력	대통령 순방 때 탐사합의서 체결, 1단계 탐사 후 광황 불량으로 사업 종료
	페루	우라늄 공동탐사	APEC 정상회의 중 MOU 체결, 경제성 없어 2년 만에 사업 종료
2009	우즈베키스탄	알마릭 현대화사업	대통령 순방 때 MOU 체결, MOU 유효기간 1년 지나 종료
	카자흐스탄		대통령 순방 때 MOU 체결, 중국자본 이용한 카자흐 자체 개발 결정으로 사업 종료
2010	남아공	망간 공동개발	특사 파견으로 MOU 체결, 광황 불량과 개발권 취득 난항으로 종료
	나미비아	우라늄 공동개발	MOU 체결 7개월 만에 사업추진 잠정 중단
	볼리비아	동광 공동개발	MOU 체결 후 탐사 결과 광황 부족으로 사업 종료

자료: 감사원 "감사결과보고서: 외교통상부 보도자료 배포 등에 대한 감사 (국회 감사 요구사항)", 2012.01, p. 5.

2. 신재생에너지 개발 및 녹색성장

2008년 8월 15일 광복절 축사에서 이명박 대통령이 '저탄소 녹색성장'을 새로운 국가비전으로 제시하면서 녹색성장은 이명박정부의 가장 중요한 국정과제였다. 신재생에너지기술, 에너지 및 자원효율화 기술, 환경오염저감기술 등 녹색기술을 기반으로 한 녹색산업을 신성장동력으로 경제·산업 구조 및 삶의 양식을 저탄소·친환경으로 전환하여 전반적인 삶의 질을 향상시키는 국가발전 전략으로의 녹색성장 정책의 핵심 내용은 녹색성장위원회에서 2009년 7월 발표한 『녹색성장 국가전략』과 『녹색성장 5개년계획』에 포함되어 있다. 신성장동력을 포함하는 최상위 국가계획으로서 『녹색성장 국가전략』은 2050년까지의 장기비전을 제시하고 있으며 『녹색성장 5개년 계획』은 2013년까지의 중기계획을 담고 있다. 녹색성장 국가전략에서는 3대 전략, 기후변화 대응 및 에너지 자립, 신성장동력 창출, 삶의 질 개선과 국가위상 강화와 10대 정책방향을 제시하였다. 10대 정책방향은 다시 50대 실천과제로 구분되며 50대 실천과제는 다시 387대 세부실천과제로 구분되고 있다.[17] 부문 녹색성장 정책은 크게 에너지 정

17) 녹색성장위원회(2009) 녹색성장 국가전략 및 5개년계획.

책과 신성장동력 정책 두 부문으로 구분할 수 있다. 2010년 4월에는 『저탄소녹색성장 기본법』을 제정하였다. 지난 5년간 기후변화와 에너지 자립과 관련된 예산은 56조원으로 추정되고 있다.

양수길 녹색성장위원회 위원장은 녹색성장 전략의 실질적인 성과를 온실가스 감축 목표를 법적으로 명문화하여 '저탄소녹색성장기본법'이 제정되었고 또 적극적인 연구개발투자 확대와 27대 녹색기술 선정 및 집중적인 개발 등 투자여건이 조성되었다는 것을 지적하였다(양수길, 2012). 과거 고도 성장시대 정책과 비슷하게 우리나라의 녹색성장은 국가가 큰 밑그림을 그리고 이를 실현시키기 위하여 과감한 자금지원을 동원해 기업들의 참여를 촉구하는 톱다운 방식으로 진행되었다. 정부 주도의 개혁 드라이브 정책은 가시적인 성과를 보여주었다. 삼성전자와 LG전자는 2011년 친환경 발광다이오드(LED)를 TV 화면의 조명으로 사용하여 세계 LED TV 시장에서 합계 33% 점유율로 우리나라를 이 분야 최강국으로 만들었다. 대기업들이 생산하는 LED 소자 생산도 2010년 세계 2위를 기록했다. 친환경 엔진 개발에 나선 국내 대형 조선사들 역시 조선산업의 불황에도 세계 1위 자리를 놓치지 않고 있다. 세계 최대 선사인 덴마크 머스크가 최근 10년간 발주한 컨테이너선 207척 중 국내 업체가 121척을 수주했다. 삼성SDI와 LG화학 등 국내 기업들은 지난 2010년 세계 배터리 산업을 주도해왔던 일본을 제치고 미래도로를 달릴 전기자동차 배터리 시장에서 1위로 올라섰다.

그러나 녹색성장 전략과 관련된 문제는 다른 선진국에 비하여 뒤쳐진 녹색산업에서 가시적이면서도 빠른 성과를 내는 데 주력하다보니 대기업 위주의 정책이 되는 결과를 낳았다. 실제로 2011년 3·4분기 민간은행의 녹색대출 가운데 대기업 지원 비율은 57%로 전년 말 대비 16%포인트나 높다. 정부가 위험률 관리에 민감한 민간은행들에 녹색금융 지원을 대폭 확대할 것을 주문하다 보니 자금이 안정적인 대기업들에 쏠린 것이다. 반면 지난 2010년 4월 '녹색인증제' 도입 이후 지난 6월까지 녹색전문기업 인증 건수는 74건, 녹색사업은 19건에 그쳤다. 이렇다 보니 이명박정부 출범 이후 정책자금 중심으로 만들어놓은 5조원대 녹색기업 투자자금이 중소기업 및 벤처기업에 원활히 흘러들어가지 못한 채 묶여 있는 실정이 되었다.[18)]

우리나라 기업은 반도체와 조선 등 전통적인 제조업과 유틸리티 산업에서 축적된 기술과 IT분야의 기술기반을 활용한다면 녹색산업에서 선진국과의 격차를 빠르게 줄일 수 있을 것이다. 다만 녹색성장을 통한 경제성장이 지속화되기 위해서는 생산성 증대, 이를 위한 기술축적, 인력 양성, 효율적인 제도마련 및 정책개발이 필요하다는 점에서 정부 내 부처간 협력체제는 중요하다. 기후변화와 관련된 정책 집행은 환경부, 지식경제부, 국토해양부를 중심으로 수행되고 있다. 환경부는 기후변화 대응을 위한 환경보전의 주무부처로서 환경관련 규제업무들을 수행하고 있다. 지식경제부는 온실가스감축의 핵심영역인 에너지 정책의 주무부처로서 업무를 수행한다. 국토해양부는 교통, 주택, 도시 건설의 주무부처로서 기후변화와 관련된 다양한 정책들을 수행하고 있다. 이 외에도 산림청, 기상청, 교육과학기술부, 농림수산식품부, 농촌진흥청 등이 관련정책을 추진하고 있다. 또한 녹색성장의 컨트롤 타워로서 녹색성장위원회를 출범시켰으나 부처간 역할분담 및 정책조율에 문제점을 보여주었다.

정부부처간 통합적이고 유기적으로 연계된 녹색성장이 추진되었는지 녹색성장위원회가 실질적인 역할을 수행하였는지, 녹색성장 거버넌스 체계가 확립되었는지, 그로부터 국가 전체적으로 녹색성장 발전전략이 실효성이 있는 것인지에 대해서는 비판적인 시각이 더 많다. 녹색성장과 관련된 가장 날선 비판 가운데 하나는 우리나라의 녹색성장정책은 경제성장을 위해서라면 경우에 따라 반환경적인 측면도 그것이 크든 작든 경제성장 대비 상대적인 기준에 비춰 환경에 위해가 덜 간다면 환경훼손을 불사할 수 있다는 의미를 포함하고 있어 경우에 따라서는 유사(Pseudo) 혹은 위장(Disguised) 녹색성장정책이라는 것이다(유영성·임영광, 2010). 이러한 문제와

18) 파이낸셜 뉴스, '녹색성장 전략 1.0' 절반의 성공, 2012년 9월 2일.

관련하여 가장 큰 논란이 되었던 것은 4대강 사업이었다.

<그림 6> 녹색성장위원회

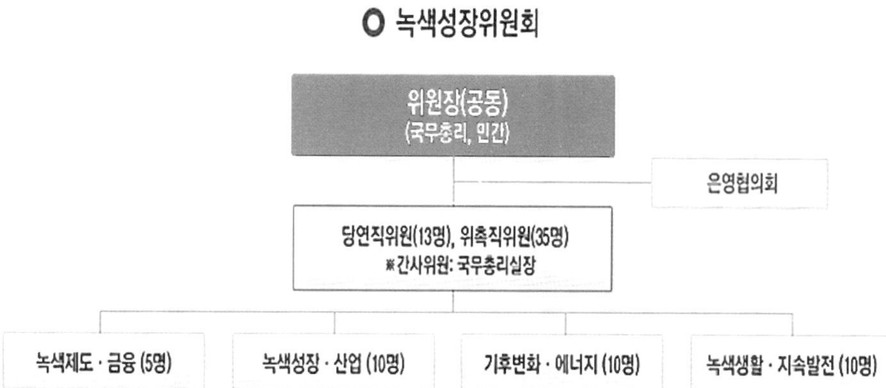

녹색 정책과 관련하여 나타난 거버넌스의 문제점은 첫째, 중앙정부의 녹색성장 정책의 개선방안으로 부처간 업무조율 및 전담기관의 권한이 취약하다. 둘째, 신재생에너지 정책이 수요중심과 녹색산업 진흥 차원에서 집행되지 못하고 여전히 신재생에너지 보급 확대와 에너지 수급문제에 국한되어 있다. 셋째, 녹색산업의 진흥 차원에서 총량제한 배출권 거래제도(cap and trade)를 도입하고 관련 시행령 등을 개정·보완하여야 한다. 또한 각 지역 에너지 자립 강화와 주민 참여를 통해서 추진되어야 할 신재생에너지 정책이 주민의 수요를 고려하는 수요중심의 접근이 아니라 물량위주의 공급 중심의 접근으로 인해서 에너지를 오히려 더 사용하게 하고, 불필요한 에너지를 생산하느라 비용을 증가시키고, 더 나아가 시설 설치 대상 지역의 자연환경을 훼손하는 경우도 있다고 지적한다(유영성·임영광, 2010; 천대윤, 2011). 그래서 차라리 환경부를 국토해양부에 통합시켜 적어도 환경을 보존하면서 국토 및 지역 개발을 진행하는 것이 낫겠다는 자조 섞인 비판도 존재한다.

환경부와 지식경제부는 녹색경영체제, 에너지경영체제, 녹색인증, 탄소라벨링, 녹색경영정보 공개제도 등을 공동으로 활성화하고 있지만 환경부가 온실가스감축, 기후변화 적응역량 강화를 정책과제, 지식경제부는 저탄소 녹색성장이라는 정책 수요에 대응하기 위하여 기후변화에 대응하는 산업 및 환경정책을 추진하는 특히 신재생에너지 관련 영역에서 명확하지 않은 역할 구분이 이루어지고 있지 않고 있다. 한편 녹색성장과 관련된 모든 부처들은 녹색성장 관련 업무를 기존의 업무에 더하져 수행하다보니 전문성의 문제는 차치하고 과도한 업무 부담으로 인하여 실질적인 정책개발과 집행이 제대로 이루어지 못한 점도 문제로 지적되었다.

Ⅳ. 차기 정부 거버넌스 개편 방향

1. 거버넌스 설계시 고려요소

1) 해외자원개발 및 에너지 수급안보

에너지 믹스에서 석유와 천연가스 등 화석연료의 비중이 당분간은 높을 수밖에 없는 현실에 더하여 에너지 대외의존도를 획기적으로 낮출 수 없다는 점에서 에너지 자원외교의 중요성은 계속될 수밖에 없을 것이다. 우리나라의 산업경쟁력뿐 아니라 국가의 사활이 걸린 상황에서 에너지자원의 확보를 시장의 논리에만 맡겨서는 안 될 것이다. 결국 국가적 차원에서 범 부처적인 노력이 필요하다. 따라서 차기정부에 있어서도 자원외교의 대상으로서 자원 보유국과의 긴밀한 협력은 불가피하다. 다만 현재와 같은 방식의 일시적인 협력관계 혹은 정상외교만으로 자원외교를 현실화하기는 어려울 것으로 보인다.

자원을 수출할 수 있는 여력을 가진 자원부국들은 정치적으로는 권위주의 성향을 가지고 있으며, 경제적으로는 개발도상국들이다. 이들 국가들은 자국의 국영기업을 통하여 자원개발을 통제하고 있으며 외국기업들이 개발에 참여할 수 있는 기회는 제한되어 있다. 현재까지 해외 에너지 개발은 성과보다는 실패가 더 많았다. 그 이유 가운데 하나는 자원부국들은 자원민족주의 기조하에 새로운 유망 매장지 개발을 독자적으로 진행하거나 혹은 에너지 시장을 지배하는 메이저 기업들이 다른 국가의 기업들을 통제하기 때문이다. 그 결과 보다 더 불확실성이 높은 프로젝트에만 우리나라의 자원개발 참여가 허용되고 있는 실정이다. 또한 에너지 시장의 과점적 구조에 대응하기 위하여 우리나라는 자원에너지 해외개발과 관련하여 공기업의 규모만 확대하는 정책에 치중하였다.

자원개발과 관련된 프로젝트가 장기에 걸쳐 진행되고 개발을 위한 노력의 결실이 상당기간이 지나서 확인되는 특징을 가진다는 측면에서 해외자원개발의 가능성은 여전히 남아 있다. 자원을 매개로 경제발전을 추구하는 자원부국의 개발의지와 우리의 해외자원개발 의지가 상호작용할 수 있는 장치와 제도 마련, 공공외교를 통한 한국이미지 제고 등을 통하여 우리나라와 자원부국간 협력의 질을 개선하는 노력에 의하여 에너지 자원개발의 협력 가능성은 여전히 열려 있다. 우리는 자원을 개발하여 수입하고 반대급부로 자원부국에 필요한 인프라 혹은 공장을 건설해 주는 등 복합적이고 다면적인 외교의 노력이 필요하다. 따라서 해외자원개발을 효과적으로 진행하기 위하여 범부처 차원의 중층적인 접근이 필요하다.

2) 신재생에너지 개발 및 녹색성장

기후변화 협상과정은 세계 각국의 이해관계가 반영되어 강대국간 힘겨루기가 치열하게 전개되어 갈등, 경쟁, 대립이 반복되는 외교협상이 장기적으로 진행되고 있다. 특히 온실가스배출량이 많은 국가들은 기후변화 협상의 결과에 따라 산업이 큰 영향을 받고 경쟁력도 취약해질 수 있다. 물론 기후변화 협상체제와 관련된 내용이 산업경쟁력과 무역협상을 전제로 전개되고 있지만 '리우+20 회담'의 경우처럼 보다 포괄적인 협상을 전제로 하고 있기에 그 파급효과가 단지 산업 및 국가 경정력에단 그치는 것이 아니다. 오존층보존, 지구온난화 대응, 대기오염방지, 생물 다양성 보존 등에 관한 다양한 국제협약을 전제로 한 협상이라는 점에서 기후변화 협상 역시 범부처 차원의 대응이 필요하다.

신재생에너지 개발과 보급은 스마트 그리드의 사례처럼 전통적인 유틸리티산업과 IT 등의 기술 응용이 혼재되는 이종업체간의 제휴·협력을 통한 융합적인 산업발전 분야이다. 또한 스마트 그리드는 하나의 플랫폼이 되어야 한다는 점에서 핵심 주력산업과 연관될 수 있도록 준비되어야 한다. 다만 신재생에너지 진흥 혹은 규제에도 불구하고 신재생에너지와 관련된 정책의 성과가 눈에 띄게 드러나지 않은 것은 실질적으로 신재생에너지 분야의 절대규모가 아직 적기 때문이라는 점도 이해되어야 할 것이다. 또한 대내외적인 에너지 정책 거버넌스의 변화에만 입각하여 정부조직이 개편되어서는 안 될 것이다. 일반적으로 규제와 진흥을 하나의 주무부처에 포함하게 되면 일반적으로 규제나 진흥 가운데 하나의 기능이 압도적으로 중요하게 취급된다는 조직이론의 관점도 고려되어야 할 것이다(홍성걸, 2012).

해외자원개발과 신재생에너지 정책의 목표는 분명한 차이를 가지고 있으며 에너지 개발, 생산, 유통, 소비에 있어서 두 가지 정책의 지향점은 차이를 보인다(〈표 5〉 참조). 그러나 다르게 느껴지는 두 가지 에너지관련 정책은 산업의 경쟁력확보와 효율적 이용이라는 보다 큰 목표에서는 연결되어 있다는 점도 간과해서는 안 될 것이다. 화석연료 에너지 체제가 당분간 지속되는 상황에서 신재생에너지 개발이 박차를 가할 것이라는 점에서 두 체제 사이에서 정책 효과성과 효율성을 담보할 수 있도록 정부조직이 설계되어야 할 것이다. 특히 전력생산의 효율성을 담보할 수 있도록 조직 역량을 개선하는 것이 필요하다.

<표 5> 해외자원개발과 신재생에너지의 정책목표 비교

해외자원개발	신재생에너지
경제성장 및 산업경쟁력 확보	지속 가능한 발전
저렴한 에너지 확보	에너지 생산 및 소비 효율
국제가격 변동에 대응	에너지 자급자족 체제 구축
에너지 믹스	환경 보전
공급안정	생산 및 수요관리
개발과 수요창출	소비효율 향상 인센티브
중앙집중식 수급	분권적 에너지 수급
자본집중투자	신축적, 다양한투자
에너지 원천별 경쟁 및 대체	에너지 부가서비스 경쟁

자료: 부경진, 2004, 수소경제시대의 도래와 우리의 대응전략의 내용을 재구성함

그리고 해외자원개발은 외교안보적인 차원을 포함하고 있고 신재생에너지는 점진적으로 발전하고 있다는 점에서 부처간의 영역 중복은 불가피하다는 점도 이해하여야 할 것이다(〈표 6〉 참조). 해외자원개발이 에너지 개발 및 생산, 운송, 소비로 이어지는 일련의 수직적인 과정은 순차적인 의존관계에 의하여 형성되기에 부처간 업무의 역할이 비교적 분명하기에 중복성이 크지는 않다. 다만 자원생산국과의 포괄적인 협력을 전제로 진행되어야 한다는 점에서 자원개발과 개발협력이 동시에 추진되어야 하며 이러한 협력체제가 단순하게 진행될 수 없다는 점에서 범부처 차원의 협력이 요구된다. 한편 에너지 사용과 신재생에너지 개발은 에너지와 기존의 유틸리티 산업간 융복합적인 협력을 통하여 발전이 진행된다는 점에서 부처간 업무의 중복성은 당분간 계속될 수밖에 없다. 각 부처의 고유 영역에서 가지고 있는 전문성을 십분활용하고 에너지 개발 환경에 생태계를 뒷받침하도록 정책 결정의 생태계도 조성한다는 측면에서 보다 강력한 상위의 컨트롤 타워를 정비하는 것도 고려할 수 있을 것이다. 신재생에너지 산업이 융복합적인만큼 정책적인 지원도 융복합적으로 제공되어야 할 것이다.

<표 6> 에너지관련 핵심 이슈와 관련 부처

<table>
<tr><th>구분</th><th>자원 해외개발
(수직적 관계 통합)</th><th>에너지 사용
(수평적 관계 통합)</th><th>신재생에너지개발
(복합적 관계 통합)</th></tr>
<tr><td rowspan="2">이슈</td><td>자원에너지 위기의
상시화</td><td>에너지 수급관리
(요금체계 등)</td><td>산업의 녹색전환</td></tr>
<tr><td>높은에너지 수입와
지정학적 리스크</td><td colspan="2">스마트 그리드 등
에너지 융복합 산업 육성</td></tr>
<tr><td>관련부처</td><td>외교통상부,
국토해양부,
지식경제부</td><td>기획재정부,
지식경제부, 환경부</td><td>외교통상부,
기획재정부,
지식경제부, 환경부</td></tr>
</table>

이뿐만 아니라 정부조직 개편시 산하기관의 정리에 대한 부분도 고려하여야 할 것이다(〈표 7〉 참조).

<표 7> 에너지관련 유관 공공기관

정부역점사업	유관 공공기관
해외자원개발	석유공사, 가스공사, 광물자원공사
CO2 감축	에너지관리공단, 화력 발전사
스마트그리드	한국전력공사, 전력거래소, ETRI
에너지목표관리제 등 에너지절약 시책	全공공기관

자료: 지식경제부 보도자료(09.12.22)

2. 산업 및 에너지 정책 거버넌스 대안

1) 에너지 안보기능 및 정책 조율 강화

에너지 안보의 중요성과 에너지 관련 정책의 조정기능을 강화하는 방안은 현재의 정부부처 조직을 전문영역 그대로 두고 해외에너지 개발의 효과성을 높이기 위하여 총리실의 기능을 강화하고 신재생에너지 개발을 촉진시키기 위하여 녹색성장위원회의 기능을 대폭 강화하는 것이다. 이러한 정부조직 개편 방안은 기존의 정부조직을 대폭 바꾸지 않게 됨에 따라 각 부처들이 가진 전문성을 최대한 활용할 수 있다는 장점이 있다. 화석연료의 의존이 여전히 높은 상황에서 자원수출국과의 자원외교는 여전히 중요하다. 에너지 확보는 경제성의 문제만을 담고 있는 것이 아니라 안보차원의 문제도 담고 있다. 한편 기후변화는 단순히 온실가스 배출을 감소시키는 문제에 국한되지 않고 다양한 국제적 갈등을 낳을 수 있는 사안이다(권 다이어, 2011). 따라서 자원외교와 기후변화가 가지는 외교안보적인 중요성을 고려하여 대통령실에 에너지 안보 및 기후변화 수석을 신설하여 범국가 차원에서 에너지와 기후변화를 안보적인 차원에서 접근하는 노력이 필요하다.

해외자원개발에 있어 자원생산국과의 개발협력을 강화한다는 측면에서 개발협력을 통합하여 개발협력처(가칭)를 신설하는 것도 하나의 대안이 될 수 있다. 개발협력처는 자원부국과의 포괄적인 복합외교 협력이 강조되는 상황에서 외교통상부 산하의 무상 공적개발원조(ODA) 담당기관인 한국국제협력단(KOICA)과 기획재정부 산하 한국수출입은행이 담당하고 있는 유상 ODA EDCF를 통합하여 신설되며 국무총리실 산하에 두어 개발협력을 강화한다. 개발협력처는 분절화된 ODA를 통합하는 동시에 개발도상국과의 포괄적인 협력을 강화시킬 수 있다. 뿐만 아니라 자원부국이 가지는 개발에 대한 고민을 같이 공유할 수 있는 창구로서의 역할을 강화할 수 있을 것이다. 인류공영의 입각한 개발협력을 통하여 해외자원협력의 우호적인 환경을 조성하는 것은 에너지 안보를 강화하는 중요한 전제가 될 수 있다.

신재생에너지개발과 관련해서도 국무총리가 공동 위원장으로 있는 녹색성장위원회를 에너지 및 녹색성장위원회로 확대 개편할 필요가 있다. 에너지 및 녹색성장위원회로의 확대개편하면 2010년 저탄소녹색성장기본법은 제정되었지만 아직 구체화되지 않은 시행령 등을 총괄 조정하여 진행할 수 있게 한다. 2015년 시행계획을 가지고 있는 탄소배출권거래제도법, 탄소세 및 에너지환경세제의 개편 및 녹색세제 개혁, 에너지 목표관리제도, RPS로의 제도가 도입된 신재생에너지 지원제도를 총괄조정하고 온실가스 감축의 중장기적인 목표를 추진하게 할 수 있을 것이다.

환경규제와 녹색산업진흥을 둘러싸고 일어나는 정부 부처간 갈등은 대기오염규제와 에너지 산업 진흥분야에만 국한되는 것이 아니고, 수량관리와 수질규제 분야, 국토환경보전과 국토개발 분야, 재활용기술 개발과 재활용산업 육성 등에서도 발생할 수 있는데 에너지정책 관련 총괄조정기능을 강화하면 기후변화 대응을 위한 정책 거버넌스가 강화되고 정책로드맵 설정도 용이해질 수 있다. 즉 에너지 및 녹색성장위원회가 보다 미래지향적인 에너지 및 녹색성장을 추진할 수 있는 전반적인 정책을 개발하고 관련부처들은 전문화된 정책개발과 집행을 수행한다면 의미를 가진다고 할 것이다. 이렇게 된다면 지식경제부는 신재생에너지 개발 진흥을, 환경부는 보다 환경보존업무를 충실하게 수행하게 된다는 장점도 있다.

다만 에너지 및 녹색성장위원회가 위상을 강화하더라도 우리나라 조직문화의 특성상 정책실행 기능 없는 경우 조정기능이 약화되었다는 이전의 정부운영 경험을 반복할 수 있다는 문제를 가지고 있다. 특히 대부처대국주의의 난맥상과 연관되어 운영된다면 부처는 부처대로 위원회는 위원회대로 시너지 효과를 누리지 못하는 문제점을 반복할 수 있다는 우려도 있을 수 있다.

이러한 측면에서 최근 정치권에서 거론되고 있는 미래전략처(가칭)에 에너지 안보와 녹색성장관련 장기 전략 및 정책 로드맵 설정 기능을 넘기는 것도 하나의 대안일 수 있다. 이 경우에는 녹색성장위원회의 기능을 미래전략처로 흡수통합하는 것도 고려할 수 있을 것이다.

2) 에너지 관련 부처의 신설

에너지 위기에 대한 다른 대안으로서 녹색성장 정책을 둘러싼 부처간 중복경쟁과 추진상의 시너지 효과를 달성하기 위하여 화석연료 자원 확보 및 신재생에너지 개발과 연계된 녹색경제 시스템 구축을 의한 거버넌스로서 정책집행부처인 지식경제부 에너지 자원실(신재생에너지과, 녹색성장기후변화정책과, 에너지 기술팀 및 산하 공공기관)과 환경부(녹색기술경제과, 환경산업팀, 기후변화협력과), 교육과학기술부, 국토해양부, 농림식품수산부 등에 산재해 있는 신재생에너지 관련 사업 및 연구개발을 통합하여 에너지자원부를 신설하는 것도 하나의 대안이 될 수 있다. 일본의 경우처럼 산업주무부처 산하에 외청으로 에너지청을 신설하는 것도 포함될 수 있다.

이러한 정부조직개편은 국가의 장기적인 에너지 정책 수립 및 추진을 위하여 지속적인 에너지 시스템 구축을 위한 정책기능을 통합하고 강화한다는 장점을 가진다. 또한 과거 에너지 위기를 해결하기 위하여 동력자원부를 신설하였던 것처럼 정부의 정책의지를 대내외적으로 천명하고 국민경제에 주의를 환기시키는 효과도 가질 수 있다.

그러나 이러한 장점에도 불구하고 에너지부 신설 혹은 외청으로서 에너지 청을 신설하는 것은 다음과 같은 문제점을 가지고 있다. 먼저 해외자원개발은 어느 때보다 더욱 어려운 여건 속에서 진행되고 있다. 대다수 에너지 자원 수출국들은 자국의 경제발전에 유리한 조건을 제공하는 국가들에게 개발에 대한 우선권을 제공하고 있다. 그래서 ODA를 포함한 공공외교의 수단을 동원하여 자원수출국에 긍정적인 이미지를 제공하고 나가서 자원수출국의 경제발전에 실질적으로 기여하는 복합적인 성격의 협력 프로그램이 제공되어야만 자원개발에 참여할 수 있는 가능성을 얻을 수 있다. 자원부국과 개발협력이 진행된다면 산업, 건설, 환경 분야의 협력과 에너지 협력은 하나의 패키지 형태로 진행되어야 할 것이다. 그렇다면 에너지 전담부처와 에너지 외교 및 개발 협력 관련 부처의 업무를 조정하는 부담이 추가적으로 발생할 수 있다.

에너지의 사용과 신재생에너지 개발은 산업주무부처와 유기적인 협력을 필요로 한다. 만일 에너지 주무부처가 이러한 영역의 업무를 독자적으로 추진하려면 산업정책 주무부처와 실질적으로 매우 긴밀한 협력관계를 유지하여야 한다. 그 경우 업무영역의 중복은 커지게 되고 조정은 상시적으로 진행되어야 할 것이다. 이 경우 외청으로 분리되는 경우를 하나의 대안으로 생각할 수 있지만 이 경우에도 정책의 연계성을 확보하고 시너지 효과를 얻는 데는 문제가 발생할 수 있다. 뿐만 아니라 에너지부가 신설된다면 5년 단임제 대통령제하에서 에너지 관련 부처뿐 아니라 정부 조직 전반을 개편해야 한다. 녹색성장의 기조가 일시적인 유행이 아니라 장기적으로 추진되어야 한다는 점에서 에너지 주무부처의 신설은 기존의 산업정책과 에너지정책의 융복합적인 개발과 관련 정책의 연속성을 다소 훼손시키고 나가서 관련 산하기관의 정리 등으로 많은 손실도 발생할 수 있다는 점을 감안해야 할 것이다.

Ⅴ. 결론을 대신하여

국가의 장기적인 에너지 정책을 수립하고 이를 통하여 에너지를 안정적으로 공급하여 국가의 산업경쟁력을 확보하는 것, 풍력, 태양광, 연료전지 등 신재생에너지 개발을 지원하고 스마트 그리드 시스템을 구축하여 에너지의 효율적인 사용을 보장하는 것, 원자력 등 기존의 전력시스템을 근본적으로 재검토하여 녹색성장을 위한 에너지 믹스 전략을 수립하는 것, 전력시스템의 발전, 공급, 소비과정을 철저하게 감독하는 것 등 차기 정부가 추진해야 하는 에너지 정책과제는 많다. 이명박정부의 성공과 실패를 교훈으로 이러한 다양한 에너지 정책과제를 수행하기 위한 새로운 에너지 정책 거버넌스가 구축되어야 한다는 논의가 당연시되고 있는 측면도 있다. 특히 신재생에너지산업의 생태계를 조성하는 것은 더 이상 미룰 수 없다는 점에서 차기 정부의 역할은 매우 중요할 것이다.

그러나 자원부국과 협력하여 에너지자원을 확보하는 일이 외교적인 노력이나 시장의 논리로만 진행되지 않는다. 마찬가지로 산업생산 방식,

에너지 이용 및 소비방식에 대한 근본적인 전환을 촉구하는 기술적 제도적인 기반 조성하는 일이 단지 정부조직의 외형적인 개편만으로 달성할 수 있다고 판단할 수는 없다. 그래서 해외자원개발의 경우 국가간 협력이 한 단계 더 높은 수준의 제도적인 협력의 틀에서 진행되어야 할 것이다. 이는 해외자원개발의 성패가 하나의 부처의 노력이나 일개 기업의 노력만으로 이루어지지 않는다는 것을 의미한다. 즉 자원개발 협력국과의 개발협력 및 공공외교 강화 등을 통한 장기적인 협력이 가능 하도록 하는 정책 거너번스가 필요한 것이다. 마찬가지로 지속 가능한 녹색성장을 위해서는 녹색 산업에 자금지원이 가능한 거버넌스, 전통산업의 기술 및 인프라의 장점을 활용하고 IT기술을 통한 관련 산업의 연계성을 높일 수 있도록 정책적인 지원이 가능한 거버넌스, 나가서 금융, 연구개발, 인력양성, 산업생산이 유기적으로 연결될 수 있도록 정책적인 지원이 가능한 거버넌스가 필요할 것이다. 이러한 원칙에 따른 정부조직 개편만이 정부조직 개편에 따라 국민경제에 전가되는 거래비용을 줄일 수 있을 것이다.

<참고문헌>

국민포럼. (2009). 국내신재생에너지 현황 및 제언. 저탄소녹색성장 국민포럼 제4차 정례회의. 2009년 3월 25일.

권 다이어. 이창신 역. (2011). 기후대전. 서울: 김영사.

기든슨, 앤소니. 홍욱희 역. (2009). 기후변화의 정치학. 서울: 에크리브트.

김동열. (2009). 세계 녹색성장산업 정책 및 동향, 수출보험 글로벌 이슈.

노상양. (2010). 신재생에너지 보급 및 산업육성 시책. 에너지관리공단.

박종배. (2009). 스마트 그리드의 해외 동향. 통신연합 2009 겨울호, pp.14-23,한국통신사업자연합회.

박창민, 조평동. (2011). 스마트 그리드 네트워킹 기술동향. 전자통신동향분석. 제26권 제2호, pp.75-83.

부경진. (2004). 수소경제시대의 도래와 우리의 대응전략. 제1회 고효율수소에너지 제조·저장·이용 기술개발사업단 워크샵. 2004년 2월 20일.

송위진, 홍형득, 윤지웅, 천세봉. (2011). 녹색기술정책의 진단과 발전방향. Green-Tech Issue. KISTEP.

양수길. (2012). 녹색성장 4년의 성과. 한국재정학회 추계 정기학술대회 기조연설. 2012년 9월 7일, 한국재정학회.

유영성, 임영광. (2010). 녹색성장 정책의 진단 및 개선안. 정책연구. 2010년 11월. 경기개발연구원.

이민식. (2009). FIT와 RPS 제도 비교와 시사점: 태양광을 중심으로. 이슈 분석. 59-78. 산업은행.

천대윤. (2011). 바람직한 녹색성장을 위한 지방자치단체와 중앙정부의 과제. 지방행정연구. 제25권 제2호. 37-56. 한국지방행정연구원.

피셔, 제베린·잔드라 베트게. (2011). 독일의 에너지정책. FES Information Series 2011-02. http://library.fes.de/pdf-files/bueros/seoul/08100.pdf

한국에너지자원기술기획평가원. (2009). 그린에너지 전략로드맵: 태양광. 2009년 4월.

한도희. (2012). 미래형 원자력 시스템 기술개발현황.원자력산업 5-6월호, pp.44-47. 한국원자력산업회의.

홍성걸. (2012). 새 정부에서의 산업정책 거버넌스 개편 관련 주요 이슈에 대한 소고. 추계학술대회자료집. pp.161-190. 한국정책학회.

Allen, Myles R. (2009). Warming Caused by Cumulative Carbon Emissions towards the Trillionth Tonne. Nature. April 30. Vol. 458. pp. 1163-1166.

EIA. (2011). International Energy Outlook 2011. Washington DC: U. S. Energy Information Administration http://www.eia.gov/ieo. (검색일 2012년 9월 10일).

Exxon Mobil. (2012). The Outlook for Energy: A View to 2040.(검색일 2012년 9월 10일).

HSBC. (2011). Energy in 2050. http://www.research.hsbc.com(검색일 2012년 9월 10일).

Meinshausen, Malte et al. (2009). Greenhouse-gas Emission Targets for Limiting Global Warming to 2°C. Nature. April 30. Vol. 458. pp.1158-1163.

OECD. (2012). OECD 한국경제보고서 개요. Paris: OECD.

Olivier, Jos G.J. Greet Janssens-Maenhout. Jeroen A. H. W. Peters. (2012). Trends in Global Co2 Emissions 2012 Report. Hague: PBL Netherlands Environmental Assessment Agency.

제8장
미래지향적이고 보편적인 통상정책분야 조직개편 방안

성 한 경(국민대학교 국제통상학과 교수)

Ⅰ. 서 론

한국 경제에서 통상이 차지하는 비중은 가히 절대적이다. 좁은 땅덩어리에 비해 자원이 빈약한 나라인 한국은 경제발전의 원동력을 해외에서 찾을 수밖에 없었다. 특히, 한국이 1970년대부터 압축성장을 이루는 과정에서 자본집약적인 중간재의 수입, 노동집약적인 공산품의 수출에 힘입은 바가 크고 이는 전대미문의 산업화를 이루어냈다. 1990년대 이후에 중국을 중심으로 한 신흥경제대국들과의 수출입 확대를 통해서 고도의 성장을 이룩하였다. 이렇듯 한국의 높은 대외의존도는 여러가지 면에서 성공적인 성장의 밑거름이 되었다.

과거 통상확대를 통한 경제성장을 경험했던 한국이 최근에 추진해 온 통상정책들은 일부 부정적인 견해에도 대체적으로 성공적인 것으로 평가되고 있다. 지난 10여 년간 한국의 통상정책은 '동시다발적 FTA 추진'으로 요약될 수 있다. 2000년대 이전에는 세계 어떤 나라와도 자유무역협정(Free Trade Agreements: FTA)을 체결한 적 없이 다자무역체제인 GATT와 WTO에 집중해 왔던 한국은 도하라운드 체결 지연, 인구 고령화, 낮은 서비스 생산성 등의 문제 해결방향을 FTA를 통한 양자 혹은 지역 통상협정 체결에서 찾고자 했다. 2004년 7월 한국은 최초로 칠레와 FTA를 발효시킨

후 싱가포르, EFTA, 아세안, 인도, 터키, 콜롬비아 등과 FTA를 체결했고, 2011년과 2012년에는 각각 세계 최대 경제권인 EU, 미국과도 FTA를 체결 발효시키면서 세계적인 통상국가로서 위상을 과시하고 있다. 현재는 또 다른 최대 경제권인 중국과 FTA 협상을 진행하고 있을 뿐만 아니라 일본까지를 포괄하는 한중일 FTA도 오랜 공동연구단계끝에 협상개시를 선언한 상태이다.

<그림 1> 세계 경제의 블록화

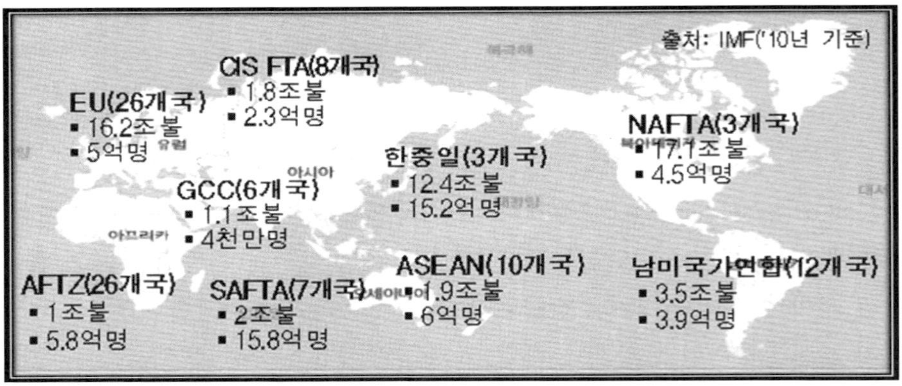

자료: 국회예산처 (2012)

<표 1> 한국의 FTA 추진 현황

현 황	대 상 국
발효	칠레, 싱가포르, EFTA, ASEAN, 인도, EU, 페루, 미국
타결	터키, 콜롬비아
협상 중	중국, 캐나다, GCC, 인도네시아, 베트남, 중국-일본, RCEP
협상 재개 여건 조성 중	일본, 멕시코, GCC, 호주, 뉴질랜드
공동연구 및 검토	MERCOUSR, 러시아, 이스라엘, SACU, 몽골, 중중미, 말레이시아

주: 외교통상부

FTA를 통한 통상확대가 이루어지면서 자연스럽게 여러가지 부정적인 의견이 제시되고 있는 것도 사실이다. 활발한 FTA 추진의 다양한 순기능에도 불구하고 흔히 통상교섭과 사후 통상조정이 유기적으로 이루어지지 않는 문제가 제기되기도 했다. 또한, 통상관료들의 전문성에 대한 우려, 통상조정기능의 중복성, 통상조정기능의 제한적인 역할 등이 문제가 되기도 했다. 물론 이러한 비판에도 많은 국민들은 적극적인 통상정책의 필요성에 공감하면서도 확대에 대한 필요성에 대해서는 모두 공감하고 있다.

본고에서는 앞서 언급된 통상정책을 미래지향적이고 보편적인 방향으로 이끌어 낼 수 있는 정부내 통상기능의 효율적 집행방향에 대해 논의하고자 한다. 특히, 급격한 조직개편이 아닌 현재 통상조직의 장점을 극대화하면서 단점을 극복하기 위한 방향을 고민해 보고자 한다.

Ⅱ. 통상조직 현황

현재 통상정책은 대외통상을 담당하는 통상교섭기능과 대내문제를 담당하는 통상조정기능으로 구분될 수 있다. 통상교섭기능은 한국의 대외통상교섭 대상 선정 추진 전략 수립, 통상협상 참여, 통상협상의 이행과 관련된 업무라고 할 수 있고, 통상조정기능은 FTA나 DDA와 같은 통상협상진행 전후에 통상 협정으로 인해 예상되는 사회·경제적인 효과를 추정하고, 협정의 보완대책 수립, 활용방안 준비, 홍보를 담당하는 기능이다. 대외통상정책을 심의하고 의결하는 기구는 기획재정부장관이 주재하는 대외경제장관회의이다. 대외경제장관회의는 통상정책에 관한 부처간 이해조정을 위한 최고의사결정기구로 차관급 이상의 고위 정무직공무원으로 구성되며 통상교섭과 통상조정기능에 대한 주요사항을 심의하고 의결하게 된다.

<그림 2> 통상조직

자료: 기획재정부
주: FTA국내대책본부는 2011년 무역협정국내대책본부로 개편됨.

1. 통상교섭기능

통상교섭기능의 주무부처는 외교통상부의 통상교섭본부이다. 통상교섭본부는 정부조직법(법률 제8867호-2008.2.29 일부 개정)에 의거하여 만들어진 조직으로 통상 관련하여 부처들의 의견을 총괄하고 외국에 대해 한국을 대표하여 통상교섭을 수행하는 부처이다. 1990년대 초까지 통상교섭업무는 경제기획원 산하의 대외경제조정실이 관련 부처들의 업무들을 총괄하고 조정하는 형태였다. 그러나 1993년 GATT/WTO 협상에서 쌀 개방과 관련하여 당시 통상협상력 부재에 대한 비판이 제기되었고 이에 각 부처의 통상교섭기능을 모아서 기존의 상공부에 통합한 통상산업부가 만들어지게 된다. 이후 1998년 김대중정부가 출범할 때 통상교섭업무가 외교부에 흡수되면서 외교통상부가 탄생하게 되었다.

2000년에 들어서면서 본격적인 FTA 추진 등으로 인해 통상업무의 중요성이 커지면서 조직도 확대되어 왔고, 국민적인 관심도 받게 되었다. 특히 각각 2007년 4월, 2010년 10월에 타결된 한미, 한EU FTA 협상이 진행되면서는 통상협상은 사회적·정치적 논란의 중심에 서기도 했다.

통상교섭본부의 수장은 통상교섭본부장으로 대내적으로는 장관과 차관급의 중간형태지만, 대외적으로는 대한민국의 통상업무를 담당하는 통상장관(The Minister of Trade)으로 활동한다. 통상교섭본부는 본부장 아래에 차관보급인 통상교섭조정관, 자유무역협정대표, DDA 대사가 위치하고 있고, 내부에 5개의 국 —다자통상국, 지역통상국, 국제경제국, 자유무역협정교섭국, 자유무역협정정책국— 이 있다. 다자통상국은 연간 중장기 통상에 관한 외교정책의 수립·총괄 및 평가, 세계무역기구(WTO) 관련 외교정책의 수립 시행 및 총괄 조정, 국제통상환경 및 국제금융시장 동향의 조사·연구, 그 외 APEC, ASEM 등 지역경제 협력체에 관한 외교정책의 수립 시행 및 총괄 조정 등을 담당한다. 지역통상국은 통상진흥 지원 및 교섭에 관한 시책의 수립·시행, 외국인 투자유치 지원 및 국내 투자환경 개선에 관한 대외 홍보, 해외투자 정보의 수집 및 한국 기업의 해외투자 지원에 관한 사항 등을 담당한다. 국제경제국은 대외경제 관련 외교정책의 수립 시행 및 종합 조정, 개발도상국과의 경제협력 및 지역개발계획에 관한 외교정책의 종합 조정, 남북한 경제교류 및 경제협력 관련 업무의 협조, 환경 및 국제협력에 관한 외교정책의 수립·시행과 종합조정 관련 조약 및 협정의 체결·교섭에 관한 사항 등을 담당한다. 최근 이슈가 되는 에너지협력도 국제경제국에서 담당한다. FTA 정책국은 우리나라와 관련된 세계무역기구 분쟁 및 양자간 통상분쟁의 해결을 위한 법적 자문, 우리나라의 주요 교역국 및 유럽연합의 통상법과 다자간 경제·통상규범의 조사·연구, 자유무역협정의 체결과 관련된 정책의 수립·총괄·조정, 자유무역협정추진위원회 및 민간자문회의 등의 구성·운영, 자유무역협정 고섭·체결의 총괄·조정 등을 담당한다. FTA 교섭국은 자유무역협정의 상품양허, 원산지 규정, 무역구제, 위생, 무역에 대한 기술장벽 및 기술적합성 상호인정, 서비스·투자, 정부조달·지적재산권·경쟁정책 관련 무역규범, 환경·노동 분야 교섭에 관한 업무, 자유무역협정 각 분야별 교섭결과 이행에 관한 지원 업무, 자유무역협정 각 분야 업무와 관련된 조사·연구 등을 담당한다.[1] 최근에는 한중, 한중일 FTA 등 동아시아에서의 FTA 협상이 개시되면서 동아

1) 구민교, 2009, “통상교섭본부”, 온라인행정학사전, 한국행정학회.

시아 자유무역협정 추진기획단이 조직으로 개편되었다. 하지만 실질적인 업무는 공식적인 조직업무와 다르게 이루어지는 경우도 많이 있다. 예를 들어, FTA 교섭국은 EU, 터키, 콜롬비아, 페루 등과의 FTA를 담당하고, FTA 정책국은 중국, 일본 등과의 FTA를 담당하기도 하는 등 사안에 따라서 업무분장이 다르게 이루어진 경우도 있고, 지역통상국도 일부 FTA 협상을 총괄하기도 한다.

2. 통상조정기능

현재 통상조정기능의 주무관할 부처는 기획재정부이다. 과거 경제기획원에서 대외경제조정실의 역할을 현재 기획재정부 내에서 대외경제국이 일부 담당하고 있다. 따라서 대외경제국이 대외경제장관회의 의결 및 심의 사항을 준비하고 통상교섭기능의 일부들 담당하고 있다. 그러나 통상협상의 사후대책을 총괄하는 통상조정기능은 기획재정부 내 무역협정국내대책본부가 담당한다. 무역협정국내대책본부는 2006년 8월 11일 노무현정부시절 한미 FTA 협상을 지원하기 위해 대통령 직속으로 만들어졌던 '한미 FTA 체결지원위원회'에서 시작했다. 동 위원회는 한덕수 위원장 아래 7명의 민간위원과 6명의 정부위원으로 구성되었고, 당시 사회적인 이슈였던 한미 FTA 협상 지원, 대외홍보 등을 담당했었다.

<그림 3> 통상교섭본부 조직도

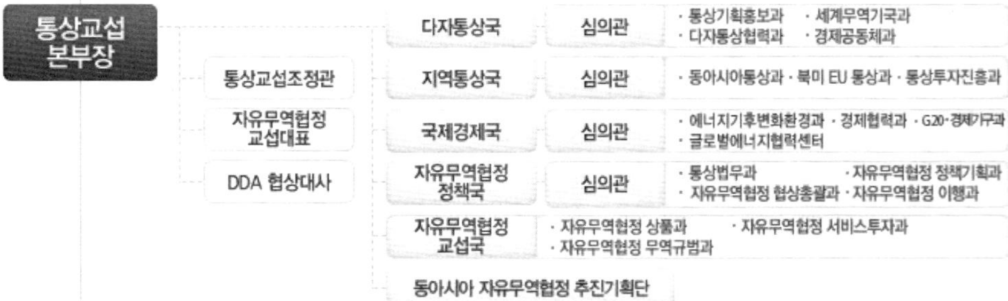

자료: 외교통상부

한미 FTA가 마무리된 후 동 위원회는 FTA의 사후 대책을 총괄하는 기구로 조정되어 당시 재정경제부 내에 FTA국내대책위원회와 이를 보좌하는 조직으로 FTA국내대책본부로 자리잡았다. 당시 FTA국내대책본부는 2008년 말까지 한시 조직으로 만들어졌고 차관보급 본부장 아래 3단(전략기획. 대외협력. 지원대책), 12개 과로 구성돼 기존의 한미 FTA 체결지원단(2국, 8과) 조직보다 확대된 상태에서 국내대책위원회를 실무적으로 지원했다. 이후 크게 두 차례의 조직개편을 통해서 3단을 1개로 통합하였다. 2008년 3월부터는 FTA뿐만 아니라 DDA와 같은 다자무역협정에 대한 국내대책까지 총괄하는 무역협정대책본부로 자리잡았다. 현재 무역협정대책본부의 존속 기간은 2013년 6월 30일까지이며, 고위공무원단 1명, 3급 또는 4급 이하 18명 등 총 19명으로 구성되었고, 증원 인력 중 8명은 문화체육관광부와 농림수산식품부, 지식경제부, 국토해양부, 법제처에서 각각 파견된다. 현재 무역협정국내대책본부내에는 총괄기획팀, 고육홍보팀, 조사분석팀, 국내대책팀, 산업지원팀, 협력조정팀이 있다. 총괄기획팀은 FTA 및 무역협정대책위원회 운영을 지원하고 국내대책관련 기관 단체 협력을 총괄하는 역할을 담당한다. 교육홍보팀은 무역협정 관련 교육활동을 지원하거나 무역협정홍보전략 수립과 집행을 담당하기도 한다. 조사분석팀에서 무역협정의 동향을 파악하여 분석하고 관련한 국내외 연구들에 대해 조사하기도 한다. 단, 조사분석팀 내에서 전문연구인력이 없기 때문에 대부분 국책연구소들로 이루어진 태스크포스(TF) 팀의 도움을 받는다. 예를 들어, 한EU FTA 경제적 효과 분석, 한미 FTA 경제적 효과 재분석 등의 작업에는 대외경제정책연구원(KIEP)을 총괄기관으로 11개 국책연구기관이 TF를 만들어서 분석작업을 하기도 했다. 국내대책팀은 무역협정에 따른 국내보완대책을 수립하여 동향을 파악하고 분석하는 업무를 담당한다. 산업지원팀은 산업별 지원대책을 만들고 활용방안에 대한 연구를 담당한다. FTA 활용정책협의회를 범 부처적으로 주관하여 최적으르 활용방안을 모색하기도 한다. 협력조정팀은 무역협정관련 갈등 조정전략 수립 및 이해관계자 협의 조정을 담당한다.

<그림 4> 무역협정국내대책본부 조직 및 업무분장

자료: 기획재정부

Ⅲ. 통상정책와 과제와 문제점

1. 통상정책 과제

통상정책의 중요성은 높은 대외의존도와 무관하지 않다. 높은 대외의존도는 양날의 칼과 같다. 대외의존도가 높으면 국내경제 상황이 여의치 않을지라도 주요교역대상국 특히 주요 수출시장이 호황국면에 접어들면 덩달아서 국가의 GDP는 증가하게 된다. 반면에 반대의 경우 국내경제상황이 나쁘지 않음에도 불구하고 뜻하지 않게 여러가지 경제적 어려움을 겪을지도 모른다. 2008년 7월 리먼 브라더스의 파산에서 시작된 글로벌 금융위기는 한국경제의 문제와는 사실상 거의 무관한 일이었으나 한국의 외화유동성에 대한 우려가 강하게 제기되었고, 2008년 4분기 경제성장률이 -6%로 떨어지는 위기를 겪기도 했다. 최근에는 2011년도부터 표면화된 유럽재정위기의 여파로 인해서 한국 경제에도 불황의 그림자가 아직 걷히

지 않고 있다. 그러나 반대로 1990년대 말 아시아 국가들을 강타한 외환위기를 우리나라가 빨리 극복할 수 있었던 것은 경제위기국가들을 제외한 다른 국가들의 경제상황이 비교적 나쁘지 않았기 때문이기도 하다. 즉, 그런 국가들이 견실한 수출시장으로 활약한 때문에 우리나라는 외환위기를 빨리 극복할 수 있었다. 또한, 2008년 글로벌 금융위기에서 우리나라가 세계 어떤 다른 나라보다 빠르게 헤쳐나올 수 있었던 것도 우리의 최대 수출시장인 중국이 그 기간 동안 평균 9% 이상의 견실한 성장을 지속했기 때문이다. 그렇다면 대외의존도를 낮추는 것이 바람직한 것인가? 어쨌든 국내경제가 대외여건 변화에 민감하게 반응한다면 그만큼 경제에 대한 불확실성이 커지는 것일 뿐만 아니라 경제정책의 집행 자체가 수동적일 수밖에 없다. 따라서 대부분의 경제정책집행자들은 분명히 대외의존 비중을 낮추는 것에 대해 동의할 것이다. 그러나 낮아지는 대외의존도가 교역의 감소가 아닌 교역증대 속에 한국의 내수가 강화되어서 이루어지는 방향일 것이고 궁극적으로 강한 내수가 필요할 것이다. 다시 말해서 대외부분의 절대적 크기는 증가시켜야 하고 상대적인 비중은 감소시키는 것이 바람직할 것이다.

강한 내수라는 것은 기본적으로는 한국 내 경제주체 —가계, 기업, 정부— 들의 구매력이 충분해야만 한다. 즉, GDP를 구성하는 기본요소인, 소비, 투자, 정부지출이 크고 안정적으로 성장해서 GDP의 큰 부분을 차지하도록 하는 것을 말한다. 그렇다면 각 경제주체들이 그들의 경제활동을 활발하게 할 수 있어야 한다. 가계는 소비하기 충분한 소득을 얻어야 하고 기업도 투자에 대한 향후 대가가 커야 할 것이다. 정부도 재정건전성이 유지되야 할 것이다.

미래지향적인 통상정책의 방향은 궁극적으로 강한 내수를 바탕으로 하는 경제대국을 만드는 방향으로 조정되어야 한다. 그렇기 위해서는 통상강화는 아래의 역할을 수행해야 한다. 첫째, 우리나라으 안정적인 수출시장확보에 도움이 되어야 하고 수입비용을 절감하는 방향으로도 조정되어야 한다. 물론 미래지향적 통상국가가 결코 우리나라의 장벽을 유지한 채 다른 나라의 교역장벽만을 낮추어서 되는 것이 아니다. 그런 점에서 통상국가의 기본틀을 유지하기 위해서는 당연히 높은 개방수준을 보여야 한다. 따라서 수입이 늘어나는 것을 나쁘게 보는 것보다는 수입이 한국경제의 발전 —국내산업의 제품경쟁력 강화, 국내시장의 경쟁성 유지 등— 에 도움이 된다면 일정부분 증대되는 것도 바람직할 수 있다. 수출시장이 안정적으로 확보되고 건전한 수입이 늘어난다면 국내경기활성화와 고비용 생산구조의 개선이 가능할 것이기 때문에 가계는 소비여력이 늘어나게 되고 기업도 투자에 대비 충분한 대가를 기대할 수 있게 된다. 그렇게 되면 자연스럽게 정부의 재정부담도 감소할 수 있다. 결과적으로 통상강화가 단순히 대외의존도만 높이는 것이 아니라 내수를 신장시키는 역할을 수행할 수 있게 된다. 둘째, 통상강화를 통해 국내산업의 비효율이 사라질 수 있어야 한다. 대외통상이 강화되고 개방이 가속화되면 우리나라에서 교역장벽들이 더 이상 경쟁력이 없는 산업들을 보호해 줄 수 없게 된다. 그렇게 되면 그 동안 경쟁력 없는 산업은 피폐해질 것이고 경쟁력이 있는 산업으로 경제력이 집중되는 구조조정이 일어나게 될 것이다. 그러한 경제의 구조조정은 일부 경제주체에 분명히 고통으로 다가올 수 있다. 그러나 장기적으로 비효율적인 산업에 소모되었던 국가의 생산자원들이 효율적인 산업에 집중되면서 모든 경제주체들에 더 많은 사회적 경제적 부가가치를 가져다줄 수 있고 국가경제의 경쟁력을 높일 수 있는 것이다. 셋째, 통상정책 자체가 국내 경제주체 전체와 이익을 공유할 수 있도록 보편성에 기반하여 집행되어야 한다. 통상확대에 따른 단기적인 불균형은 어쩔 수 없다고 하더라도 그러한 불균형이 장기적으로 고착화되어 가지 않도록 정책적 조정을 해주는 것은 국가경제발전을 위해 반드시 필요하다. 불균형이 장기적으로 해소되지 않을 경우 끝내 국가경제발전은 한계에 부딪치게 될 뿐만 아니라 계층간 갈등 심화로 인해 엄청난 사회적 비용을 지불하게 될 것이다. 넷째, 통상정책을 제로섬 게임이 아닌 협력사업의 측면에서 추진하는 것도 필요하다. 미국, EU, 중국, 일본 등 경제대국들이 추구하는 통상정책들을 살펴보면 단순히 양국간 경제관계를 벗어나서 외교안보정책의 일부로서 결정되는 경우가 많았다. 미국은 전통적인 우방인 이스라엘과의 FTA를 시작으로 주변국 캐나다, 멕시코와 FTA를 추진했고, 그 외 중동국가인 요르단, 바레인, 오만 등과의 FTA로 중동지역에서의 영향력 확대를 꾀하기도 했다. EU도 알제리, 모로코 등 과거 식민지 국가들과의 협력강화를 위해 FTA를 체결했다. 중국이나 일본도 상대적으로 낮은 수준의 FTA를 다른 국가들과 맺어가면서 상대국과 통상차원의 이해관계를 넘어서는 FTA를 추진해 왔다. 한국입장에서 현재 적극적으로 추진중인 공적개발원조(Official Development Assistance: ODA) 정책도 통상정책에서 빼놓을 수 없는 중요한 부분이다. 현재 추진중인 한중, 한일 FTA가 마무리되고 나면 주요국과의 FTA는 대부분 마무리되게 된다. 그렇다면 향후 추진해야 할 일은 신흥시장에 대한 FTA 추진, 기존 FTA의 업그레이드로 무역자유화 진전에 정책적 목표를 두어야 한다. 그 과정에서 신흥시장에 대한 FTA 추진은 단기적인 무역이익이 아닌 장기적인 시장개척 및 국가간 협력관계 강화에 초점을 두고 ODA 정책과 병행해서 추진해야 한다.

<그림 5> FTA 추진정책 방향

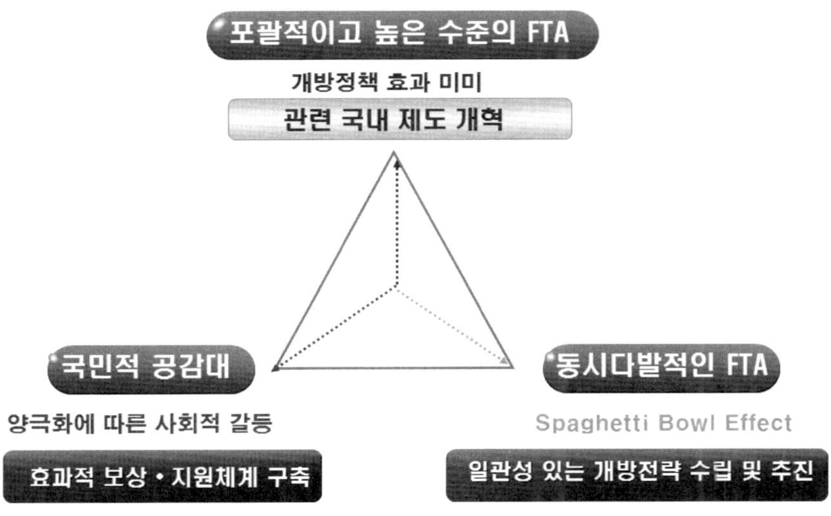

<표 2> 주요국의 FTA 추진 현황

국 가	기체결 대상국	추진 및 검토 대상국
미국	이스라엘, NAFTA, 싱가포르, 호주, 칠레, 요르단 모로코, 바레인, 도미니카, 한국 등	태국, FTAA, SACU, 안데안 등(이상 추진), 대만, 아세안, 일본 등(이상 검토)
EU	EFTA, 알제리, 요르단, 멕시코, 모로코, 터키, 칠레 등	Mercosur, 아세안, 대만, 싱가포르, 이란, GCC 6개국
중국	아세안, 뉴질랜드, 파키스탄, 칠레	한국, 인도, 호주, 한중일, GCC, 일본, 남아공
일본	싱가포르, 멕시코, 아세안, 칠레 등	한국, 대만, 캐나다

2. 통상정책의 문제점

1) 통상교섭과 통상조정의 조화 문제

현재 통상조직에 대한 주된 비판은 첫째, 통상교섭기능과 조정기능의 역할이 유기적이지 못하다는 점이다. 현재 교섭기능은 외교부 통상교섭본부에 집중되어 있다. FTA 추진에 대해서는 장기적 관점에서 행정부 전반에 걸쳐 그 필요성에 대한 공감대가 존재하고 절차적으로도 대외경제장관회의의 의결을 거친다고 하더라도 통상교섭본부가 지나치게 독단적으로 추진한다는 비판이 제기되면서 기타 관련부처들과의 업무협조가 원활하지 못한 측면이 부각되기도 했다. 통상교섭본부가 FTA에 따른 국내산업의 영향을 소홀히 한다는 비판과 함께 통상교섭본부가 주도하여 추진하는 FTA들에서 부처간 업무협조나 조정이 제대로 이루어지지 않아서 총괄적인 조정이 힘든 어려움이 제기되기도 했다.[2] 통상교섭본부뿐만 아니라 대외경제장관회의를 주관하는 기획재정부도 타 부처와 통상교섭에서 이견을 보이기 한다.[3]

2) 서울경제, "EU와 FTA 협상서 한국 '적전분열'", 2007년 7월 19일
3) 노컷뉴스, "FTA `속도조절론` 부처간 이견... 기재부 "예정대로 추진"", 2011.02.10.

그러한 부처간 업무협조의 문제는 실제 통상협상을 진행하는 데에서도 불협화음을 조장할 수 있다. 통상교섭을 대표하는 것이 통상교섭본부라고 하더라도 각 분야별 통상협상이 주무부처별로 이뤄진다. 통상협상은 협상의 본질적 성격상 상호 양보를 어느 정도 전제로 하고 있었다는 점을 감안한다면 부처에 따라서는 협상에서 다소간 비대칭적인 개방이 불가한 분야를 대표하고 각종 국내 관련 민원들을 해결해야 한다는 측면에서 통상협상자체를 꺼릴 수도 있을 것이다. 예를 들어, 상대적으로 농림부는 통상협상에 대체로 소극적인 입장을 견지하고 있는 경우가 많았다.

2) 통상관료의 전문성

통상교섭업무는 다년간의 고도의 업무능력과 경험을 필요로 한다. 특히, 다양한 통상협상에서 임해본 경험이 교섭업무의 성패를 좌우할 수 있을 것이다. 비록 통상교섭본부에서도 특채를 통해서 관련 전문가를 영입하기도 하지만 통상교섭본부도 순환보직제에서 자유롭지 못하다는 점이다. 순환보직제로 인한 업무전문성 문제는 다른 부처에서도 제기되는 문제이기는 하지만 통상협상에서 그 문제는 더 심각하다. 그렇기 때문에 다년간 이어지는 통상협상의 경우 협상 진행과정의 이해가 부족할 우려가 있고, 노하우를 충분히 축적해 갈 만한 시간을 갖지 못한다는 점은 심각한 문제가 아닐 수 없다. 한미 FTA 협상을 주도했던 당시 분과장급 실무관료들은 대부분 관련되지 않은 업무에 종사하거나 현직을 떠난 경우가 많다. 실무관료들이 현직을 떠나는 경우는 어쩔 수 없다고 하더라도 당시 협상 노하우를 그대로 연결시키지 못한다는 점은 장기적으로 통상교섭력을 약화시키는 원인이 될 가능성이 크다.[4)]

3) 통상조정기능의 중복성

통상조직의 두 번째 문제는 통상조정기능을 총괄하는 기획재정부 무

---

4) 한겨레 신문, 한-미 FTA 이끈 통상관료 또 삼성 품으로, 2012년 1월 10일.

역협정국내대책본부의 조직과 관련된 부분이다. 앞서 언급된 것처럼 무역협정국내대책본부는 기획재정부 산하기관으로 자리잡고 있으나 실제 통상조정기능에서 국내대책의 집행은 사실상 각 주무부처에서 담당하고 있다. 기획재정부에서 국가경제정책에 대한 총괄적인 기능을 담당하고 있고, 실제로 통상정책이 가장 중요한 경제정책의 하나라고 한다는 차원에서 통상조정의 총괄기능 —통상협상의 영향 분석, 국내대책관련 예산 책정— 이 일부 기획재정부에 편재되어 있는 것은 바람직할 수 있다. 그러나 현재처럼 무역협정국내대책본부를 거쳐서 다시금 관련 부처에서 집행을 결정하는 과정은 대책집행 단계를 한 단계 높이는 행정 낭비적인 요소가 될 수가 있고 영향분석은 차제하더라도 각 산업별 지원방안까지 기획재정부에서 담당하는 것은 바람직하지 않을 수 있다. 실제 무역협정대책본부의 상시인력의 대부분은 농림부, 지경부 혹은 지방자치단체에서 파견형식으로 지원받아서 운용하거나 심지어 정부출연 연구기관의 일부 인력을 무리하게 차출받아서 활용하고 있는 실정이다. 뿐만 아니라 무역협정국내대책본부 조직 내에서도 협력조정팀과 같은 경우 다른 팀에서 충분히 역할을 담당할 수 있는 데에도 불구하고 불필요하게 팀이 편재되어 융합적 대책 수립을 방해하는 경우가 많다.

4) 국회의 제한적 역할

행정부와 국회는 상호 견제와 협력을 원칙으로 한다. 그런 측면에서 통상정책이 행정부에서 집행되고 수립된다고 하더라도 국회의 협력과 조정이 반드시 필요하다. 2012년 발효된 통상절차법은 국회 역할 확대를 잘 반영하고 있다고 할 수 있다.

통상절차법이 발효되기 이전 국회가 통상업무에 대해 행정부를 견제하는 수단은 표결을 통한 사후적인 견제가 대부분이었다. 사전적으로 상임위를 통해서 행정부의 통상정책 과정을 감시할 수 있고 의견을 청취할 수도 있으나 의회가 통상협상의 전권을 가지고 행정부에 협상권의 일부를 일시적으로 양도해 주는 미국에 비하면 국회의 역할은 미미한 편이다. 행정부가 타결한 통상협상에 대해 비준동의하지 않기는 국회입장에서 사실상 불가능하다는 점을 고려한다면 국회비준에 앞서 통상협상과정에 대한 절차적 정당성이 충분히 확보되는 것이 바람직할 것이다.

2012년 7월 18일부터 발효된 통상절차법은 국민의 대표기관인 국회의 권한이 강화되었다는 측면에서 평가될 수 있다. 통상조약의 체결절차 및 이행에 관한 법률 시행령(이하 통상절차법)은 2011년 10월 25일 국회 외교통상통일위원회를 통과하였다. 2011년 12월 30일 수정안이 제출되어 국회 본회의에서 재적 194명 중 찬성 130명, 반대 29명, 기권 35명으로 수정안이 가결되어 2012년 7월 18일부터 효력을 발생시켰다. 통상절차법은 정부의 통상교섭에 있어 국회보고의무 규정 등을 통한 국회의 통제 권한 강화와 조약의 국내 이행에 있어 국내법적 효력을 갖기 위한 조건을 주요골자로 하고 있다. 따라서 동법은 통상조약체결계획의 수립 및 국회보고, 공청회 개최 및 국민의견 제출, 통상협상시 국회의 의견제시, 통상조약의 국내법적 효력, 협상결과의 보고, 민간자문위원회 설치 등의 내용을 담고 있다. 특히 수정안을 거치면서 통상조약 체결과 관련한 정부의 정보공개 거부가 제한되었고, 통상조약관련 보고가 외통위에도 통상관련 특별위로도 확대되었다.

통상정책의 특성상 외국과 관련된 일이기 때문에 모든 부분에서 국민적 합의를 이끌어 내는 것은 다소 힘든 점이 많이 있다. 그런 측면에서 국회의원 개개인이 헌법기관으로서 국민의 대표로 임명된만큼 국회의 통상정책에 관여한다는 점은 보편적인 통상정책을 추진하면서 국민적 합의를 이끌어내는데 용이한 수단이 될 수 있다.

통상절차법이 발효되었으나 통상절차 중 공청회 개최 등에서 여전히 국민의 의견 반영이 힘든 측면이 있다. 지난 한중 FTA 공청회를 보더라도 한중 FTA를 추진하려는 정부와 이를 반대하는 측과의 충돌로 인해 공청회가 진정한 민의를 담기 힘든 상황에 이르기도 했다. 당시 공청회는 두 가지 문제를 보여주었다. 첫째, 공청회 구성 자체가 외교통상부에서 조정했기 때문에 통상협상을 절대적으로 반대하는 목소리가 적을 수밖에 없었다. 둘째, 더욱 중요한 것은 공청회가 공청회를 반대하는 측의 물리적인 저지로 인해서 반대하는 한중 FTA 추진 자체를 찬성하지만 피해에 대해 우려를 제기하는 측, 한중 FTA 협상을 반대하지만 협상 추진의 필요성에 공감하는 측 등 다양한 의견이 제대로 전달될 수 있는 기회 자체가 박탈되었다는 점이다. 따라서 통상절차법에서 공청회 개최에 대한 요건과 구성에서 국회의 요구가 좀더 반영될 수 있는 제도적 장치가 필요하다.

Ⅳ. 통상조정기능 대안

대안제시는 기존안의 장점과 새로운 변화의 장점을 잘 조화시키는 방향으로 설정되어야 한다. 대안제시에 앞서 새로운 방향으로만 대안이 제시되는 것이 항상 바람직하지 않음을 주지하고자 한다. 행정조직을 포함한 모든 조직은 그 조직 구성에 결정적인 문제가 없다면 그 내에서 나름대로 안착되어 그 기능을 발휘하고 있는 경우가 많다. 그렇기 때문에 조직의 안정이라는 측면을 고려하지 않고 조직 구성을 제안하는 것은 바람직하지 않다. 그렇지만 조직의 안정에 지나치게 안주하여 새로운 국내외 상황변화에 맞춰서 적절히 대응하지 않는다면 그것 또한 심각한 문제가 아닐 수 없다. 무엇보다도 대안제시가 앞 장에서 언급된 문제점을 해결하면서 국가경제를 강화시키는 방향으로 설정되어야 한다. 즉, 수출시장확보, 국내경제비효율 축소, 다양한 국가간 협력을 위한 목표를 실천해야 한다. 특히 국내경제의 경쟁력강화를 통한 장기적인 경제체질강화가 우선 목표임을 간과해서는 안 된다. 본 절에서는 먼저 미국 사례를 살펴본 후 한국 통상기존 조직의 전면적인 재편보다는 문제점 보완 및 새로운 환경변화에 대한 적응이라는 측면에서 통상거버넌스의 조정을 논한다.

1. 미국의 통상조직 개편

미국 행정부내 통상정책에서 실무적인 작업을 하는 곳은 통상교섭의 주체인 미국 무역대표부(The United States Trade Representatives: USTR)이다. 통상정책에서도 담당주무부처가 관련 이슈들을 처리하지만 조정과정에서는 USTR이 관여하기도 한다. 특히, 통상정책실무위원회(Trade Policy Staff Committee: TPSC), 통상정책검토그룹(Trade Policy Review Group: TPRG), 국가경제회의(National Economic Council: NEC) 등을 통해서 조정된다.

2011년 초에 미국 오바마 대통령은 미국의 통상조직을 상무부를 중심으로 재편하고자 하는 의도를 내비친 적이 있다. 현재 미국의 통상조직은 미국무역대표부가 협상을 총괄하고 상무부가 주무부처로서 활동하고 있다. 그런데, 지난 1월에 미국 오바마 대통령은 백악관 발표를 통해서 USTR과 상무부를 통합을 중심으로 총 6개 기관에 걸친 통상기능을 하나의 기관으로 일원화하여 조직 운용의 효율화를 꾀하겠다는 목적을 제시하였다. 기본적으로 상무부 대부분의 부서와 USTR, 중소기업국, 수출입은행, 해외민간투자공사, 무역개발국을 통합하고, 상무부 해양대기국은 내무부로 이관하며 USTR 대표는 계속 각료급으로 유지하며 당분간 중소기업국장도 각료급으로 하는 것을 주요 내용으로 하고 있다.[5] 이러한 통합은 산업정책을 집행하는 거대 기관의 탄생을 의미한다. 무엇보다도 위와 같은 변화는 통상정책을 산업정책의 수단으로 고려하겠다는 의지를 표명하고, 수출증진을 위한 경기활성화 및 일자리 창출을 드러낸 것으로 보인다. 이러한 50년 만의 통상조직 개편안을 담은 “Reforming and Consolidating Government Act of 2012”는 2012년 2월 17일 의회에 상정되어 해당상임위에 배당되었으나 3월 21일 청문회(hearing)를 한 차례 개최한 것 외에 특별한 진전이 없는 상태이다. 2012년 9월 30일에는 현 행정부에서는 오바마 대통령이 재선될 경우 개편안을 내년에 다시 추진하겠다는 의지를 보

---

5) JTBC, 오바마 "작은 정부 만들겠다"…조직 개편안 발표, 2012년 1월 13일.

여주기도 했다.[6] 현재 오바마 대통령이 재선에 성공했기 때문에 동일한 법안이 재추진될 수 있다.

미국의 최근 통상조직변화가 미국의 현실에 적합한지이고 무엇보다도 한국의 국내현실에 부합하여 우리가 참고할 만한 변화인지에 대해 고민해 보아야 한다. 첫째, 미국의 통상정책결정과정에서 가장 중요한 고려요인은 사실 제조업 중심의 산업정책보다는 농업정책에 있다. 따라서 미국이 진행중인 DDA 협상이나 TPP 등에서 농업에 대한 고려가 가장 중요한 이슈가 되기도 한다.[7] 그런 측면에서 농무부의 참여가 제한된 형태의 통상조직이 미국 내에서 효율적인 조직이 될지는 의문이다. 전 USTR 대표로 2008년 DDA를 타결직전까지 끌고 갔던 수잔 스왑 메릴랜드대학교 교수는 이미 효율적인 USTR 조직을 거대한 상무성에 포함시키는 것이 부처효율화에 부합하는지에 대한 의문이 제기하고 있고 미키캔터 전 USTR 대표도 통상교섭과 무역진흥의 차이점을 제시하면서 본 정책에 의문을 제시하고 있다.

둘째, 한국과 미국의 통상정책의 추진과 결정과정은 많은 차이점이 있다. 한국은 행정부에 통상정책의 권한이 집중되어 있는 반면에 미국은 미국 헌법에 명시된바 통상에 관한 전반적인 권한 즉 관세율 조정 등의 권한은 미국의회에 귀속되어 있다. 미국 대통령이 통상협상을 추진할 때는 의회의 승인을 필요로 한다. 과거 미국이 추진했던 도쿄라운드, 우루과이라운드, NAFTA, 그 외 2000년대에 체결한 12개의 FTA 모두 미국 대통령이 의회로부터 통상협상 추진을 위한 신속처리권한(Fast Track or Trade Promotion Authority)을 일정기간 부여받은 상황에서 가능했던 것이다. 가장 최근에 그러한 권한이 주어진 것은 지난 부시대통령때였고 2007년 6월 30일에 그 권한의 효력은 소멸되어 현재 미국 오바마 대통령은 그러한 권한을 부여받지 못한 상황이다. 이러한 통상협상의 추진체계로 인해 미국의

---

6) 연합통신, "오바마, 통상 기구 재편 추진"〈美상무 대행〉, 2012년 9월 30일.
7) DDA 협상 지연의 가장 큰 요인 중 하나는 미국 농업의 국내보조감축에 대한 부분일 정도로 통상협상에서 농업이 차지하는 비중은 큰 편이다.

통상협상 추진은 한국에 비해 상대적으로 소극적일 수밖에 없다. 적극적인 대외경제 정책 추진을 통해 일자리 창출을 꾀하고 있는 오바마 행정부 입장에서는 다소 민주당 정책방향에 반하기는 하더라도 상대적으로 통상협상에 적극적인 입장을 보이는 상무부를 중심으로 통상협상 추진의 탄력을 좀더 높이고 싶었을 수 있다. 이에 반해 통상정책의 권한이 행정부에 집중된 한국 입장에서는 통상정책을 산업정책에 포함시키게 된다면 오히려 통상정책을 산업정책의 하위에 두게 됨으로써 적극적 통상협상 전개에 방해가 될 가능성이 있다. 즉, 두 나라의 행정조직 체계의 차이로 인해 정 반대의 결과가 초래될 수도 있는 것이다.

셋째, 미국의 통상현실과 한국의 통상현실에는 많은 차이가 있다. 미국의 대외의존도는 GDP 대비 30%를 넘지 않는다. 즉, 대외통상환경변화에 크게 영향을 받지 않기 때문에 통상정책은 미국이 추구하는 산업정책의 일부에 포함된다고 할 수 있다. 그리고 그 중요성이 작기 때문에 오히려 통상정책을 외교안보적인 고려를 통해서 추진하기도 했다. 하지만, 대외의존도가 90%를 넘어서는 한국에서 통상정책은 단순히 일부 수출입 산업의 이해관계를 대변하는 산업정책 차원이 아닌 국민경제 전반에 걸쳐서 영향을 주게 된다. 따라서 통상교섭기능은 특정 산업의 대표가 아닌 범 부처적인 차원에서 추진해야 하는 것이고, 관련국과의 지속적인 대화와 소통이 수반되는 것이다. 또한 현재 통상정책은 단순히 국가간 상업적 거래만을 규정하고 있지 않다. 과거와 달리 통상에서 취급하는 분야도 매우 광범위하게 늘어나서 특히 서비스업의 관련 국가 내의 국내규제까지도 통상정책의 중요한 부분으로 작용하고 있다. 즉, 국가간 관련된 모든 경제관계를 통상정책에서 포괄하고 있다고 보는 것이 적절할 것이다.

<그림 6> 미국의 통상정책조정과정

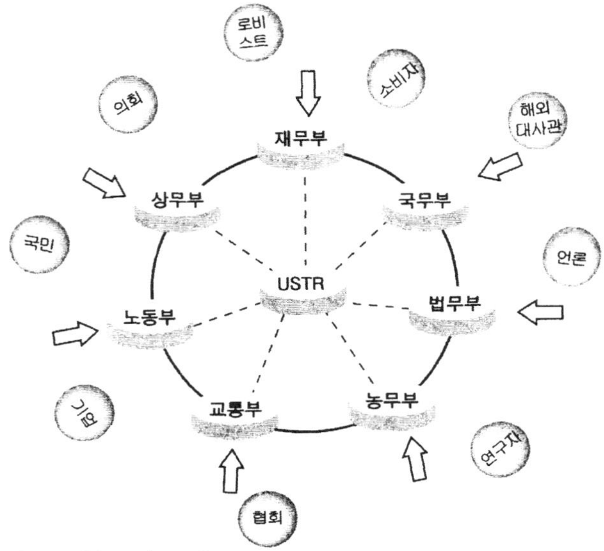

자료: 김홍률 (2002)

2. 통상정책 개선 방안

1) 통상정책기능 조정

통상교섭본부가 출범하면서부터 교섭기능과 조정기능의 조화는 통상정책의 최대 과제였다. 통상정책이 Putnam의 양면게임 ―대외 협상 및 대내협상― 의 성격을 지니고 있기 때문에 두 기능의 조화는 통상정책을 효율적으로 이끌어가는 데 반드시 필요한 정책이다. 한국의 교섭기능이 조정기능에 앞선 것은 사실이다. 하지만, 그 두 가지를 조화롭게 이끌어내는 정책이 바람직하다. 왜냐하면 통상협상을 통한 경제체질 강화는 끝내 교섭의 내용을 어떻게 국내경제에 반영시켜서 발전시켜 나가야 하는 것이기 때문이다. 그렇기 위해서는 통상정책의 컨트롤 타워가 일원화되어 있어야 하고, 그 컨트롤 타워를 중심으로 관련 실무회의들이 조밀하게 형성되어 있어야 한다. 현재 통상정책의 컨트롤 타워의 역할을 할 수 있는 기구는 기획재정부장관이 주재하는 대외경제장관회의이다.

통상교섭을 담당하는 입장에서는 대외경제장관회의가 기획재정부장관에 의해 주재되고 대외경제국에서 총괄하게 되는 문제에 대해 우려를 제시하기도 한다. 왜냐하면 통상교섭본부는 대외경제장관회의의 객체로서 인식되는 측면이 있고, 그러한 부분이 교섭과 조정기능의 부조화를 이끌어낸 잠재적인 요인이 될 수 있기 때문이다. 따라서 대외경제장관회의의 의장권에 대한 순환의장제를 도입하여 기획재정부장관과 통상교섭본부장이 번갈아 의장권을 행사하는 것도 고려할 수 있을 것으로 판단된다. 그렇게 된다면 교섭권과 조정권이 어느정도 균형을 맞추어서 조정될 수 있다.

통상교섭본부는 외교통상부 내에 그대로 두는 것이 바람직한 것으로 판단된다. 외교부의 인프라를 적극적으로 활용하여야만 통상교섭을 원활하게 진행할 수 있다는 측면에서, 정무분야에서 우리나라와 같이 대외의존도가 높은 나라에서 통상을 정무에서 분리시킨다는 점은 부정적인 영향이 더 강할 것이다. 통상교섭본부내는 국가 전반적인 업두이고 외교부가 대외적으로 한국을 대표하는 부처라는 점을 고려한다면 통상교섭본부가 외교부의 자원을 활용한다는 점에서 바람직한 것으로 판단된다. 통상교섭기능의 외교부 집중에 대한 비판은 다소간 존재하고 있다. 그러나 외교통상부가 통상교섭기능을 담당하면 가질 수 있는 장점도 몇 가지 있다. 첫째, 앞서 언급된 것처럼 대외의존도가 높은 한국의 통상정책은 국민경제 전체에 영향을 미친다. 또한 각국이 추진하는 FTA 협상의 기초가 되는 다자통상협상의 범위도 최근에 와서는 관세뿐만 아니라 경제 전반에 걸쳐서 일어나기 때문에 통상교섭기능이 대한민국정부를 대외적으로 대표하는 외교부 내 통상교섭본부에서 현재의 기본틀을 유지하면서 추진하는 것이 바람직한 것으로 판단된다. 이 외에도 이러한 통상교섭기능의 유지는 향후 적극적인 통상협상 추진 및 개선을 위한 추진력을 유지하는 데에도 도움이 될 수 있다. 과거 통상교섭기능이 지식경제부에 있었을 때 FTA 추진 실적이 전무한 데 반해 외교부에 통상교섭본부가 자리잡은 이후 세계적인

FTA 허브국가로 발돋움할 정도로 통상협상을 활발하게 추진한 바 있다.

그러나, 그런 만큼 통상이 중요한 나라에서 통상교섭권이 중요성에 걸맞는 지위를 유지할 필요가 있을 것이고 이를 위해서 통상교섭본부장의 위상을 대내적으로 높이는 것이 바람직할 것이다. 현행 체제에서 외교부장관의 지휘를 받는 것으로 되어 있다. 물론 비공식적으로 통상교섭본부의 독립성이 유지되지만, 통상교섭본부가 외교통상부 산하에 포함되어 있기 때문에 관련 사항들에 대해서 외교통상부장관의 최종 재가가 필요하다. 통상업무에 관한 한 외교부장관과 동등한 자격을 가질 수 있도록 조정하여 통상교섭본부가 외교통상부에 포함되어 있더라도 공식적으로 통상교섭본부장에게 외교통상부 내에서 대내적으로 외교통상부장관에 준하는 인사권과 예산 조정권 등을 부여하는 것이 바람직할 것이다. 또한 자연스럽게 통상교섭조정관, FTA 교섭대표, 다자통상교섭대사의 직급도 현행보다 한 단계씩 높여서 전반적인 조직강화가 필요할 것이다.

단, 사후대책 및 국민경제 전체를 고려해야 할 필요성이 그간 많이 제기되었는바 국내경제를 총괄하는 기획재정부 대외경제국의 역할을 강화할 필요가 있을 것으로 판단된다. 또한, 작년말 통상절차법이 법제화되면서 외교통상부의 통상교섭기능을 일부 국회에서 제어할 수 있다는 점을 감안하다면 통상협상 추진에 대한 타 부처와의 갈등도 어느 정도 해소할 수 있을 것으로 판단된다

<표 3> 다자통상협상 역사

The GATT trade rounds

Year	Place/ name	Subjects covered	Countries
1947	Geneva	Tariffs	23
1949	Annecy	Tariffs	13
1951	Torquay	Tariffs	38
1956	Geneva	Tariffs	26
1960-1961	Geneva (Dillon Round)	Tariffs	26
1964-1967	Geneva (Kennedy Round)	Tariffs and anti-dumping measures	62
1973-1979	Geneva (Tokyo Round)	Tariffs, non-tariff measures, "framework" agreements	102
1986-1994	Geneva (Uruguay Round)	Tariffs, non-tariff measures, rules, services, intellectual property, dispute settlement, textiles, agriculture, creation of WTO, etc	123

Source: Understanding WTO

통상교섭본부의 기능강화를 위해서는 내부조직의 정비도 병행되어야 한다. 내부조직 정비는 무엇보다도 통상환경변화에 대응하기 위해 필요한 것이다. 미국, EU 등과의 FTA가 발효되었고, 한중, 한중일 FTA 협상이 시작된 시점에서 두 개의 FTA 관련국들은 FTA 교섭국으로 조정되는 것이 바람직할 것이다. 그리고 기존 FTA 정책국은 통상교섭본부 내에서 통상정책의 전반을 총괄하는 통상정책국으로 개편되어 기획, 홍보, 이행, 법무 업무 등을 수행하는 것이 바람직하다. 또한 지역통상국은 세계 지역 권역별로 통상교섭이슈를 섭렵할 수 있도록 확대되는 것이 바람직할 것이다. 그리고 국제경제국은 국제경제협력국으로 개편하여 에너지나 환경이슈 외에도 ODA 업무와 관련한 협력과제를 준비하는 역할을 담당해야 할 것이다. 다자통상국도 심의관급에서 DDA외 경제공동체 업무 영역을 확대하여 통상외교의 외연을 넓히는 노력을 경주해야 할 것이다.

<그림 7> 통상교섭본부 개편 방안

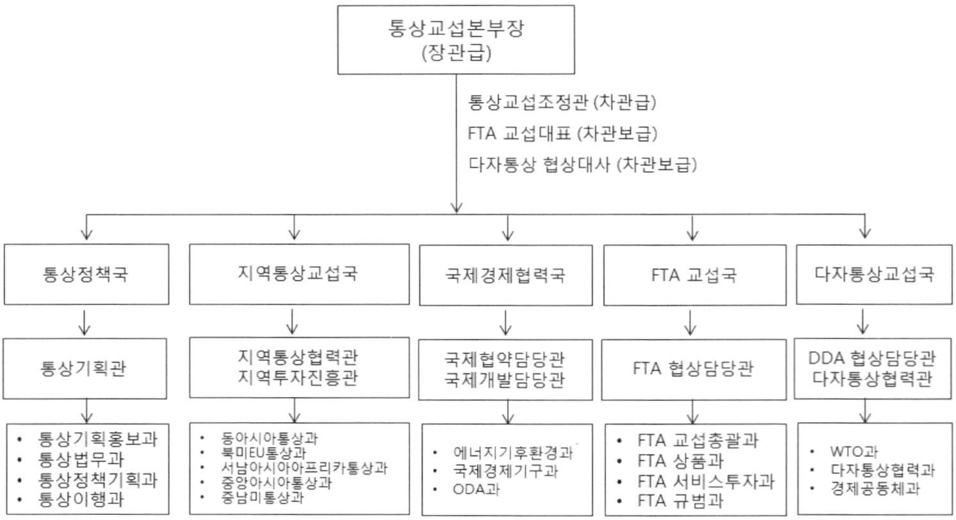

2) 통상교섭전문가 양성

통상교섭 담당자에 대해서는 통상교섭업무 내 순환보직을 원칙으로 한다. 통상협상이 전문성을 키우기 위해 동일한 일만을 반복하는 것은 바람직하지 않다. 그렇기 때문에 통상협상전문가로서 협상가들이 커 가기 위해서는 다양한 협상경험이 필요하기 때문에 통상교섭업무 내에서 필요하다면 다양한 분야에서 순환보직은 가능할 것이다. 따라서 통상협상가들은 통상교섭본부, 기획재정부 대외경제국, 각 부처 통상협상담당 부처의 순환보직을 원칙으로 하면 바람직할 것이다. 통상교섭업무 내 순환보직은 단순히 실무자급에서만 이루어지지 않고, 임명권자의 재량에 따라서 필요하다면 부처간에서도 자연스럽게 이루어진다면 그 효과가 더 클 것이다. 현재에도 유사한 보직이동이 있지만 이를 제도화하여 통상교섭업무의 전문성 제고를 위해 노력해야 한다.

실질적인 외부전문가 영입을 위해서도 노력해야 한다. 현재 통상교섭업무에서는 필요시 관련 전문가를 채용하거나 아니면 사안별로 공공기관에서 파견형식으로 인력을 충원하고 있다. 문제는 그렇게 충원된 인력이 통상교섭분야에서 자리잡고 승진할 수 있는 방향으로 인사권 조정이 아직 일어나지 않고 있다는 것이다. 이는 통상교섭본부장의 인사권 행사와도 결부하여 해결되어야 할 문제이다.

<그림 8> 순환보직개편안

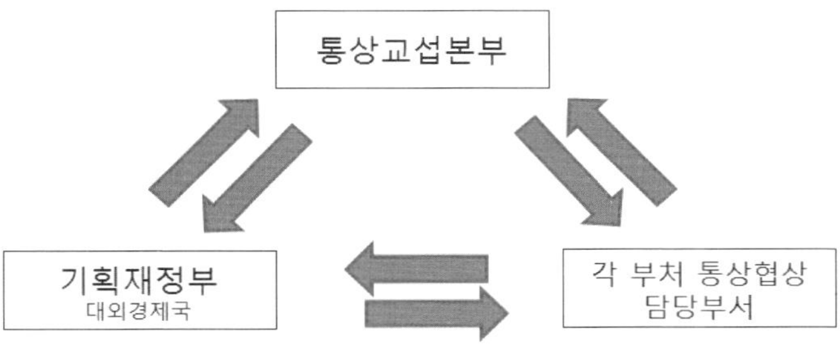

3) 통상조정기능의 집행부처 이전

앞서 언급되었듯이 무역협정국내대책본부의 역할 중 많은 부분은 실제 통상조정정책을 집행하는 지식경제부, 농림수산식품부 등의 업무와 중복되어 업무추진의 비효율이 초래될 수 있다. 뿐만 아니라 실제 조직도 관련부처의 인력이 다수를 차지하고 있는 실정이다. 따라서 무역협정국내대책본부의 조직은 지식경제부나 농림부와 같이 대책집행이 집중되는 곳으로 이관시키는 것이 정책 집행단계의 간소화 및 효율화에 도움이 될 것으로 판단된다. 즉, 무역협정국내대책본부에서 제조업 및 관련 서비스 산업정책과 관련된 지원업무는 지식경제부로 이관하고, 농림수산업 지원업무는 농림부에 관련 지원부서에 이관하는 것이 바람직할 것으로 판단된다. 국내대책팀, 산업지원팀에서 부처별로 배치하고 조정하여 주무부처에서 흡수통합하는 것이 바람직할 것이고, 교육홍보팀의 역할에서 개별 산업별 업무는 부처별로 집행하는 것이 좋을 듯하다.

기획재정부내 대외경제국은 대외경제장관회의에서 순환의장인 기획재정부장관을 보좌하는 조직으로 현행 통상교섭에 일부 관여하는 부분에 더하여 통상조정의 컨트롤타워역할을 담당해야 한다. 현행 무역협정국내 대책본부의 총괄기능과 관련된 부분은 기획재정부 내 대외경제국을 확대하여 편입시킬 수 있다. 특히, 통상조정총괄 조정 및 교육홍보업무 중 전반적인 사항에 대해서는 대외경제국의 대외경제총괄과에서 담당할 수 있을 것이고, 조사분석팀에서 담당하고 있는 업무 중 경제 전반에 걸친 경제효과 추정은 대외경제국 내에 통상조사분석과에서 처리하는 것이 바람직할 것이다.

<그림 9> 기획재정부 대외경제국 개편방안

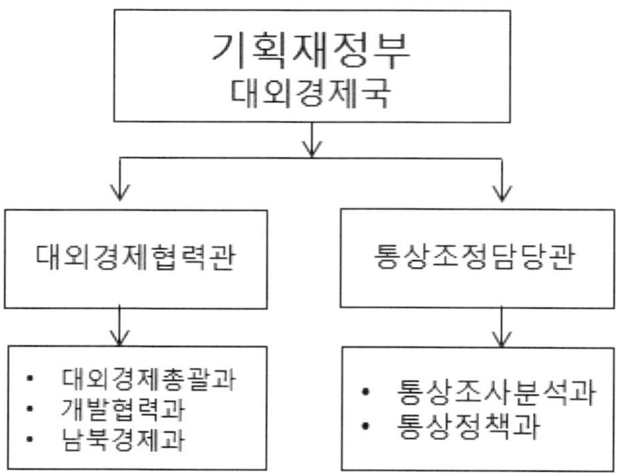

궁극적인 통상조직은 순환의장을 도입한 대외경제장관회의를 중심으로 통상교섭은 통상교섭본부가 담당하게 하고, 통상조정은 기획재정부의 총괄지휘하에 일부 업무를 주무부처에 이관하는 형태가 될 것이다. 개편되는 조직은 아래와 같은 장점을 지니게 된다. 첫째, 기존 통상조직을 지나치게 흔들지 않기 때문에 정책연속성 유지가 가능하다는 점이다. 특히 통상협상에서 정책연속성은 타국입장에서 국가에 대한 신뢰와도 연결되는 부분이기 때문에 중요하게 고려되어야 한다. 통상교섭본부의 기능이

강화된다고 하더라도 여전히 기획재정부의 대외경제국은 통상교섭기능에 관여하여 상호 균형과 견제를 통해 미래지향적인 통상정책의 집행이 가능할 것이다. 둘째, 대외경제장관회의가 순환의장제가 되면서 동 회의가 결정사항에 대한 구속력이 높아질 수 있다. 순환의장제는 통상교섭과 통상조정을 담당하는 측이 상호 존중할 수 있는 여건을 조성할 것이기 때문에 두 정책간 조정이 보다 원활해질 수 있을 것이다. 셋째 통상조정의 실무를 담당하는 주무부처입장에서 효율적인 빠른 정책 집행이 가능하게 할 수 있다. 무역협정국내대책본부의 기능들을 각 부처로 이관함으로써 부처별로 맞춤형 통상조정 기능의 강화가 가능하게 된다.

<그림 10> 통상조직 개편안

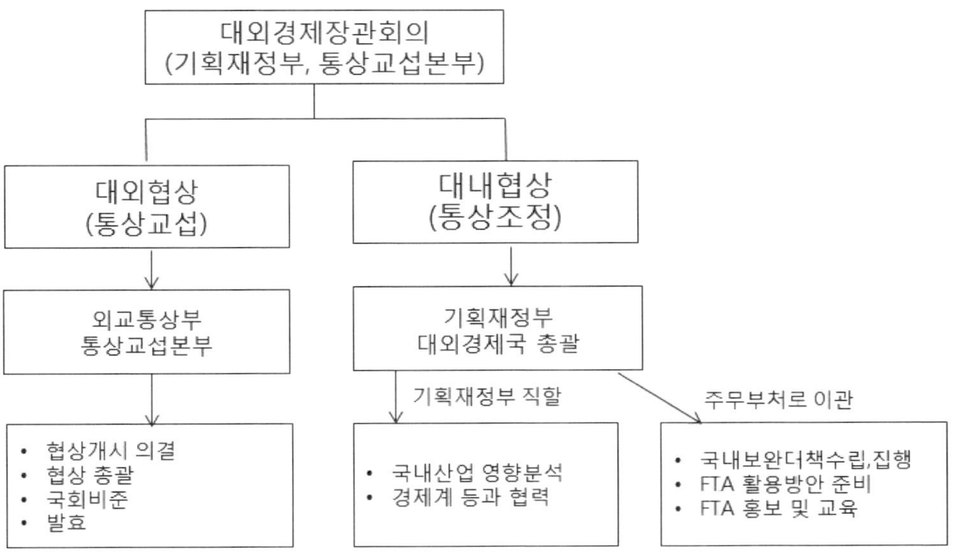

4) 국회의 역할 확대

보편적인 통상정책의 실현을 위해서는 현행 통상절차법을 일부 수정하여 가장 큰 문제가 되는 공청회 추진의 횟수와 방법을 개정해야 할 것이다. 현재 개최횟수에 대한 일반적인 규정이 없는 상황이기 때문에 한 차례 형식적으로 이루어지는 경우가 많았다. 물론 공청회를 개최하는 측에서도 통상협상에 반대하는 측의 주제 발표, 질의응답시간을 충분히 제공하고자 하는 등 다양한 목소리를 담아내기 위한 노력을 기울이는 것으로 알려져 있으나 공청회 자체가 주최측 혹은 반대하는 측의 일방적인 주장으로 인해 파행으로 흐르는 경우가 있다. 특히 한중 FTA와 같이 국내외적으로 민감한 통상협상의 경우 파행을 막고 정당한 국민의 소리를 듣기 위해 현행 통상절차법에 수정을 가해서 공청회 자체가 최소한 2회 이상 추진되고 그 중 한 번은 행정부에서 한 번은 국회 외교통일위원회에서 주관하는 것을 명문화하는 것이 필요할 것이다. 행정부 입장에서는 일부 권한이 침해되는 것으로 생각할 수 있으나 오히려 공청회 결과의 신뢰성이 제고되기 때문에 향후 통상협상 절차를 추진하는 과정에서의 정당성이 확보될 수도 있다. 즉 그러한 과정을 거치면서 민의의 반영이 지나치게 통상협상을 일방적으로 찬성하거나 반대하는 측의 의견뿐만 아니라 다양한 국민의 의견이 반영하여 통상정책을 보편성을 높일 필요가 있다.

V. 결론과 시사점

2008년 2월 이명박정부가 출범하면서 정부부처의 대규모 이동과 통폐합이 이루어졌다. 정보통신부, 과학기술부 등은 해체되어 여러 부처로 업무가 이관되었고, 해양수산부, 건설교통부는 국토해양부로 통폐합되기도 했다. 그러나 통상과 관련한 정부조직에서의 개편은 최소화되었다. 이는 기존 통상정책에 대한 기본적인 신뢰가 바탕이 되었고 외교부 내에서 통상교섭본부가 자리를 잡아가고 있기 때문에 교섭권의 지나친 조정을 필요하지 않을 것으로 판단된다. 당시 외교부통상교섭본부장이었던 김종훈

본부장은 유임되었고, 그 이후 한미, 한EU FTA가 마무리될 때까지 통상교섭을 총괄하는 역할을 수행했었다.

미래지향적이고 보편적인 통상정책 실현을 위한 통상조직 개선안은 대외경제장관회의의 컨트롤 기능을 강화하여 통상교섭과 통상조정기능의 효율을 극대화하는 데에 있다. 궁극적으로 교섭권 강화는 조정과 교섭이 상호 조화를 이루게 하기 위한 것이므로 교섭권과 조정권을 대등하게 유지하기 위한 방안이라고 할 수 있다. 그러나, 이를 위해서 통상교섭본부를 외교부에서 분리시켜서 독립부로 만드는 것은 득보다는 실이 더 큰 방향이므로 이를 지양하고 통상교섭본부장의 권한을 강화시켜줄 필요가 있다. 이를 위해서 대외경제장관회의의 기획재정부장관과 통상교섭본부장이 순환의장직을 수행하게 함으로써 통상교섭본부장의 권한 및 대외경제장관회의의 총괄 기능이 강화되도록 하는 것이다. 아울러 통상전문관료들을 중심으로 한 부처간 순환보직을 원칙으로 하여 통상관료의 전문성 제고를 꾀해야 하고 통상조정기능을 담당하는 무역협정국내대책본부의 역할을 기획재정부 대외경제국과 관련부처로 이관하여 행정비효율을 해소해야 한다. 즉, 통상조정에 대한 기본적인 총괄권한은 기획재정부가 유지하되 일부 기능은 주무 부처에 이관하면서 자연스럽게 기획재정부 대외경제국의 위상이나 권한을 강화한다는 측면에서 추진하는 것이 바람직할 것이다. 마지막으로 2012년 7월에 발효된 통상절차법의 일부를 손질하여 국회가 통상정책에 좀더 적극적으로 관여하여 통상정책의 보편성을 높일 수 있어야 한다.

성공적인 통상조직 개편을 위해서는 조직의 안정성을 유지한 형태에서 유연한 조정을 게을리해서는 안 된다. 통상업무의 특수성을 감안하면 지나친 조직개편은 단연코 지양되어야 한다. 단, 모든 개편안이 단점을 가지지 않을 수는 없을 것이고 향후 시대변화에 따른 미세적인 조정이 불가피할 수 있다. 통상교섭본부의 기능강화가 자칫 오히려 통상조정을 담당하는 타 부처와의 갈등을 오히려 증폭시킬 가능성도 있다. 또한, 순환의장제가 외교부와 기재부간의 이전투구를 심화시킬 가능성 및 통상조정이 부처별로 일관성 없이 집행될 가능성도 여전히 있다. 그러한 우려는 2000년대 이후 통상교섭본부의 역할이 증대되면서 통상교섭에 대한 불만이 부처들 사이에서 팽배해 왔다는 점에서 충분히 신빙성이 있다. 부처간 순환보직에 따른 업무의 단조로움에 대한 통상관료들의 불만이 제기될 수 있고, 개정되는 통상절차법에 따라 국회가 주관하는 공청회 역시 파행으로 흐를 수 있다. 즉, 뜻하지 않은 문제가 통상정책 집행단계에서 지속될 수 있다. 앞에서 언급되는 문제들이 발생할 경우 단기적인 현상일 경우에는 일정기간 조율이 필요할 수 있다. 그리고 그러한 문제가 구조적인 것일 경우에는 문제점을 찾아서 수정해 나가야 할 것이다. 또한 국제여건변화에 따른 통상정책이 변화가 있다면 시대상황에 맞게 수정되어 가는 것이 바람직할 것이고, 그러한 조직의 유연성을 잃지 않도록 노력하는 것이 미래지향적이고 보편적인 통상정책 수행을 위한 조직개편의 방향일 것이다.

제9장
교육과학기술분야의 조직개편

박 정 수 (이화여자대학교 행정학과 교수)

이명박정부는 작은 정부 큰 시장이라는 비전 아래 과거 교육인적자원부와 과학기술부를 통합해 교육과학기술부로 조직개편을 단행했다. 직업훈련 및 고용업무는 고용노동부로 존치해 직업훈련과 직업교육의 연계기능을 확보하지 못한 부분은 향후 과제로 남게 되었다. 새 정부가 들어설 때마다 주기적으로 반복되는 조직개편이지만 교육/직업훈련/과학기술 분야의 조직개편논의는 정부수립 이후 그간의 수 많은 경험과 문제점, 그리고 시행착오에 대한 고민을 기반으로 하는 것이 필요하다. 그럼에도 불구하고 인적자원정책조정의 실효성 확보를 위한 새로운 거버넌스 구축, 과학기술정책의 중첩문제 해결, 교육, 고용, 복지, 연계의 한계, 교육자치와 학교자치의 한계 등 극복해야 하는 등의 과제와 함께 하드웨어로서의 조직개편에 이은 프로세스 개혁이 수반되고 점진적인 개편을 통해 조직구성원의 안정화가 함께 이뤄져야 실질적인 조직개편의 성과를 거둘 수 있을 것으로 전망된다.

Ⅰ. 문제의 제기

이명박정부가 실용정부를 내세워 정권을 잡으면서 작은 정부, 큰 시장을 위해 18부 4처의 정부조직을 13부 2처로 대폭 축소하는 방안을 추진했다. MB정부는 공무원 정원과 예산의 10%를 절감하는 목표를 세우고 조직개편에 착수했으나 국회와의 논의과정을 거치면서 결국 15부 2처로의 정부조직개편을 단행했다. 새로운 정부가 탄생할 때마다 정부조직개편을 시도하며 이러한 추세에는 이명박정부도 예외가 아니었다고 할 수 있다. 많은 행정학자들이 정부조직개편만으로 정부를 효율화하는 것은 불가능하다는 데 의견을 같이하지만 그럼에도 불구하고 필자가 글을 쓰고 있는 2012년 10월 현재, 제18대 대통령 선거를 위한 각 후보자 캠프를 비롯해, 많은 연구기회를 통해 다양한 조직개편안들이 마련되고 있는 것도 사실이다.[1)]

급진적인 조직개편은 득보다 실이 많을 가능성이 높다. 현대 정부가 직면한 복잡한 정책문제를 해결하는 데 외과수술식의 해법으로 조직을 개편하는 것은 과도한 기대를 낳는 데에 비해 문제해결능력은 의문시된다. 정책은 복잡한 이해관계와 가치충돌을 내포하고 있기 때문에 미세한 접근이 필요하며 이는 점진적인 대안을 채택할 수밖에 없음을 의미한다.[2)] 정부조직개편에 따른 비용과 편익의 셈법에서도 비용이 쉽게 간과되는 경우가 많다. 급격한 정부조직개편은 가시적으로 정부의 규모를 줄이는 것으로 나타나므로 정치적으로 남용될 가능성이 커 편익은 과장되기 쉬운 반면 조직개편에 따른 후유증까지를 감안한 장기적 비용이 결코 적지 않기 때문이다. 단순히 메뉴비용으로 부처간판을 바꿔달고 집기와 사람을 이동시키는 비용만을 계산에 넣는다면 이는 큰 잘못이다. 오랜 시간 동안 시행착오를 통해 학습해 온 기능과 지식이 새로운 관계를 형성하고 이에 적응하기 위해서는 비가시적이고 객관적으로 추정하기 어려운 비용을 낳게 된다. 특히 감축지향의 정부조직개편은 인력감축으로 이어지고 이를 통해

---

1) 행정조직개편에 주로 행정학자가 참여해 연구가 이루어지는 것을 빗대어 새 정부가 출범하면 이를 설계하는 것도 행정학자이고 이를 허물고 조직을 재설계하는 것도 행정학자가 주도적으로 참여한다는 점에서 이렇게 행정조직이 자주 개편되는 것에는 행정학자집단에게도 일말의 책임이 있다고 할 수 있다.

2) 이 부분에 대해서는 김영평·최병선(1993) 참조. 행정개혁 특히 급진적인 하드웨어 중심의 조직개편의 기대효과는 미신 내지는 신화에 가까우며 실질적인 효과를 거두기 위해서는 점진적인 프로그램 운영과정의 개선의 지혜가 필요하다는 지적이다.

결국 정부예산의 절감으로 나타날 것으로 생각하기 쉬우나 직업공무원시스템하의 인력규모감축은 거의 어렵고 또 바람직하지 않을 수도 있다.[3)]

우리나라 행정사의 초기부터 정부조직개편은 정치권력의 정치적 목적에 의해 수행되었다(조석준, 1968). 대통령 및 핵심 집권세력의 가치관 및 정향을 바탕으로 정부조직이 직면하고 있는 행정수요를 인식하며 이에 기초하여 전략적 선택으로 정부조직개편이 이루어지지만 결국 관료사회에서는 정부조직의 틀을 다시 짜는 것이 곧 행정개혁으로 인식되곤 한다.

합리적인 조직개편을 위해서는 정치, 경제, 사회적 환경에 대한 엄밀한 진단과 소프트웨어로서의 과정적 절차개혁을 함께 도모해야 한다. 정부조직개편은 조직정책으로서의 역할을 수행해야 하며 결국 조직개편을 통해 정치, 경제, 사회문제를 해소하여야 하므로 보다 전략적인 시각에서 접근하여야 하며 완성도가 높아야 한다(박정수, 2009).

본 글에서는 이러한 기본시각에 기초해 교육과학기술분야의 조직개편을 살펴보며 이를 통해 쟁점과 과제를 도출해 보고자 한다. 먼저 행정환경에 대한 분석으로 교육 및 과학기술분야의 환경변화를 진단하고 조직개편이 논의되는 배경을 살펴보고자 한다. 다음으로 주기적으로 반복되고 있는 이 분야의 조직개편을 정부수립 이후부터 상세히 분석한 뒤 주요국의 사례를 살펴보고 마지막으로 이를 통해 시사점으로서 쟁점과 과제를 도출하는 형식을 취하고자 한다.[4)]

---

3) 이명박 대통령은 국무회의(2008.3.25)에서 교육과학기술부를 비롯해 통합부서가 정식직제에 없는 다수의 TF팀을 만든 것에 대해 편법이라며 관료적 발상을 질타했으나 직업공무원을 중앙과 지방간, 사회서비스 등 늘어나는 직역으로의 재배치 차원이 아니라 6개월이나 1년 코스 교육으로만 흡수하는 데는 한계가 있을 수밖에 없다. 그럼에도 블구하고 교육과학기술부 등 정부부처들이 국장급 팀장임명을 통해 잉여인력을 소화하려던 계획은 취소되고 말았다.

4) 임도빈(2007)에 의하면 정부조직개편은 김영삼정부까지는 소수 교수와 관료를 중심으로 정부조직개편위원회와 같은 임시조직을 활용, 비밀작업을 하여 단기일에 끝내던 작업이었다. IMF 이후 김대중정부는 용역비 40억원을 들여 경영진단을 실시하고 노무현정부에서는 한층 더 강한 진단혁신사업을 3년간 실시하여 용역비만도 60억원 정도가 소요되었다고 한다. 정부가 바뀜에 따라 개편안을 만드는 데 걸리는 시간도 점점 더 걸리고 외부전문가를 투입하는 형태로 바뀌고 있다고 하였는데 이명박정부의 조직개편은 인수위 2개월 동안 작업으로 개편안이 마련되었다는 점에서 다시 추세가 반전되고 있다고 할 수 있다.

Ⅱ. 대내외 환경변화와 교육과학기술기능

'안 캠프는 교육과학기술부의 기초과학 진흥 업무와 방송통신위원회의 정보통신 진흥 업무 등 기술·과학 부문과 보건복지부·지식경제부 등에 나뉜 사회적 기업 지원이나 노인복지 등 우리 사회가 해결해야 할 현안들에 대처하는 기능을 하나로 모으는 부서로 미래기획부를 구상하고 있다. 미래기획부는 힘 있게 정책들을 집행할 수 있도록 예산편성 기능도 갖게 하자는 게 안 캠프의 구상이다'(한겨레, 2012.10.10).

글로벌화, 저출산 고령화로 인한 평생학습 수요 등 인적자원의 중요성 증대 및 지식기반경제 시대 등의 국내외의 환경변화는 우리의 교육 및 과학기술 관련 정부조직기능에 상당한 영향을 미치고 있다. 따라서 이러한 경제, 산업 및 사회 환경의 변화에 효율적으로 대응하기 위한 정부조직과 기능, 나아가서 정부(중앙과 지방)와 민간의 역할분담구조에 대한 근본적인 재검토와 재설계가 필요한 시점이라는 점에는 이견이 없다.

특히 교육과학기술 기능에 현 정부조직의 문제점은 크게 다음의 세 가지로 요약할 수 있다. 첫째, 급변하는 사회경제환경 변화에 대응하는 미래 인재양성정책조정기능의 미흡이다. 과거 교육인적자원부 시절에는 예산권은 부재한 상황이라 하더라도 부총리의 공식적 권한과 인적자원개발기본법 및 기본계획 등으로 다수 관련 부처의 이해를 조정하는 데 어느 정도는 효과가 있었던 것으로 인식되고 있다. 교육, 고용, 복지의 연계, 연구개발과 인적자원개발의 연계, 대학과 출연연구소와의 연계, 지역 인적자원개발정책과의 연계 등이 그 어느 때보다 중요한 시대에 교육과학기술부장관과 고용노동부장관과의 역할과 위상이 혼돈되기도 한다. 또한 청와대와 국무조정실과의 관계도 불명확한 문제점이 지적된다.

둘째, 교육과학기술부와 국가과학기술위원회로 이원화되어 있는 연구개발조정기능도 개선되어야 할 사항으로 지적된다. 국가연구개발기능의 이원화도 문제점으로 지적될 수 있다. 과학기술 연구개발의 경우 예산권이 별도로 존재하고 있지만 이는 교육과학기술부의 업무가 아니라 국가과학기술위원회의 업무다. 생애주기별 인적자원개발부문을 담당하는 교육과학기술부도 예산조정권을 요구하는 상황이다. 지식경제부와 교육과학기술부로 나뉘어 있는 국가연구개발정책기능의 이원화 문제도 부각되었다. 지식경제부는 산업과 관련된 연구개발투자를 그리고 교육과학기술부는 기초연구개발투자를 담당하다보니 16.9조원(2013년 예산안 기준)에 달하는 국가연구개발투자가 효율적이고 효과적으로 이루어지는 데 한계를 보이고 있다.

셋째, 자율화와 현장 중심의 교육개혁을 강조한 현 정부의 정책방향과 교육과학기술부 조직체계와는 괴리가 존재한다. 전교조의 전폭적인 지지를 업고 당선된 진보성향의 교육감과 교육과학기술부장관이 자주 다른 목소리를 내고 갈등구조를 보여온 것도 교육과학기술부의 영역과 시도교육청의 영역구분이 명료하게 정착되지 못하기 때문으로 보인다. 여전히 국가공무원체제로 되어 있는 교원신분구조, 시도교육위원회는 시도의회로 일원화가 되었으나 교육감은 시도지사와는 별도의 선거를 통해 선출하는 이원화된 교육자치 지배구조가 유지되고 있어 교육자치가 지방자치와 분리되어 운영된다. 중앙정부는 학교교육정책을 위해 학교지원국과 학생지원국을 여전히 존치시키고 있으며 인재정책실에서도 미래인재정책관실, 창의인재정책관실에서도 유사한 업무가 이루어지고 있다. 대학자율화와 관련해서도 대학지원실 산하에 대학선진화관, 대학지원관, 산학협력관이 전통적인 대학규제 및 지원업무를 수행하고 있다.

지금까지 한국경제성장의 버팀목역할을 해온 교육이 새로운 패러다임을 맞이하는 한국경제에서 변화와 발전의 걸림돌로 주목받고 있다. 낡고 제구실을 못하는 공교육에 반해 사교육 의존도가 지나치게 높은 우리의 교육시스템으로는 미래를 개척해 나가는 데 한계가 있다는 데 공감대가 형성되고 있다. 21세기 지식기반사회의 국가경쟁력은 인적자원의 역량에 달려 있다. 우리나라는 세계적으로 보기드문 교육열에 힘입어 교육의 대중화에는 성공했으나 질적 심화는 아직 요원하다. 사교육의 만연으로 교육투자 효율성은 물론 계층간 지역간 갈등의 온상으로 자리잡은 지 오래이며 어디서부터 그 실타래를 풀어야 하는지에 대해서도 진보와 보수로 나뉘어 해법을 모색하지 못하고 있다. 산업현장과 괴리된 대학교육, 고학력 실업 등 인적자원의 비효율적인 운용, 그리고 효과적이지 못한 국가연구개발투자는 국가경쟁력의 한계로 작용해 평생학습사회의 효율적인 국가인적자원정책과 국가연구개발투자의 새로운 패러다임의 필요성이 다시 한번 강조되고 있다.

Ⅲ. 교육관련 정부조직의 변천과정

1. 정부수립 이후 김영삼정부까지[5)]

교육기능은 1948년 발족된 문교부, 과학기술은 1968년 발족된 과학기술처가 전신이다. 건국 이전 한국교육위원회에서 독립하여 생겼으며, 1948년 문교부 설립 당시 1실 5국 22과로 출범했으니 2012년 현재의 입장에서 보면 격세지감이 있다. 1970년 문교부 내 체육국과 1973년 교육시설국, 1982년 체육부가 신설되면서 문교부 내 체육국 업무가 체육부로 이전되었다. 1980년 대통령령 9748호에 의하면 문교부 직무는 교육·과학·체육 및 교과용 도서의 편찬·검인정에 관한 사무를 관장하였으나, 대통령령 제10769호에 의거한 문교부의 직무는 1982년 체육부의 신설로 교육·과학과 교과용 도서의 편찬 및 검인정에 관한 사무를 관장하게 된다.

이후 3실 5국 정도의 규모를 유지하던 문교부는 1990년 정부조직법이 개정(90.12.27 법률 제4268호)됨에 따라 문교부가 교육부로 개편되면서 교육부의 직무는 학교교육·평생교육 및 학술에 관한 사무를 관장하게 되었다. 이때 문교부·교육부의 기구개편은 실·국 개편은 없었고, 장학편수실

5) 이맹희(2009). "1980년 이후 정부별 중앙교육행정기구의 장학조직 변천과정 연구"를 중심으로 정리하였다.

에 교육방송관련 부서를 더 두었으며, 대학정책실에 학생군사교육관과 국민정신교육관을 폐지하여 대학정책실을 축소하여 과(관)단위의 기구를 각각 확대, 축소했다.

김영삼정부의 교육부 직무는 학교교육·평생교육 및 학술에 관한 사무관장을 분명히 했다. 김영삼정부의 교육부 기구개편은 장학편수실을 장학실과 편수국으로 분리 개편하였고, 대학정책실에 산업정책담당관 및 개방대학교육과·전문대학행정과·전문대학학무과, 대학시설지원과·외자설비관리과를 두었으며, 지방교육지원국에 지방교육시설과를 두었다. 보통교육국을 지방교육지원국으로 개편하고, 장학실과 대학정책실을 통합하여 교육정책실로 확대 개편하고 대학교육지원국을 축소하였으며, 교원지원국을 신설했다. 그리고 교육정책실의 일부기능과 편수국, 교원지원국을 통합하여 초·중등교육실을 신설하고, 교육정책실의 대학교육정책관과 대학교육지원국을 통합하여 고등교육실로 개편하였으며, 지방교육지원국을 지방교육행정국으로 개편하고, 교육정책기획국, 평생교육국, 교육정보관리국을 신설했다. 이렇게 다양한 기구개편은 신교육체제 수립 및 추진을 위한 신설 실·국 개편이며, 장학기능 중심에서 교육정책기능 중심으로의 교육부 정책전환을 엿볼 수 있다.

2. 김대중정부

김대중정부의 출범 이후 교육부 직무는 학교교육·평생교육 및 학술에 관한 사무를 관장하였고, 초기에는 교육부에 학교정책실, 평생교육국, 교육환경개선국, 학술연구지원국, 정보화국을 두어 김영삼정부의 고육개혁계획을 차기 정부에서도 이어 추진하고 있음을 확인할 수 있다. 1998년 정부조직법을 개정(98.2.28 법률 제5529호)하는 방식으로 국민의 정부는 교육부직제 1차 개정(1998.2.28)을 단행한다. 교육부의 하부조직을 감량화하고 기능을 합리적으로 조정하기 위해 직제에 위임규정을 신설했다. 1999년 2차 개정(1999.5.24)을 통하여 학교정책실장 밑에 학교정책심의관을 폐지하고, 차관 밑에 교육정책기획관을 두었으며, 학술연구지원국장을 고등교육지원국장으로, 교육환경개선국장을 교육자치지원국장으로 개편하고, 교육정보화국을 폐지했다.

2001년 정부조직법 개정(2001.1.29 법률 제6400호)은 매우 큰 의미를 지닌다. 이를 통해 교육부가 교육인적자원부로 개편되면서 인적자원개발정책의 수립·총괄·조정, 학교교육·평생교육 및 학술에 관한 사무를 관장하게 된다. 이때, 김대중 대통령이 교육부장관을 부총리로 승격시켜 교육부총리제가 도입되게 된다. 이는 기존의 부처들에서 인적자원 개발을 하고 있는 업무를 그대로 존중하면서, 부총리제를 두어서 이것을 교육부장관으로 하여금 겸직하게 함으로써, 부처간의 협력을 도모하고 과제를 총괄·조종하도록 한 것이다. 또한, 차관 밑에 국제교육정보화기획관과 차관보를 두고, 학교정책실장 밑에 교육과정정책심의관을 폐지하고, 인적자원정책국장을 신설하였으며, 평생교육국장을 평생직업교육국장으로, 고등교육지원국장을 대학지원국장으로 개편했다. 그리고 2003년에는 과학교육정책과가 신설되었다.

3. 노무현정부

노무현정부의 교육인적자원부 직무는 인적자원개발정책의 수립·총괄·조정, 학교교육·평생교육 및 학술에 관한 사무를 관장하는 것으로 규정되었다. 기술경쟁력·혁신을 핵심요소로 하는 국가혁신체제 구축을 목적으로 과학기술부장관이 부총리급으로 격상되어 재경, 교육과 함께 3인 부총리제를 구성하게 되었다. 참여정부의 1차 개정(2003.7.25)에서는 차관 밑에 국제교육정보기획관을 폐지하고, 교육인적자원부에 국제교육정보화국을 신설하였다. 그리고 학교정책의 수립, 교육재정 및 교원인사제도 등을 통합적으로 관리하기 위해 교육자치지원국을 폐지하여 학교정책실장 밑에 교육자치심의관을 두게 된다. 2차 개정(2004.3.5)에서는 인적자원의 개발 및 관리업무를 효율적으로 수행하기 위해 학교정책실장 밑에 교원정책심의관과 교육자치심의관을 폐지하고, 학교정책심의관 및 교육복지심의관을 두었다. 인적자원정책국장을 인적자원총괄국장으로, 평생직업교육국장을 인적자원개발국장으로, 대학지원국장을 인적자원관리국장으로 명칭과 기능을 조정하여 인적자원총괄부서로서의 역할을 강조하고 있다.

3차 개정(2004.10.21)에서는 정부조직법이 개정(2004.9.23 법률 제72175호)됨에 따라 과학기술부장관이 관장하던 업무가 교육인적자원부로 이관되어 과학기술부의 기초학문지원과를 인적자원개발국에 이체받는다. 4차 개정(2005.2.28)에는 학교건강·체육정책 및 인적자원관리기능 등을 강화하기 위하여 학교정책실에 2개과(학교체육보건급식과, 국외인적자원정책과)를 신설했다. 5차 개정(2005.4.15)에는 정부조직법 및 행정기관의 조직과 정원에 관한 통칙이 개정됨에 따라 과(관)단위 설치한도에 관한 규정을 폐지하였고, 기획관리 부서를 정책홍보 관리부서로 개편하기 위해 공보관을 폐지하고, 기획관리실장을 정책홍보관리실장으로 개편하여 실장 밑에 기획홍보관리관을 두었다. 6차 개정(2005.6.8)에는 효율적으로 예산을 조정하고 재원을 배분할 수 있도록 하기 위해 정책홍보관리실장 밑에 재정기획관을 두었다. 7차 개정(2005.8.31)에는 차관 밑에 혁신인사기획관을 신설하고 총무과장을 운영지원팀장으로 개편하였으며, 학교정책실장 밑에 학교정책국 및 지방교육지원국을 두고, 일부 국의 명칭과 기능을 조정했다. 8차 개정(2006.6.30)에는 장관 밑에 장관정책보좌관 2인과 장관비서관 1인을 두었고, 대학의 구조개혁을 효율적으로 추진하기 위하여 교육인적자원부에 한시조직으로 대학혁신추진단을 설치했다. 9차 개정(06.12.29)에는 위임규정 개정으로, 행정기관의 조직과 정원에 관한 통칙 규정에 의한 계급별 정원 규정방식을 총 정원 규정방식으로 전환(총 정원의 3%를 넘지 않는 범위 안에서)하여 일부 직급의 정원을 자율적으로 조정하도록 했다.

10차 개정(2007.7.18)에는 교육인적자원부 직무는 인적자원개발정책의 수립·총괄·조정·평가, 학교교육·평생교육 및 학술에 관한 사무를 관장하는 것으로 개정했다. 따라서 인적자원개발정책의 수립·총괄·조정 및 평가와 관련된 예산사업에 대한 조사·분석 기능을 효율적으로 수행하기 위하여 인적자원정책국장을 인적자원본부장 1급 부서로 확대 개편하고, 평생학습국장을 평생직업교육지원국장으로 개편했다. 이어 11차 개정(2007.8.22)에서 정책홍보실의 실장 밑에 홍보관리관 및 재정기획관을 두도록 했다.

즉, 참여정부의 교육인적자원부는 기획관리실을 정책홍보관리실로 개편하였고, 교육자치지원국을 폐지하여 학교정책실장 밑에 교육자치심의관을 두었다. 학교정책실장 밑에 교원정책심의관과 교육자치심의관을 폐지하여 학교정책심의관 및 교육복지심의관을 설치했다. 그리고 이를 대신해 학교정책국장과 지방교육국장을 두었으며, 실장 밑에 학교정책관·교육과정정책관 및 지방교육지원관을 축소하고, 인적자원정책국을 인적자원본부로 확대 개편한 것이 가장 큰 특징이다. 따라서 학교정책실장 밑에 심의관을 기구개편하고 축소하여 인적자원정책국을 인적자원정책본부로 확대한 부분이 눈에 띈다.

4. 이명박정부

이명박정부는 다음의 국정과제를 명시하고 이를 적극적으로 추진하고자 조직부터 정비하였다. 자율화 및 다양화된 교육체제의 구축, 학교만족도 제고, 교육복지기반확충, 과학기술투자의 전략적 확대, 대학·연구기관 핵심역량강화, 연구지원하부구조 강화 등을 전면에 내세웠다. 이 중에서 조직구조편제와 특히 관련이 있는 앞의 세 가지 과제에 대해 자세히 살펴보자.

자율화되고 다양화된 교육체제구축을 위해 지방자치의 내실화, 고교다양화, 대학입시 3단계 자율화를 추진하고자 했다. 지방교육행정기관의 조직, 정원 결정권한을 시도교육청에 이양하고 학교단위 책임경영을 위한 학교자율화를 추진했다. 교장임용방식의 다양화와 학교단위 교원채용을 확대하고 정보공시 등을 통한 책무성 제고를 시도했다. 고교다양화 프로젝트를 통해 기숙형고, 마이스터고, 자율형고를 도입 운영했으며 대학입시 자율화를 위해 대입업무를 대교협에 이양하고 입학사정관제지원을 확대했으며 수능시험과목을 축소했다.

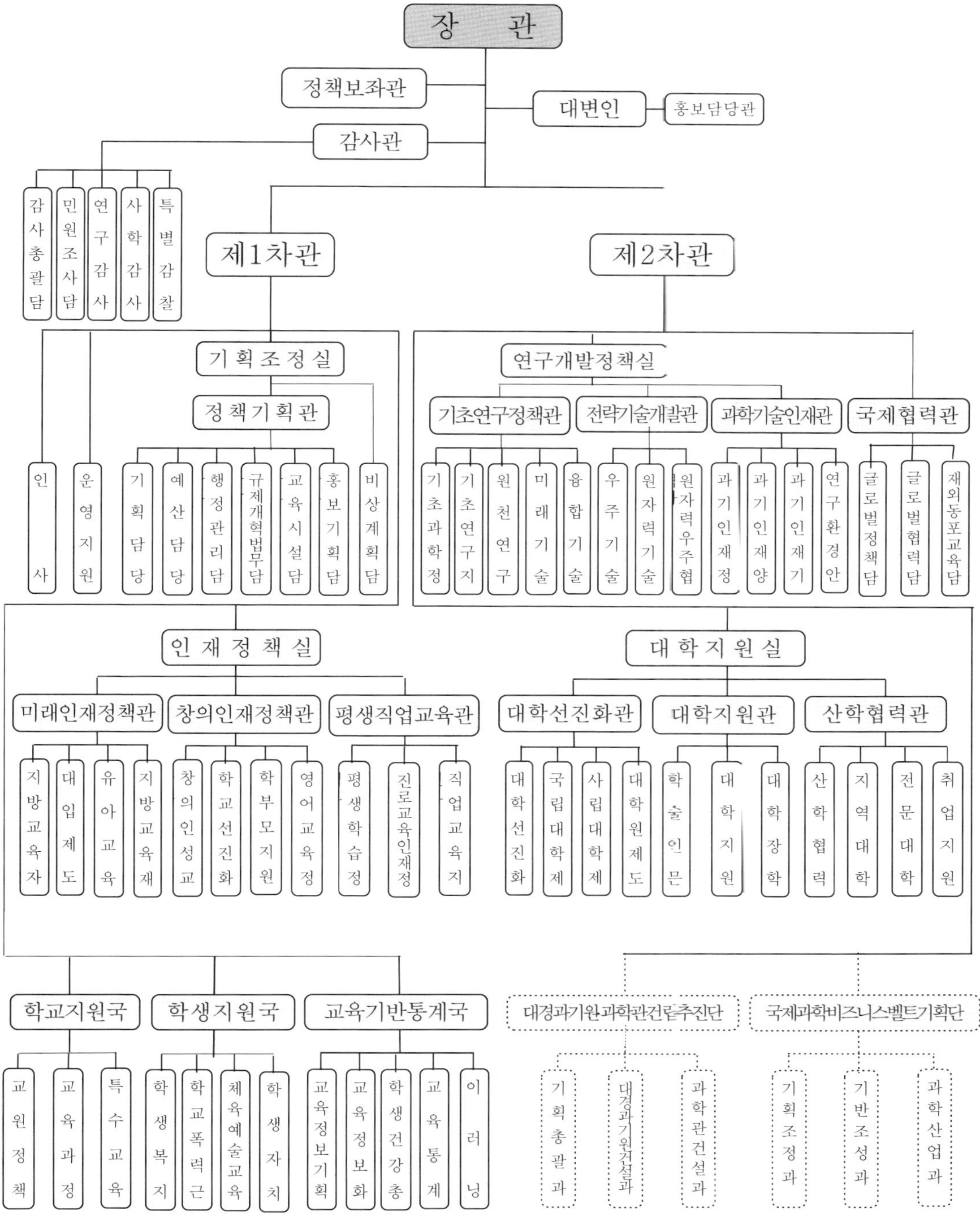

장 관
정책보좌관
대변인
홍보담당관
감사관
감사총괄담
민원조사담
연구감사
사학감사
특별감찰
제1차관
제2차관
기획조정실
정책기획관
인사
운영지원
기획담당
예산담당
행정관리담
규제개혁법무담
교육시설담
홍보기획담
비상계획담
연구개발정책실
기초연구정책관
전략기술개발관
과학기술인재관
국제협력관
기초과학정
기초연구지
원천연구
미래기술
융합기술
우주기술
원자력기술
원자력우주협
과기인재정
과기인재양
과기인재기
연구환경안
글로벌정책담
글로벌협력담
재외동포교육담
인재정책실
미래인재정책관
창의인재정책관
평생직업교육관
지방교육자
대입제도
유아교육
지방교육재
창의인성교
학교선진화
학부모지원
영어교육정
평생학습정
진로교육인재정
직업교육지
대학지원실
대학선진화관
대학지원관
산학협력관
대학선진화
국립대학제
사립대학제
대학원제도
학술인문
대학지원
대학장학
산학협력
지역대학
전문대학
취업지원
학교지원국
학생지원국
교육기반통계국
교원정책
교육과정
특수교육
학생복지
학교폭력근
체육예술교육
학생자치
교육정보기획
교육정보화
학생건강총
교육통계
이러닝
대경과기원과학관건립추진단
국제과학비즈니스벨트기획단
기획총괄과
대경과기원건설과
과학관건설과
기획조정과
기반조성과
과학산업과

학교교육 만족도 제고를 위해 창의인성교육을 강화하고 영어공교육을 강화했다. 교원의 능력제고를 위한 평가 및 연수체제를 갖추고 교육과정과 교과서를 개편했으며 학부모의 참여를 지원했다. 이러한 내용은 특히 처음으로 학부모지원과라는 조직이 탄생하게 되면서 탄력을 받고 있다.

교육복지기반확충은 농산어촌 전원학교 육성, 농산어촌 연중 돌봄학교 육성, 초중고 통합운영학교 육성, 교육복지투자우선지역 지원, 다문화가정 학생 맞춤형 지원, 북한이탈청소년 및 저소득층 학생교육비 지원을 강조하고 있다. 기초학력보장체제구축을 위해 기초학력미달학생 밀집학교를 집중 지원하고 진단 및 학습체제구축을 지원하고 있다. 맞춤형 국가장학제도를 구축했다. 소득수준에 따라 장학금과 학자금융자 등을 대폭 확충했으며 평생학습계좌제 등을 통해 평생교육기능을 강화했다. 유아학비를 단계적으로 부담경감해 기회를 확대하고 생애주기별 장애인 교육지원체제를 구축해나가고 있다. 초등 돌봄교육운영을 확대하였다.

대학의 교육역량강화, 연구능력제고 등 대학의 경쟁력 강화지원을 위해 대학교육역량강화사업과 2단계 BK21 및 WCU(세계 수준 대학육성사업) 지원을 확대했다. 지식기반사회에서 국가경쟁력의 원천인 새로운 지식창출 및 확산, 인재양성 중심기관으로서 대학의 경쟁력 강화가 필요한바 대학단위의 교육역량 강화를 지원하기 위해 객관적 정량지표에 따라 지원대상을 선정하고 차등지원하는 포뮬러방식의 재정지원시스템을 도입 운영했다. 사업단 및 연구자 단위로 과제수행을 위한 연구비를 지원함으로써 안정적인 연구수행 및 고급 인재양성을 지원하고 있다.

교육인적자원부서와 과학기술정책부서를 통합한 논거가 대학과 과학기술 연구개발의 연계를 강화해 지식기반사회를 이끌도록 함이었으나 이 부분에 대해서는 큰 변화가 없었던 것으로 평가된다. 기존 과기부 과학기술혁신본부에서 수행해오던 정부 R&D 예산 조정 및 배분기능은 기획재정부로 이전되었고 과기부에서 해오던 산업 관련 주요 R&D 사업 및 평가업무는 지식경제부로 이관되었다. 26개 출연연구소 중 13개 출연연의 관리 업무도 지식경제부로 이전되었다. 지식경제부는 산업기술연구회에 소속돼 있던 생산기술연구원, 전자통신연구원, 식품연구원, 기계연구원, 전기연구원, 화학연구원, 국가보안기술연구소, 안정성평가연구소와 공공기술연구회에 소속돼 있던 철도기술연구원, 에너지기술연구원, 지질자원연구원, 건설기술연구원 등 13개 출연연을 관할하고 있다. R&D 특구기획단 업무도 지식경제부로 이관되었으며 기상청 업무는 환경부로 이관되었다.

Ⅳ. 주요국의 교육관련 정부조직

1. 미 국

1) 교육 및 과학기술 조직구조 및 기능

미국의 연방정부 교육부는 Department of Education Organization Act(1979.10) 규정에 따라 1980년 5월에 설치되었다. 헌법상 교육에 관한 권한은 연방정부가 아닌 주정부에 귀속되어 있으며 연방정부는 교육에 관한 재정지원과 대통령의 교육정책지원 및 서비스기관으로서 기능을 수행한다.

미국 R&D 예산의 대부분이 국방부와 에너지부에 속해있으나, 기능적 측면에서 우리나라의 교육과학기술부와 비교하기에 적당한 부처는 없다. 다만, 행정부의 과학기술정책은 대통령 밑에 과학기술정책국(Office of Science and Technology Policy: OSTP)와 국가과학기술위원회(National Science and Technology Council: NSTC)를 중심으로 한 연방기관을 통해 결정된다. 미국의 직업교육훈련체제는 연방정부 차원에서, 직업교육은 교육부, 직업훈련은 노동부로 분할 관리되고 있다.

(1) 미국 연방정부 교육부 조직구조 및 기능

교육부의 조직은 크게 장관, 부장관, 차관을 중심으로 그 아래에 각 실(office)들이 구성된다. 교육부장관이 몇몇 업무는 직접 관장하나 대부분의 업무는 부장관과 차관의 관할하에 운영된다. 장관은 필요에 따라 교육부 내 각 실국들의 효율적 업무 수행을 위해 각계 대표나 전문가로 구성된 특별위원회(Commission)를 조직하여 운영하고 있다. 대통령은 백악관이 직접 관할하는 특별 프로그램을 위해서 위원회를 구성하여 운영하는데, 학생 재정 지원을 위한 특별위원회를 포함한 여러 특별위원회가 백악관 관할하에 설치 운영되고 있다. 부장관이 직접 관장하는 기관들로는 예산회계실, 인사 및 행정관리 운영실, 정보기술 지원실, 고등교육 학비 지원실, 인권담당실 등이 있다. 부장관은 교육부 자체 내에 운영개선 특별위원회, 프로그램 운영 개선을 위한 전략위원회 등을 별도로 설치하여 운영하고 있다. 차관 밑에는 차관보급 장으로 한 실국을 설치해 운영하고 있다. 각국에서 집행하는 프로그램은 차관, 부장관을 거쳐 장관 및 대통령에게 보고되나 프로그램의 수정 및 집행 등 실질적인 업무 처리는 실국에서 이루어지고 결과에 대한 책임도 담당 차관보가 지고 있다. 조직표에 나타난 차관보급 실국은 영구적이진 않으나 대통령이나 장관이 마음대로 변경시킬 수 있는 직제가 아니다. 대부분 차관보급 조직은 5년을 단위로 연방의회에서 승인하며 의회가 5년마다 존치 여부를 재검토한다.

1980년 통과된 연방 교육부 조직법에 명시된 주요 임무는 다음과 같다.

① 모든 시민에게 동등한 기회제공이라는 연방정부의 사명을 완수하는 중추적 역할을 수행한다.

② 교육의 질적 향상을 위하여 주 및 지방정부의 교육관련 기관들, 공·사 비영리 교육 연구개발 기관, 지역사회, 학부모 및 학생들을 돕고 지원한다.

③ 교육연구 및 교육 프로그램들의 평가, 이와 관련된 자료 및 정보 등의 보급과 교환 등을 촉진시키고 지원함으로써 교육의 질적 향상을 추구한다.

④ 대통령, 의회, 시민들에게 연방교육 프로그램의 효과와 가치에 관한 주된 책임을 진다.

⑤ 시민, 학부모, 학생들이 연방지원 프로그램을 통하여 혜택을 받을 수 있도록 권장하고 필요한 지원을 해 준다.

이 외에도 교육부 조직법에는 연방정부가 수행해야 할 중요한 임무들을 기술하고 있다. 연방정부는 주 및 지방정부의 관할하에 있는 교육의 질적 발전을 위하여 연방정부 차원에서 정책과 프로그램을 개발하고 그 집행을 위하여 주 및 지방정부에 예산을 지원한다. 연방정부의 최고책임자는 대통령이기 때문에 교육부장관은 대통령이 제안하고 의회에서 확정된 교육정책을 관련 법규에 따라 집행하는 책임을 진다.

(2) 미국행정부의 과학기술 조직구조 및 기능

① 과학기술정책국(Office of Science and Technology Policy: OSTP)

1976년 의회가 National Science and Technology Policy Organization, and Priorities Act에 대통령실에 OSTP를 설치하도록 했다. 1976년 연방의회의 승인을 받아 백악관 내에 설립된 과학기술정책국(OSTP)은 국내외 주요 이슈 관련 과학기술의 영향력에 관하여 대통령과 주요 정부 관료에 자문역할을 수행한다. 과학기술 정책 및 관련 예산안 수립과 집행에 있어 기관 간 조정기능을 수행하는 주무기관의 역할을 수행, 민간부문이나 주/지방정부, 이공계 단체 및 대학 교육기관, 더 나아가 다른 나라와도 과학기술 관련 주요 이슈를 위하여 협력한다.

② 국가과학기술위원회(National Science and Technology Council: NSTC)

연방정부 내 다양한 기관의 과학기술 정책 및 관련 이슈를 조정하는 역할을 담당하며, 대통령을 의장으로 부통령, OSTP 국장, 각부 장관 및 과학기술 관련 주요기관들인 CIA 국장, NIH 총재, 그리고 기타 관리예산국(OMB) 국장, 백악관 참모진 등이 참여한다. NSTC의 주요목적은 연방정부 내 각 기관들의 연구개발 전략 및 투자계획의 수립 및 조정에 있으며, 이러한 기능의 수행을 위하여 과학, 기술, 환경 및 천연자원, 국방 및 국가안전 등 크게 4개 분야 주요 산하위원회(primary committee)를 두고 있다.

③ 관련 연방기관

과학기술관련 연방기관(Federal Agencies)들은 일반적으로 2가지 범주로 분류될 수 있는데, 하나는 연구수행 또는 지원관련 기관이며, 다른 하나는 과학기술과 관련된 미션을 가지고 있는 기관으로, 국방부, 에너지부, 농무부, 국토안보부에 의해 주로 운영되고 있다.

(3) 연방정부의 직업교육훈련 조직구조 및 기능

미국의 직업교육훈련체제는 연방정부 차원에서, 직업교육은 교육부, 직업훈련은 노동부로 분할 관리되고 있는데, 연방 교육부는 중등단계와 2년제 대학인 커뮤니티칼리지 중심의 고등교육단계의 직업교육을 관할하며 노동부는 성인들을 대상으로 각종 훈련기관에서 운영하는 직업기술훈련 프로그램들을 관할하고 있다. 교육부와 노동부 양 부처 주관으로 직업교육과 훈련이 분리되어 왔으나, 80년대 이래로 인적 자원의 질 향상이라는 정책 기조에 따라 양 부처가 협력하여 직업교육과 일반교육 및 직업훈련 간의 종합적인 연계체제 구축을 위하여 활발히 노력하고 있다. 1917년 이후 연방정부는 직업교육을 국가적 우선과제로 본격 추진하였고, 그 결과 고등학교 학생의 절반, 대학생의 1/3 이상이 직업교육 과정을 밟고 있으며, 약 4천만 명 이상의 성인학습자들이 단기 고등 직업교육 훈련을 이수받고 있다. 1960년대 이전만 하더라도 미국의 직업교육 훈련체계는 비교적 단순하여 중등단계 학교의 직업교육에 참가하는 학생들의 비중이 미미하였다. 그러나 1960년대 이후 직업교육과 직업훈련이 크게 확대되면서 이에 대한 연방정부의 역할 또한 크게 증대되기 시작했다.

이와 더불어 주정부 차원에서도 자체적으로 직업훈련 프로그램을 활발히 개발하고 운영하기 시작했으며, 직업훈련담당 행정기관뿐만 아니라 기업, 노조, 각종 지역사회단체들로 직업훈련체계가 복잡하고 다양한 양상을 지니게 된다. 직업교육은 중등단계 학교의 실업계과정과 기술계통의 고등교육기관에서 실시되고 있는데 직업교육을 실시하는 학교의 종류는 상당히 다양한 편이다. 직업훈련의 프로그램 수가 많고 프로그램 사이에 중복과 불필요한 경쟁이 나타나고 있어, 프로그램을 관리·운영하는 행정기관도 연방, 주, 지역차원에 걸쳐 산재해 있는 등 행정체계가 상당히 복잡하다. 연방헌법에서 교육에 관한 사항은 원칙적으로 연방정부가 아닌 각 주정부의 소관사항으로 규정함에 따라 교육의 일환인 직업교육도 연방정부보다는 주정부의 영향을 크게 받는다.

2) 시 사 점[6)]

미국의 교육부는 '하는 일'과 '하지 않는 일'이 명확히 구분되어 있다. 교육에 대한 통제 및 집행과 관련된 업무를 수행하지 않음으로써 주정부와 지방정부 및 각급 학교에 대한 자율성을 부여하고 있다. 교육부는 교육에 관련된 교육자료를 수집·배포하는 역할을 함으로써 교육에 관한 홍보활동 및 교육정보를 공유하도록 하는 역할을 수행한다. 학교들에 대한 정보를 수집하고 연구를 감독하며, 그 결과를 교육자와 일반 국민들에게 제공한다. 교육부는 교육관련 문제점 및 쟁점 등 교육관련 이슈를 파악하고 국민, 학부모, 학생 등의 참여를 통해 연방수준에서의 교육활동 관리 개선에 활용하도록 한다. 교육부는 연방수준의 대학생 학자금 지원 등을 비롯한 교육보조금 관련 정책을 수립하고 교부하며 그 집행을 감독하는 기능을 수행한다. 감사는 미션달성을 위한 정책적 컨설팅, 리더십의 제공, 정책수립과 집행에 관련된 문제점 해결에 대한 지식제공 등에 보다 초점이 맞춰져 있다. 교육부는 교육기회를 보장하기 위한 각종 기능을 수행한다. 인종차별 금지, 특수·재활교육실을 통한 특수교육 프로그램과 서비스의 제공, 영어결핍 아동을 위한 노력 및 취약계층의 아동들의 성취역량 향상에 많은 노력을 기울이고 있다.

2. 일 본

1) 교육 및 과학기술 조직구조 및 기능

일본은 1990년대 장기불황을 거치면서 과학기술혁신의 중요성을 인식하고 이를 반영할 수 있도록 혁신정책의 핵심기조 변화와 종합과학기술회의의 기획 기능을 강화했다. 문부과학성은 2001년 1월 일본 정부조직개편에 따라 기존의 문부성, 과학기술청, 문화청이 통합된 것으로 교육·과학기술·학술·문화·스포츠 등에 관한 행정사무를 담당한다. 총리 직속 내

6) 이 부분은 오세희 외, 2008을 주로 참고했다.

각부에 장관급인 문부과학대신을 두고 그 밑에 평생학습정책국, 교육국, 과학기술·학술정책국, 연구진흥국, 개발국 등을 설치해 부처간 교육, 과학기술혁신정책을 조정하는 역할을 담당한다. 대학, 기초연구·원천기술, 거대과학기술, 과기교육·인재양성 등을 관할하는 중앙행정기관으로 한국의 교과부 출범시 조직의 모델이 되었다고 할 수 있을 정도로 권한과 기능이 매우 공통적이다.

이때 개편의 방침으로는 다음과 같은 내용을 들었다.[7)]

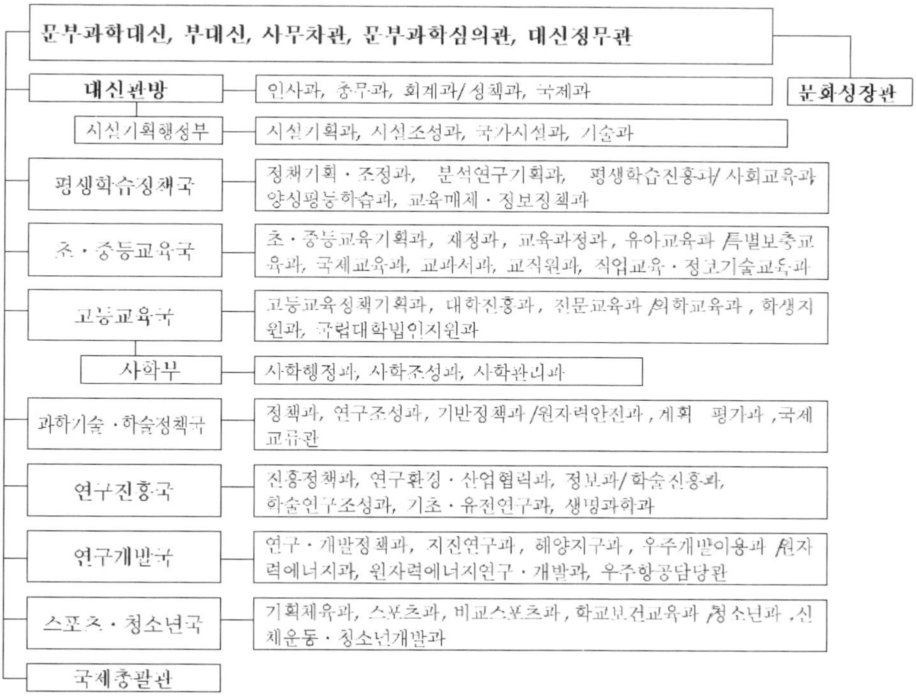

① 풍요로운 인간성의 육성, 교육제도의 혁신 등을 목표로 한 교육개혁을 추진

② 학술 및 과학기술행정에 관하여 명확한 목표 하에 종합적, 적극적,

7) 이 부분은 이기우 외, 2006을 주로 참고했다.

계획적 시스템을 강화하고, 학술 및 과학기술행정에 관하여 명확한 목표하에 종합적, 적극적, 계획적 시스템을 강화하고, 학술 및 과학기술연구의 조화 및 종합성의 확보를 도모

③ 종합과학기술회의 논의에 따라 책정된 과학기술에 관한 기본방침을 고려하여, 연구개발에 관한 구체적 계획을 수립하고 그 추진을 도모하며, 이에 기초한 관계 부서간 조정을 도모

④ 국립대학의 조직, 운영체제의 개혁 기타 고등교육의 개혁을 실시

⑤ 개성있는 교육의 다양화, 지방의 자주성 존중이라는 관점에서 초등중등 교육을 개혁

⑥ 생애학습행정을 추진

⑦ 문화행정기능을 충실화

⑧ 국제문화교류에 대하여는 외무성과의 연대를 긴밀히 하고, 문화청이 보다 중요한 역할을 수행

⑨ 대규모 프로젝트에 의한 기술개발에 대하여는 주로 상업화·실용화를 위한 것은 경제산업성이 담당하고, 학술연구 및 과학기술에 관한 것은 교육과학기술성이 담당

⑩ 원자력 기술개발에 대하여는 에너지 이용에 관한 것은 경제산업성이 담당하고, 학술연구 및 과학기술에 관한 것은 교육과학기술성이 담당

⑪ 유치원, 보육소에 대하여 노동복지성과 연계하여 이들 시설 및 운영의 종합성을 확보

⑫ 청소년보건육성행정에 관하여는 총무청의 사무 중, 내각부에 이관하는 종합조정에 관한 사무 이외의 사무는 교육과학기술성이 담당

내부 국으로 설치한 것은 대신관방 외에 생애학습정책국, 초·중등교육국, 고등교육국, 과학기술·학술정책국, 연구진흥국, 연구개발국, 스포츠·청소년국의 7개국 및 국장급의 국제총괄관 1명, 외국으로 문화청을 두고 있다. 일본 문부성은 교육과 과학기술 관련 업무 외에도 스포츠와 청소

년 및 문화 관련 업무까지 담당한다. 일본의 정부조직개편은 문부과학성의 탄생만이 아니라 전반적인 개편을 단행하여 21세기에 능동적으로 대처하기 위한 새로운 시스템의 정비 시도로 이해된다.

2) 시 사 점[8)]

일본의 행정개혁은 국민과 정부의 역할을 수정하여 슬림화목표를 설정하여 성과를 달성했다. 작은 정부를 지향하는 방향으로 개혁을 추진했는바 성청(22개→12개), 관방의 국(128개→96개)의 수를 삭감하고, 독립행정법인을 설치하고, 심의회를 정리하는 한편, 민영화·민간위탁·폐지 등의 개혁으로 업무의 감량화를 도모하고, 신규채용 억제를 포함, 공무원 정원의 25%를 삭감하고자 했다. 행정개혁의 기본적인 틀은 내각총리대신의 직속기관인 행정개혁회의에서 주도하였으나, 총리의 지속적인 관심과 지지, 여당 등 정치권에서의 논의와 지지 그리고 입법화가 개혁의 성공을 초래했다. 이러한 성과는 정부의 노력만으로는 어렵고, 정치권과 함께 해야 성공할 수 있음을 시사한다.

기획기능과 집행기능을 분리하면서도 긴밀한 연계를 확보하였다. 기획기능은 본청의 내부부국에서, 집행기능은 청에서 수행하게 했으며 정책집행기능을 담당하는 청은 효율성과 자율성을 높이는 방향으로 개혁이 이루어졌다. 정책조정의 활성화, 정책평가기능의 강화, 국민에 대한 책임성의 확보 등이 주요 목적으로 설정되었다.

3. 영 국

1) 교육 및 과학기술 조직구조 및 기능[9)]

영국은 1964년 교육부(Ministry of Education)와 과학부(Ministry of Science)

8) 이 부분은 주로 권영주 외, 2007; 이기우 외, 2006를 참조했다.
9) 이 부분은 주로 정환규(2011)를 참조했다.

를 합쳐 교육과학부(Department of Education and Science)를 만든 바 있다. 이후 교육과 고용 기능의 부처통합도 시도되었다. 블레어 정부는 1997년 국가정책의 최우선 과제를 교육부문에 대한 투자 확대로 설정하고, 교육개혁의 모토로 「High Challenge, High Support」를 제시하고 어떤 상황에서도 모든 학교들이 지속적으로 학생의 학력을 신장해야 한다는 개념을 강조했다. 블레어 정부는 학력향상 정책과 함께 소외지역과 저소득계층을 위한 교육복지를 추진하고, 고등교육에 대규모 투자를 하여 대학진학률을 높이고 대학-학생-기업간의 연계체제를 강화하는 정책을 추진했다.

블레어 정부는 교육개혁 정책을 추진하기 위해 중앙정부의 교육부처를 두 차례에 걸쳐 개편했다. 1기 정부가 출범한 1995년 노동부에 소속되어 있던 고용서비스청을 기존의 교육과학부에 통합하여 교육고용부(Department for Education and Employment)를 신설했다. 교육고용부는 어린이와 청소년의 장래를 준비하는 학교 교육뿐만 아니라, 성인의 직업훈련과 고용까지도 책임지는 원스톱 조직으로 설계되었다. 2001년 블레어 2기 정부는 고용서비스 기능의 일부를 떼어내어 노동연금부를 신설하고, 교육고용부를 교육기술부(Department for Education and Skills)로 개편했다. 새로운 중앙 교육부처는 초·중등학교가 자율적으로 학력수준을 향상시키도록 지속적인 개혁정책을 시행하고 의회와 협력 수준도 강화하려는 목표를 가지고 있었다. 국가인적자원의 개발과 고용 연계는 중앙 정부의 고용 및 노동 부처에서 주로 담당하고, 교육 부처는 어린이와 청소년을 대상으로 하는 초·중등교육의 질 향상을 위한 정책과 재정 지원에 주력하도록 했다.

학교교육과 고등교육의 행정 분리가 시도되었다. 2007년 브라운 정부는 블레어 정부의 교육개혁 성과 중에서 고등교육 분야의 성과를 계승·확대하는 데 큰 관심을 보였다. 브라운 정부는 고등교육 진학률을 50% 수준까지 끌어올리고 고등교육의 질을 개선하기 위하여 고등교육 재정을 확대했다.

이와 같은 정책을 지속적으로 추진하기 위하여 브라운 정부도 교육부처를 개편했는바 블레어 2기 정부에서 신설된 교육기술부에서 고등교육

분야를 떼어냈다. 기존의 통상산업부의 과학기술 및 연구개발 기능과 합쳐 '혁신 및 대학·기술부'(Department for Innovation, Universities and Skills, DIUS)를 신설하고, 어린이와 청소년의 학교교육과 교육복지를 담당하는 '아동·학교·가족부'(Department for Children, Schools and Families, DCSF)와 관할 영역을 분리했다. 신설된 혁신 및 대학·기술부는 대학교육과 과학기술 및 연구개발 정책을 통합적으로 결합·운용함으로써 대학이 지식기반 경제를 혁신하는 기관이 되도록 정책을 개발하고 재정을 효과적으로 배분하는 기능을 담당하게 되었다. 영국사회에서는 동 부처의 신설로 '과학의 중요성을 인식하고 고등교육과 경제의 연계성을 강화함으로써 혁신부처를 창설했다'고 평가하고 있다.

그러나 다시 교육부로의 변경이 시도되었다. 2010년 집권한 캐머런 정부는 혁신 및 대학·기술부(Department for Innovation, Universities and Skills, DIUS)와 기업 및 규제개혁부(BEER)을 통합하여 기업·혁신·기술부(Department for Business, Innovation and Skills, DBIS)를 신설했고, 아동·학교·가족부는 교육부(Department for Education)로 변경했다. 신설된 기업·혁신·기술부는 기업활동, 지역개발, 공정시장, 과학혁신, 고등교육 및 평생교육을 담당한다. 동 부서 신설의 주요목적은 지속 가능하고 재정적으로 안정된 대학교 및 연구소와 과학자, 공학자, 기술자를 양성하고 사용자와 경제의 요구에 부응하는 세계 수준의 연구 기반을 지속적으로 발전시키기 의함이라 한다. 또한 기업혁신기술부가 과학기술정책 총괄부처로서 주요 연구개발정책을 수립·집행하고 부처간 조정업무를 담당한다. 그 외 세계 수준의 연구기반 유지 및 과학기술분야 인력양성 등 관련정책을 수립하고 과학기슬위원회 사무국 역할을 수행하고 있다.

2) 시 사 점

영국은 교육과 과학기술을 연계된 분야로 인식한다. 특히 대학교육의 경우 과학기술 연구개발정책과 분리해서 정책을 수립하고 집행하는 것의 한계를 분명히 하고 있다. 결국 교육부와 혁신부로 재편하고 혁신부에서 대학교육, 과학기술, 연구개발 업무를 통합적으로 수행하도록 했다는 점에서 주목을 끈다. 한편 교육부는 아동, 학교, 가족의 문제를 함께 고민하고 있으며 중앙의 행정부와 의회, 지자체와 개별 학교가 교육 정책 기획·자원배분·평가의 기능과 권한을 나눔으로써 기관간에 상호 견제와 협력을 하고, 개별학교는 교육에만 전념하도록 하려는 제도 운영은 교육자치의 본질에 충실하려는 것으로 참고할 만하다.

4. 중 국

1) 교육 및 과학기술 조직구조 및 기능[10)]

중국 중앙교육행정기능은 교육부가 담당한다. 교육사업의 최고 관리기관이며, 국무원의 종합직능부처로서 국무원이 지도하고 관리하는 전국교육사업의 사무기구로 기능한다. 중화인민공화국교육법에서 명확히 규정한 바와 같이 국무원의 교육행정부문에서 전국의 교육사업을 주관하고 통일적으로 기획하고 전국의 교육사업을 조화시키고 관리한다. 교육부에도 당 조직이 있어, 교육행정업무 및 모든 방침과 정책의 중요한 문제는 반드시 당 조직 회의를 통해 결정되는 것이 특징이다.

집행 및 참모조직으로 1개의 판공청과 부속기관이 있다. 기본임무는 국가교육사업을 통괄하고, 교육개혁의 추진, 사회주의 교육사업 발전을 목적으로 한다. 업무수요와 원활한 지도관리의 원칙에 따라 교육부 하위기구로 22개의 직능사(職能司)가 존재한다. 사무청(General Office, 办公厅), 정책법규사(政策法规司, Department of Policies and Regulations), 개발계획사(发展规划司, Department of Development and Planning), 인사사(人事司, Department of Personnel), 재무사(财务司, Department of Finance), 초등교육일사(基础教育一司, Department of Basic Education I), 초등교육이사(基础教育二司, Department of

10) 이 부분은 주로 최해금(2000)을 참조했다.

Basic Education II), 직업교육 및 성인교육사(职业教育与成人教育司, Department of Vocational and Adult Education), 고등교육사(高等教育司, Department of Higher Education), 교육감독사무실(教育督导团办公室, Office of National Education Inspectorate), 민족교육사(民族教育司, Department of Ethnic Minority Education), 사범교육사(教师工作司, Department of Teacher Education), 체육위생과 예술교육사(体育卫生与艺术教育司, Department of Physical, Health and Arts Education), 사상정치교육사(思想政治工作司, Department of Moral Education), 사회과학사(社会科学司, Department of Social Sciences), 과학기술사(科学技术司, Department of Science and Technology), 고교학생사(高校学生司, Department of College Student Affairs), 대학교학생사(直属高校工作司, Department of National Universities), 학위관리 및 연구생교육사(学位管理与研究生教育司(国务院学位委员会办公室), Department of Postgraduate Education(Office of the State Council Academic Degrees Committee)), 언어문자응용관리사(语言文字应用管理司, Department of Language Planning and Administration), 언어문자정보관리사(语言文字信息管理司, Department of Language Information Management), 국제합작 및 교류사(国际合作与交流司(港澳台办公室), Department of International Cooperation and Exchanges (Office of Hong Kong, Macao and Taiwan Affairs)) 등으로 구성된다.

한편 중국의 과학기술행정조직으로는 과학기술부가 존재한다. 국가과학기술정책을 총괄하는 부서로서 국가연구개발사업의 계획 및 집행, 연구개발성과의 평가 및 보급, 연구자원의 합리적 배분 및 투자, 과학기술 국제교류 등 우리나라의 과거 과학기술부와 유사한 업무를 수행한다. 또한 과학기술부는 성·시·현 급의 지방정부에까지 조직과 인력을 가진 거대 과학기술행정조직으로 구체적인 집행기능보다는 정책, 기획, 조정기능을 수행하고 있다. 과학기술부의 주요 임무는 국가 R&D 발전계획의 입안, 국가과학기술발전에 관한 정책 집행, 중요한 과학기술과제와 수행기관의 상호조정, 중요한 과학기술성과와 발명창조에 관한 평가, 장려, 보급, 과학기술요원의 양성, 훈련, 관리, R&D 경비의 조정, 배분, 과학기술에 관한 법률 및 규칙 제안, 대외 과학기술 및 학술교류에 관한 업무를 관장한다. 과학기술부의 주요 조직은 1청, 8사, 2국, 1위원회, 14개 직속사업기관으로 구성되어 있다.

교육부의 기본임무는 국무원의 지도에 따라 교육의 국정방침을 설정할 책임이 있으며, 전국적인 교육사업을 통할하고 전국의 교육업무를 협조하고 종합하며 국가교육개혁을 계획하고 지도하며, 더 나아가서는 사회주의 교육사업의 발전을 추진하는 것이다.

① 교육사업의 방침, 정책을 연구 고안

② 교육개혁 및 발전전략과 전국교육사업의 발전계획을 연구 제안

③ 본부 부문의 교육경비를 통일기획하고 관리

④ 중등과 초등교육 각 종류별 학교의 설치표준, 수업기본요구, 수업기본 문건을 고안하고 중등과 초등학교의 통일교재의 심의를 조직하고 중등 및 중등 이하의 각 종류별 교육의 교육과 교학개혁을 지도하며 9년제 의무교육의 보급과 청장년문맹퇴치사업에 대한 감독 지도와 평가를 조직

⑤ 일반대학교육, 대학원생교육 및 직업대학교육, 성인대학교육, 사회역량이 꾸리는 대학교육, 성인대학교육자습고시와 계속교육 등 사업을 통일기획하고 관리

⑥ 소수민족교육사업을 통일기획하고 지도하며 소수민족지구의 교육원조를 조화

⑦ 대학교의 당 건설사업과 학교 급별 및 학교 종류별로의 사상정치사업, 도덕교양사업, 체육위생 및 예술교육사업 및 국방교육사업을 기획하고 지도

⑧ 전국의 교사사업을 주관하고 학교 급별 및 학교 종류별로의 교사자격표준을 고안하며, 교사와 관리인원의 중장기충원 사업을 통일기획

⑨ 각 종류 대학학력교육의 학생입학시험사업을 통일관리하고 각 종류의 대학교 학생모집계획을 제정하며 각 종류 대학학력교육의 학

적관리사업을 책임지며 대학교졸업생 취업제도개혁을 관리하고 대학교졸업생취업정책을 고안하며 대학교졸업생의 취업분배사업을 조직실시

⑩ 대학교의 자연과학과 철학, 사회과학연구를 기획하고 지도하며 대학교의 첨단기술응용연구와 권장, 과학연구 성과 전이 등 사업에 대하여 거시적 지도를 하며 대학교가 국가의 중대한 과학연구과제, 국방과학기술혁신과제를 실시하는 사업을 조화시키고 지도하고 대학교의 국가중점실험실, 공정연구중심의 발전과 건설을 지도

⑪ 교육계통의 의사 사업을 통일적으로 기획관리하고 조화지도하며 출국유학과 외국인의 중국에서의 방문학습 관리사업의 방침, 정책을 고안하며, 대외 중국어교육사업을 기획하고 조화지도하며 외국에 주재하고 있는 중국교육기구의 사업을 지도

⑫ 교육기본정보의 통계, 분석과 반포

⑬ 국가언어문자사업의 방침과 정책을 고안하고 언어문자사업의 중장기기획을 제안하며 중국어와 소수민족언어문자의 규범과 표준을 제정하고 조직 조절 감독 검사하며 표준말과 표준말 고시사업의 권장을 지도

⑭ 학위사업을 통일적으로 기획하고 학위관련사업의 법규를 제안하며 국가의 학위제도를 책임지고 실시하며 국제학의 대등 및 상호인증 등 사업을 책임지며 국무원 학위위원회의 구체적인 관련 사업을 책임지고 처리

⑮ '중국 교육·과학기술·문자 조직 전국위원회' 각 위원단위 및 기타 부문, 기구와 조직과의 교육, 과학기술, 문자 방면의 합작과 교류를 책임지고 조화

⑯ 국가과학기술교육 영도소조 및 국무원에서 맡기는 기타 일들을 책임지고 처리

중국의 교육행정은 당의 방침, 정책을 집행하기 위한 수단으로서 현

대화건설 인재를 배양하는 데 그 목적이 있기 때문에 중앙으로부터 지방에 이르기까지 당의 영도하에 진행되고 있으며, 56개 소수민족의 다민족 국가이기 때문에 소수민족 교육문제도 소홀하게 다룰 수 없다.

중국의 국가과학기술시스템은 크게 과학기술행정시스템과 국가연구개발시스템으로 구분된다. 과학기술행정시스템은 국무원 소속의 과학기술교육영도소조를 정점으로 하여 과학기술부를 비롯한 과학기술관련 중앙정부부문과 지방정부부문으로 구성·운영된다. 과학기술교육영도소조는 국가과학기술정책을 협의·조정하는 공식적인 최고위급 의사결정기구로서 국무원 총리가 조장을, 과학기술교육담당국무위원이 부조장, 기타 과학기술관련 국무위원이 참여한다. 과학기술부는 과학기술행정의 중추기관으로서 거시적인 국가과학기술정책수립과 국가의 주요 과학기술계획의 집행을, 기타 과학기술중앙행정부문의 관련부서와 긴밀한 협조하에 주관한다. 지방의 과학기술행정시스템은 지방정부(성·직할시)가 주도적으로 국가의 거시과학기술정책의 틀 속에서 지방 과학기술정책을 독립적으로 수립·집행한다. 국방과학기술에 대한 연구개발정책수립 및 집행은 국무원 소속의 '국방과학기술공업위원회'의 소관사항으로 동위원회 산하에 원자력 및 항공우주관련 연구기관이 연구개발사업 등을 수행한다. 과학기술인력양성 및 교육정책은 과학기술관련 유관기관의 관련정책과 연계하여 교육부가 관장하고 있으며 과학기술의 대중화, 과학기술학술교류 및 보급은 전국적 조직망을 갖춘 과학기술협회와 중국공정원 등이 담당한다. 중국국가과학기술계획은 1980년대 이후 중국 정부가 과학 기술 연구 발전에 관한 총체적 과학계획을 여러 개를 설정했다. 이 계획들은 21세기 중국 종합 과학기술 경쟁력 전략적 향상에 있어 중요한 역할을 수행하고 있다. 특히 '863계획', '973계획', '국가 과학 기술 지탱 계획' 등은 국가 과학 기술 계획 중의 뼈대라고 할 수 있으며 '화거계획'(火炬計劃), '성화계획'(星火計劃) 등도 과학 기술 역량의 향상에 중요한 역할을 하고 있다.

2) 최근 개편과 시사점

중국교육부가 〈국가중장기교육개혁과 발전규획강요(2010-2020년)〉와 〈국가중장기인재발전규획강요(2010-2020년)〉의 전면적인 실시를 위해 〈중화인민공화국국민경제와 사회발전제12차5개년규획강요〉에 의거, 〈국가교육사업발전 제12차 5개년 규획〉을 제정 공표했다. 이를 통해 제12차 5개년 기간 동안 국가교육개혁발전을 위한 주요 목표와 발전방향 등이 제시된 바 있다(중국교육신문. 2012.7.22일자). 교육부는 지난 7월 28일 일부 부서의 직능조정을 실시했다고 발표했다. 이에 교사업무 강화를 위해 사범교육처를 교사공작처로 개명하고, 인사처, 직업교육과 성인교육처의 교사 관련 업무와 권한을 모두 교사공작처로 전환하기로 했다(2012.8.8일자 중국교육신문). 국무원 판공실이 최근 〈국가중장기교육개혁 및 발전규획강요(2010-2020년)〉에 따라 전국적인 교육감독 지도체제를 갖추기 위해 국무원소속의 교육감독지도위원회를 설립하고 이를 교육부 내에 설치한다고 발표했다. 통지에 따르면, 국무원교육감독지도위원회의 주요임무는 ① 국가적 교육감독지도에 대한 중대방침이나 정책을 연구·제정, ② 국가교육감독지도에 관한 총괄계획과 중대사항 심의, ③ 전국 교육감독지도공작 통솔지휘, ④ 국가교육감독관 초빙임명, ⑤ 국가교육감독지도 보고 발표로 구성된다(2012.9.2일자 법제일보).

중국의 교육부 조직은 국가의 발전단계를 반영 아직 미래사회의 인적자원 및 평생학습에 대한 고민, 고용 및 복지와의 연계, 국가 연구개발과 고등교육의 연계 부분에 대한 고민은 상대적으로 우선순위가 높게 나타나지 않고 있다. 또한 사회주의체제와 계획사회경제시스템의 유지발전을 위한 교육부의 핵심역할을 견지하고 있는 것으로 보인다.

5. 호 주

1) 교육 및 과학기술 조직구조 및 기능

호주는 연방국가로 연방정부, 6개의 주정부와 2개의 자치부, 각 지역정부의 세 단계 정부계층으로 구성되어 있으며, 호주의 교육은 이 세 계층 정부들 간의 공동의 노력으로 이루어지고 있다. 교육에 대한 실질적 주된 책임은 각 주정부 및 자치부가 지며, 연방정부는 몇몇의 소규모 지역의 교육을 책임지거나 전국 각급의 학교 및 대학의 재정 지원 등의 책임을 주로 진다. 초기 출범은 고용교육훈련부(Department of Employment, Education and Training: DEET)로 하였으나 고용교육훈련청소년부와 교육훈련청소년부를 거쳐 교육과학훈련부가 설립되었다. 호주 연방정부의 교육과학훈련부(Department of Education, Science, and Training: DEST)는 공·사립 학교 및 학교 제도, 고등교육기관 및 연구, 직업교육훈련, 학생 및 청소년 문제, 학교-직업세계 이행 프로그램, 원주민 고용 및 교육, 호주 교육훈련체제의 국제화 등에 관한 업무를 담당하고 있다.

2008년 호주 노동당 정부가 집권하게 됨에 따라 호주정부 정책에 변화가 있었다. 평생학습과 숙련을 중시하는 정책방향과 사회적 약자에 대한 배려와 사회통합, 중장기적 노동공급과 숙련부족에 대비해 교육과 훈련에 중점을 둔 정책을 추진했다. 이를 위해 과거 '고용노사관계부'를 '교육고용노사관계부'(DEEWR:The Department of Education, Employment and Workplace Relations)로 변경했다. 세부 조직은 크게 유아보육(Early childhood and child care), 학교교육(Schooling), 고등교육(Higher Education), 기술(Skills), 국제교육(International Education), 고용(Employment), 기술이민자(Skilled Migrants), 노사관계(Workplace Relations), 원주민(Indigenous), 청소년(Youth), 사회통합(Social inclusion)으로 구성된다.

한편, 혁신·산업·과학·연구부(Department of Industry, Innovation Science, Research and Tertiary Education)가 설치되었다. 교육과학훈련부가 관할하던

과기행정이 신설된 혁신산업과학연구부(DIISRT)로 이관되었다. 지식창조, 최첨단과학연구, 국가경쟁력, 생산성 향상을 추진하는 국가적 혁신체제를 구축하여 호주산업의 지속적인 성장을 추구하는 일을 제일 우선적인 목표로 하고 있다.

2) 최근 개혁과 시사점

호주 정부의 2012년도 개혁안의 주요 목표인 주요 산업에 필요한 인력을 공급하기 위한 전문기술인 양성을 주도적으로 이끌기 위해 직업교육의 기술부서와 과학연구 부서를 합병했다. 이는 정부에서 미래의 경제 발전에 필요한 것들을 미리 준비할 수 있도록 하기 위한 조치로 새로운 부서인 산업혁신과학연구직업교육부는 산업, 혁신, 과학, 연구, 직업교육간의 강한 연계를 구축하게 될 것으로 기대하고 있다(교육고용노동관계부 2011. 12.12일자 보도자료). 호주는 호주의 교육을 세계 5위 안에 위치시키는 원대한 목표를 발표하고 교육 개혁을 진행하고 있으며, 아직은 시작하는 단계이나 '교육 개혁을 위한 국가 정책'을 실행할 수 있도록 모든 합의를 마친 상태이며, 정부는 각 주정부 대표들과 장관급 소분과위원회를 발족시켰다(교육고용노동관계부 2012.9.7일자 보도자료).

호주도 국가경쟁력의 원천이 결국 교육, 고용, 과학기술의 연계체계에서 나온다는 점을 인식하고 평생학습의 차원에서 유연하게 교육관련 부서의 조직개편을 주도하고 있다. 일상적인 교육업무는 지방이 담당을 하고 중앙정부인 연방정부는 혁신과 고용 그리고 사회적 안전망 중심의 정책업무에 주력하고 있음을 알 수 있다.

V. 주요 쟁점사항 분석

1. 인적자원정책조정기능의 실종

국민의정부 시절, 국가인적자원개발(NHRD; national human resource development)이라는 새로운 개혁 패러다임을 설정하고 이를 위해 관계장관 협의체인 인적자원개발회의를 설치 운영하며 교육부총리가 부처간 총괄 조정기능을 갖도록 함으로써 국가인적자원개발을 효율적으로 추진하기 위한 추진체계를 마련했다. 이러한 노력은 두 차례에 걸친 국가인적자원개발기본계획의 수립을 통해 구체적인 영역별 비전과 목표, 그리고 실천프로그램을 포함, 중장기적인 정책노력으로 나타났다. 물론 시행과정에서 인적자원의 개념과 중요성, 정책의 우선순위에 대한 이해부족과 제도의 미성숙으로 부처간 조정이나 협력이 순조롭게 이행되지는 못했다.

그렇다고 이명박정부에서 교육개혁의 일환으로 이상의 정책노력을 백지화하고 인적자원개발기본법을 형해화한 것은 반성이 필요하다. 자율화와 다양화라는 학교교육개혁시도, 교육자치의 실질화를 위한 일반자치와 연계, 교원능력제고를 위한 평가기제 및 학부모 참여 활성화, 대학입시 자율화, 대학교육 및 연구력 지원 등도 결국 인적자원개발기본계획에 녹아들어갈 수 있는 정책과제이며 시간을 두고 효과가 나타날 수 있는 정책들이라고 하겠다. 전임 정부에서의 핵심정책을 지우거나 백지화하기보다는 보태기, 즉 기능보완 방식으로 접근하면 시간이 흐름에 따라 학습을 통해 운영의 개선으로 소기의 목표를 달성할 좋은 추진체계를 만들 수 있다. 역사적 제도주의라는 관점에서 접근할 필요가 있다는 말이다. 국가의 인적자원정책은 중장기적인 국가사업으로 관계부처, 지방자치단체, 기업 등과도 적극적인 협력체계를 유지하는 것이 중요한바 이의 보완이 교육관련 차기 정부의 주요 과제가 될 것이다.

무슨 이름이 되었든 문민정부 시절 교육개혁위원회, 국민의정부 시절

새교육공동체위원회 및 교육인적자원정책위원회, 노무현정부의 교육혁신위원회, 이명박정부의 교육과학기술자문회의 등 교육개혁추진기구와 기존의 교육정책담당부처와의 역할과 기능의 정립 및 정책협조가 중요하다. 자문기구를 심의기구화하고 정권을 초월해 존재하는 정치권을 포함한 상설기구화, 의제의 의결결과에 대한 구속력을 확보하는 등의 과제도 심도 있게 논의되어야 한다.

2. 과학기술정책기능의 통합

2011년 행정위원회 형태로 신설된 국가과학기술위원회는 우리나라의 과학기술 연구개발(R&D) 정책을 총괄 지휘하는 관제탑 역할을 하는 정부조직이다. 국과위는 국가적 과학기술 정책 수립과 부처별 연계성을 조정하고 보다 전략적인 국가 R&D 예산 투자를 조율하는 역할을 한다. 연구개발투자사업에 대한 평가와 그 성과를 공유하도록 하는 역할을 통해 국격을 향상시키고 국부를 창출하는 과학기술을 선도한다는 목표를 갖고 있다. 국과위는 대통령 직속 상설 행정위원회로 2011년 3월 28일 출범했다. 국과위는 상설 행정위원회로 개편되기 이전에는 대통령 자문기구 형태로 존재했다.

2004년 과학기술부총리직과 과학기술혁신본부가 새로 생기면서 국과위의 기능이 강화됐다. 산업정책, 인력정책에 지역혁신정책까지 심의 대상이 확대되었다. 대통령이 위원장을 맡고 부위원장을 과기부총리가 맡았으며, 과학기술혁신본부를 산하에 두었다. 과학기술혁신본부에서는 당시 과학기술부, 정보통신부, 산업자원부 등 과학기술 관련 부처의 연구개발 계획을 총괄했으며 연구개발 예산의 조정 배분권을 갖는 등 권한이 한층 강화됐다. 이명박정부에서는 대통령이 위원장을, 교육과학기술부장관이 부위원장을, 청와대 교육문화수석이 간사를 맡고, 민간 전문가들이 위원으로 들어와 과학기술 정책 수립과 연구개발 재원 배분에 중립성과 실질적 조정을 하게끔 하였다.

이명박 대통령 정부는 작은 정부를 추구한다는 기조하에 과학기술부와 교육인적자원부를 통합해 교육과학기술부를 만들었다. 초중고 교육은 교육청에 권한을 주고 교과부는 대학교육과 기초연구에 집중할 계획이었다. 하지만 실제 운영에 있어 교과부의 활동은 장기 계획인 과학보다는 실생활에 직접적으로 영향을 주는 교육 업무에 치중되어 운영했다. 과학기술계에서는 과학기술 연구개발을 총괄 지휘하며 연구개발 기획과 예산을 조정하는 상설 조직이 필요하다는 여론이 일었다. 이에 '과학기술기본법'을 개정하고 대통령 직속 행정위원회 형태로 국과위가 재출범하게 됐다. 이를 통해 국과위 사무처가 특정부처에 소속돼 있으면서 생기는 비독립성과 비상설 자문위원회로서 갖는 한계를 극복하는 것이 목적이었다. 하지만 사실상의 과학기술부가 부활함에 따라 국과위와 교과부 제2차관 산하 연구개발정책실의 기능조정은 차기정부의 고민으로 남게 되었다.

3. 교육, 고용, 복지의 연계

지금까지 추진된 교육개혁은 교육 따로, 고용 따로, 복지 따로 접근하는 것을 기본으로 했다. 아무래도 정책을 입안하고 추진하는 정부조직이 교육과학기술부, 고용노동부, 보건복지부로 달리 존재하다 보니 조직의 존립 및 역할, 정보공유 및 연계의 한계 등의 문제점에 봉착할 수밖에 없다. 그래도 1995년 5.31교육개혁 이후 공급자 중심에서 수요자 중심으로, 그리고 양적 팽창에서 질적 심화로 패러다임이 바뀌고 있고 특히 이명박 정부에서는 휴먼뉴딜정책 등을 통해 교육과 노동, 그리고 복지를 연계하는 교육복지기반확충을 국정과제로 추진해 왔다. 생애 주기로, 그리고 전국민을 맞춤형으로 평생학습을 가능하게 하고 특히 직업과 연계해 인력의 수요와 공급간의 균형을 추구하려는 정책은 시대를 불문하고 우선순위를 갖는다. 아울러 사회적 안전망 중 가장 중요한 부문이 바로 교육기회의 균

등, 다시 말해 희망의 사다리를 어떻게 튼실히 하는가도 머우 우선순위가 높은 과제이다.

이러한 교육, 고용, 복지의 연계는 조직체계로도 나타나야 하나 현재 교육과학기술부의 조직도상으로는 학생지원국의 학생복지과, 그리고 평생직업교육관실, 산학협력관실 정도가 산발적으로 이러한 기능을 나누어 담당하고 있다. 고용노동부와 보건복지부가 따라 존재해 직업훈련 및 유아보육 등을 담당하고 있다.

소득수준에 따른 맞춤형 학자금 대출 및 장학금 지원, 장학금과 학자금의 효율적 관리 및 정보제공체계 마련, 평생학습계좌제의 도입 및 프로그램 평가인증도 중요한 과제임에는 틀림없다. 하지만 직업과 연계하고 생애복지의 차원에서 보다 심층적인 접근에 대한 고민이 필요하다.

대학의 일상적 감독과 개입, 교육역량강화사업과 같은 프로그램 지원 방식의 유지, 대학입시에 있어서 대교협/전문대교협을 통한 규제를 유지하려고 하기보다는 미국의 사례에서 볼 수 있는 바와 같이 FAFSA(free application for student aid)와 같은 정부공식기구와 정보시스템을 통해 소득수준(means test)을 감안한 지원을 국가차원과 대학차원에서 긴밀한 협조가 가능하도록 하는 방안을 마련할 필요가 있다. 우리나라도 국가장학재단을 설립하고 든든학자금제도(ICL: income contingent loan)를 확충하는 등 수요자 중심의 지원제도를 보강해 가고 있으나 정부, 대학, 기업의 삼층지원구조를 통한 평생학습지원체계 마련에는 갈 길이 한참 멀다.

4. 교육자치 및 학교자치의 정착

이명박정부가 교육인적자원부와 과학기술부를 통합한 취지가 대학과 국가연구개발투자를 연계함으로써 고급인재양성 및 연구개발투자의 효과성 제고라는 두 마리 토끼를 잡기 위함이라 하였다. 국가의 출연연구소 형태로 지원되는 정부의 연구개발비 투자, 이와 별도도 존재하는 400

여 개에 달하는 대학의 연구인력을 연계해 시너지를 확보하고자 한 것이다. 이를 위해서는 전통적인 학교정책은 지방자치단체(우리의 경우 지방교육자치단체)에 이양해 중앙정부는 재정지원 및 복지, 통계, 홍보의 업무만을 담당하는 수준의 진정한 의미의 분권화가 필요하다. 그러나 여전히 학교정책은 교육과학기술부 업무의 상당 부분을 차지하고 교과부장관은 학교현장에 개혁전도사로서 동분서주하고 있다. 이는 교육자치 및 학교자치의 본래의 모습이 아니다. 이래서는 교과부장관과 시도교육감이 서로의 정책영역이 충돌해 다툴 수밖에 없다. 자율화와 다양화가 진정 학교정책의 전략이라면 자치의 수준을 제고하는 것이 중요한 과제가 되어야 한다.

우리는 주요국의 사례에서 연방국가 사례로 미국과 호주, 단일국가 사례로 일본, 영국과 중국을 살펴보았다. 사회주의 체제를 유지하고 있는 중국을 제외하고는 단위학교의 교과과정, 학교장 및 교사의 임용방식 등 일상적인 학교정책을 고민하는 부서로서 중앙정부 교육부 조직은 존재하지 않는다. 이제는 본격적으로 교육자치 및 학교자치의 수준을 한 단계 제고하는 노력을 경주할 시점이다.

Ⅵ. 향후 과제

1. 기능조정의 측면

이명박정부의 교육과학기술부 조직개편은 다음의 특징이 있다.

첫째, 학교교육기능을 지방으로 이양하고 자율화, 다양화를 지도 이념으로 정하여 교육정책의 현장성과 효과성을 도모하고 있으나 그 성과가 크지 못하다. 둘째, 교육과 과학기술정책을 동일 기관에서 통합 수행하게 되어 예상되는 과학기술정책기능의 홀대를 예방하지 못해 정부 중간에 국가과학기술위원회가 만들어지고 대통령실에도 과학기술비서관이 교육문화수석과 별도로 설치되는 시행착오를 겪었다. 셋째, 소부처주의에서 대부처주의로의 통합원칙에 교육과학기술부로의 개편은 장점이 있다. 하지만 교육과학기술부의 권한이 집중되어 장관의 과부하가 초래되고 적절한 견제와 균형이 실종될 우려가 있다. 미래를 위한 교육, 미래를 향한 과학기술이라는 구호에도 불구하고 장관의 관심이 교육이다 보니 과학기술은 우선순위에서 항상 밀리는 형상을 보였다.

과학기술 기본계획 등 과학기술 주요 정책의 수립 및 시행, 국가연구개발사업 예산의 배분·조정 등 연구개발예산의 효율적 운영 등에 관한 업무, 기초과학·산업기술 연구개발 계획 및 사업, 과학기술 인력, 지식재산 및 지역기술혁신 등 과학기술진흥 관련 정책의 조정에 관한 사항, 국가연구개발사업의 평가에 관한 사항 등은 국과위가, 그리고 실제적인 기초연구정책, 전략기술개발정책, 과학기술인재양성 등의 정책은 교과부가 수행하는 머리따라 몸통따로의 문제를 해결해야 한다.

대학교육을 강조하게 되면 아무래도 직업관련 인재양성과 연구개발을 함께 고민할 수밖에 없다. 그래서 마련된 대안이 MB정부의 교육과학기술부 체제이다. 주요국의 사례에서 확인할 수 있듯이 다른 나라들도 고용과 교육을 함께 관장하는 패턴과 교육과 과학기술을 함께 고민하도록 하는 두 유형으로 나누어진다. 이는 정책선택의 문제가 될 수밖에 없지만 교육, 복지, 고용의 연계를 여하히 긴밀하게 하면서 과학기슬과 대학교육정책을 소화하는가가 기능조정의 핵심과제가 되고 있다.

2. 조직개편 과정의 측면

이명박정부의 교육과학기술부는 통합 전에도 이미 거대부서로 성장해 온 교육인적자원부와 과학기술부를 통합하고 일상적인 초중등교육정책을 시도교육청으로 이관한 것으로 요약할 수 있다. 대부처 대국주의 원칙에 따른 조직개편을 실행하다 보니 TF팀의 신설 등이 불가피했을 것으로 생각된다. 교육과학기술부는 과거 교육부의 끈끈한 조직문화가 냉철한 과학기술부출신에게는 다소 생소한 측면도 있어 화학적 통합에는 지속적인 노력이 필요할 것으로 보인다. 최근 들어서는 줄어드는 추세이지만 교육부는 각 국립대학 및 시도교육청에 상당수의 자리를 확보하고 있어 지방근무가 많은 집행적 성격을 가지는 데 반해 과학기술분야는 집행은 주로 출연연구기관 등이 담당하므로 정책수립 및 재원배분 기능이 주가 된다.

정부조직개편은 단순한 부처 통폐합과 이와 관련된 규모조정이 단기적인 효과 이상을 내지 못한다는 것이 과거의 경험으로부터 학습한 교훈이다. 조직개편은 정치적인 목적으로 시작하지만 마무리는 행정적이 되어야 지속 가능한 효과를 낼 수 있다. 외과수술식의 팔다리를 자르고 붙이는 수준을 넘어서 미세적인 신경접합 수준의 운용과정 전환이 수반되어야 조직이 안정화될 수 있기 때문이다.

정권이 바뀌는 경우 일반적으로 초기에는 통폐합 등을 통해 효율화를 추구하나 집권 중반에는 이에 대한 반작용 또는 행정수요의 증가, 그리고 정치적 배려 등으로 조직의 확대로 나타나는 것이 일반적이다.[11] 따라서 기존조직이 갖고 있는 환경에 대한 적응성차원의 진화적 합리성을 무시하고 급진적인 개편을 도모하는 것은 위험할 수 있다. 상대적으로 유사한 기능을 통폐합한 교육과학기술부의 조직개편에서도 인력배치 및 승진인사 등에 있어서 과거의 경험으로부터의 학습내용을 잘 활용하는 것이 중요하다.

조직개편은 조직정책이다. 조직정책은 조직개편을 통해 정부환경의 불확실성을 해소하고, 필요한 자원을 동원할 수 있으며, 변화하는 행정수요를 충족시키고 나아가 정책수립의 방향타 역할을 한다. 그럼에도 불구하고 OECD경험을 통해 기능조정이라는 측면만을 고려한 정부조직개편은 성공하기 어렵다는 교훈을 잊지 말아야 한다. 기능조정은 정부와 민간, 그

11) 문명재(2008)에 의하면 전두환정부 이후 각 정부를 집권초기, 중기, 말기로 구분하여 부처단위의 변화량을 측정해 본 결과 집권초기의 부처단위의 변화량은 -0.8인 데 반해 중기는 +0.8로 나타난다. 집권초기의 정부조직개혁은 통합의 원리가 작용, 주로 축소위주로 진행되는 데 반해 집권중기의 조직개편은 분리의 원리가 적용되어 부처 수가 늘어난다.

리고 정부기관의 계층간 기능조정으로 이어져야 그 성과를 시현할 수 있다는 것이다. 이제 교육과학기술부의 조직이 안정화 되는 대로 출연연구기관 등의 구조조정이 수반되어야 하는 이유가 바로 여기에 있다고 할 수 있다.

Ⅶ. 결　　론

시간이 흐름에 따라 조직은 성장, 성숙하고 발전해 갈 수도 있지만 조직에서 일어나는 대부분의 바람직한 변화는 추진주체의 의식적이고 계획적인 변동노력에 의해 유도되며 이러한 계획적 변동노력을 조직개편이라 한다. 조직개편은 목표지향성, 동태적 행동지향성, 포괄적 연관성, 지속성의 특성을 지니지만 저항을 야기하기도 한다. 좋은 조직개편안의 특징은 첫째, 비용이 적게 들고 투자에 비해 소득이 클 것, 둘째, 효율적인 대안일 것, 셋째, 덜 복잡하고 위험과 불확실성이 작을 것, 넷째, 기존질서와의 마찰이 작을 것, 다섯째, 개혁의 기대성과를 명료하게 나타낼 수 있을 것, 여섯째, 추진주체와 시기의 결정이 적절할 것 등을 들고 있다(오석홍, 2003).

이명박정부가 작은 정부 큰 시장이라는 비전하에 강력히 추진하는 조직개편의 일환으로 교육인적자원부, 과학기술부를 통폐합해 교육과학기술부를 신설했다는 점에서 의미있는 변화로 평가된다. 기능조정의 측면에서도 자율화와 다양화된 교육체제 구축, 학교교육만족도 제고, 유아교육의 확대 등 교육복지기반확충 등 긍정적인 평가를 받을 수 있지만 조직개편의 과정적인 측면에서 과학기술정책분야의 홀대라는 저항에 직면할 수 있음을 지적할 수 있다. 과거 2개 부처시절 30개를 상회했던 실국장 자리를 22개로 줄이다 보니 시행착오를 겪었는바 이 과정을 통해서도 학습이 있어야 한다.

18대 대통령이 이끄는 새 정부 출범에 따른 조직개편은 정치적 과정이므로 행정적인 후속조치가 긴밀하게 수반되어야 한다. 불필요한 혼란이 야기되거나 불확실성을 키우는 형태로 잠재적 저항을 지속시키는 것은 조직개편의 효과가 오랜 시간이 지나야 한다는 점에서 바람직하지 않다. 초기에는 강제적 전략으로, 중기 이후에는 규범적 전략이나 기술적 전략으로 저항을 극복하는 것이 필요하다. 과정개혁이 점진적으로 수반되어야 한다는 말이다.

교육과학기술부문은 대통령실의 교육문화수석비서관과 별도로 미래전략기획관 산하에 과학기술비서관이 존재하는 부분도 눈여겨 봐야 한다. 교육과학기술부장관이 과거의 교육인적자원부 중심의 인적자원정책조정의 시너지효과를 거둘 수 있을 때 교육기능의 조직개편은 성공적인 모습으로 안정화될 수 있을 것이다.

새 정부가 들어설 때마다 주기적으로 반복되는 조직개편이지만 내년에 들어설 새 정부의 교육과학기술분야의 조직개편은 정부수립 이후 그간의 경험과 문제점에 대한 고민을 상당부분 반영해야 할 것으로 생각된다. 과거로부터 학습하자는 것이다. 과거의 경험에 더해 생애주기를 관통하는 인적자원 정책조정의 실효성 확보를 위한 거버넌스 보완, 그리고 하드웨어로서의 조직개편에 이은 프로세스 개혁이 수반되고 점진적인 소프트웨어 개편이 함께 이뤄져야 실질적인 조직개편의 성과를 거둘 수 있다. 새 정부는 대통령실과 교육과학기술부장관과의 적절한 역할 분담, 교육개혁추진체계와 교과부의 역할 분담, 그리고 연구개발 분야 및 인적자원 분야 예산권한, 인적자원정책조정권한의 한계 속에서 타 부서와의 정책조율이 얼마나 효과적으로 이루어지는가가 관건인 것이다. 평생학습사회에서 인적자원정책의 안정화과제와 연구개발의 실효성확보 과제야말로 새 정부 5년 정부개혁 성과의 시금석이 될 수도 있는 매우 중요한 정책과제라는 점은 분명해 보인다.

<참고문헌>

김광웅. (1999). 제2차 정부개혁의 모순과 한계, 정부조직개혁의 평가와 대안, 특별세미나 발표논문집, 한국행정학회.

김영평·최병선. (1993). 행정개혁의 신화와 논리: 점진개혁의 지혜, 나남출판

권영주 외. (2007). 중앙정부 교육행정체제 개편 방안. 교육인적자원부의 발전적 해체 방안. 주최:국회의원 이주호. 2007.3.13.

남궁근·황성돈. (2001). 김대중 정부 행정개혁 3년 평가, 정부개혁과 행정학 연구, 2001년도 춘계학술대회 발표논문집, 한국행정학회.

대통령 비서실. (1998). 김영삼 문민정부 국정 5년: 변화와 개혁, 그 도전과 시련, 대통령 비서실.

문명재. (2008). 정부조직개편의 설계원리와 주기적 반복성에 대한 소고, kapa@포럼, 한국행정학회.

박노욱. (2006). OECD 국가 성과관리 예산제도의 현황과 시사점, 재정포럼, 한국조세연구원.

박정수. (2009). 기획예산재정분야의 조직개편: 쟁점과 과제, 한국공공관리학보, 제22권 제1호.

성지은. (2010). 세계 주요국의 통합형 혁신정책 추진 동향과 시사점. 과학기술정책연구원.

오석홍. (2003). 조직이론, 제4판, 박영사.

오세희·정성수. (2008). 한·미·일 교육부의 조직 및 기능분석. 지방교육경영학회. 지방교육경영 제13권통합본 pp.1-20.

이기우 외. (2006). 미래연구학습부의 설치와 조직의 정비에 관한 연구. 과기부·교육부 통폐합을 통한 미래부로의 정부조직개편. 대학강국포럼 창립 기념 세미나. 주최:국회의원 이주호. 2006. 11. 30.

이맹희. (2009). 1980년 이후 정부별 중앙교육행정기구의 장학조직 변천과정 연구. 영남대학교 대학원 박사학위 논문.

이와부치 히데키. (2009). 문부과학성 출범 이전에도 기초·원천연구에 중점투자. 과학과 기술.

임도빈. (2007). 정부조직진단 사업의 조직사회학적 분석, 한국행정학보, 제41권 제4호, pp.89-112.

정환규. (2011). 영국교육자치의 특징과 시사점, 국회입법조사처. 이슈와논점 제293호.

정책기획위원회(1998), 미래를 향한 변화와 개혁 -문민정부 5년의 개혁정책을 평가

한다, 대통령자문 정책기획위원회.

조석준. (1968). 군사혁명정부와 조직개편, 행정논총, 제6권 제1호, pp. 215-235.

총무처 직무분석기획단(1997), 신 정부혁신론 - OECD 국가를 중심으로, 동명사.

최해금. (2000). 중국의 교육행정 실태: 길림성과 연변대학교의 교육행정을 중심으로. 사회교육연구 제9집 Vol.9 pp.161~180.

한국과학재단 북경사무소. (2008). 중국의 기초과학연구 지원체계. 한국과학재단.

허다혜. (2009). 한국의 정부조직개편추세에 관한 연구: 정부의 사회적 기능을 중심으로. 연세대학교 석사학위 논문.

허종열. (2000). 교육부총리제와 대학의 자율성 보장을 위한 정부조직 개편 패러다임. 한국공법학회. 공법연구 제28권 제4호 pp.55-76.

KUSCO 정책동향보고서. (2011). 미국 과학기술(S&T) 행정시스템 및 연구개발(R&D) 지원체계. KUSCO.

Russell O. Wright (2006). Chronology of Education in the United States, McFarland & Company, Inc.

교육정책네트워크 정보센터: http://edpolicy.kedi.re.kr

미국교육부: http://www.ed.gov/

영국교육부: www.education.gov.uk

일본 문부과학성: http://www.mext.go.jp

중국교육부: www.moe.edu.cn/

호주교육부: www.deewr.gov.au.

제10장
과학기술혁신 거버넌스 검토와 새로운 개편 방안 [1)]

성 지 은 (과학기술정책연구원 부연구위원)

I. 서 론

이명박정부 하반기로 접어들면서 과학기술, ICT, 해양수산 등 각 분야에서 차기 정부의 조직개편에 관한 논의가 활발하게 이루어지고 있다. 특히 이번 정부 들어 큰 변화를 겪은 과학기술계는 과학기술혁신 거버넌스(이하 혁신 거버넌스) 개편에 대해 다양한 의견을 개진 중이다. 이들은 국가과학기술위원회(이하 국과위) 강화론, 과학기술부 부활, 정보미디어부·중소기업부 등의 신설을 통한 지식경제부(이하 지경부)의 발전적 해체 등 서로 다른 형태의 안을 제시하고 있으나 과학기술 국정 중심 및 전담부처 설립이라는 큰 그림에서는 유사하다.

그러나 대개의 혁신 거버넌스 개편 담론은 '과학기술 컨트롤타워 확립', '과학기술부 부활'로 대표되는 하드웨어적인 조직개편 수준에 머물고 있을 뿐, 새로운 철학적 논리나 통합적인 청사진을 제시하지 못하고 있다. 현재 발생하고 있는 대부분의 문제 원인은 행정조직의 문제로 귀인되고 있으나, 이는 행정개편만으로는 해결될 수 없다. 조직개편을 통한 행정개혁은 정권이 바뀔 때마다 시도되었지만, 이를 통해 우리나라 행정의 효율성·생산성이 개선된 경우는 매우 드물다. 이는 행정개혁이 하드웨어에만

---

1) 본 논문은 STEPI 정책연구인 『국과위 체제하의 과학기술혁신 거버넌스 발전 방안』의 일부로, 2012년 한국행정학회 하계학술대회에서 발표된 것이다.

관심을 두고 소프트웨어의 개선을 등한시하였기 때문이다(조성한, 2007; 박천오, 2011).

지금 전개되고 있는 행정체제 개편 논의가 무의미한 것은 아니나 정치·사회적 정당성과 함께 국민으로부터의 신뢰와 지지를 얻기 위해서는 국가차원에서 과학기술이 해결할 수 있는 문제는 무엇이며, 어떻게 사회에 기여할 수 있을 것인가를 제시할 수 있어야 한다. 현재 우리 혁신시스템의 현황 및 문제점은 무엇이며, 무엇이 변화되어야 하는가, 그리고 이를 달성하기 위한 국가 차원의 장기 비전·전략·시나리오는 무엇인가를 구체적으로 고민할 때 행정체제 개혁 방안이 정치적 설득력을 얻을 수 있다.

현재 우리나라는 그 동안 성공적으로 작동되어 왔던 추격형 혁신 시스템을 탈추격 또는 창조형으로 새롭게 전환해야 할 시점에 있다. 과학기술혁신의 활동뿐만 아니라 이를 둘러싼 기술·산업의 환경이 급격하게 바뀌고 있으며, 정책적 측면에서도 통합적 혁신정책(Integrated Innovation Policy) 등 새로운 패러다임이 등장하고 있다. 최근 전 세계적으로 정책조정과 통합이 인사·예산·조직 등 행정개혁 전반을 관통하는 핵심 과제로 등장했다. 정책의 복잡성과 불확실성이 높아지고 분야별 정책이 부처 영역을 뛰어넘어 확장·결합되면서 부처 내에서뿐만 아니라 다부처 정책간 연계와 통합 문제가 중요한 과제로 등장한 것이다. 가난, 실업, 범죄, 혁신 등 다부처 관련 정책 이슈가 많아지면서 범정부 차원의 정책 연계 및 조정 필요성이 지속적으로 높아지고 있는 상황에 대응하여 정부의 역할 재정립과 행정 시스템 개편은 중요한 논쟁의 대상이 된다(성지은 외, 2009; 2010).

본 연구는 우리나라 혁신 거버넌스를 둘러싼 과학기술혁신의 활동·환경·정책 패러다임 변화를 살펴보고 차기 정부가 나아가야 할 혁신 거버넌스 개편 방향과 철학을 몇 가지 안으로 제시하고자 한다. 이 글의 구성은 다음과 같다. Ⅱ장에서는 현재 빠르게 변화하고 있는 과학기술혁신활동과 환경, 정책 패러다임을 살펴본다. Ⅲ장에서는 이명박정부의 혁신 거버넌스 현황 및 문제점을 도출한다. Ⅳ장에서는 혁신 거버넌스 설계 안으로 현행 체제를 유지하되 소프트웨어 개편을 강조하는 1안, 과학기술부 부총리 체제와 지경부의 발전적 해체를 강조하는 2안, 국과위의 발전적 개편을 강조하는 3안을 주장한다. V장에서는 지금까지의 논의를 기반으로 결론과 정책적 시사점을 제시하고자 한다.

Ⅱ. 과학기술혁신활동과 정책 패러다임의 변화

1. 과학기술혁신활동과 기술 환경의 변화

1) 혁신 활동의 특성 변화: 선형성→복잡성

과거와 달리 현대 혁신의 양상은 고도로 복잡하고 불확실하며, 집합적이고 편재되어 있다. 혁신은 어떤 과학적 야심을 지닌 한 개인에 의해 추구되는 것이 아니며 산·학·연의 네트워크에 의해 이루어지거나 아주 우연한 계기로 발생한다. 이러한 복잡한 혁신 활동의 변화를 반영한 NIS 또한 변화하고 있다. R&D는 기술 변화 과정에서 핵심 요소이기는 하나 유일한 요소는 아니며, R&D 외에 디자인, 새로운 소프트웨어, 교육, 서비스 등과 같은 새로운 혁신 원천이 주목받고 있다(OECD, 2002). 선형적 혁신과정은 지식의 교류를 통한 상호작용의 증가로 인해 복잡한 네트워크 구조로 전환되고 있으며, 혁신활동의 모델 또한 순차성을 강조하는 단순 선형모형에서 동시성을 강조하는 다중선형모형으로 변화되고 있다(Georghiou et al, 2003; OECD, 2005; Palmberg, 2005).

2) 기술 환경의 변화: 신기술 출현과 기술 융합

기술을 포함한 지식의 생산방식이 학문적 호기심과 단일학문 분야 중심(Mode 1)에서 특정 이슈 및 문제해결을 위한 다학제적 접근(Mode 2)으로 전환되고 있다(Gibbons, 2001). 더구나 IT, BT, NT 등 새로운 기술의 등장과 급속한 발전은 새로운 지식이 제품 및 경제적인 성과로 바뀌는 과정을 촉진시켜 혁신의 과정을 갈수록 축소하고 있다. 이 결과 제품과 기술의 수명주기가 줄어들고 있으며, 고객의 요구도 다변화되고 있다. 특히 스마트폰의 등장으로 대변되는 ICT 기술의 등장과 융합은 소비자의 라이프스타일뿐만 아니라 휴대전화, 컴퓨터, 소프트웨어, 콘텐츠, 서비스 등 기존의 산업 간 경계를 허무는 새로운 혁명을 가져왔다.

<그림 1> 슘페터의 혁신 주기

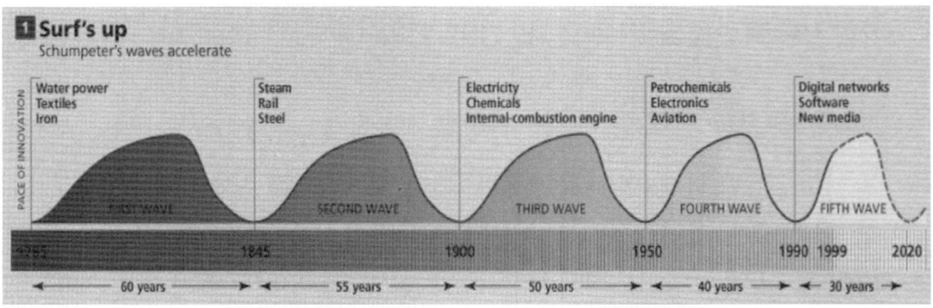

신기술의 등장과 함께 다양한 형태의 융합기술 및 복합기술 개발이 이루어지고 있다. 그 예로 생체정보처리(IT+BT), 지능형 극미세전자기계시스템(IT+BT+재료), 메카트로닉스(IT+기계), 생체친화성재료기술(IT+재료) 등을 들 수 있다. 기술융합을 통해 지식, 기술, 산업의 장벽이 없어지고 사회, 경제 등과의 상호작용이 더욱 증대되어 이들 간의 시너지 효과가 창출되게 되었다. 학문 분야간 융합 및 통합이 이루어지고 분야간 접점에서 혁신이 활발하게 이루어지고 있다. 나노바이오, 네트워크 사이언스, 바이오인포메틱스 등이 그 예이다. 이로 인해 사용자와 생산자 기반의 혁신이 이루어지면서 소비자를 기획 및 개발과정에 참여시키려는 노력이 이루어지고 있다(전황수·허필선, 2006).

3) 혁신활동 규모와 범위의 변화: 글로벌화

글로벌화는 모든 기술관련 활동에서 경험하고 있는 주요 추세이다. 글로벌화의 진전으로 국가간 경계가 모호해지고 기업 합병과 자본이동이 자유로워지고 있다. 다국적 기업 비중이 커지고 이들에 의한 해외 직접투자가 확대되면서 국제적인 R&D 협력 프로그램도 많아지고 있다. 이에 따라 국내 수준뿐만 아니라 국제적 수준에서의 네트워크 구축이 중요해지며, 국가간 협력이나 정보 공유가 필수적으로 나타나고 있다. 무엇보다도 기술혁신의 글로벌화로 인해 투자·인력·기술의 국제 이동과 기업들의 국제 기술제휴가 늘어나면서 기업 기술전략의 개방성과 협력이 강화되고 있다. 기술 노하우가 세계화되면서 논문 등 연구 실적 또한 세계 추세를 반영하고 있으며, 기술표준이 더욱 중요해지고 있다. 기술 이전 등에서 광범위한 국제 협력이 필요하다는 것을 인식하여 R&D 활동의 국제화, 국제 공동특허의 비중 확대, 학문의 국제공동연구가 활발해지고 있으며(이정원 외, 2005), 경제의 글로벌화로 국가 단위뿐만 아니라 지역의 역할 또한 강조되고 있다(Porter, 1990).

4) 새로운 혁신 활동의 대두: 서비스 혁신의 중요성 제고

그 동안 혁신은 제조업 등 전통 굴뚝산업(bricks and mortar) 모델에 맞춰 논의되어 왔으나 최근에는 서비스 혁신의 중요성이 강조되고 있다. 서비스가 우리 경제에서 차지하는 비중이 2010년도 기준으로 국내 총생산의 58%와 고용의 68%를 상회하고 있으며 거시경제적인 수치 외에도 개별 기업들의 사례를 살펴보면 서비스를 혁신의 도구로 활용하고 있다(임호순, 2011). 이러한 변화에 따라 혁신의 원천 또한 과학기술, 기업, 연구 등의 공급자 위주에서 관리·마케팅 기술, 조직·사회·경영·경제 지식 등 수요자를 고려하는 방향으로 확대되고 있다. 서비스 혁신은 기존의 R&D 체계를 뛰어넘어 사회과학과 인문학(SSH)에도 중점을 두고 있기 떄문에 서비스 분야의 R&D가 아니라 산업·IT·통신·미디어·엔터테인먼트 등 모든 분야에서의 서비스 R&D에 초점을 맞추고 있다(OECD, 2002; 2005).

2. 과학기술혁신정책의 패러다임 전환

1) 제3세대 혁신정책으로서 통합적 혁신정책(Integrated Innovation Policy)

과학기술혁신정책(이하 혁신정책)은 과학 활동의 선형적 과정을 강조한 제1세대, 혁신활동의 시스템적 특성을 인식하고 NIS 개념을 도입하기 시작한 제2세대를 거쳐, 혁신정책과 관련 분야 간의 연계·통합을 강조하는 제3세대 혁신정책으로 진화하고 있다. 삶의 질 제고, 지속 가능한 발전, 불균형 해소 등 다양한 사회적 목표를 포괄하는 3세대 혁신정책은 좁은 의미의 과학기술과 R&D정책이 하부기반적(generic) 성격의 총체적이고 통합적인 성격으로 확장된 것이다.

<그림 2> 제3세대 통합적 혁신정책으로의 진화와 과제

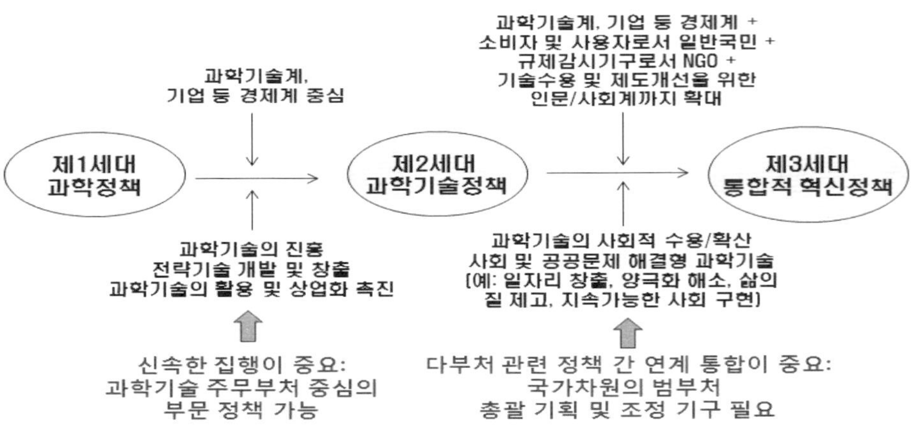

자료: 성지은 외(2012).

이런 맥락에서 EU를 비롯한 OECD 국가에서는 혁신을 중심으로 여러 관련 분야 정책들의 상호작용과 통합을 중요한 과제로 제시하고 있다. 최근에는 지속 가능한 발전을 달성하기 위해 혁신목표를 다른 정책 속에 통합하거나 사회, 환경 등 다른 정책 영역과의 균형·통합을 바탕으로 정책의 정합성 제고를 강조하고 있다(OECD, 2005; 성지은·송위진, 2007; 성지은·송위진, 2008; 성지은 외, 2010). 통합적 혁신정책은 다음과 같이 구체화되어 나타나고 있다.

(1) 수요기반 혁신정책(Demand based Innovation Policy)의 등장

그 동안 과학기술혁신정책은 새로운 기술을 창출하고 확산시키는 데 필요한 지식과 자본, 인력의 공급에 초점을 맞추어 왔다. 이 과정에서 다양한 국가 R&D 사업, 산학연 협력사업, 인력양성사업, 혁신활동의 집적화를 위한 클러스터사업, 기술사업화지원사업 등 기술 공급과 상업화를 촉진하기 위한 다양한 시책들이 개발되었다. 이에 반해 기술의 수요자나 사용자의 입장에서 사회적 수요를 조직화하고 그것을 통해 혁신활동의 강도와 방향, 속도를 관리하는 수요기반 혁신정책의 발전은 더디게 이루어졌다. 수요자들은 전통적인 과학기술정책의 대상에서 벗어나 있는 경우가 많았고 정책을 통해 이들을 관리할 수 있는 계기도 많지 않았기 때문이다.

최근 EU, 핀란드, 독일 등에서는 수요기반 혁신정책을 새로운 영역으로 강조하고 있는데, EU의 선도시장전략(Lead Market Initiative), 핀란드의 수요주도형 혁신정책(Demand-driven Innovation Policy), 독일의 첨단기술전략 등이 선도적인 예라고 할 수 있다. 수요기반 혁신정책은 혁신에 대한 수요를 증대시키고, 혁신을 촉진하기 위해 수요 구체화(demand articulation) 활동을 개선하는 일련의 정책을 말한다. 즉 혁신을 통해 해결해야 할 문제를 명확히 하거나 수익을 올릴 수 있는 기회를 확대시켜 혁신 주체들이 혁신활동에 적극적으로 참여하게 만드는 정책이다. 공급기반 혁신정책이 혁신주체들에게 지식과 자금, 인력을 공급하여 그들의 혁신능력을 향상시키는 데 중점을 둔다면, 수요기반 혁신정책은 혁신주체들의 혁신활동에 대한 의지를 고취하는 정책이다(Edler and Georghiou, 2007; Edler, 2010).

<그림 3> 공급기반 혁신정책과 수요기반 혁신정책의 수단

자료: Edler and Georghiou(2007)

(2) 사회문제해결 강조 및 사회적 혁신정책(societal innovation policy)의 등장

기술혁신의 수요측면에 대한 강조는 그 동안 혁신정책의 주변부에 있었던 환경·보건·에너지·안전 부문의 사회문제 해결을 위한 혁신정책에서 두드러지게 나타나고 있다. 특히 경제위기, 기후변화, 식량안보 등 해결해야 할 사회경제적 문제가 심화되면서 다양한 사회적·기술적 문제를 해결하기 위해 기술혁신정책과 사회정책을 통합적으로 고려하는 사회적 혁신정책(societal innovation policy)에 대한 관심이 높아지고 있다.

네덜란드는 2000년대 중반 이후 범부처 사업으로 에너지, 물, 보건, 교육, 지속 가능한 발전, 안전과 안보 등에서의 사회문제에 대응하기 위한 혁신 정책을 추진하여 2007년에는 연안 보호 프로젝트인 Flood Control 2015와 생태디자인 관련 프로젝트인 Building with Nature를 시작하였다.

일본도 Innovation 25 전략에 따라 범부처 융합형 민관협력 프로젝트인 '사회 환원 가속프로젝트'를 추진하고 있다. 동 프로젝트는 건강한 사회, 안전·안심사회, 삶을 풍요롭게 하는 사회, 전 지구적 문제에 기여하는 사회, 세계에 개방된 사회 구축이라는 목표하에 인체기능 보조·재생 의료, 화재정보시스템, 선진적인 재택의료 및 간호시스템, 바이오매스 자원의 개발, 음성커뮤니케이션 기술개발 등을 시행할 계획이다(송위진 외, 2009).

<그림 4> 기술집약적 사회적 기업 사례(Life Straw & PermaNet)

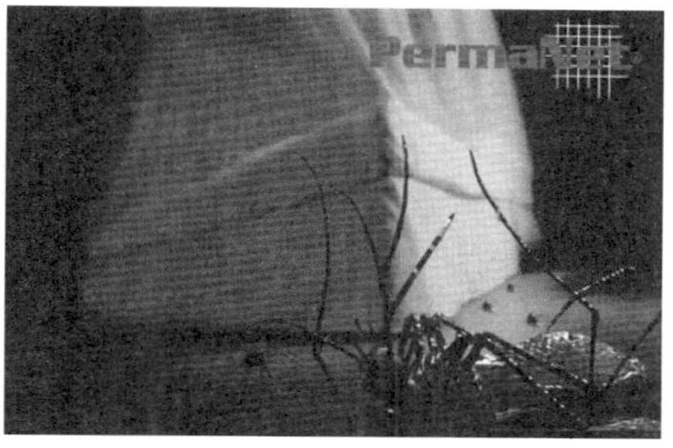

자료: 송위진 외(2009).

2) 추격형 혁신정책의 요구

그 동안 우리나라는 앞선 선진국을 재빠르게 추격하는 전략에 기반을 두고 특정 기술개발 및 선점을 목표로 과학기술활동을 수행해왔다. 추격 과정에서는 이미 경제적·사회적 효과와 기술적 특성이 알려진 기술을 도입하고 개량하여 이미 존재하고 있는 사회에 결합시키는 접근방식을 취해왔다. 사회-기술시스템이 구성되어 있는 상태에서 선진기술을 개선하거나 효율화하는 작업을 수행해 왔던 것이다. 이런 상황에서는 선진국이 형성한 기술궤적을 따라가면 자연스럽게 기술의 수용과 활용이 이루어졌다.

그러나 이제 우리가 직면하게 된 脫추격 상황은 기존에 없었던 기술을 개발하면서 동시에 사회를 구성하는 과정을 요구한다. 사용된 적이 없는 기술을 경제·사회 속에서 작동하도록 하기 위해 스스로 시장을 창출하고 사회적 수용을 고려해야 하는 상황이 전개되고 있는 것이다. 실패하지 않는 빠른 학습이 아닌 문화적인 자유분방함과 폭넓은 상상력, 실패를 두려워하지 않는 창의성 분출 등이 필요한 시점이다(손동원, 2007). 이러한 脫추격형 혁신 상황에서는 과거와 달리 정부주도의 정책이 더 이상 작동하지 않으며, 다양한 전환 주체 중 하나인 민간 부문과의 협력이 더욱 중요해진다. 또한 경제와 혁신주체들 간의 지속적인 상호학습을 통해 제도, 환경, 인프라 전반에서의 행동 변화를 유도하는 시스템 혁신이 강조된다. 脫추격 상황에서는 미래 경로의 불확실성 때문에 실효성을 갖는 정책추진이 어렵다. 이런 상황에서는 정책을 전면적으로 실시하기보다 다양한 시범사업을 통해 소규모의 정책 실험을 수행해 나가는 것이 필요하다. 소규모 실험의 성공을 바탕으로 점차 실험의 크기를 확대해 나가면서 관련 지식을 축적하고 정책의 불확실성을 줄여 나가는 것이 실패가 일상화되는 脫추격 상황에 필요한 전략이다(성지은·송위진, 2010).

Ⅲ. 현행 혁신 거버넌스 현황 및 문제점

1. 이명박정부의 혁신 거버넌스 개편 내용

1) 작고 강한 정부 지향과 대부처·대국 체계로의 개편

이명박정부의 정부조직개편의 주요 목적은 환경변화에 능동적으로 대응할 수 있는 '작고 강한 정부'를 만드는 것으로, 이를 위한 개편의 원칙으로 ① 규모·기능의 축소, ② 기능의 통합·조정, ③ 컨트롤 타워의 역할 강화를 제시하였다. 작은 정부를 통한 선진화와 실용성 달성을 정책 목표로 각 부처로 흩어져 있던 비슷한 기능을 한 곳에 통합하여 참여정부보다 3부 2처가 줄어든 15부 2처 17청 체제를 구축하였다.

과학기술행정체제의 경우 부총리 부처였던 교육인적자원부와 과학기술부를 교육과학기술부(이하 교과부)로, 산업자원부·정보통신부·과학기술부의 일부를 지경부로 통합하여 대부처·대국 체제를 구성했다. 이 결과 과학기술주무부처였던 과학기술부가 사라지면서 과학은 교과부로, 기술은 지경부로 이관되고 참여정부 때 설치되었던 과학기술혁신본부는 폐지되었다. 이로써 1969년 과학기술처가 설립된 이후 40여 년 동안 유지되어 온 과학기술 독립부처가 사라지고 업무 연계성이 높은 교육과 과학기술을 통합한 새로운 부처가 등장했다. 이는 기초원천연구의 활성화 촉진, 학·연 협력을 위한 시스템 구축, 과학영재 교육의 선진화 등을 달성하려는 의도가 반영된 것이다(정부혁신/규제개혁 TF, 2008).

2) 과학기술정책 최고의사결정기구로서 국과위의 변화

이명박정부 들어 과기부가 교과부로 재 탄생되고 과학기술혁신정책 최고심의기구인 국과위의 사무국 기능이 축소되면서 언론·학계·국회·과학기술계 등 다양한 분야들은 혁신정책과 관련된 총괄 기획·조정·평가 기능의 약화 내지 부재 문제를 지속적으로 제기해 왔다. 이는 그 동안 R&D 투자가 지속적으로 증가하고 과학기술의 역할과 위상이 제고되면서 관련 정책의 기획·조정·평가 기능이 강화되어 왔던 과거와 달리 이명박정부에 들어 그 기능과 체계성이 약화된 것에 대한 비판적 목소리로 볼 수 있다(과실연 외, 2008; 과실연 2008; 한국여성과학기술단체총연합회, 2008; 과실연·전국대학학장 협의회 외, 2008; 과실연, 2010).

2010년 12월 초, 이명박정부는 과학기술정책을 통합 관리할 기구가 없다는 과학기술계의 의견을 받아들여 국가과학기술위원회를 상설기구로 하는 법안을 국회에서 통과시켰다. 핵심 내용은 자문위원회 형태였던 국과위를 대통령 소속 상설 행정위원회로 개편하고, 국과위 위상 강화를 위해 사무기구를 독립·상설화하여 전문성을 보강한다는 것이다. 또한 비상설 자문위원회이면서 사무국이 교과부에 소속된 구조로는 범부처 수준에서의 국가연구개발 종합 조정이 미흡할 수밖에 없다는 지적에 따라 기존의 교과부가 수행하던 과학기술기본계획 수립기능을 국과위로 이관하였다. 그 외에도 〈표 1〉에서 볼 수 있듯이 기재부가 수행하던 R&D예산(일부) 배분·조정 및 R&D 사업 평가 업무 등을 국과위가 이관받아 전문적으로 수행하게 되었다(국가과학기술위원회, '10.10.1).

<표 1> 국가과학기술위원회 위상 및 기능 강화를 위한 주요 개편 내용

	2008 - 2011.2월	2011.3월 -
위원장	대통령	장관급
부위원장	교과부장관이 겸임	-
위원회 형태	비상설 자문(심의)위원회	상설 행정위원회
자체 직제·예산·인사	불가능	가능
사무국 및 인원	- 교과부 정책조정기획관실 - 30명 이내 - 전원 공무원 구성	- 교과부에서 분리→사무처로 확대 - 120명 내외 - 공무원, 민간 전문가 등으로 구성
R&D 기획	각 부처, 연구기관 등	국과위(범부처 연계사업) 등
R&D 정책조정·연계	국과위	국과위
R&D 재원 배분	- 예산배분방향 제시(국과위) - 예산배분·조정(기재부) - 지출한도 설정, 예산편성(기재부)	- 예산배분방향 제시(국과위) - 일부 예산배분·조정(국과위) - 지출한도 설정, 예산편성(기재부)
R&D 성과 평가	- 상위 및 특정평가(기재부) - 자체평가(각 부처)	- 상위 및 특정평가(국과위) - 자체평가(각 부처)
R&D 성과 관리	국과위	국과위

자료: 교육과학기술부·기획재정부·행정안전부(2010.11.23.)

3) 출연연 지배구조 개편 노력

이명박정부 들어 공공기술연구회를 폐지하고 과학기술계 26개 출연연을 기초기술연구회와 산업기술연구회로 재배치했다. 그러나 이에 대한 문제점이 제기되면서 기초기술연구회 소속 11개 기관[2)]과 산업기술연구회[3)] 소속 8개 기관, 총 19개를 국과위 산하의 단일법인화으로 개편하려는 노력이 진행되고 있다. 또 PBS 제도를 점차 없애고 '블록 펀딩(묶음예산)' 비중을 늘리는 방안이 추진되고 있는데, 이는 연구기관이 정부나 민간으로부터 개별 연구 과제를 수탁해 인건비 등을 충당하는 방식의 PBS 제도가 출연연 비효율성의 근원이라는 지적에 따른 것이다.

출연연의 역할 재정립 문제는 크게 두 가지 차원에서 제기되고 있다. 첫째, 출연연의 정체성에 관한 문제이다. 선진국을 재빠르게 따라잡아야 했던 추격 시기에는 출연(연)이 기업과 대학에 앞서 혁신을 주도해 왔으나 기술 패러다임이 변화된 현재, 출연(연)의 미션과 역할이 과연 바람직하게 설정되어 있는가에 대한 근원적인 우려이다. 둘째, 출연연의 역할과 기능 수행을 위한 여건상의 문제가 지적되고 있다. PBS의 원래 취지에서 벗어나는 부작용의 발생과 연구원에 대한 낮은 처우, 획일적 평가와 온정주의 등으로 인해 출연(연) 고유의 역할과 기능 수행이 제대로 이루어질 수 없다는 것이다(홍국선, 2010).

---

2) 한국과학기술(연), 과학기술정보(연), 기초과학지원(연), 표준연구원, 생명공학연구원, 한의학연구원, 해양연구원, 극지연구소, 항공우주연구원, 원자력연구원, 핵융합연구소

3) 기계연구원, 재료연구원, 철도연구원, 에너지기술연구원, 전기연구원, 화학연구원, 지질자원연구원, 안전성연구원

<그림 5> 국과위 산하 국가연구개발연구원 개편 방안

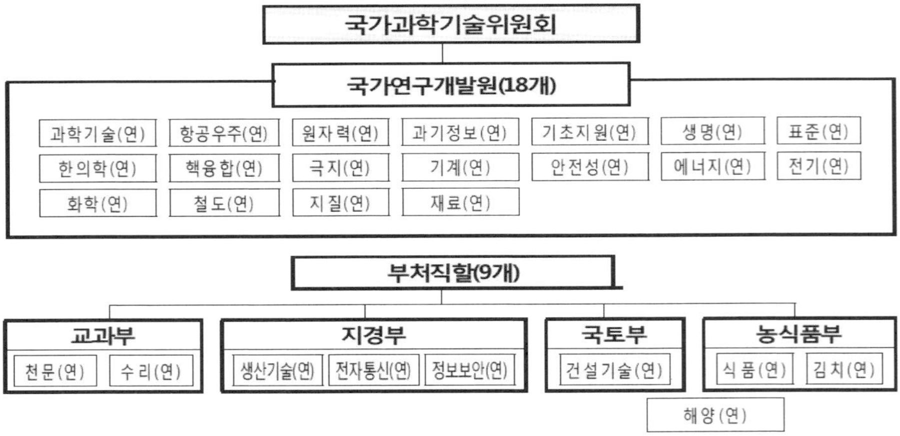

자료: 한국과학기술단체총연합회·국회입법조사처·국가과학기술위원회(2012.1.27).

2. 문 제 점

1) 과학기술혁신정책의 국가 장기 전략 부재와 R&D 중심의 정책 추진

이명박정부 출범 이후 과학기술혁신 거버넌스에 대해 가장 많이 제기된 비판은 R&D와 과학기술정책을 위한 컨트롤 타워가 과거에 비해 약화되었거나 부재하다는 것이다. 언론·학계·국회·과학기술계 등 다양한 분야에서 이러한 문제점을 지적했으며, 이는 상설행정위원회로서 국과위가 새롭게 개편된 배경이 되었다.

그러나 현재 국과위는 장관급 상설행정위원회로 강한 집행 권한을 가진 행정부처에 비해 그 영향력이 작으며 낮은 위상으로 인해 부처간 조정에 한계를 나타낸다. 이는 위원회 구조가 가지고 있는 본질적인 특성이자 한계로서[4)] 위원회는 정책 추진상의 신중성·공정성·민주성 확보가 가능한

4) 한 예로 미국의 경우, 1988년까지 과학기술분야 부처간 조정기구가 차관급 위원회였으나 정책 추진력과 조정력의 부족 때문에 장관급 관계장관회의 체제로 전환되었으며(1989년), 1993년에는 과학기술로 경제 활성화와 삶의 질 향상을 달성하고자 한 클린턴 대통령에

반면, 책임소재의 불명확성과 정책 추진의 지연 가능성이 있다. 합의형 의사결정구조로 인해 국가 차원의 과학기술혁신정책 철학을 적극적으로 추진하기가 어렵기 때문이다.

특히 정권 말 대통령을 비롯한 정부의 정치적 리더십이 약화된 상황에서 국과위 중심의 단편적인 개편으로는 과학기술 분야의 범부처 기획·조정·집행이 탄력받기 어려운 상황이다. 때문에 국과위의 업무는 장기 미래를 고려한 통합적인 정책 형성보다는 여전히 R&D 중심의 미시조정에 초점이 맞춰 있으며, 자기 소관영역을 주장하는 강한 부처주의에 휘둘리면서 타 정책과의 연계 및 조율에 어려움을 보이고 있다. 따라서 국과위를 상설위원회로 개편하였음에도 불구하고 과학기술부 부활론이 지속적으로 제기되는 등 혁신 거버넌스를 둘러싼 논란은 여전히 진행중이다.

2) 대부처·대국체제에 따른 문제점

현 정부는 출범 당시 대(大)부처주의 원칙에 따라 서로 성격이 다른 부처들을 하나로 묶은 결과 그 반작용이 나타나고 있다. 통합 부처 내 주도권 갈등뿐만 아니라 업무성격이 전혀 다른 인사 교류를 야기하여 업무수행에 어려움이 발생하고 있다.

대표적인 예가 교육과학기술부이다. 이명박정부는 교육과 과학기술 부문간 연계를 통한 시너지 효과 창출을 위해 단일부처인 교육과학기술부를 출범시켰으나, 교육과 과학기술정책 간의 시너지 창출보다는 현안 이슈인 교육에 과학기술이 밀린다는 의견이 정권 초부터 제기되어 왔다. 더불어 교과부로의 개편으로 인해 기존의 과기부가 가지고 있었던 R&D 관리 역량마저도 퇴보되었는 평가도 이뤄졌다.[5] 또한 '국가과학기술자문회

의해 대통령이 직접 주재하는 기구로 개편된 바 있다.

5) 기존의 교육과 과학기술부간 조직 통합을 위해 융합 인사를 시도했으나 서로 다른 업무특성을 무시함으로써 효율이 저하되는 결과를 가져왔다. 교과부가 국회 교과위 소속 안민석 의원에게 제출한 자료에 따르면 2008년 3월 이후 최근까지 과기부 출신 과장급 이상 공무원(50명)의 평균 인사발령 횟수는 무려 7.7회로 거의 6개월에 한 번꼴로 자리를 이동한 것으로 나타난다. 같은 상임위 소속의 이상민 의원에 따르면 교과부 통합 이후

의'가 '국가교육과학기술자문회의'로 명칭이 바뀐 것은 교육정책이 지배적 의제가 되고 있다는 반증으로 여겨진다.

또한 지경부의 경우에도 실물경제의 총괄부처로서 산업-에너지-IT-무역정책간의 시너지 창출을 시도하였으나, 거대 공룡부처의 한계로 인해 IT 패러다임 변화 및 에너지 수급 등의 문제 해결에 기민하게 대응하지 못했다는 비판을 받고 있다. 여전히 각 정책은 분리되어 설계·집행되고 있으며, 조직 내부의 권력 다툼에서 기존 산업진흥 중심의 산자부가 주도권을 장악하여 대기업 규제 완화 등 제조업 중심의 강한 산업정책 방식으로 추진되고 있다. 이 결과 1960-70년대 국가 주도의 발전정책을 답습하고 있는 모습을 보이고 있으며, 한 명의 관료에게 지나치게 넓은 역할과 책임이 부여되어 조직기능의 효율성을 저하시키고 운영상의 부작용이 유발될 수 있다.

3) 과학과 기술의 분리와 단기적 성과 강조

이명박정부 출범 이후 국가 R&D 사업이 교과부와 지경부로 양분되면서 '과학'과 '기술'이 인위적으로 분리되었다는 평가가 제기된다. 교과부가 갖고 있는 국가 R&D 사업은 다시 교육 분야와 과학기술 분야로 나뉘기 때문에 지경부의 R&D 예산이 교과부보다 많고, 기초·원천연구의 개념이 명확하지 않은 상황에서 교과부는 기초원천, 지경부는 산업원천기술개발사업을 부처간 협의 없이 개별적으로 추진하고 있다.

또한 과거 과기부에서 26개 정부 출연 연구소를 총괄했던 것과는 달리 이명박정부 출범 이후 산업적 성향이 강한 산업기술연구회 소속 연구원 13개는 지경부로, 기초원천연구 경향이 강한 기초기술연구회 소속 연구원 13개는 교과부 소속으로 분리되었다. 이에 대해 과학기술계 단체들은 과학기술혁신정책이 국가 차원의 큰 틀 속에서 체계적으로 추진되는 것이 아니라 각 부처마다 각개약진 하는 결과를 낳았다고 평가한다(과실연

국장 과장이 6명 이상 바뀐 자리는 모두 12곳이며 이 가운데 과학기술 관련 보직이 10곳으로 대부분을 차지하였다.

외, 2008; 한국여성과학기술단체총연합회, 2008; 과실연, 2010).

특히 이명박정부의 단기적 R&D 성과를 유도하는 속도전·실용의 구호 아래 '과학은 없고 기술만 남았다'는 비판이 중점적으로 제기되었다. 지경부가 실질적으로 R&D 투자를 주도[6]하면서 미래지향적 연구보다는 즉각적인 성과가 나올 수 있는 기업 연구소 위주의 기술개발에 중점을 두게 된 것이다. 지경부가 제시하는 '연구개발 속도전'[7]은 이러한 지경부의 마인드를 나타내는 한 예이며 이에 따라 연구 현장의 불만은 높아지고 있다.

4) 혁신 정책 및 주체간 정합성 부족

우리나라 과학기술 역량은 2010년 현재 세계 12위로 평가되고 있으며, 선진국 문턱에 진입하였다는 평가를 받고 있다. 〈표 2〉에서 볼 수 있듯이 산·학·연 R&D 주체의 급속한 양적 증가가 두드러지게 나타나고 있다.

<표 2> 산-학-연 R&D 주체의 양적 증가 추세

연 도	1980년	1990년	2000년	2005년	2010년
기업부설연구소	46	1,690	7,110	11,810	21,786
공공연구소	135	213	225	325	752
대학 (괄호는 전문대학수)	85(128)	107(117)	161(158)	173(158)	179(145)

자료: 김차동(2011. 11).

그러나 〈그림 6〉에서 볼 수 있듯이 R&D 투자가 확대되고 혁신주체의

6) 우리나라 부처별 R&D 예산 비중을 살펴보면, 2009년 지경부가 32.3%, 교과부가 31.5%, 2011년에는 각각 30.4%, 31.9%를 차지하였다.

7) 2009년 발표된 지경부의 R&D 속도전은 기술개발의 가속화 개념과 함께 선택과 집중, 가능한 R&D 자원의 총집결을 통해 창출된 연구 성과를 조기 상용화함으로써 세계시장을 선점하겠다는 R&D 핵심 전략으로 볼 수 있다. 산업기술 출연(연)은 'R&D 속도전' 추진 전략으로 조기상용화가 가능하고 경제적 파급효과가 매우 큰 88개 핵심 프로젝트를 선정, 2014년까지 총 3,819억원의 예산을 투입하고 세부 추진방안으로 '5대 FOCUS전략'과 연구기관의 지원 사항을 제시했다.

수가 늘어나면서 정부-민간, 부처간뿐만 아니라 대학, 출연(연) 등 연구 주체 간 R&D 활동의 중복 현상이 두드러지게 나타나고 있다.

<그림 6> R&D 활동의 중복 현상 심화

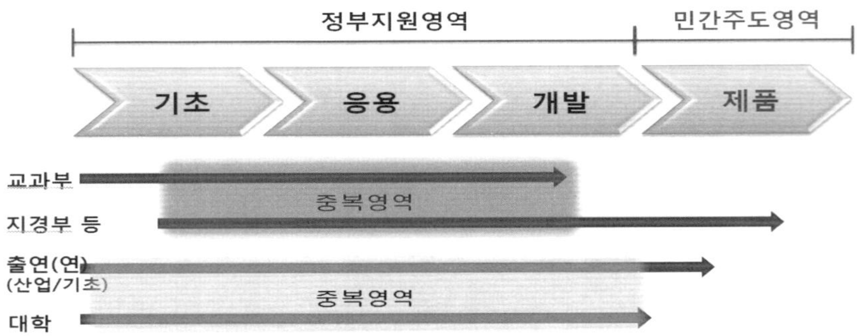

자료: 김차동(2011. 11).

현재 거의 모든 부처와 지방자치단체가 R&D 활동을 수행하고 있다. 기술개발 부처의 경우 기초·원천연구를 담당하는 교과부와 실용·산업화 연구를 담당하는 지경부로 이원화되어 있으나 부처간 경쟁과 영역 침범으로 구분이 거의 불가능할 정도이다. R&D 정책 및 연구 활동 연계를 위한 부처간의 정보 및 인력 교류나 상호협력이 이뤄지지 않아 중복제거로 효율을 높이거나 융합연구를 시도하기가 사실상 어려운 상황이다(연합뉴스, 2011/08/01). 환경부 등 기술수요·활용부처의 경우에도 부처 내 R&D 부서와 정책기획·집행부서 간의 연계·협력이 제대로 이루어지지 못하고 있으며, 교과부 등 기술개발 부처와의 연계 정도도 낮다. 서울시, 경기도 등 지방자치단체도 경쟁적으로 사업을 추진하고 있으나 지역별 특성을 반영하기보다 첨단성장유망기술에 집중하여 중앙 R&D와 유사한 형태를 띠고 있다. 부처별·지역별로 산하 정책 및 연구기관을 경쟁적으로 설치한데다, 출연(연) 등도 기관 성격이나 목적에 관계없이 '돈 되는' 연구과제 수주에 매달리면서 나타난 결과로 볼 수 있다. 즉 국가 차원의 정합성 고려보다는 새롭거나 세련된 연구이슈를 선점하기 위한 주도권 싸움이 진행되면서 유사·

중복 연구 실태가 심각한 상황이다. 〈표 3〉에서 볼 수 있듯이 태양광 등 새롭게 성장하는 연구 분야에서 경쟁적으로 R&D 사업이 진행되고 있으나 유사중복 정도가 심하고 사업간의 연계 및 정합성이 낮은 것으로 평가되고 있다.

<표 3> 연구 분야 차원의 중복의 예(태양광+로봇)

(사례1) 태양광 : 23개 연구소 ('11년 450억원)

연구소	연구비(억원)	세부 분야
에너지기술연구원	118	각종 고효율 태양전지 기술
생산기술연구원	70	태양광 공정 및 양산 기술
ETRI	45	각종 고효율 태양전지 기술
GIST	41	각종 고효율 태양전지 기초기술
화학연구원	36	각종 고효율 태양전지 기술
KIST	31	각종 고효율 태양전지 기술
전기연구원	29	나노섬유태양전지, 출력측정장치
재료연구소	20	실리콘태양전지핵심소재공정

(사례 2) 로봇 : 17개 연구소 ('11년 600억원)

연구소	연구비(억원)	세부 분야
ETRI	193	로봇IT기술 전반
생산기술연구원	109	실용로봇
KIST	80	로봇기술 전반
국방과학연구소	69	견마로봇, 자율복귀기술
기계연구원	43	산업용 생산로봇 전반
KAIST	47	로봇기술 전반
전자부품연구원	17	로봇주행, 인간-로봇 협업기술
원자력연구원	11	원자로 살수배관 검사로봇

자료: 김차동(2011. 11)

Ⅳ. 차기정부의 혁신 거버넌스 개편 방향

본 연구에서는 차기정부의 혁신 거버넌스 개편 방향으로 세 가지 안을 제시하고자 한다. 혁신 거버넌스 설계를 둘러싸고 다양한 이슈가 제기될 수 있겠으나 혁신정책 시스템의 통합형과 분산형 여부, 부처간 조정 방법과 주체, 과학기술 주무부처의 기능 및 역할 재정립을 핵심 사항으로 고려하였다. 1안의 경우 절충형에 기반을 두고 국과위 현 체제 유지와 소프트웨어 개편에, 제2안은 통합형에 기반을 두고 기존 과기부와 부총리 체제의 부활에 중점을 두고 있다. 3안의 경우는 분산형에 기반을 두고 분야의 다양성과 자율성을 유지하면서도 장기적인 비전과 목표를 향해 각 부처의 정책과 사업을 어떻게 연계·통합해 나갈 것인가에 중점을 두고 있다. 특히

3안은 시스템 전환과 정책 통합[8]에 관한 논의를 기반으로 하고 있다.

1. 1안: 국과위 체제 유지 + 과학기술 집행 주무부처 신설

1) 주요 논거

첫 번째 안은 통합적 혁신정책의 철학을 기반으로 점진적인 조직 개편의 성공 가능성을 강조한다. 즉 '과학을 위한 정책'에서 '정책문제 해결을 위한 혁신정책'으로의 혁신정책 패러다임 변화를 목표로 하되, 대규모의 하드웨어 개편보다는 현행 거버넌스의 장점은 취하면서 단점을 보완해 나가는 세부적인 정교함이 필요하다는 것이다. 재경원, 지경부의 사례에서 보듯이 그 동안 진행되어 온 대규모의 조직개편은 혼란과 행정낭비, 부작용만 초래할 뿐 소기의 성공을 거두지 못했다.

2) 주요 내용

이 안이 가장 크게 고려할 수 있는 점은 국과위 현행 체제의 지속발전이다. 추격기인 1960-90년대까지 성공적으로 작동했던 기존의 과학기술부 부활은 더 이상 유효성이 없으며, 현재 국과위 체제를 사실상의 과기부 부활로 보는 것이다. 현재 국과위는 국가차원의 정책기획 및 조정, 심판자 역할을 수행하는 데 적합한 조직 유형으로 관련 정책 분야나 부처들과의 연계·협력과 새로운 정책 실험이 가능하다. 다른 어떤 국가 기관보다 민간 전문가에게 많이 개방되어 있으며, 다양한 측면에서 문제를 인식하고 새로운 아이디어를 지속적으로 발굴할 수 있다.

이와 함께 R&D 집행부처로서 주무부처의 기능과 역할을 정상화하는

8) 정책통합은 정책의 본질적인 특성인 복잡성·시스템적 특성을 실제 정책과정에 반영하려는 노력이다. 기존 부처주의를 뛰어넘어 문제해결과 임무를 중심으로 정부기능을 묶음으로써 정부 전체의 효율성과 목표 달성에 기여하도록 하는 것이다. 정책통합은 정책조정과 달리 장기적인 비전 창출과 사회적 합의를 강조하며, 이를 가능하게 하는 정책실험과 학습을 강조한다. 이와 관련하여 '성지은 외(2009)'를 참조할 것.

것이 중요하다. 교육과학기술부 통합으로 과학기술 이슈가 밀려난 부분을 보완할 수 있도록 교육과 과학기술의 분리가 필요하다. 다만, 교육과 과학기술이 함께 움직여야 하는 과학기술인력 양성과 인적자원 개발간 연계는 지속적으로 진행하되, 과학기술을 기반으로 하는 인력양성[9]이 이루어질 수 있도록 설계되어야 한다.

이러한 하드웨어적인 기구개편 외에도 실제로 거버넌스가 원활하게 작동되기 위해서는 혁신 조사·통계·정보시스템의 체계화, 국과위 산하 위원회 및 소위원회 운영의 내실화, 예산을 통한 계획간 연계 및 범부처 사업 추진, 기술공급-수요 정책간 연계를 위한 프로그램 개발 등 정책의 시스템 특성을 고려한 거버넌스 설계 및 정책 개발이 뒤따라야 한다.

3) 장 점

이 안의 가장 큰 장점은 점진적인 조직개편으로 인한 정책의 일관성·신뢰성을 확보할 수 있다는 것이다. 그 동안 다양한 시행착오와 새로운 정책 실험을 통해 형성된 현행 혁신 거버넌스의 제도적 특성과 강점을 활용할 수 있다. 즉 전면적인 개편보다는 과학기술혁신정책에서의 리더십을 발휘할 수 있도록 국과위의 실질적인 권한을 보강하거나 관련 부처간의 기능을 조정하여 이를 세계적인 성공 모델로 발전시켜 가는 것을 강조한다.

4) 한 계

차기 정부가 이전 정부와의 차별성을 강조하면서 대대적인 조직개편을 시도할 경우 이 안은 유지되기 어렵다. 현재 국과위는 장관급 상설행정위원회로서 낮은 지위와 함께 위원회라는 태생적인 한계를 안고 있기 때

9) 고등교육을 합칠 것인가가 논란의 중심이 될 수 있다. 지금 정부에서도 이미 시작되었지만 차기 정부에서는 대학의 구조조정 문제가 중요한 해결 과제로 등장할 것으로 예상된다. 입시 등 현안이슈와 직결되어 있는 대학 구조조정이라는 정치적 과정 속에 과학기술 이슈가 밀려날 가능성이 높아 인력양성 부분 또한 과학과 교육을 분리하는 것이 바람직할 수 있다.

문에 과거와 같이 신속하고 강한 집행력을 강조하는 과기부 부활로 과학기술 거버넌스의 방향이 잡힐 경우 개편이 불가피하다. 우리나라는 제도적으로 강한 부처주의를 강조하는 경향이 있으며, 특히 국과위가 예산 배분·조정권을 통한 미시조정 역할에 머문다면 기재부를 포함한 관련 부처의 견제를 받을 가능성이 높다. 현재 일부 범부처 R&D 사업을 시도하고 있으나, 더욱 적극적으로 사회, 복지, 환경, 문화 등 사회 전반에 대한 계면으로 기능하면서 그 저변을 넓혀나가기 위해 노력하지 않을 경우 현행 시스템에 대한 다양한 비판이 제기될 가능성이 있다.

5) 참고 국가

이 안은 우리나라 혁신 거버넌스의 독특한 진화 경로를 인정한 것이다. 지금 우리나라 행정체제는 해외 선진국의 그것과 거시 수준에서는 유사할 수 있으나 미시 수준의 작동 메커니즘에서는 전혀 다른 모습을 보이고 있다. 따라서 쉽게 모방할 수 있는 모델 국가가 거의 부재한 상황이다. 국과위의 경우 참여정부의 과학기술혁신본부 경험과 이명박정부의 과학기술부 폐지 2년이라는 실험 결과가 반영된 독특한 진화적 산물로 볼 수 있다. 그러나 위원회를 중심으로 혁신정책의 기획 및 조정을 강화하고 있는 국가로는 핀란드, 미국 등이 있다. 핀란드의 경우 연구혁신위원회(RIC, Research and Innovation Council)를, 미국은 NSTC를 통해 국가 차원의 총괄 기획 및 조정 역할을 수행하고 있다. 최근에는 일본 또한 참여정부의 과학기술혁신본부를 본따 기존의 종합과학기술회의를 과학기술혁신전략본부로 개편하려는 움직임이 활발하게 진행되고 있다.

2. 제2안: 과학기술 부총리 체제 + 지경부의 발전적 해체

1) 주요 논거

두 번째 안은 R&D 기획 및 조정 역할을 일부 담당하는 책임있는

R&D 주무부처의 설치를 강조한다. 과학기술부가 중심이 된 독특한 과학기술 주무부처의 전통을 반영한 것이다. 우리나라는 다른 나라에 비해 부처의 역할이 강하고 부처 산하에 연구회와 관리 기구가 위치해 있는 행정구조를 가지고 있어 상당 부분의 정책기획 및 프로그램 설계가 부처 내에서 이루어진다. 그 동안 우리나라는 과학기술발전을 위한 정부의 강력한 정책의지를 바탕으로 과학기술 주무부처의 필요성을 인식하고 정부 내에서 상대적인 지위가 낮았던 과학기술처를 과학기술부로 개편했으며, 참여정부에서는 이를 부총리급 부처로 격상시켜 정책 기획·조정·집행력을 제고해 왔다[10](성지은, 2009). 제2안은 1960년대부터 과학기술주무부처 역할을 한 과기부 전통과 부총리급 부처로서의 4년 경험을 기반으로 과학기술 행정체제를 새롭게 재설계하려는 것이다.

2) 주요 내용

과학기술 진흥을 위한 실무부처의 기획 및 집행 기능을 강화하고, 과학기술 분야의 경쟁력 강화를 위해 교육에 가려진 과학기술을 분리한다. 즉 과학기술혁신을 중심으로 하는 유사 기능을 재조정하는 것이다. 특정 분야(농림, 해양, 환경, 국방 등) 이외의 연구개발 업무는 모두 과학기술부로 일원화하는 집중형이다.

이 경우에도 범부처 사안에 대한 조정·통합을 최고조정기구인 국과위가 담당한다면, 기술혁신을 중심으로 실질적인 집행 업무를 수행하는 부

10) 해외 선진국 과학기술행정체제를 살펴보면, 우리나라와 같은 형태로 독립된 행정부처가 존재하지 않는 것이 일반적이다. 미국은 대통령 직속의 과학기술정책국(OSTP)에서 과학기술에 대한 주요정책 자문을 담당하고 있고, 분야별 연구개발은 상무성, 국방성 등 관련부처에서 직접 추진하고 있다. 국가의 기초연구지원은 국가과학재단(NSF) 등 독립된 재단에서 수행하고 있다. 1990년대 들어 과학기술 행정조직과 관련된 큰 변화는 독일이 1994년에 도입한 교육학술연구기술부(BMBF)로 교육과 과학기술연구지원을 연계시킨 것이다. 일본도 독일과 같은 형태로 교육(문부성)과 과학기술(과학기술청)을 통합하는 개편을 추진하였다. 최근 우리나라도 과학과 과학기술을 단일 부처 내로 통합하였으나 이명박정부 이전 우리나라와 같이 정보통신, 과학기술, 교육, 산업 통상을 제각각 독립된 중앙행정부처로 설치 운영한 국가는 거의 없었다(성지은 외, 2010).

처 조직의 본래 기능을 정상화하는 것이 바람직하다. 교육과 과학기술을 분리하여 과거 과학기술부 중심으로 정책 의제를 이끌어 갔던 것처럼 과학기술정책 실무 집행부처로서의 책임성과 추진력을 확보할 수 있다. R&D 진흥을 중심으로 관련 부처가 치열한 경쟁을 할 경우 장기적인 R&D 효과나 가치 창출보다는 가시적이고 단기적인 성과 중심의 정책에 집중하게 하는 경향이 있다. 특히 우리나라는 부처주의가 강하고 부처 관할권 다툼이 치열하기 때문에 과학기술 진흥을 위한 실무부처를 통해 교육과학기술부 통합으로 인한 과학이슈 매몰, 지경부와의 경쟁에 따른 과학과 기술의 분리라는 비판에 대응할 필요가 있다.

이를 위해 강한 산업기술정책의 기조에 있는 지경부를 발전적으로 해체하고 R&D의 공공성을 제고하는 방향으로 정부의 정책기조가 전환되어야 한다. 지경부의 제품개발 관련 R&D 투자의 상대적 비중은 지속적으로 줄여 나가면서 단기적 효율성 중심의 특정 유망기술·산업지원을 벗어나 장기적인 사회적 파급효과를 강조하는 공공 혁신 인프라 구축 방향으로 정부의 역할이 전환될 필요가 있다. 또한 기초연구, 신흥(emerging)·파괴적(disruptive) 기술, 우주 및 극지 분야의 R&D를 담당하는 연구개발부(가칭)가 단기적 경제성과 논리에 휘둘리지 않도록 조직 설계를 정교화해야 한다.

그러나 이러한 개편이 이뤄지더라도 과거의 일하는 방식으로는 효과성을 담보할 수 없다. 소관 부처를 중심으로 한 정부 주도의 하향적(Top-down) 정책 추진은 주어진 일을 신속하게 집행하는 것에는 효율적일 수 있으나 새롭게 출현하거나 다부처로 연계되어 급작스럽게 진행되는 이슈에 대해서는 제대로 대응하기 어렵다. 국가 수준의 중장기 정책을 기획하고 전향적인 대안을 모색해 나가는 기능, 현안과 쟁점을 신속히 협의·조정할 수 있는 기능, 새롭게 등장하는 과학기술-사회 관련 이슈에 대한 사전 대응 기능 등이 보강되어야 현재 변화하고 있는 혁신정책에 제대로 대응할 수 있다. 〈그림 7〉에서 보듯이 참여정부는 다양한 기구를 통해 혁신정책의 조정기능을 제고하고자 노력하였다.

<그림 7> 참여정부의 과학기술혁신정책 조정체제

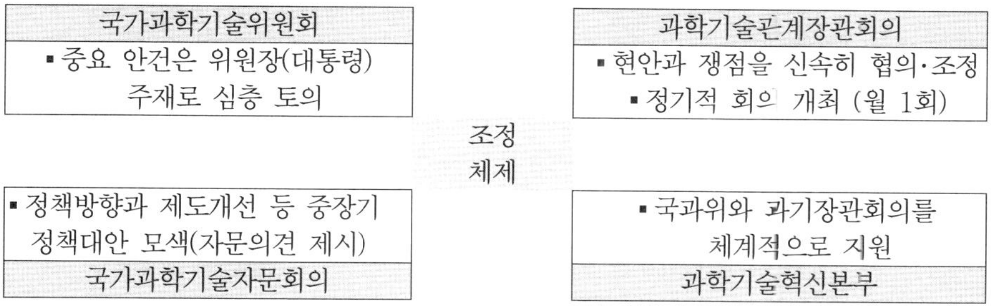

자료: 과학기술혁신본부(2005.2). 일부 수정

3) 주요 장점

R&D 주무부처를 통해 정책의 책임성과 신속한 추진력을 확보할 수 있다. 부처간 경쟁에 따른 지나친 정책 양산을 막기 위해서는 여러 부처로 업무를 분산하기보다는 단일 부처로 집중시키는 것이 효율적일 수 있다. 현행 체제처럼 교과부와 지경부로 담당 부처가 양분될 때에는 정책의 연속성·일관성 확보보다 가시적이고 유행에 민감한 정책에 집중하게 된다. 과학기술 주무부처로 역할과 기능을 새롭게 재정립할 때에도 단기현안 이슈에 과학기술이 밀리지 않고 단기적 경제성과에 휘둘리지 않도록 주의해야 한다. 고등 교육, IT, 지경 R&D 분야의 결합 여부에 따라 다음과 같은 장단점이 있다(〈표 4〉, 〈표 5〉, 〈표 6〉).

<표 4> IT+과기(기초진흥)+고등교육 통합시 장단점

장 점	단 점
- 모든 산업과 연계되는 인프라 정책으로서의 공통된 특성 반영 - R&D와 IT, 교육 간의 시너지 창출 - 이명박정부가 시도했던 R&D와 교육 간 시너지 창출 노력의 지속성 유지 - 과학기술·IT·이공계인력 간의 시너지 창출 가능성 - R&D, 인력양성, 표준화 등의 패키지형 정책 가능	- 현안 이슈가 많은 IT 및 교육 정책 위주로 기초 진흥의 약화 가능성 - 교육의 보편성과 과기의 수월성 갈등 소지 - 과거 정통부, 과기부, 교육부 간의 주도권 다툼 가능성

<표 5> 과기(기초진흥)+지경 R&D+IT 통합시 장단점

장 점	단 점
- 과학과 기술 간의 분리 극복 - 강력한 단일의 과학기술 주무부처로서 역할 가능 - 현재 제기되고 있는 IT 및 과학기술 컨트롤 타워 필요 요청 동시 충족 가능성 - 여러 부처간에 걸쳐 있는 정책조정단계를 단일 부처로 통합함으로써 정책결정의 신속화 및 집행의 효율성 제고	- 산업 진흥 및 기업 경쟁력 강화라는 지경부의 논리에 휘둘릴 가능성 - 대기업·제조업 중심의 IT 및 산업정책 논리로 기초진흥의 논리 약화 가능성 - 단기적 성과 중심의 IT 및 산업 정책과 장기적 관점의 R&D 정책 간 갈등 가능성 - 상호 견제 기능 마비

<표 6> 고등교육+과기(기초진흥)+지경 R&D 통합시 장단점

장 점	단 점
- 교육과 연구의 시너지 창출 가능성 - 과학기술인력의 양성이 과학기술혁신에 핵심 요소라는 것을 반영 - 수월성에 입각한 고급인력 육성 가능 - 분산되어 있는 교육 및 산학연의 기능 통합 - R&D와 산업 간 연계 가능성 제고	- 기초 진흥 약화 가능성 - 교육의 보편성과 과기의 수월성 갈등 소지 - 입시, 대학개혁 등 교육 현안이슈에 여전히 매몰될 가능성 - 단기적 성과 및 기업 경쟁력 강화라는 지경부의 논리에 휘둘릴 가능성 - 기존 부처간 주도권 다툼

4) 한 계

이 안의 경우 기존의 과기부와 비교하여 발전적 차별성이 없을 경우 단순한 과거 회귀라는 비판이 제기될 수 있다. 또한 집행부처이지만 과학기술 주무부처로서 과기부의 역할이 강화될수록 국과위와는 역할과 기능상에서 상충될 가능성이 있다. 이를 피하기 위해서는 과기부를 부총리 체제로 강화하고 국과위를 과거 혁신본부와 유사한 모습으로 변화시킬 수도 있다.[11] 이 경우에도 혁신본부가 시도했던 R&D 부문 내 조정을 뛰어넘어 안전·환경·보건·복지·고용·지역발전 관련 사업과 R&D 부문간의 조정으로 영역이 확대되어야 한다. 또한 당장 해결해야 하는 현안 조정에 초점을 맞춤으로써 국가 수준의 의제를 발굴하고 비전과 전략을 제시하는 활동이 취약했던 기존 혁신본부의 한계를 극복할 수 있도록 장기적인 전략 및 기획 기능이 강조되어야 한다.

5) 참고 국가

분산형을 띠는 미국 등 일부 국가를 제외하고는 일반적으로 과학기술을 전담으로 하는 부처가 존재하며, 이를 중심으로 R&D 집행 및 과학기술정책의 기획·조정 역할이 이루어지고 있다. 국가 수준의 의제 발굴과 장기 전략을 도출하는 거시적인 기획·조정 업무는 수상 직속 등의 최상위 조정기구에서 담당하나 이를 제외한 업무는 R&D 주무부처에서 수행한다. 해당 조직은 과학기술 단독 부처로 존재하기보다 교육 등과 통합되어 있으나 R&D와 과학기술인력양성 중심의 운영을 통해 과학기술이 다른 정책

---

11) 혁신본부는 짧은 기간 활동했지만 우리나라 혁신정책 발전 과정에서 상당한 의미를 제공하였다. 혁신본부를 통해 과학기술 분야를 넘어 타 분야의 문제까지도 함께 바라봐야 한다는 통합적 혁신정책의 관점이 명시적으로 제시된 것이다. 실제 운영에서는 R&D 부문에 한정된 사후적 조정활동을 수행했지만 그 지향점에서는 타 부문 정책과 연계된 T자형 정책으로서의 면모를 보여주었다(성지은 외, 2009). 집행기능을 담당했던 과기부 내에서 부처간 조정 역할을 담당하여 선수-심판론의 문제가 제기되기도 했으나 실제로는 집행기능을 담당한 과기부의 이해를 챙기기보다는 그와 거리를 드면서 브처 설득이 가능할 수 있었다. 즉 일부의 집행기능을 갖춤으로써 조정력 발휘에 기여한 것으로 나타나고 있다.

에 밀리지 않도록 설계되어 있다. 과학기술주무부처에 교육과 과학기술이 통합되어 있는 일본, 독일, 영국 등의 국가에서도 과학기술 부문이 R&D 예산의 절반 이상을 집행하고 있다. 일본 문무과학성은 2011년 R&D 예산 중 65.4%를 집행한 반면, 경제산업성은 16.8%를 집행했으며, 독일은 2011년 교육연구부가 58%, 경제기술부가 20%를 집행하였다. 영국의 혁신·대학·기능부(DIUS)는 R&D 예산의 70.0%('08)를 차지하고 있다.

3. 제3안: 국과위의 발전적 개편

1) 주요 논거

세 번째 안은 분산형을 기반으로 탈추격형 혁신체제 전환과 통합적 혁신정책 구현이라는 두 가지 시대적 과제를 기반으로 설계된 것이다. 현재 우리나라 혁신체제는 전환기를 맞고 있다. 과거 성공적으로 작동했던 추격형 모델을 기술개발 수준이나 혁신경제 패러다임 변화에 맞춰 새롭게 전환시켜야 하는 상황인 것이다. 따라서 과거 추격 체제에서 유효하게 작용했던 수직적 통제 중심의 컨트롤타워 강화는 더 이상 지속 가능하지 않은 대안이다. 탈추격 내지 창조형 시대에 맞는 혁신 시스템으로 전환하기 위해 새로운 비전과 전략을 창출하고 변화에 대한 사회적 합의를 이끌어 나가는 전환가적 리더십(transformational leadership)이 요구되고 있다. 특히 혁신정책은 여타 정책보다 미래사회를 전망하고 장기적인 변화를 이끌어낼 수 있는 전략적 수단의 기능을 갖고 있기 때문에 이러한 역할에 적합하다고 할 수 있다.

2) 주요 내용

제3안의 주요 내용은 국과위의 기능을 재정립하고 그 위상을 강화하는 것이다. 이를 위해 첫째, 장관급에서 대통령 직속으로 조직의 위상을 강화할 필요가 있다. 정부 각 부처와 긴밀한 관계를 유지하면서 과학기술, 기업, 사회, 교육, 사회복지 등 다양한 정부 정책수립에 장기적인 비전을 제시하기 위해서는 현재 위상이 변화해야 한다.

둘째, 중장기 국가 비전 및 전략 제시를 통한 미래사회 기획 기능의 강조가 필요하다. 이를 위해서는 현재 국과위가 담당하고 있는 R&D 배분 조정권을 통한 미시조정을 뛰어넘어 장기적인 발전 이니셔티브 등 전략적 비전을 만들어내고 공유할 수 있도록 정책의 기획·조정 역량이 강화되어야 한다.

셋째, 장기적인 변화에 대응하는 실질적인 이니셔티브를 갖기 위해서는 유사중복의 기능을 가진 관련 위원회간 연계 및 통합이 필요하다. 현행 국과위에 미래기획위원회, 녹색성장위원회 일부, 지식재산위원회 기능을 통합하여 국가과학기술위원회(가칭) 또는 과학기술미래전략부(가칭)로 조직을 확대 발전시키는 것도 하나의 안이 될 수 있다.[12)]

넷째, 다양한 정책 실험을 통해 검증된 새로운 정책을 각 부처로 확산하는 정책 혁신가(policy entrepreneur)이자 패턴 형성자(pattern maker)로서의 국과위의 역할이 필요하다. 각 부처는 루틴화된 집행 업무를 수행하며 이해당사자들과 강하게 결합되어 있어 새로운 정책혁신을 수행하는 데 어려움을 겪는 반면, 국과위는 새로운 정책적 시도와 실험을 수행하여 정책 혁신을 선도하기에 유리한 위치에 있다. 국과위가 이 역할을 제대로 하기 위해서는 시범사업 및 정책실험을 통해 학습이 가능할 수 있도록 집행 기능을 일부 가질 필요가 있다.[13)] 애플이 아이폰으로 스마트폰 생태계를 주도하는 것과 같이 국과위가 각 부처의 창의성과 다양성을 인정하면서도 혁신정책 생태계를 이끌어가는 '플랫폼 리더십'(platform leadership)을 발휘

---

12) 현재 대통령 직속(국가브랜드위원회, 미래기획위원회, 사회통합위원회, 국가경쟁력강화위원회), 총리 직속, 각 부처 직속 등 각종 위원회가 499개이다

13) 예를 들어 녹색혁신을 위한 바이오에너지 마을구축 사업과 같이 기술개발정책, 에너지·환경정책, 농업정책을 종합적으로 고려하는 다부처 시범사업 설계·추진을 통해 성공의 경험을 축적·확대하고 검증된 정책을 각 부처로 확산시킬 수 있다. 이를 통해 새로운 정책패턴 형성하고 정책의 정당성 및 성공가능성을 높일 수 있다.

해야 할 시점이다.

다섯째, 각 부처의 임무에 따라 R&D 사업을 분산 추진하는 상황에서 지역혁신, 글로벌 협력, 과학대중화, 대형인프라 구축, 새로운 혁신제도 구축(지식재산정책, 신기술금융, 탄소세 등), 과학기술 인력양성, 혁신 주체간 협력, 산학연 연구기관 및 연구개발 서비스 부분 육성 등의 기능과 업무를 통합할 필요가 있다. (가칭)국가연구개발원(또는 국가과학기술원)과 기초과학연구원(IBS)은 국과위 산하로 이관하여 관리하고, 이 경우 기관 운영의 자율성은 보장하되 예산안은 국과위에 제출토록 한다. 이 방안은 과학기술부 부활이라는 단순한 과거 회귀에서 벗어나 현재의 시대 흐름과 환경 변화를 반영한 진정한 과학기술혁신 부처의 발전 형태라고 할 수 있다.

이와 함께 각개약진 식으로 진행된 파편화된 노력들을 보다 장기적인 성과로 이어가기 위해서는 범정부 차원의 추진체계를 구성하여 부처별 역할을 적절하게 배분함은 물론 유기적인 협업체계를 구축하여 보다 통합적·체계적인 혁신전략을 추진해 나가야 한다. 국가 차원의 대규모 연구개발 계획 추진이 필요할 경우 관련 부처뿐만 아니라 국회를 포함한 관련 기관들이 의기투합하여 정책의 수립과 집행에 필요한 관련 법안을 마련하고 사회 내 각 부문들의 지지를 이끌어낼 수 있는 기반을 구축해야 한다. 특히 우리나라에서 부족한 수요 기반 및 사회문제 해결형 혁신정책에 대한 적극적인 고려와 정책적인 노력이 필요하다. 각 부처의 R&D 사업을 어떻게 연계·조정할 것인가를 뛰어넘어 각 부처 사업이 공동의 혁신 목표를 향해 어떻게 연계·통합되어야 할 것인가를 고려하는 확장된 관점이 요구되는 것이다. 이를 위해서는 공동의 정책 목표 달성을 위한 범부처 공동기획을 체계화하고 기술금융, 공공구매, 공공연구개발, 기술이전 정책 등을 종합적으로 고려하는 통합적 혁신정책을 추진해야 한다.

3) 주요 장점

이 안의 가장 큰 장점은 혁신을 환경, 에너지, 복지, 안보 등과 연계하여 고려한다는 점에 있다. 현재 국과위는 경제성장과 사회문제해결을 동시에 고려할 수 있는 위치에 있어야 하나, 기재부와 경쟁 관계에, 집행권한 부재로 인한 추진력 미흡, KISTEP 지원 기관의 역량 부족 등의 한계를 안고 있다. 이 안은 미래사회를 전망하고 이에 대한 사회·기술 시스템의 구성과 관련 부처간 연계·조정 역할이 강조되는 혁신의 변화 흐름을 반영하여 국과위의 한계를 극복하고자 하는 것이다. 혁신의 특성과 환경이 불확실성과 실패의 가능성은 높아지는 반면, 기술 간 융합 현상이 가속화되고 기초·응용·개발 연구의 경계가 흐려지면서 그 역할 분담 또한 모호해지는 상황에 있다. 이에 대응하여 과학기술부 회귀 및 부활이라는 조직적 한계를 극복하고, 광의의 과학기술혁신을 중심으로 한 국가차원의 중장기 발전 전략 및 정책 기조와 정책 통합의 가능성을 높이는 안이다.

과학기술혁신은 모든 부처와 연계되어 있는 인프라의 특성을 띠고 있기 때문에 부처간의 정책지향이나 관할권 다툼 등이 일어날 소지가 많다. 따라서 자율성을 살리면서도 장기 목표를 향해 갈 수 있도록 각 부처 R&D와 혁신정책을 일정한 방향으로 추진하여 정합성을 확보하야 한다. 이 안이 실효성을 거두기 위해서는 이러한 정합성을 확보할 수 있도록 각 부처를 세부적으로 조정하기보다 현재의 기능들을 큰 그림에서 조율하고 민간과의 상호 협력하며, 공동 기획을 강조하는 '코디네이터'(coordinator), '촉진자'(facilitator), '중재자'(moderator)의 역할을 수행할 수 있는 조직이 필요하다.

이런 관점에서 새로운 정책 의제와 공통의 비전을 도출하고, 이에 대한 합의를 이끌어낼 수 있는 기구로서 국과위의 기능이 강화될 필요가 있다. 과학기술 기본계획 및 시행계획이 각 부처 개별사업을 취합하는 수준에 머물러서는 안 되며, 국과위 등 최고조정기구를 통해 범부처 이슈를 일정 부분 조정·통합해야 하는 것이다. 특히 기술의 사회문제 해결 및 활용 가능성 제고를 위해서는 기존의 기술공급부처와 보건·복지, 건설·교통, 방재·안전 등을 담당하는 기술수요·활용 부처와의 연계·협력이 강화되어야 한다. 법령, 제도 및 표준 등 관련 부처가 함께 해결해야 할 문제를 찾아내고, 기술 활용 및 사업화 제고를 위한 범부처 차원의 기획 및 지원체계의 구축이 필요한 것이다(성지은 외, 2010).

4) 한계 및 과제

이 안의 경우 정치적인 결단과 국정 리더십이 필요하다. 하드웨어적인 조직체제 개편을 뛰어넘어 사회적 인식, 일하는 방식 등 기존의 틀을 넘어선 운영상의 변화가 필요하기 때문이다. 참여정부 과학기술행정체제의 개편은 단순한 행정체제의 변화를 넘어, 국정운영방향이 기술을 기반으로 하는 혁신체제로 전환된다는 의미를 내포하고 있었다. 이처럼 '과학기술'을 국정운영의 중심에 놓고 부총리가 과학기술정책 관련 미시경제정책을 총괄하는 시스템을 갖춘 나라는 없었다.

5) 참고 사례

통합적 혁신정책의 관점을 강조한 참여정부의 과학기술부총리 체제와 과학기술혁신본부의 예가 있다. 참여정부는 과학기술정책의 범위를 과학기술 차원을 뛰어넘어 산업 및 경제정책영역까지 연계되도록 그 외연을 확장하여 왔으며, 질적 경제 성장을 위한 미시정책의 일환으로 추진했다(대통령자문정책기획위원회, 2008). 다만, 참여정부의 혁신본부는 국가발전전략으로서 통합적 혁신정책을 이끌어낼 수 있는 역량이 취약했으며, 관련 부처의 순응을 끌어내는 데 어려움이 있었다.

세계 주요국들은 혁신체제 전환과 통합적 혁신정책 구현을 위해 혁신정책 최고조정기구의 미래기획 기능을 강화하거나 사회와 환경정책을 포괄하는 범부처 R&D 프로그램 및 정책 인텔리전스 기능을 제고하고 있다. 특히 핀란드는 시스템 전환의 관점에서 내각 산하 연구혁신위원회(RIC)를 중심으로 과학기술정책이 나아가야 할 방향을 탐색하는 데에 집중하고 있으며 과학기술을 넘어선 통합적 혁신을 강조하고 있다. 이 과정에서 핀란드 정부는 핀란드 의회 내에 미래전담기구인 미래위원회의 기능을 강화하여 정부정책 수립에 필요한 장기 비전을 제시하고 있다. 그 동안 분산형 혁신체제를 유지해 왔던 미국이나 독일 등도 기획·조정기구 강화, 예산통제, 범부처 R&D 사업 등을 통한 혁신 기획 및 조정 기능 등을 추진하고 있다. 이 외에도 혁신지원 산하기구와의 연계·협력을 강조하거나 다부처 공동기획사업, 공동예산, 패키지형(package) 정책설계 등의 다양한 조정기제를 활용하여 조정을 강화하는 추세이다.

V. 결론 및 정책적 시사점

이상 과학기술혁신을 둘러싼 활동·환경·정책 패러다임 변화와 함께 이명박정부의 혁신 거버넌스 현황 및 문제점을 살펴보고 차기 정부의 과학기술행정체제 안을 세 가지 제시하였다. 이 글에서 제시한 안은 통합적 혁신정책, 탈추격 혁신정책 등의 철학적 기반하에 수립된 것으로, 현재 과실연, 과총, 공학 한림원 등 과학기술 관련단체를 중심으로 제안되고 있는 안과는 차이가 있을 수 있다. 본 연구에서 제시한 세 가지 안들은 기존 관련 행정부처의 역할 및 기능을 확장하거나 연장하는 개념이 아니라 지금 새롭게 변화하고 있는 국가 경제 및 혁신 패러다임과 행정 전반의 철학적 변화를 반영하고 있다는 점에서 의의가 있다.

앞서 논의되었듯이 현재 우리 사회는 과거와는 비교가 되지 않을 정도로 복잡해지고 다원화되어 있다. 이에 따라 정부업무도 한 부처 단독으로 다룰 수 없는, 여러 부처에 걸쳐 있는 사안들로 구성되어 있다. 특히 R&D와 과학기술혁신의 경우 모든 부처와 연계되어 있어 관련 부처의 업무영역 내에서 각각 따로 다룰 것이 아니라 국가차원의 총체적인 설계가 필요한 과제이다. 또한 그 특성상 일상적인 단기현안 대응이 아니라 장기적인 관점에서 그 가능성과 성과를 고려할 필요가 있다. 즉 과학기술은 미래사회를 새롭게 그려 나가고 다양한 사회문제해결에 중요한 수단이 되지만 긴급한 문제로 다뤄지지 않는다. 따라서 과학기술행정체제 설계에서도 소관 부처를 누구로 할 것인가가 아니라 국가 차원에서 관련 정책을 통합·조정하고, 10-20년 이후의 미래사회를 어떻게 구성하여 대비해 나갈 것인가를 일차적으로 고려해야 한다.

행정체제 개편 안에는 정답이 없다. 큰 정부 작은 정부를 둘러싸고 오랫동안 논란이 있었으나 문제는 정부의 크고 작음이 아닌 업무의 효율성 제고이다. 행정조직 개편이 현재 당면한 문제점을 해결하고 미래의 바람직한 사회를 건설할 수 있다는 것은 신화(myth)이자 정치적 상징(symbol)에 불과하다. 그 동안의 정부조직 사례에서 볼 때, 서로 다른 조직이 통폐합되어 본래 의도한 바를 달성할 수 있는 화학적인 융합을 이루기 위해서는 최소 10년 이상이 걸리는 것으로 나타나고 있다. 게다가 그 동안 대부분의 정부가 정권 초 짧은 기간 내에 가시적인 성과를 보여줄 수 있는 대규모의 행정조직 개편을 시도했으나 실패한 사례보다 성공한 사례 찾기가 더 어렵다.

이변이 없는 한 차기 정부 또한 행정조직 개편을 시도할 가능성이 매우 높다. 여야 정치권 모두 대규모의 행정개편을 약속하고 있기 때문이다. 차기 정부의 과학기술행정체제 또한 다양한 주체의 합리적인 숙고 노력보다 고도의 정치적인 게임의 산물로 결정될 가능성이 높다. 그러나 견고한 국정 철학과 실제 작동되는 행정 메커니즘에 대한 이해가 없는 단기적 하드웨어 조직 개편은 또다시 실패할 가능성이 있다.

그 동안 우리나라 과학기술행정체제는 기술·산업·경제 패러다임 변화에 대응하여 전향적으로 개편되어 왔으며, 최근 일본 과학기술전략본부 개편에서 볼 수 있듯이 전 세계로부터 선진화된 행정조직모델로 주목받아 왔다. 참여정부는 노동, 자본 등 생산요소 투입을 통한 양적 성장모델을 뛰어넘어 혁신주도형 경제로의 전환을 위해 과학기술혁신본부를 설치하는 등 과학기술행정체제를 전면적으로 개편했으며, 이명박정부 들어 교과부, 지경부, 국과위 개편에도 이러한 논리가 반영되어 있었다. 현재 우리나라 혁신 거버넌스는 독특한 제도적 특성을 반영한 진화 산물로 모방할 수 있는 해외 사례가 거의 부재한 상황이다. 때문에 외국의 단순한 모방에서 벗어나 우리 스스로 문제를 던지고 다양한 시행착오와 새로운 실험을 거쳐 우리에게 적합한 대안을 찾고자 하는 성찰적 접근이 필요하다. 이를 위해서는 현재 우리나라가 처한 혁신체제의 현황 및 문제점을 충분히 고려하고, 새로운 혁신 패러다임에 대응하기 위한 전향적인 변화 모색이 필요한 시점이다.

<참고문헌>

과학기술혁신본부. (2005.2). 「신 과학기술행정체제의 운영방향」.

과실연 외. (2008). 과학기술부 해체를 반대한다: 과학기술단체 공동 성명서.

과실연. (2008). 이명박정부에 '과학기술은 없다. 「성명서 26호」. 7. 8.

과실연. (2010). 국가과학기술 컨트롤타워 다시 세워야 한다. 「성경서 31호」. 4. 21.

과실연, 전국대학학장 협의회 외. (2008). '교육과학기술부'가 바람직하다— 정부조직 개편에 관한 과학기술계의 입장.

교육과학기술부, 기획재정부, 행정안전부. (2010.11.23.). 국가과학기술위원회 위상 및 기능 강화를 위한 주요 개편 내용.

국가과학기술위원회. ('10.10.1). 「국가과학기술위원회 위상 및 기능강화방안회의」.

김차동. (2011.11). Revisiting Korean Innovation System. STEPI 과학기술정책 포럼 발표자료.

대통령자문정책기획위원회. (2008). 차세대 성장동력산업 육성: 미래산업 창출을 위한 블루오션 전략. 참여정부 정책 보고서.

박천오. (2011). 한국 정부조직개편에 대한 비판적 고찰. 한국조직학회보, 제8권 제1호, pp.1-30.

성지은. (2009). 교육과 과학기술 기능 통합 국가의 과학기술행정체제 비교분석: 일본, 독일, 영국을 중심으로. 「행정논총」, 제47권 제2호.

성지은, 송위진. (2007). 총체적 혁신정책의 이론과 적용: 핀란드와 한국의 사례. 「기술혁신학회지」, 제10권 3호, pp.555-579.

성지은, 송위진. (2010). 탈추격형 혁신과 통합적 혁신정책. 「과학기술학연구」, 제10권 제2호.

성지은, 송위진, 김종선. (2012), 『'통합형 혁신정책' 구현을 위한 국과위의 개방형 정책 네트워크 구축 방안』. 국가과학기술위원회.

성지은, 송위진, 장영배, 정병걸, 한재각. (2009). 「통합적 혁신정책을 위한 정책조정방식 설계」. 과학기술정책연구원 연구보고서.

성지은, 송위진, 정병걸, 장영배. (2010). 『미래지향형 과학기술혁신 거버넌스 설계 및 개선방안』. 과학기술정책연구원 정책연구.

송위진, 성지은, 김연철, 황혜란, 정재용. (2007). 『탈추격형 기술혁신체제의 모색』. 과학기술정책연구원.

송위진, 성지은, 장영배. (2009). 『사회적 혁신과 기술집약적 사회적 기업』. 과학기술정책연구원.

이정원, 이재억, 김기국. (2005). R&D 글로벌화: 현황과 수준측정을 위한 지표개발. 과학기술정책연구원 정책연구.

임호순. (2011). 서비스 품질혁신의 중요성. 자동차 경제. 446호.

연합뉴스. (2011/08/01). 〈국과위 "국책 연구, 유사·중복 심각하다"〉

정부혁신/규제개혁 TF. (2008.1.16.). 정부 기능과 조직 개편. 인수위 발표자료.

조성한. (2007). 정부조직구조의 영향요인. 한국조직학회보, 제4권 제2호.

전황수, 허필선. (2006). IT-BT-NT 기술 융합에 따른 산업육성전략. 전자통신동향분석, 제21권 제2호.

최성욱. (2001). 조직문화를 통해서 본 통합관료조직: 스키마 중심의 인지해석적 접근. 「한국행정학보」, 35(3), pp.127-145.

한국과학기술단체총연합회, 국회입법조사처, 국가과학기술위원회(2012.1.27.). 출연(연) 선진화 방안 대국민 공청회 책자.

한국여성과학기술단체총연합회. (2008). '과학기술분야 정부조직개편'에 대한 우리의 입장. 1. 21.

홍국선. (2010). 「과학기술정책 종합조정 기능 재정립」. 제1회 경기과학기술원 심포지엄 발표 자료, 2010. 9. 15. 서울교육문화회관 별관 3층 동강홀. http://www.gstep.re.kr/ gstep/upload_data/제1회 경기과학기술진흥원 심포지엄-홍국선.pdf

Edler, Jacob & Georghiou, Luke. (2007). Public procurement and innovation Resurrecting the demand sides. Research Policy, Vol. 36, pp.949-963.

Edler, Jacob. (2010). Demand-Based Innovation Policy. The Theory and Practice Innovation Policy. Edward Elgar.

Georghiou, L.(eds.). (2003). Evaluation of the Finnish Innovation Support System. Ministry of Trade and Industry.

Gibbons, M. (2001). "Governance and the New Production of Knowledge", in de la Mothe (ed.). pp.33-49.

OECD. (2002). STI REVIEW: Special Issue on New Science and Technology Indicators, No.27, pp.7-13.

OECD. (2005). Governance of Innovation Systems, Volume 1: Synthesis Report.

Palmberg, Christopher. (2005). The Specificities of Finnish Industrial Policy: Challenges and Initiatives at the turn of the Century. ETLA.

제11장
지방자치3.0 시대를 위한 과제와 정부조직개편방안 1)

임 승 빈(명지대학교 행정학과 교수)

Ⅰ. 들어가며

사실, 성장주의를 모토로 탄생한 이명박정부의 등장은 어느 정도 지방자치의 쇠퇴는 예견되었던 바이다. 그 상징적 의미로서 중앙부처에서 김대중·노무현정부 시기에 탄생했던 행정자치부에서 자치라는 용어가 빠진 행정안전부로 바뀐 것만 해도 그렇다. 이명박정부 시기에서는 1995년 단체장 직선제가 부활된 이후 2010년도에는 지방선거가 치러졌다. 즉, "1995년 지방선거 이후 외형상 완전한 형태의 지방자치제가 실시됨으로써 지방화시대에 진입하였으며, 원칙적으로는 지방자치단체는 중앙정부의 간섭없이 업무를 자율적이고 독자적으로 처리하게 되었고 지방자치단체간에서도 상호 독립하여 각자의 업무를 수행하게 되었으나 1988년도의 제7차 개정, 1994년도 지방자치법 개정으로부터 출발한 현행 지방자치제도는 근본적으로 중앙정부-광역-기초자치단체간의 관계에 대하여 상하관계로 설정하여 국가사무를 위임사무 방식으로 처리하도록 하였다. 이는 전후의 일본의 지방자치법(1947년 제정)으로부터 강한 영향을 받았으며 독일

---

1) 본문의 대부분은 012년/9월/27일 "MB정부의 지방행정 평가" 세미나 발제문, 한국지방행정연구원 주최, 프레스센터에서 필자가 발표한 "이명박정부의 지방행정 평가와 분권 3.0 시대를 위한 과제"에 의존하였음을 밝힘.

의 대륙법 체계로부터도 영향을 받았다고 볼 수 있다. 따라서 국가의 공공성을 판단하는 주체는 중앙정부인 국가이며 지방자치단체에게 위임시켜 공공성을 집행하는 형태로 지방자치가 시작되었다고 볼 수 있다”(임승빈, 2009). 그러나 민선지방자치가 실시된 이후에도 지속된 이와 같은 국가와 지방의 상하관계는 행정을 집행하는 현장에서 주민들과의 갈등이 발생할 때마다 국가와 지방간의 공공주체간의 책임공방으로 전화되어 양자간의 갈등이 표출되어 왔다. 또한 여전히 지방의 재정자립도가 열악한 상황에서 중앙정부에 의존이 필연적인 자치단체는 공공성의 영역을 중앙정부에 의존하려는 경향이 강하다. 국가의 정합성이 최우선이라는 원리주의(dogmatism)에 따라 강력한 중앙집권이 아직은 필요하다는 국가주의에 머무르고 있다는 인상을 지울 수 없다.

특히, 이명박정부에 들어서는 지방자치를 새로운 거버넌스 체제구축에 대한 관심 또는 지역의 시민사회(grass roots)에 대한 관심보다는 중앙정부의 통제적 역할, 지방자치단체의 효율성 운영 또는 지방자치의 폐해를 강조하는 집단들이 보다 득세를 하였다고 볼 수 있다. 특히 이명박정부에서는 지방자치 요소들 가운데서 지방행정체계를 레짐(regime)이론에 따라 성장주의적 관점에서 보느냐 혹은 반성장주의적 관점으로 보는냐는 현 이명박정부가 과거의 어느 정권보다도 논란이 심했던 것 같다.

그러나 본고에서는 현 이명박정부에 대한 성장주의적이면서 반분권주의적일 것이다. 선입견을 배제하고 지방행정이 추구하는 자치행정의 분권과 참여라는 관점에서 주요 추진정책을 살펴보면서 평가하고 미진한 부분에 대해서는 차기 정부의 과제로 넘기고자 한다.

Ⅱ. 정부2.0과 정부3.0 시대에서의 자치행정의 변화

1. 지방분권화의 개념과 국제적 동향

1) 개념과 의의

지방자치와 지방분권의 개념은 분리될 수 없다. 즉, 지방자치를 한다는 것은 지방분권을 의미하는 것이다. 이러한 지방분권의 경향은 기든스가 언급하고 있는 것처럼 '민주주의의 민주화'라는 요소와 '국가경쟁력 강화'라는 요소가 모두 포함되어 있다. 종래와 다른 점이 있다면 단순이 권력의 분산이 아닌 지방분권의 추진이 어떠한 목표를 가지고 있든지 간에 지방의 창의성을 전제로 한 지방분권을 추진하고 있다는 점은 공통적이다. 예를 들어, 일본의 구조개혁 특구 제도 도입 등은 종래와는 달리 중앙에서 일괄적으로 지방에 권한을 이양하는 것을 지방분권이라는 의미로 두지 않고 창의적인 지방에 중앙의 권한을 선별적, 즉 선택과 집중을 통해 중앙의 권한을 이양하고 있는 것이다. 그러므로 자율성의 '지방분권'과 정합성의 '국가균형'정책은 정부의 국가의 통합성을 유지하면서 '지방의 창의성'을 살릴 수 있어야 한다. 따라서 지방분권정책은 지방정부 내에서의 지역사회가 민주적이고 효율적으로 운영되는 시스템을 말하며 개인의 창의성이 지방정부에 전달될 수 있는 시스템이어야 하는 것이다. 지방분권화의 가치는 이념이나 정치이론에 관계없이 폭넓은 호소력을 지닌 듯하다. 또한 지방분권은 절대적인 개념이 아니라 상대적이다. 분권화는 집권화와 함께 하나의 연속선상에서 이해되는 개념이다. 분권화는 크게 두 가지 측면에서 개념 분류가 가능하다. 첫째는 중앙과 지방간의 관계에서 의사결정이 어디에서 이루어지고 있느냐 하는 것이다. 중앙집권은 결정권한이 중앙정부에 비교적 많이 유보되고 상대적으로 지방정부가 재량권을 거의 지니지 못하는 경우를 말한다. 지방분권이란 결정권한이 지방정부에 비교적 많이 배분되어 있는 조직형태를 의미한다. 위의 개념으로 중앙과 지방간의 관계 유형과 변화를 설명하여 왔다. 분권화의 두 번째 개념은 특정의 계층을 전혀 언급하지 않은 채 의사결정과 관련된 몇 가지 속성에 비추어 분권화를 파악하는 것이다. 즉 의사결정에 참여하는 직의의 수나 참여적 의사결정의 영역, 혹은 참여의 정도에 따라 분권화를 가늠하는 것이다. 예컨대, 지방수준에서 정책결정시 지방정치인과 행정 엘리트들이 지방정부의 정책결정에 어느 정도 관련되어 있는지 또는 어떠한 방식으로, 얼마나 많은 행동을 하는지 하는 문제들이다.

또한, 지방분권화는 국가의 의사결정권이 하나의 정치조직에 집중되지 아니하고 수직적인 관계에 있는 각 정치단위에 분산되어 있는 정치조직 원리이다. 분권화된 정치 시스템은 권력을 하나의 극에 집중시키지 아니하고 여러 단계의 정치단위에 분점시키는 수직적 권력분점의 원리를 말하는 것이다. 즉, 중앙정부와 지방정부간의 역할 분담에 있어서 지방정부에 역할의 중점이 주어지도록 하는 정부간 역할배분의 원리를 의미한다(이승종, 2004). 분권의 논리는 권력의 분점을 통하여 중앙과 기능의 분화를 전제로 하여 다양한 생활의 욕구를 충족시키면서도 전체로서 국가의 통합성을 유지하기 위한 국가권력시스템으로 등장했다. 중앙집권적인 권력체계가 요구하는 획일성 대신에 분권적인 정치시스템은 구성원들의 생활욕구의 다양성을 충족하는 것을 중요한 목표로 한다. 기계적이고 외형적인 통제 중심의 양적인 성과보다는 개별화된 욕구의 충족을 중요시하는 질적인 만족을 요구하게 된다. 이 점에서 분권화는 구체적인 생활의 정치질서에 보다 부합하는 것이라고 볼 수 있다(임승빈 외,: 2003). 지방분권화의 논리는 증대된 국가기능을 여러 정치단위에 분산시킴으로써 분업을 통한 효율성의 증대를 위한 것이며, 다양한 정치실험을 통한 구성원의 학습기회를 제공하며, 보다 나은 해결책을 모색해 나가는 정치과정이다.

2) 국제적 동향[2)]

1980년대 이후 EU권 국가(일부 연방제 국가 포함)를 중심으로 지방분권 논의가 등장하였는데 이때의 지방분권(devolution)은 중앙정부 권한을 하위 정부(주, 지역, 시군)로 이관하는 것을 지칭하였다. 이때의 분권은 통상 헌법을 개정하지 않고 기존 법률 체계 내에서 약간의 개정을 거쳐 추진되며 권한 이양에도 불구하고 국가 유형은 단일(unitary system) 국가를 유지하는 형태였다. 따라서 하위 정부의 권한은 필요시 중앙정부에 의해 언제든지 회수 가능하다는 점에서 연방제(federalism) 국가와 차이점을 보였다. 이후의 지방분권 논의는 미국, 일본 등으로 확산되었는데 1980년대의 프랑스와 1990년 후반의 영국 사례가 주목받았다. 프랑스는 1980년대 사회당의 미테랑 대통령(1981-1995)이 등장하기 이전까지 세계에서 가장 중앙집권적인 국가였다. 파리의 중앙정부는 연간예산에서 학교가 거리의 새로운 이름의 지정까지 각 지방정부(régions, départements, and communes)가 수행하는 대부분의 주요 결정에 대해 사전 승인을 받도록 하였다. 하위 정부의 규모와 책임이 커지면서 대부분의 시장들이 '감시'(tutelle)라는 형태의 중앙정부의 권력행사에 저항하기 시작하였다. 이때 등장한 미테랑 대통령이 3층의 하위정부 권한을 대폭 증대시키고 '감시' 조치를 대부분의 정책결정에서 배제시켰다. 영국의 지방분권논의는 1970년대초에 활발히 전개되었으나 투표에서 부결된 후 1990년대 후반의 블레어 정권에서 활성화되었다. 스코틀랜드와 웨일즈 주민들 다수의 자치욕구가 강해지면서 스코틀랜드 국민당(SNP), 웨일즈당(Plaid Cymru)에 대한 지지도가 상승하였다. 1979년 노동당정부가 스코틀랜드 국민당과 웨일즈당, 자유당의 지지를 받아 지방분권을 강화하는 국민투표를 시행하였으나 스코틀랜드, 웨일즈 두 곳에서 모두 좌절되었다.[3)] 이후 양 지역 주민들의 지방분권에 대한 욕구가 점점

---

2) 배준호·이진순·임승빈·김상호(2009), 지방자치의 재구조화, 경기개발연구원 2009-01 보고서.

3) 투표한 스코틀랜드 주민들의 높은 지지에도 불구하고 법 통과에 필요한 선거구 주민 총수의 40%를 넘지 못했다.

커지면서 하원의원선거에서 압도적 다수로 노동당 후보를 지지하였으나 보수당이 1979년부터 1997년까지 집권하면서 지방분권이 실현되지 않았다. 1990년대 후반의 영국의 지방분권은 스코틀랜드와 웨일즈에서 다르게 적용되었다. 1997년 집권한 노동당의 토니 블레어 총리는 지방분권 작업을 추진하였는데 스코틀랜드와 웨일즈에 다른 형태를 제안하였다. 스코틀랜드는 자체 의회를 구성하여 입법권을 갖고 부분적으로 자체 세율 결정권을 갖는 반면 웨일즈 의회는 중앙정부 통과 법안의 웨일즈 시행방식을 정하는 권한을 지녔다. 1997년 9월 11일 스코틀랜드 주민들은 자체의회, 세입청 창설 법안을 압도적 지지로 통과시킨 반면 일주일 후 웨일즈 주민들은 간신히 자체의회 창설 법안을 통과시켜 두 의회는 1999년부터 정상적으로 기능하고 있다. 또 1998년 벨파스트협정(good friday agreement)으로 북아일랜드 의회 창설과 자치회복으로 1970년대에 시작된 중앙정부의 직접 통치가 종료되었다. 한편 잉글랜드에 지역의회를 설치하는 법안도 제시된 바 있다. 지방분권의 움직임은 핀란드, 스페인, 이탈리아 등으로 확산되고 있다. 지방분권의 확산은 이 조치가 지역간, 종족간, 인종간, 종교간 분열을 완화시키는 효과가 있기 때문이다. 특히 다인종국가 가령 스리랑카, 인도네시아 같은 곳에서 효과가 크다고 알려져 있다. 프랑스, 영국 외에 핀란드에서는 Åland Islands 지역의 스웨덴어 주민들에 대한 자치 허용, 스페인에서는 바스크, 카탈로니아, 가르시아 안달루시아 등지의 지역정부에 의한 광범위한 권한 행사 등이 있다. 이탈리아에서도 일부 지역이 특별자치를 허용받고 있다. 중앙정부나 지역정부에 의해 특정지역에 대해 제한적인 자치나 자치정부 설치를 허용하는 홈룰(home rule)[4]이 확대되고 있는 것이다.

---

4) 이 제도는 다수의 국가로 구성된 제국 등에서 사용되던 통치방식으로 고대 로마제국과 대영제국에서 활용된 바 있다. 지역 주민이 정치적으로 중앙정부 통치를 수용한다는 전제하에 제한적으로 지역정부에 의한 지역통치를 허용하는 방식이다. 이는 1875년 이후 미국의 주헌법이 산하 지방 자치단체에 일반적이거나 특별히 열거된 자치권을 허용하기 위해 자주 개정되었는데 그 당시의 주정부나 대도시 정부에서 나타난 통치 형태기도 하다.

2. 정부2.0과 정부3.0 시대에서의 자치행정의 변화

2009년 12월 스마트폰의 급속한 보급으로 인해 어플이 막 인기를 얻고 있던 시기, 고등학생이었던 유주완 군은 '서울버스'(Seoul Bus)라는 아이폰 응용프로그램(앱)을 만들어 보급했다. 그러나 12월 말 경기도에서 유주완 군이 '공공' 정보를 무단으로 이용했다는 이유로 서비스를 중단시켰다. 그러나 시민들의 민원이 빗발치고 미디어의 관심이 커지면서 결국 경기도는 서비스를 재개했다. 이로 인해 공공정보의 공개에 대한 관심이 환기되었고 '거버먼트2.0'에까지 미치게 되었다. 거버먼트2.0은 웹2.0의 공공분야 버전으로 참여, 개방, 공유로 대표되는 웹2.0의 문화와 기술이 공공분야에 도입되면서 구현되는 새로운 형태의 정부이자 공공서비스를 의미한다. 이는 미국 오바마 정부가 열린정부(Open Government)를 강조하고 팀 오라일리(Tim O'Reilly) 등이 적극적으로 캠페인을 추진하면서 더욱 더 관심을 끌었다. 최근 여기저기서 거버먼트2.0이라는 외침이 들려오고 있지만 실상은 '전자정부' 개념에서 벗어나지 못하고 있다. 거버먼트2.0은 웹2.0의 핵심인 '소통, 참여, 오픈'이 전자정부에 녹아들어가야 비로소 탄생하게 되는 것이다.

빅데이터를 어떻게 정부 운영, 행정에 도입할 수 있을까? 정부3.0은 정보공개와 공유, 개인별 맞춤형 서비스가 핵심인데, 정부2.0이 정부가 일방적으로 정보를 공개하는 수준에 그치는 반면 정부3.0은 빅데이터를 하나의 정부 클라우드에 수집하고, 그 클라우드 안에서 개인이 필요한 정보를 선택해서 사용할 수 있는 것으로 '개인별 맞춤형 서비스'가 정부2.0과 정부3.0의 큰 차이점이다. 즉 정부는 행정정보가 정부 부처간, 또는 정부-국민간 원활하게 오고가도록 인프라를 구축하는 것이다. 예전에는 공무원들이 자신의 정보를 개인 하드디스크에 저장했다면 이제는 가상의 공용정보집적 장치인 클라우딩 시스템에 저장함으로써 다른 정부부처와 공유하는 것은 물론 대민 서비스에도 활용하자는 취지이다. 행정정보를 클라우딩 시스템에 집어넣으면 예를 들어 '교육'에 관한 정보파일을 여러 정부

부처는 물론 지방자치단체, 민간기업, 일반 국민도 이용할 수 있게 되는 것이다. 이를 통해 장기적으로 정부부처간 '칸막이'를 들어냄으로써 부처 이기주의를 해소하게 되는 것이다. 결국 정부2.0이 정부 공급자 중심이었다고 하면 정부3.0은 국민의 수요자 중심인 것이다.

지방자치에 있어서도 IT 등의 기술발전은 자치행정을 바꾸는 중대한 계기가 된다. 2012년도 현재 박원순 서울시장은 10만 명이 넘는 트위터들과 정책대화를 나누고 있다. 2010년 지방선거에서는 SNS가 중요한 역할을 했으며 거의 대부분의 자치단체에서는 SNS 소통대책 조직을 가동하면서 주민과의 소통과 참여를 강조하고 있는 실정이다. 이러한 현상은 2009년도의 애플의 아이폰 등장과 웹2.0의 등장은 소셜 네트워크 형성을 촉발하는 계기가 되었으며,[5] 기존의 독점적 정보제공자와 다수 이용자의 관계를 탈피하여 다수 정보제공자와 다수 이용자의 관계를 형성하며 '이용자 참여'가 높을수록 이에 따른 '제공정보의 질과 양'도 늘어나는 선순환을 발생시킬 수 있다는 점에서 기존 웹과의 큰 차별성을 가지게 된다(명승환, 2011b). 이러한 웹2.0은 다음과 같은 네 가지 대표적인 서비스의 형태를 지닌다고 한다. "첫째, '플랫폼으로서의 웹'(The Web as a platform)으로, 기존의 웹이 브라우저를 통하여 정보를 공유하는 창구 역할을 했다면 웹2.0에서의 웹은 그 자체가 새로운 정보와 서비스의 개발과 전파를 담당하는 하나의 플랫폼 역할을 하게 된다는 것으로 Web 1.0과 2.0을 구분 짓는 결정적인 요소는 바로 플랫폼의 변화라는 것이다. 둘째, 위키피디아로 대표되는 집단지성(Collective Intelligence)을 들 수 있다. 쉽게 말해 웹상의 백과사전이라고 할 수 있는 위키피디아는 누구나 저자가 될 수 있다. 어떠한 단어의 뜻이나 의미, 그리고 신조어에 관한 내용을 누군가가 서술해 놓으면

---

5) 웹2.0은 2003년 오라일리미디어와 미디어라이브간의 회의중에 처음으로 제기된 개념으로, 기존의 포털 중심의 Web 1.0에서 진화된 차세대 웹으로 이용자가 적극적으로 참여하여 정보와 지식을 생산, 공유, 소비하는 열린 인터넷을 의미한다. 즉, 인터넷 사용자들이 각종 콘텐츠를 자유롭게 올리고 다른 사람들과 공유하는 것은 물론 싸이월드와 같은 소셜 네트워킹 서비스를 통해 이용자의 적극적인 참여를 유도하는 새로운 인터넷 환경을 통칭하는 말이다.

다른 사람들이 그것을 보고 평가하기도 하고 댓글을 달기도 하고 수정을 하기도 한다. 즉 집단이 모여 개인 지성의 한계를 뛰어넘는 중요한 사례라고 할 수 있다. 셋째, 롱테일(Long-tail)의 개념이다. 이는 기존의 80 : 20의 법칙과 대비되는 개념으로 수익을 내는 것은 상위 20%가 아닌 긴꼬리 부분을 차지하는 부분이라는 의미로서, 예를 들어 아마존의 경우 전체 수익구조의 많은 부분을 차지하는 것은 20%의 상위 베스트셀러가 아니고 80%의 일반 서적이라는 것이다. 넷째, 매쉬업(Mash-up)이라는 결합서비스는 웹 2.0 시대의 기업들이 가장 대표적으로 손쉽게 사용할 수 있는 서비스 방식이다. Open API로 인해 가능해진 이 서비스는 각자의 핵심서비스를 공개하여 개별 기업의 핵심서비스와 결합하여 서비스하는 방식이다. 구글맵의 경우 다른 교통정보사이트나 포털, 여행정보사이트 등과 연계되어 가장 활발한 움직임을 보이며, 다양한 형태의 서비스를 제공하고 있다”(명승환, 2011b). 이와 같이 다양한 정보기술의 출현으로 산업과 경제구조의 변화를 가져왔고 모바일 기기는 일용품이 되었으며, 사람간의 관계 맺거나 세상과 소통하고 반응하는 방법에까지도 획기적인 변화를 초래하고 있다. 정보기술은 사회 전반에 스며들고 내재화되면서 경제성장의 수단에서 사회 인프라로 발전하게 되었다. 이러한 웹기반 정부에서의 정보기술 발전은 다음의 〈표 1〉과 같이 수평적인 사회통합과 상호신뢰가 강조되는 거버넌스로의 변화를 가져오게 되었다.

<표 1> 웹기반 정부에서의 거버넌스 변화

구분	산업사회	Web 1.0시대	Web 2.0시대
governance 지향	대의민주주의: 책임성(accountability)과 반응성(responsiveness)	대의민주주의의 보완: “top-down” aspect of democracy in providing information to create an informed citizenry	참여민주주의: “bottom-up” aspect of democracy in providing a greater voice for the citizen in the decision-making process of government

		사이버 공간을 통한 정부의 정보제공, 이슈에 대한 시민들의 피드백 가능	시민들의 적극적 참여를 통한 정부-시민 파트너십 형성
관리양태 mode of governance	통치(government)	정부 중심적 거버넌스	시민 중심적 거버넌스
가치적 지향	안정과 질서	효율성과 투명성	참여와 조화

출처: 김용철, 윤성이 (2009).명승환(2011b, 7쪽 재인용)

또한 이러한 웹기반 정부에서의 정보기술 발전은 정부와 시민간의 소통의 수단만을 변화시킨 것이 아니라 다음의 〈표 2〉와 같이 지방자치를 구현하는 제도변화까지 변화를 가져오게 되었다.

<표 2> 지방자치에서의 정부-시민의 소통 채널 변화

정보화 이전	1990년대 후반	웹2.0과 네트워크 시대
시민 감사청구제	온라인 포럼	정책 블로그
시민 옴부즈만 제도	정책제안	UCC 정책 발표
시민 조례 발의제	온라인 민원	소셜 미디어

*출처:김희연 (2009:30), 이원태, 홍순식(2008). (2011b, 8쪽 재인용)

다음의 〈표 3〉은 지금까지 논의된 지방분권의 개념과 의의, 국제적 동향에서의 시사점, 그리고 〈표 1〉과 〈표 2〉의 웹기반 정부에서의 정보기술 발전에 따른 정부와 시민간의 소통 수단의 변화, 그리고 이에 따른 지방자치를 구현하는 제도변화를 고려하여 지방자치 2.0과 지방자치3.0의 개념, 주민참여 수단, 거버넌스 특징 등을 제시한 것이다.

<표 3> 지방자치 2.0과 지방자치3.0의 개념

	분권의 개념	주민참여 수단	거버넌스	정부(IT기반)개념
지방자치 1.0	·중앙과 지방의 권한의 분산 ·책임성(accountability) ·반응성(responsiveness)	·주민직선제 도입 ·대의민주주의	·정부 간 관계 협의체 구성 등 제도 설계에 집중 ·정부중심적 거버넌스	정부1.0 (Web 1.0):소통의 인프라구축(홈페이지를 통한 참여증진)
지방자치 2.0	·참여증대 ·자치의 효과성 강조(output에서 outcomes로) ·시민의 피드백 강조	·직접 참정권 확대 ·참여민주주의	·지역사회 뉴거버넌스 구축 ·시민 중심적 거버넌스	정부2.0 (Web 2.0):소통, 참여, 공개성
지방자치 3.0	·재정민주주의 확립 ·조례 입법권 확대	·실시간 참여 가능한 체제구축 ·SNS 등이 주요한 정책참여의 수단화	·참여자와 비참여자의 경계붕괴 ·공존과 협력의 공동체 주의 강조	정부 3.0 (Web 3.0):정보공개와 공유, 개인별 맞춤형서비스

자료: 본 〈표 3〉은 미완성된 개념으로서 향후 논문을 계획하고 있으므로 가급적 인용의 자제 혹은 인용 시 원 출처를 사용할 것을 주지드림.

이하에서는 상기 〈표 3〉의 지방자치2.0과 지방자치3.0의 분석틀에 따라 이명박정부의 자치행정을 평가해보고자 한다.

Ⅲ. 이명박정부의 자치행정 평가

1. 중앙과 지방의 관계

1) 국가사무의 지방으로의 이양[6)]

우리가 지방분권과 참여민주주의에 관심을 가진 1990년대는 우리뿐 아니라 선진국에서도 지방분권 강화를 위한 움직임이 활발하던 시기였다. 각국의 정부개혁이 추구한 지방분권 강화는 비교적 작은 정부를 가지고 있던 나라에서 동조화 현상을 보이면서 추진 내용과 추진체계가 흡사하였다.[7)] 이때의 정부개혁의 밑바탕에 있던 논리는 신공공관리론(New Public Management)으로 분권화, 시장테스트에 입각한 기업화, 민영화 등에 의한 중앙정부 규모 축소라고 할 수 있다. 김대중정부인 1999년 이후 추진된 10여 년에 걸친 지방분권 작업의 성과는 요란한 정책구호에 비추어 볼 때 기대에 미흡한 상황이다. 지난 10여 년간, 지방자치를 강화할 목적으로 3개의 위원회가 가동되었으며 2011년 현재에도 명칭이 바뀌었으나 지방분권촉진위원회가 가동중이다. 1999년 9월에 발족하여 2003년 9월에 사실상 종료된[8)] 지방이양추진위원회가 있다. 이는 중앙행정권한의 지방이양촉진 등에 관한 법률(1999)에 근거하여 설립, 운영되었다. 이후 2003년 5월에 발족하여 2008년 6월에 종료된 '정부혁신·지방분권위원회'가 있는데 이는 앞의 법(1999)과 지방분권특별법(2004)에 근거하여 설립, 운영되었다. 현재

---

6) 분권과 참여의 관점의 일부분은 '임승빈(2012), "한국시민사회의 변화와 지방분권", 지방분권과 한국시민사회, 시민사회포럼 간행, 서울: 중앙일보시민사회연구소'에서 인용 발췌하였음을 밝혀 둔다.

7) 이 같은 신공공관리론에 입각한 행정개혁은 앵글로색슨형 정치행정문화를 가진 미국, 영국, 캐나다, 호주, 일본 등에 더 적합하였으며 대륙형(막스베버형) 정치행정문화를 가진 독일, 프랑스 등의 국가에서는 다소 변형된 방식으로 행정개혁이 추진되었다. 임도빈,(2000).

8) 1999년 1월에 제정된 '중앙행정권한의 지방이양촉진등에 관한 법률'은 지방이양추진위원회를 2008년 8월말까지 10년간 운영하도록 규정하였다. 그러나 정권교체로 인해 위원회 활동은 2003년 9월에 사실상 종료되었다.

가동중인 지방분권촉진위원회는 앞의 지방분권특별법을 대폭 바꿔 제정된 지방분권촉진에 관한 특별법(2008)[9]에 근거하여 발족하였다. 이들 3개 위원회는 발족 초기에는 모두 큰 목표를 내걸고 출범하였지만 이룩한 성과는 기대만큼 크지 않다. 물론 지방자치에 관한 우리의 자세와 역량을 감안하면 작지 않은 성과라고 할 수 있을지 모르지만 이관사무 등 객관적 수치만 가지고 보면 당초의 목표와 거리가 있고 이러한 점에서 기대 이하라는 평가가 내려지고 있다.

지방이양추진위원회의 경우 지방에 이양키로 한 사무 612건(1998-2002, 국민의정부)이며 이 중 3건을 제외하고 대부분 사무를 이양하였다.[10] 하지만 이양사무의 내용을 들여다 보면 숫자에도 불구하고 지방의 자치권 강화와 수요자인 주민편익 증진 측면에서 실효성 있고 체감효과가 큰 사무가 별로 없었다. 단위사무 위주로 이양하다 보니 주민편익 증진을 위한 기능중심의 포괄적이고 일괄적인 이양이 되지 못한 것이다. 또 이양사무가 효과적으로 수행되도록 하기 위해선 중앙정부에 의한 행정적, 재정적 지원이 병행되어야 하는데 이 부분도 매끄럽지 못했다. 정부혁신·지방분권위원회를 정권 초기에 설립하여 그 어느 정부보다도 지방분권에 적극적인 노무현정부의 지원이 있었지만 실질적인 분권 강화에는 이르지 못했다는 평가이다. 분권의 기본방향 제시 수준에 머물고, 분권정책의 큰 그림과 이에 따른 단계적 실천계획을 제시하지 못했다. 지방정부에 이양하기로 한 사무 건수가 902건이었는데 2009년 9월 기준으로 746건이 이양되고 156건이 이양되지 못했다. 정권초기인 2003년에 478건을 이양키로 결정하는 등 의욕적으로 출발하였지만 이후 급속히 동력이 떨어져 기대만큼의 실적을

---

9) 이 법은 기본적으로 한나라당이 야당이던 2005년 11월 2일 권경석 의원이 발의한 법안에 근거하고 있다. 국가가 지방분권 정책을 세우고 진행할 때 지방자치단체장 등의 협의체 의견 수렴, 국가와 지방 사무를 중복되지 않도록 배분하고 관련 사무를 배분받은 지방자치단체가 그 사무를 자기책임하에 종합적으로 처리할 수 있도록 포괄적으로 배분, 국가가 지방분권의 시행에 필요한 행정·재정상의 법제도적 조치 마련, 국가와 지방자치단체가 연 2회 이상 추진 실적을 공표, 국가가 지방의 재정 자치가 보장되도록 지방세 비율 증대와 국세의 지방세 전환, 지방분권촉진위원회를 설치 등이 모두 그렇다.

10) 연도별 이양 확정건수, 완료건수는 〈표 9〉 참조.

거두지 못했다. 국민의 정부와 참여정부의 10년간, 분권 추진에 나서자는 총론에는 이해관계자를 포함한 참여자 다수가 마지못해 납득하는 모양세를 띠지만 어떠한 사무를 언제까지 이양하고 그에 수반하여 법제도를 언제 고치고 필요한 재원을 어떻게 넘겨주겠다는 구체적이고 실효성 있는 사업계획을 거론하기 시작하면 모두가 준비부족을 호소하거나 시기상조라는 자세로 변한다. 이처럼 실천적인 각론의 논의와 실행 방식의 모색에 소극적이다 보니 우리보다 행정이 보수적이라고 평가받는 일본에 비해서도 지방분권의 진전이 더디다. 일본의 경우 우리보다 약간 이른 1995년 이후 본격적인 지방분권 강화 작업에 착수한 바 있다.

<표 4> 지방이양 현황(2000~2011년, '11.12.31기준)

구 분				지방이양추진위원회			정부혁신지방분권위원회					지방분권촉진위원회			
				국민정부			참여정부					이명박정부			
유형			합계	'00	'01	'02	'03	'04	'05	'06	'07	'08	'09	'10	'11
연도별 소계			3,023	185	176	251	478	53	203	80	88	54	697	481	277
Ⅰ	국가→광역(시도)	이양완료	805	87	72	126	191	45	86	9	23	41	106	19	
		미이양	855			1	7		3	11	2	8	439	267	117
Ⅱ	국가→기초(시군구)	이양완료	158	4	5	15	84	3	9	6	3		25	4	
		미이양	69				5						23	11	30
Ⅲ	국가→광역+기초	이양완료	139	7	15	6	81	3	7	2	3		6	9	
		미이양	221						7		1	1	31	67	114
Ⅳ	광역(시도)→기초(시군구)	이양완료	601	87	83	101	109	2	80	50	48	2	29	10	
		미이양	169		1				9	1	8	2	38	94	16
Ⅴ	기타(폐지, 환원)	이양완료	6			2	1		2	1					
		미이양	0												

자료:지방분권촉진위원회,「중앙행정권한의 지방이양 추진현황」자료('11.12.31기준)

2008년도에 이명박정부가 공식적으로 탄생하는 바로 전날 통과된 지방분권특별법(2004)을 대폭 개정한 지방분권촉진에 관한 특별법(2008.2)에 근거하여 2008년 12월에 발족한 지방분권촉진위원회에 거는 기대는 당초 크지 않았다. 발족까지 시간도 많이 소요되었고 위원 선임과정에서도 갈등을 보이는 등 우여곡절이 없지 않았기 때문이다. 게다가 지난 10년과 달리 보수성향이 강한 정부이기 때문에 지방분권 강화에 전보다 더 큰 의욕을 보일 것으로 기대되지 않았다. 동위원회는 분권과 관련한 선도과제를 정하고 이를 수행할 5개의 태스크포스팀과 1개의 소위원회를 구성[11]하여 사업을 추진하고 있다.

2) 특별지방행정기관의 지방이양

이명박정부 초기인 2008년 이후 중앙부처의 특별지방행정기관의 수와 인력은 오히려 지속적으로 증가하고 있는 상황이다. 2008년-2012년까지 기관의 수(4,579개→5,155개)와 인력규모(20만 명→21만 명)가 연평균 115개 및 2천명씩 증가한 것으로 나타났다. 물론 이명박정부도 정권 초기에는 '지역발전정책 보고회의'(2008.07.21)를 통해 특별지방행정기관의 정비방안(중소기업, 노동, 환경, 산림, 보훈, 국도·하천, 식의약품, 해양·항만 등 8대 분야 201개 기관)을 제시하기도 했다. 정비방안을 보면 1단계로 국도·하천, 해양·항만, 식의약품 등 3개 분야 중 시설관리, 인·허가, 지도·단속 등 집행적 기능을 자치단체에 이관하자는 취지였다.

---

11) 5개의 T/F팀은 특별행정기관정비팀, 법률자문팀, 행·재정지원팀, 사무구분체계 개선팀, 지방이양사무 발굴팀이며 소위원회는 지방재정발전소위원회이다.

<표 5> 2008년도 정부의 1단계 특별지방행정기관 이양기능 검토

구 분		이양 사무(중기능)
해양항만	항만개발운영	공사 계약·집행·관리, 항만배후·수송시설개발, 항만재개발
	선원선박	해상운송사업 등록 및 지도
	해양환경	공유수면매립면허, 해역수질 개선, 개항단속 및 관공선 관리
국도하천	도로건설관리	국도건설사업, 도로점용 등 인·허가, 도로 유지보수
	하천공사관리	하천개수공사, 하전점용 등 인·허가, 재해대책 수립·시행
식의약품	식품	인·허가(식품첨가물제조업, 식품조사처리업), 식품위생 및 식중독 예방교육·홍보, 식품업소 지도·점검, 위해우려식품 수거 및 시험분석, 식품 등 수입판매업 신고수리
	의약품	지도·점검, 수거 및 시험분석

자료: 금창호(2009), "특별지방행정기관의 정비, 효율적인 추진방법은?" 『e-KRILA FOCUS』, 2009년 11호, 한국지방행정연구원.

제1단계 정비 방안을 추진하기 위하여 필요한 15개 법령 개정을 완료('10.06.30)했으며 인력은 208명(식의약품101명/국도하천48명/해양항만59명), 예산 3,969억원을 자치단체에 이관하였다. 또한, 「국가균형발전특별법」에 의거, 광역·지역발전특별회계로 재원을 지원토록하였다.

<표 6> 1단계 분야별 법령 개정완료 현황

구 분		법 률	현 황	시행령	현황
국도하천	도로	도로법	개정완료	도로법 시행령	개정완료
	하천	-	-	하천법 시행령	
해양항만	항만개발관리	항만법	개정완료	항만법 시행령	
		항만운송사업법	개정완료	항만운송사업법 시행령	
		도선법	개정완료	도선법 시행령	
		항만인력공급체제의 개편을 위한 특별법	개정완료	항만인력공급체제의 개편을 위한 특별법 시행령	

	해양환경	-	-	공유수면매립법 시행령	
		공유수면관리법	개정완료	공유수면관리법 시행령	
		연안관리법	개정완료	연안관리법 시행령	
		-	-	해양환경관리법 시행령	
		-	-	해양생태계 보전 및 관리에 관한 법률 시행령	
		개항질서법	개정완료	개항질서법 시행령	
식의약품	식품	-	-	식품위생법 시행령	
		건강기능식품법	개정완료	건강기능식품법 시행령	
	의약품등	의료기기법	개정완료	의료기기법 시행령	
재원이관		국가균형발전특별법	개정완료		

자료: 전국시도지사협의회 2012년도 정책실 보고서

1단계 지방이관에 대한 평가는 개정이 완료된 15개의 법령 대다수가 시·도지사 또는 시장·군수·구청장에 관련 권한을 '위임' 형식으로 규정하여 오히려 기관위임사무의 확대를 초래했다. 법령의 내용 측면에서도 1단계로 지방에 위임된 대다수의 권한이 인·허가, 지도·감독 등 단순 집행적 사무에 국한되어 분권의 실효성이 부재했다고 볼 수 있다. 또한 2단계로 노동, 보훈, 산림, 중소기업, 환경 등 5개 분야에 대한 지방이관을 계획하였으나, 현재 추진이 중단된 상태이며 현재까지 뚜렷한 가시적 성과 및 명확한 추진계획이 부재한 실정이다.

3) 자치행정구역 개편

이명박정부에서 자치행정의 변화 가운데 크게 주목해야 할 점은 현 이명박정부가 강력히 추진한 행정구역개편 문제일 것이다 행정구역 개편 문제에 대한 여야 정치권의 논의는 18대 국회와 이명박정부 출범 이후에도 계속되었고, 특히 이명박 대통령은 2008년 9월 국민과의 대화에서 행정구역 개편에 대한 강력한 의지를 밝힌 바 있으며 2009.8.15일 '광복 64주년 경축사'에서도 행정구역 개편 등 제도적 개선안과 지역감정을 해소하고 비능률적인 정치관행을 개선하기 위한 구체적 방향을 제시하였다. 다음의 〈표 7〉, 〈표 8〉은 우리나라의 자치행정구역의 규모를 표시하고 있는데 이는 지방자치의 선진국이라고 할 수 있는 유럽, 미국, 일본 등의 기초자치단체보다 월등히 크다는 점은 주지의 사실이다.

<표 7> 지방행정체제 현황 (2012. 1. 1. 기준)[12)]

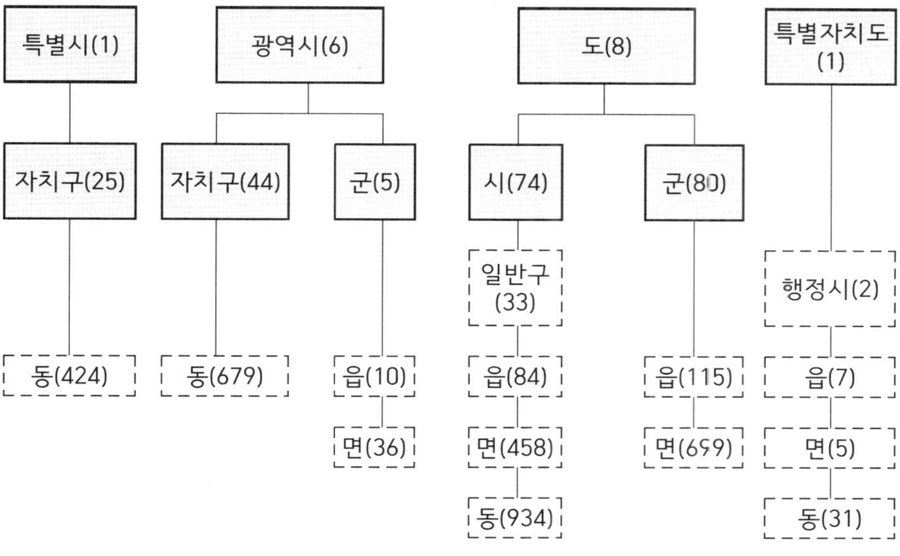

12) 행정안전부 홈페이지 참고, 2012년도 지방자치단체 행정구역 및 인구현황, 4면.

<표 8> 광역자치단체의 면적 및 인구 현황 (2012. 1. 1. 기준)[13)]

구분	기초자치단체				하부행정기관				면적 (㎢)	인구 (천명)
	계	시 (행정시)	군	구	일반구	읍	면	동		
계	228	74(2)	85	69	33	216	1,198	2,068	100,221	50,734
서울	25			25				424	605	10,250
부산	16		1	15		2	3	209	768	3,551
대구	8		1	7		3	6	130	884	2,507
인천	10		2	8		1	19	125	1,032	2,801
광주	5			5				94	501	1,464
대전	5			5				77	540	1,516
울산	5		1	4		4	8	44	1,060	1,136
경기	31	27	4		20	32	109	404	10,170	11,937
강원	18	7	11			24	95	74	16,866	1,536
충북	12	3	9		2	15	88	51	7,433	1,563
충남	16	8	8		2	25	145	43	8,630	2,101
전북	14	6	8		2	14	145	82	8,067	1,874
전남	22	5	17			33	196	66	12,253	1,914
경북	23	10	13		2	36	202	93	19,030	2,699
경남	18	8	10		5	20	177	121	10,533	3,309
제주		(2)				7	5	31	1,849	576

※ 행정시(2): 제주시, 서귀포시

과연 이명박정부가 추진한 자치행정구역 개편이 분권론적 발상이냐 혹은 집권론적 발상이냐에 대한 논의는 분분하다.[14)] 결론부터 말하자면

13) 행정안전부 홈페이지 참고, 2012년도 지방자치단체 행정구역 및 인구현황, 4-5면.

14) 정부는 2009년 3월 「지방행정체제개편 특별위원회」를 구성했으며, 2010년 4월에는 동 위원회에서 구의회를 폐지하는 내용을 포함한 「지방행정체제 개편에 관한 특별법안」을 위원회 대안으로 의결했다. 그러나 구의회 폐지에 대한 부정적인 여론이 강해지자 관련 규정을 삭제하고, 2010년 10월에 「지방행정체제개편에 관한 특별법」을 제정했다. 동 법에서는 6개 과제를 제시했는데, ① 특별시·광역시 개편, ② 도의 지위·기능 재정립, ③ 시·군·구 개편, ④ 읍·면·동 주민자치, ⑤ 통합 지방자치단체·대도시에 대한 특례,

이명박정부의 자치행정구역개편은 집권적 발상의 정점이라고 본다. 그 근거로서 지역규모의 경제성과 행정효율성을 가장 강조하던서 한편으로는 근린자치를 강화하자는 논리이나 이와 같은 발상은 근본적으로 분권론적 발상과는 거리가 멀다. 오히려 교육과 경찰 등의 자치제도에 대한 근본적인 기능재조정이 필요한 시기에 실현 가능성이 극히 낮은 전국을 60-70개로 단일계층화하자는 주장이 지나치게 커져서 지방자치 담론을 또다시 불러일으킨 것이다. 즉, 현 정부에서는 초기부터 지금까지 지방분권의 실종이 여전히 계속되고 있다. 물론 지역의 경제구조와 행정은 밀접하게 연관되어 있다. 따라서 대부분의 국가들은 행정구역이 경제구조, 지리적 공간과 완전히 일치하지는 않지만 연결되도록 노력하고 있다. 본고에서는 경제변화와 고령화 등 사회의 재구조화의 원인으로 인하여 1980년대와 90년대 유럽, 일본, 그리고 우리나라에서 있었던 자치행정 계층 및 통합이 이루어졌던 것이다. 자치단체의 구역개편시의 대내외의 환경적 요인들, 예를 들어 권위주의정권에서 민주주의정권으로의 이양, 국가의 재정상태 변동, 지역경제의 재편, 지역 내의 이익집단의 향배, 지역 및 중앙의 정치구도 등이 복합적으로 작용되어 자치행정 서비스와 관련되어 구역개편이 이루어지고 있다고 볼 수 있다. 오히려 자치행정기능 수행과 자치구역간의 규모의 상관성은 적다고도 볼 수 있다. 그러나 자치단체 구역간 통합을 하는 것보다는 자치단체의 기능은 시대에 따라 지역에 서비스의 대상에 따라 끊임없이 바뀔 수 있다는 점을 깨달아 자치단체간의 기능 조정이 정책의 우선순위로 되어져야 할 것이다(임승빈, 2012a).

이상 이명박정부의 중앙과 지방관계를, 첫째는 사두이양, 둘째로는 특별지방행정기관의 권한이양, 셋째는 자치행정구역 개편이라는 관점에서 평가해 보면 노무현정부에서의 지방자치2.0을 기반으로 시작하였으나 지방자치3.0으로 가지는 못하고 정체되었다고 볼 수 있다.

---

⑥ 지방분권의 강화 등이다.

2. 거버넌스적 관점

1987년 민주화 이후 한국 사회는 짧은 기간 동안 정당 및 국회 등이 정치적 기능을 회복하여 대의민주주의가 작동하기 시작했다. 또한 대의민주주의를 보완할 수 있는 정치 및 사회제도로서 시민단체가 빠르게 성장하였다. 이러한 과정을 통해 시민들의 정책과정 참여는 상당 부분 관습적인 방법으로 제도화되었다. 이러한 상황에서 인터넷 등 정보통신기술의 발달에 힘입은 시민들의 직접적인 정책과정 참여가 점차 보편화되어 가고 있다. 이러한 참여는 비관습적 시민참여의 형태를 띠는 경우가 많아 무정부주의(anarchy)를 야기할 수 있는 다중(多衆)민주주의체제 가능성을 보여주었다. 예를 들어 전통적인 시민단체는 강한 규범성을 가진 대면(對面)조직(face to face organizations)이며, 사회적 평판(social reputation)에 매우 민감하다. 따라서 법적 제재 못지않게 사회적 제재(social sanctioning)에 영향을 받는다. 단체간의 관계나 조직 내부 활동가들의 관계는 강한 사회적 유대에 기반한다. 하지만 소규모, 인터넷에 기반한 시민단체는 약한 규범성과 익명성에 기반한 비대면조직이다. 따라서 사회적 제재(social sanctioning)의 영향이 적고 느슨한 사회적 유대감에 기반하고 있다. 전통적 시민단체는 정책과정에 참여시켜 정책네트워크의 한 부분을 이룰 수 있지만 인터넷에 기반한 소규모 시민단체는 이러한 참여가 용이하지 않다(주창범·임승빈, 2010). 즉, 참여는 확대(many talks)되었으나, 대의제의 근간인 정당뿐만 아니라 거버넌스적 관계의 중요한 축을 담당하는 시민단체가 정치적 대의성을 발휘하지 못한 가운데 소규모, 자발적인 다중(multitude)이 급격히 등장한 것이다. 인터넷은 이들의 정책과정 참여를 저비용으로 가능하게 하였다. 온라인상의 정책과정 참여는 상황에 따라 오프라인으로 쉽게 발전될 가능성을 갖고 있으며 이는 2002년, 2004년 그리고 이명박정부 초기에 나타난 2008년 촛불시위에서 잘 나타난 바 있다. 이러한 다중민주주의는 시민참여 제도화를 통해 거버넌스 체제로 발전되어야 한다. 하지만 이러한 발전이 규범적인 측면을 넘어 효과적인 체제로 발전하는 데는 여러가지

고려해야 할 사항이 있다. 거버넌스체제는 민주적이기는 하지만 참여집단이 많아짐에 따라 정책결정이 용이하지 않고 정책수행의 거래비용(transaction costs)이 증가할 수 있다. 정책결정 및 집행과정에 다양한 시민단체가 참여함에 따라 정책 책무성(accountability)의 위기도 발생할 수 있다. 또한 정책수혜집단과 정책손해집단간의 갈등을 사전에 해소할 수 있는 장점이 있는 반면 합리적 결정보다는 정부의 입장에서 정치적 위험부담을 경감시키는 정치적 목적으로 사용될 가능성도 있다.

주민참여의 확대도 2010년 6.2지방선서에서 일부 자치단체에서 주민참여예산제를 확충하는 등의 노력은 있었으나 중앙정부적 차원에서 주민소환제도 실제적 활용의 용이성, 주민감사청구제도의 문턱 낮추기 등을 추진하여야 했으나 그 노력 등은 보이지 않았다. 즉, 거버넌스적 관점에서 이명박정부를 평가해 본다면 웹2.0이라는 IT체계를 갖추며 지방자치2.0을 기반으로 시작한 정부가 지방자치3.0으로 가지는 못하고 오히려 지방자치1.0으로까지 후퇴했다고도 볼 수 있다.

Ⅳ. 지방자치2.0에서 지방자치3.0으로의 방향

2013년도 등장하게 될 차기 정부는 지금보다 더욱 분권화되고 다원화된 사회가 될 것이다. 북한이탈주민, 중국의 조선족, 동남아시아인의 유입 등으로 다민족, 다문화 현상은 보다 가속화될 것이다. 청년층을 중심으로 한 실업문제는 쉽게 해결하기 힘든 구조적인 문제로 여전히 남을 것이다. 저출산 등으로 인구는 감소하지만 1-2인 가구 수는 급격히 증대할 것이다. 서울시의 경우, 2010년 기준으로 지난 30년간 인구증가율은 15.3%에 머물렀지만 가구증가율은 90.8%를 기록했다. 다민족, 다믄화, 실업난, 1-2인 가구화 추세의 증가로 시민들의 사회적, 정치적 요구도 보다 다양화, 다원화될 것이다. 인터넷 등 정보통신기술의 급격한 발달은 이러한 경향을 더욱 가속화시킬 가능성이 크다. 이에 따라 롱테일정치는 확대될 것이고, 비관습적 시민참여는 증가될 것이며, 정부의 국정운영능력은 저하될 가능성이 크다. 이제 선거와 같은 관습적인 정치영역에서도 장로정치, 지구당사무실정치, 거대담론정치의 시대는 저물고, 청년정치, 인터넷카페정치, 재잘거림의 정치, 펀(fun)정치 시대가 등장한 것인지 모른다. 소셜미디어에서의 정보교류는 왜곡도 많고, 비방도 난무하며, 독점도 많다. 트위터 사용의 경우 상위 1%의 이용자가 정보를 생산하고 9%의 이용자가 이를 퍼나르며 나머지 90% 이용자는 이렇게 생산된 정보와 여론을 수동적으로 받아들인다는 조사도 있다. 하지만 시간이 지날수록 청장년층에 집중된 소셜미디어의 사용은 노년층에게로 자연스럽게 확대될 것이며, 현재의 청장년층이 노년층에 접어들면서 사용자 격차 문제(digital divide)도 해소될 것이다. 또한 수동적으로만 보이는 다수의 소셜미디어 사용자들이 왜곡된 정보의 견제와 수정 기능을 수행하는 경우도 많아 소셜미디어가 자기정화 기능을 갖춘 공론의 장이 될 가능성이 크다. 중앙과 지방의 관계도 현 이명박정부와는 달리 보다 전향적으로 분권이 확대될 가능성이 크다.

그러나 산적한 자치행정의 수많은 정책과제들을 해결하고자 한다면 무엇보다도 정부, 정치권과 시민사회의 소통과 합의가 중요하다. 울리히 벡이 언급한 바와 같이 적이 사라진 민주주의에서 더 이상 이념 논쟁은 의미없다. 우리가 이미 수많은 사례를 경험한 바와 같이 정부의 정책실패는 사전 분석이 잘못되어서라기보다는 대상 집단의 저항에서 기인하는 바가 크다. 자유민주주의 체제를 위협하는 적은 공산주의가 아니라 내부의 새로운 적인 사회 갈등에 적절하게 반응하지 못하고 언제까지나 기성세대 및 기성 제도권이 사회의 가치체계붕괴에만 그 탓을 돌린다면 한국사회에서의 소통과 통합은 더욱 더 요원해 질 것이며 또한 지방분권도 시민사회와의 소통 없이 정략적으로만 이용당할 것이다. 따라서 다음 정부에서는 〈그림 1〉과 같이 지방자치 2.0에서 3.0으로 도약하는 시점이 되기 위하여 앞서 강조한 〈표 3〉의 지방자치3.0의 기본적인 개념 및 새로운 거버넌스의 구축을 기대해본다.

<그림 1> 지방자치2.0에서 지방자치3.0으로

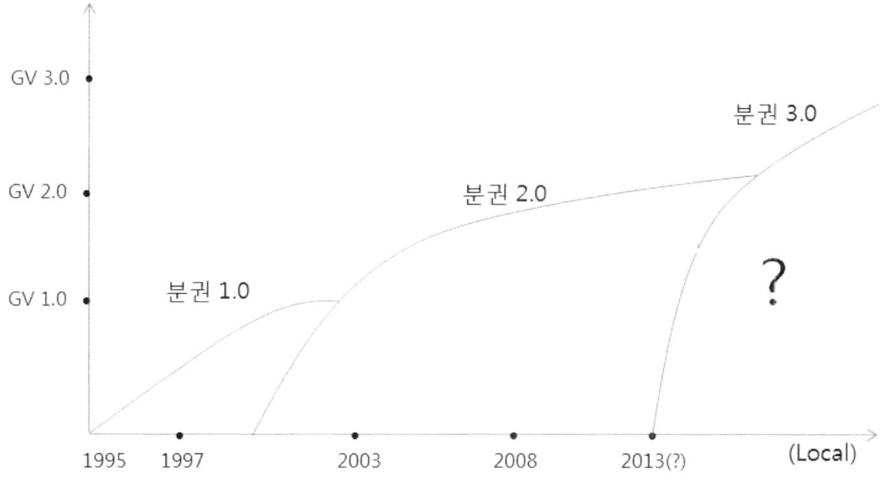

V. 지방자치3.0을 위한 정부조직 개편안

대부분의 현대 국가들의 정부부처 편성방식은 대상별 부처편성 방식을 취하고 있다고 해도 과언이 아니다. 부처편성 조직이론은 정부의 기능을 가장 능률적으로 달성하기 위하여 어떠한 기준에 입각하여 부처를 편성할 것인가에 관한 이론으로서, 굴릭(L. Gulick)은 부서조직 편성기준으로 ① 목적 혹은 기능(purpose), ② 과정 혹은 절차(process), ③ 대상고객(clientele), ④ 장소(place)의 네 가지를 지적한 바 있다. 즉, 업무목적, 과정, 고객집단, 장소를 기준으로 부처를 편성해 주었을 때 행정효율성이 증진될 수 있다고 주장하였다. 그러나 실제로 부처편성에서 네 가지 기준은 어느 하나만이 유일하게 적용되는 경우는 없고 언제나 혼합적으로 적용된다. 이에 반해, 우리나라 정부부처 조직편성의 일반원리는 기능 중심으로 되어 있고 대상이나 행정의 고객집단을 중심 개념으로 삼아 교통안전 분야는 여러 부처별로 분산적으로 관리되고 있다. 사이몬(H. Simon)도 주장했듯이, 이론적으로 볼 때 부처편성 원리의 기능별 기준이 비록 일반적이고 보편적인 기준일망정 유일무이한 기준이 아니고 어디에선가는 통합된 조정력이 필요함을 알 수 있다. 결국, 행정 분야별로 그 특수성을 감안하여 그 분야의 행정효율성을 가장 높일 수 있는 부처조직 편성기준을 선택하는 것이 가장 바람직하며 동시에 이를 조정할 수 있는 통합된 기능을 국가는 가지고 있어야 한다는 것이다.

그러나 통합된 기능을 국가가 가진다는 의미는 부처 자체를 통합적인 기구로 만들려는 의도와 정책적으로 통합화하자는 의미 모두가 해석가능하다. 분산된 정책이슈를 하나의 부처에서 수행하는 경우 보다 부처책임이 명확해지며 행정의 책임성이 강화될 수 있기 때문이다. 그러나 현실적으로 정부의 업무가 케이크 자르듯이 명확한 영역이 구분되기 힘들다는 것이 현실이다. 가장 명확한 업무영역이 있다고 보여지는 복지정책마저도 보건복지부, 여성가족부, 국가보훈처 등의 중앙부처 및 자치단체와 기능중복이 거론되고 있을 정도이다. 그러므로 정책적 단계에서 정부조직의 원리와 기능간 통합 논리의 조화가 중요한데 그 수단이 되는 것은 정부의 업무수행 방식과 절차에서의 통합된 정책수단이 필요한 것이지 정책대상에 따라 어느 하나의 부서가 독점적인 지위를 갖는다는 것은 앞서 살펴보았듯이 현재도 미래도 부적절하다.

즉, 지방자치3.0을 위한 정부조직 개편안은 중앙부처 어느 하나의 부처에만 해당이 되기보다는 전 부처의 융복합적으로 추진하여야 할 사항이다. 본고에서는 이를 위하여 결론에 다음과 같이 정부조직 개편안의 기본적인 방향을 제시하고자 한다.

첫째는, 국토해양부 등을 해체시키는 등 중앙부처의 권한과 기능을 과감하게 자치단체에 이양하는 것이다. 문화선진국인 프랑스의 사례를 보면 경기불황임에도 불구하고 2012년도 문화통신부(프랑스는 문화와 방송통신 정책이 통합되어 있음)의 총예산은 0.9%가 증가되어 프랑스 총예산의 0.76%가 되었으며 여기서 중요한 점은 문화예술인들에 대한 지원정책인 창작

분야에 전년 대비 6.3%가 증액되었다는 점은 의미하는 바가 크다. 미래국가의 경쟁력은 문화에서 창출되지 토목건설에서 창출되지 않는다고 누구든지 얘기하고 있다. 이를 실천하기 위해서는 중앙부처에서 국토해양부의 권한은 대폭적으로 시도에게 이양하고 국토해양부 자체를 해체시켜 불필요한 도로재원 등을 폐지시키고 더 이상 국가적 차원에서의 추진하고자 하는 과잉된 토목사업을 멈추도록 하여야 할 것이다. 조직개편안으로서는 국토해양부의 토목사업을 제외한 남아 있는 일부 기능과 행정안전부를 통합하는 방안이다.

둘째는, 지방자치청을 설립하고 행정안전부와 축소된 국트해양부의 조직을 통합하는 개편 방안이다. 현재의 행정안전부는 층무, 조직, 인사, 전자정부, 지방행정, 지방재정, 민간협력, 소방방재 등 정부 정책의 특정대상이 아닌 것들의 집합체라고 해도 과언이 아니다. 제1차관에 해당되는 총무, 조직, 인사, 전자정부 등은 전 중앙부처에 해당되는 조직이며 지방자치를 담당하는 제2차관의 업무는 지방행정, 지방재정, 지역개발 등 자치단체가 대상별로 편제되어 있다. 즉, 지방자치를 전담하는 중앙부처는 없다고 해도 과언이 아니다. 대안으로서는 제2차관의 업무를 지방자치청(가칭)을 독자적으로 설립하며 폐지되는 국토해양부의 남아 있는 부서를 지금의 제2차관 업무로 바꾸는 방안이다.

셋째는, 정부3.0, 지방자치3.0 시대를 위해서는 소통과 협력이 무엇보다도 중요하다. 이를 위하여 현재의 행정안전부 민간협력 업무를 특임장관실로 이관시켜 이를 보다 특화 및 강화시켜야 할 것이다.

넷째는, 지방자치단체로의 관광과 생활체육부문의 중앙정부 정책의 권한 이양 및 예산 확대이다. 관광정책 및 생활체육 정책의 경우는 중앙정부가 법령을 제정하는 정책을 수립한다면 정책집행을 위한 정책추진은 지방자치단체와 민간이 함께 수행하는 것을 고려, 문화체육관광부는 법·제도, 부처간 협조, 자치단체는 관광의 중장기 정책전략 등을 담당하고 관광상품 구성, 홍보 및 마케팅 등은 민간조직의 효율성을 살리는 방향이다. 특히 체육기능은 자치단체가 국제스포츠대회 또한 단순한 체육행사의 장을 넘어 문화교류 및 관광 등 다른 분야와의 유기적 연계를 통한 문화역량 발휘의 장으로 활용되고 있는 점을 고려, 자치단체의 문화예술추진·관광·체육 정책이 유기적으로 추진될 수 있도록 중앙정부는 정책지원. 문화부는 한 개 과(체육정책과) 정도의 정책기능만 남기는 방안이다.

〈참고문헌〉

김관규, 김관옥. (2006).「전자민주주의 정치참여확대 기여에 관한 제논의」.『언론과학연구』, 제6권 2호. 한국지역언론학회.

김용철, 윤성이. (2005). 전자민주주의: 새로운 정치패러다임의 모색. 서울: 도서출판 오름.

김중태. (2010). 소셜네트워크가 만드는 비즈니스 미래지도—#세계를 강타하는 미래네트워크 미래혁명. 한스미디어.

김경훈, 경태원. (2011).「공공기관의 소셜 미디어 활용 현황 및 활성화 방안」. 한국콘텐츠학회지, 제9권 제1호. 한국콘텐츠학회.

김익현. (2005). 블로그파워, 커뮤니케이션북스.

김용철, 윤성이. (2009). 디지털 컨버전스 환경에서 정치 거버넌스의 변화. 정보통신정책연구원.

김희연. (2009). "국내외 공공-민간 온라인 소통 활성화 현황 및 시사점: 영구 Power of Informaiton Taskforce Report 를 중심으로". 방송통신정책, 21(10), pp.29-47.

류현숙외. (2008). (Web 2.0 시대 정부신뢰 제고를 위한) 전자정부 추진 전략 연구. 한국행정연구원.

마크트레메인, 이동훈 옮김. (2008). 블로그와 시민권 그리고 미디어의 미래, 커뮤니케이션북스.

명승환 외. (2010). 정부대표 전자민원창구로의 정부 민원포털 발전방안연구. 행정안전부

명승환, 홍필기. (2011b). 소통과 통합의 새로운 추세—행정과 시민의 소통을 중심으로—. 한국정책과학학회 세미나발제문. 2011.11월7일. 장소; 프레스센터.

송호근. (2010). 이제는 문화다! 지식인 현장 리포트: 왜 '문화'인가. 조선일보 2010.10.21.

이원태 외. (2008). 웹 2.0시대 의사결정방식의 변화와 정책적 대응방안. 정보통신정책연구원.

한국정보화진흥원. (2010a). IT 대항해. 정책보고서.

홍길표, 명승환, 전시현. (2010). 정부행정 분야에서의 지능형 지식관리시스템의 활용과 과제: 국민권익위원회의 국민신문고를 중심으로. 한국행정학회 2010 동계학술대회.

안영훈. (2008). "광역경제권의 개념, 유형 및 거버넌스 체제". 2008년도 한국지방자치학회 춘계(춘천)학술대회 논문집.

임승빈. (2003). "지방분권과 지방의회의 발전". 월간 자치발전, 2003년 12월호(통권104호). 한국자치발전 연구원.

——— 외. (2003). "지방분권과 국가균형발전의 논리 적합성에 관한 연구" 「경기개발연구원」(연구보고서:03-08), 제2장; 국가균형 발전과 지방분권에 관한 논의

———. (2007). 자치행정구역 개편 논의와 방향성에 관한 연구. 경기개발연구원 연구총서.

———. (2008). 자치행정 구역개편의 이론적 고찰과 광역자치단체의 위상, 3/10/'08년 한국지방자치학회 기획세미나 발제문

———. (2008). 광역경제권도입에 따른 국가와 지방자치단체와의 관계 및 역할분담, 부산발전포럼, 2008. 5/6, 14-19

———. (2012a). "한국시민사회의 변화와 지방분권" 지방분권과 한국시민사회, 시민사회 포럼 간행, 서울:중앙일보시민사회연구소.

———. (2012b). 지방자치론 제5판. 서울:법문사.

———. (2012c). 정부와 NGO 제2판. 서울:대영문화사.

———. (2012d). "이명박정부의 지방행정 평가와 분권 3.0 시대를 위한 과제", 2012년/9월/27일 "MB정부의 지방행정 평가"세미나 발제문, 한국지방행정연구원 주최, 프레스센터.

Oakerson, Ronald J. (1999). Governing local public economies: Creating the civic metropolis. 최재송 역, 2002, 「분권화시대의 대도시거버넌스」. 지샘

Peter John. (2001). Local Governance in Western Europoe. London:SAGE Publications.

Robert Bennett.(1989). Territory and Administration in Europe, Pinter Publishers, London & New York.

Scott, A.J. ed. (2001). 「Global City-Regions: Trends, thedory, policy」, Oxford University Press.

Stein, R. (1980). "Functional integration at the substate level", Urban Affairs Quarterly, Vol.16, No.2, pp.211-233.

Tiebout, C. (1956). "A Pure Theory of Local Expenduture", Journal of Political Economy, Vol.64, pp.416-424.

Tomson, W. (1965). 「A Preface to Urban Economics」, Baltimore, Md.: Johns Hopkins Press.

Wolman, Harold. (1990). "Decentralization: What It Is and Why We Should Care." In Robert J. Bennett. Decentralization, Local Governments, and Markets: Toward a Post-Welfare Agenda. Oxford: Clarendon Press. 29-4.

http://gov20.kr

제12장
독일 환경행정체계 운영실태 분석을 통한 우리나라 환경행정체계의 개편방안 모색

박 용 성(단국대학교 행정학과 교수)

Ⅰ. 문제의 제기

환경정책의 추세는 국내 환경정책의 수요와 함께 세계적인 환경정책의 수요가 매우 중요한 비중을 차지하고 있다. 특히 환경믄제에 대한 공동대응 및 협력의 증대에 따라 이를 추진하는 환경행정체계가 '글로벌 스탠다드'(global standards)에 부합할 필요성이 있다.

우리나라의 환경행정은 그간 공해문제의 대응에서 시작하여 폐기물, 대기, 수질, 유독물질관리, 자연공원 및 국립공원관리, 유역관리로 환경행정기능의 외연을 확대하여 왔으나 새롭게 대두되는 환경관련 이슈들에 대한 대응이 효과적이지 못하며 부처간 기능의 분절적 편제와 환경행정의 핵심역량을 제고시키는 노력이 미약한 실정이다. 특히 환경행정 기능의 수행에 있어 우리나라는 세부적인 기능을 다양한 부처가 독자적으로 수행하고 있어 유기적인 협력이 이루어지지 못하고 있고 이로 인해 기능 수행의 효율성과 효과성이 저해되고 있다. 따라서 이를 해결하기 위한 기능 재조정 및 미래 대비 국가환경행정체계의 개편이 요구되고 있다. 또한 물 관리는 유역관리가 중심이 된 유기적인 관리가 요구되나, 현재 국토부, 환경부, 행안부가 개별적으로 기능을 수행하므로 공동대응에 있어 어려움이 있고 효과적인 관리가 이루어지지 못하고 있는 실정이다. 기후변화 대응,

신재생에너지 육성·보급 등은 앞으로 중점적으로 역량이 집중될 환경 분야의 정책이슈지만 이에 대한 효과적인 대응을 위해서는 관계 부처의 유기적인 협력체계 구축 또는 원활한 기능 수행을 위한 대부처가 요구되고 있다. 현재 직면한 다양한 환경 분야 정책이슈의 해결을 위한 기능 조정 및 새로운 행정체계 구축을 위해 독일의 환경행정체계 운용 실태를 심도 있게 분석하여 우리나라의 환경행정체계의 지향점을 모색하고, 이를 달성하기 위한 현재 체계의 개선과제를 도출하는 것은 미래대비 선진 환경행정체계 구축[1]에 기여하는 바가 크다고 판단된다.

Ⅱ. 이론적 분석틀

환경행정체제 개편에 보다 심도 있는 정책적 함의를 제공하기 위해 본 연구에서는 국외의 행정체계개편을 행경행정의 ‘기능과 권한의 통합’과 기능 수행 및 권한의 행사를 위한 환경행정체제의 환경 또는 맥락적 요소로서 환경행정체제의 지지(support)를 ‘조직 내·외부의 지지’로 구분하여 환경행정체제의 유형과 특성을 살펴보고자 한다.

먼저 ‘기능과 권한의 통합’은 환경행정체계가 환경기능이 다양한 부처에 분산되어 있는지 혹은 한 부처로 통합되어 있는지뿐만 아니라 기능을 수행하는 권한이 다양한 조직에 분권화되어 있는지 혹은 하나의 조직에 집중되어 있는지를 파악할 수 있다. 조직 내·외부의 지지는 권한의 행사 및 기능수행과 관련된 조직 외부의 정당성 부여, 자원의 제공의 여부 및 조직 내부의 조직 응집력, 조직구성원의 핵심역량을 의미하며 ‘조직의 기능과 권한(역할과 책임: role and responsibility)의 통합’ 및 ‘조직 내·외·부의

1) 미래를 대비한 행정체제의 목적은 효과성(effectiveness)과 효율성(efficiency)을 최대화할 수 있는 행정체제 또는 조직으로 정의내릴 수 있으며 여기에서 효과성은 환경행정체제의 목표와 관련된 결과를 어느 정도 달성하였는가를 의미하고, 효율성은 투입량에 대한 산출량의 비율을 의미하며 조직 내 인적·물적 구조화가 일을 잘 할 수 있도록 편제되어 있는 것을 의미한다.

지지'를 기준으로 국외 행정체계를 다음 〈그림 1〉과 같이 유형화할 수 있다. 세부적으로 기능 및 권한의 통합과 지지의 수준에 따라서 정책 주도형 부처, 정책 집행형 부처 등으로 유형화할 수 있다. 정책과정에서 각 정부 부처별 정책지향에 대한 갈등, 정책대상의 관할권, 책임, 역할에 대한 갈등, 정책결정 및 정책형성 절차 등에 대한 규정을 둘러싼 갈등 문제 등을 해결하기 위한 제도적 장치의 도입 또는 조직개편을 통해 정책형성의 효과성 제고, 정치적 책임성 확보, 동태적 환경에 대한 적응성 제고, 국민 신뢰 강화를 도모할 수 있다. 정부조직의 수평적 측면에서, 정부기능과 관할권, 역할과 책임 등에 대한 분화 및 통합의 정도는 trade-off 관계이다. 그렇기 때문에 정부기능의 지나친 분절 또는 분화는 정책추진의 효과성을 저해하며, 과도한 통합 역시 정책추진의 효과성을 저해하므로 책임성을 높이기 위한 정책분화의 필요성을 제기할 수 있다. 정부조직설계에 있어서 수평적 측면의 분화와 통합의 균형을 유지하는 것이 중요한 과제이며, 수직적 측면에서 중앙집권과 지방분권의 경우도 이와 같다.

<그림 1> 환경행정체계의 유형화

기능분화 / 지 지	통 합	분 산
강	유형 Ⅰ	유형 Ⅱ
약	유형 Ⅲ	유형 Ⅳ

1) 기능과 권한의 통합

조직의 존립 목적은 조직이 지향하는 목표를 달성하기 위함이고, 목표를 달성한다는 것은 조직이 담당하는 분야에서 발생하는 문제의 해결 및 조직의 발전을 의미하는 것이다. '조직이 담당하는 분야에서 발생하는 문제'가 바로 조직 고유의 '기능'이 된다. 그리고 조직의 기능을 수행하기 위해서는 기능 수행을 위한 '권한'이 요구되는데 조직이 수행하는 기능의 실체를 정책으로 간주할 경우, 정책 추진의 기획·집행·평가를 위한 권한(인사, 조직구성, 예산배분, 관리·감독 등)이 필요하게 된다.

기능과 권한의 통합은 '수평적 통합'(horizontal coordination)과 '수직적 통합'(vertical coordination)으로 구분할 수 있다. 수평적 통합은 기능을 수행함에 있어 각 기능이 동등한 지위를 갖는 여러 조직에 세부 기능이 분산되어 있지 않고, 하나의 조직이 그 기능을 총괄하고 권한을 행사하는 것을 의미한다. 반면 기능 수행과 관련하여 세부 기능이 동등한 지위를 갖는 여러 조직으로 분산되어 있어 기능과 관련한 권한이 분산된 경우에는 기능의 수평적 분화로 간주할 수 있다. 수직적 통합은 수평적 통합이 동등한 지위를 갖는 조직 간의 통합을 대상으로 하는 것과는 달리 '하부조직과 상부조직간' 기능과 권한의 배분을 대상으로 한다. 정책의 기획, 집행이 상위조직에서 집권적으로 이루어지면 수직적 통합으로 볼 수 있으며, 반면 하부조직으로의 기능이양 및 권한의 위임이 이루어진 분권 상태를 수직적 분화로 간주할 수 있다. 수평적 통합과 수직적 통합을 기준으로 조직을 유형화하면 다음 〈그림 3〉과 같다. 수직적 통합 정도와 수평적 통합 정도에 따라 통합형, 이중분절형, 환경정책 분절형, 정책집행 분절형 등 네 가지 유형으로 분류할 수 있다.

<그림 2> 정책통합, 조정, 협력

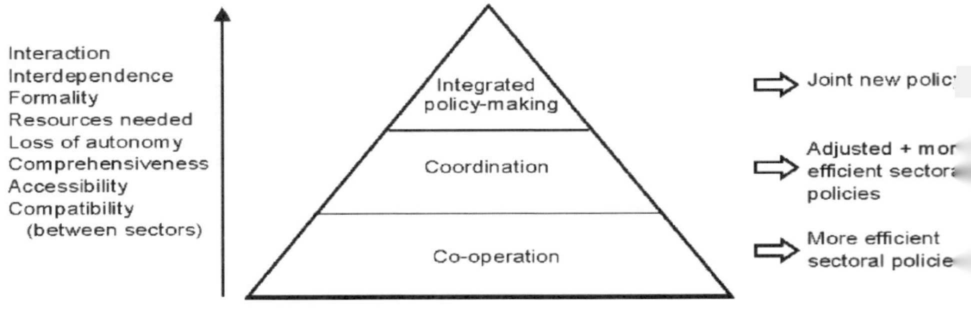

<그림 3> 기능과 권한의 통합에 따른 환경행정체계의 유형화

수평적 통합 / 수직적 통합	분화 (기능 분산)	통합 (기능 통합)
통합 (집중화)	유형 Ⅰ 환경정책 분절형	유형 Ⅱ 통합형
분화 (분권화)	유형 Ⅲ 이중 분절형	유형 Ⅳ 정책집행 분절형

2) 조직 내·외부의 지지

상황론(contingency)의 관점에서 조직의 형태는 환경의 변화에 따라 달라지게 된다. 이는 조직의 존립 및 기능수행의 규모가 조직 외부 환경의 변화에 대응할 수 있어야 함을 의미하며, 한편으로는 조직 규모의 증대 또는 조직 기능의 확대는 조직 외부의 환경이 결정요인이 됨을 의미한다. 즉, 환경적인 변화는 조직의 대내외적 여건을 분석하는 SWOT분석에서 활용되는 것처럼 조직에 있어 기회요인이 될 수 있지만 위협요인도 될 수 있음을 알 수 있다.

한편, 조직이 기능을 수행함에 있어 중요한 요인은 조직의 '역량'이다. 다시 말해 조직 외부의 환경적인 요인에 대응하기 위해서는 조직의 전문성, 재원의 확보 등으로 나타나는 조직의 역량이 중요하다. 조직의 기능수행에 대해 외부적인 지지가 강하더라도 내부의 역량이 부족할 경우 효과적인 기능수행이 어려워지므로 추후 조직에 대한 외부적 지지가 감소하거나 혹은 부정적인 지지가 야기될 수 있다. 그러나 조직으로의 지지가 약하거나 부정적 지지가 존재하더라도 조직의 역량이 크다견, 역량집중을 통해 외부의 부정적인 지지를 극복하며 효과적인 기능수행이 가능하다.

이때 외부적 지지(external support)의 수준은 최고의사결정자로부터의 정책적 고려, 여론, 학계, 그리고 기능수행과 관련한 촉발사건(triggering event)에 의해 결정된다. 그리고 내부적 지지(internal support)는 조직 구성원의 전문성, 인적·물적·재정적 재원의 확보, 조직 구성원의 조직목표에 대한 몰입도 또는 조직의 응집성에 의해 그 수준이 결정된다. 내부적 지지와 외부적 지지의 수준에 따라 조직을 유형화하면 다음 〈그림 4〉와 같이 상황 주도형, 상황 회피형 등으로 분류할 수 있다.

<그림 4> 조직 내·외부 지지수준에 따른 환경행정체계의 유형화

내부적 지지 / 외부적 지지	약함	강함
강함	유형 Ⅰ	유형 Ⅱ
약함	유형 Ⅲ	유형 Ⅳ

Ⅲ. 독일의 환경행정체계

1. 독일의 정책 환경 및 맥락

1) 독일의 정책과정(policy process) 메커니즘

독일 정책형성의 특성은 연방정부, 주정부, 지방정부간 중층적 정책조정을 통해 이루어지나, 각각 정책형성의 책임과 어떠한 정책수단을 사용할 수 있는지에 대해서는 엄격하게 구분되어 있다는 데 있다. 독일 연방정부의 부처를 비롯하여 주 정부 및 지방정부의 정책추진 및 정책과정상에서의 권한 및 기능은 법률의 규정에 따라 이루어진다. 지방자치가 정착된 독일의 경우 연방정부는 주로 제도와 정책 기획을 담당하고 주정부는 연방정부에서 수립한 정책과 관련하여 지역실정에 적합한 세부 정책(프로그램)과 관리정책의 수립 및 집행을 담당하여 협력적 관계에서 역할분담이 이루어지고 있다. 다만, 1970년대부터 환경정책의 경우 그 정책특성이 정책부문 횡단적인 특성이 강하므로, 통합적인 정책추진이 필요하다는 인식하에 통합적 환경정책을 추진하고 있으며 체르노빌 원전사고 이후에 미시적인 분야별로 이루어진 정부조직을 거시적인 통합형 조직으로 전환하고 친환경적인 산업구조로의 전환, 자원순환형 사회의 촉진을 위한 노력을 경주하였다. 1990년대 후반 유럽연합은 환경정책에 대해 '환경정책통합'(environmental policy integration)의 기조를 유지하게 되는데 이러한 기조를 형성하는 데 독일이 중요한 역할을 수행하고 있다(김기성, 2010). 정부조직간 협력에 있어서도 협력의 대상 및 범위, 방법 등이 법률로 규율되어 있어, 법률상의 규정된 내용을 대상으로 정부조직간 협력이 이루어지고 있다. 환경정책에 있어서 부처간 협력을 잘 보여주는 것이 각 부처에 존재하는 환경정책 관련 조직이다. 즉 각 부처에 존재하는 조직을 통해 다양한 분야의 접근을 요하는 환경문제의 해결을 위한 부처간 협력이 이루어지고 있다. 독일은 기본적으로 정부 이외에 법률로써 공공적 지위를 부여받은 다양한 사적 연합들이 정책결정과정에 참여하는 조합주의 국가의 특성을 지니고 있다. 따라서 환경을 중요시하는 시민사회가 정책결정과정에 참여할 수 있는 기회가 크다. 독일의 환경단체들은 1970년대부터 급속히 조직화·정치화되었고 이는 독일에서 가장 큰 환경단체인 '독일환경보호연맹'(BUND)이 '녹색당'이 되어 정책결정과정에 참여하는 것으로 잘 나타나고 있다. 다양한 환경단체들은 전문성과 정치적 역량을 확보하여 체계적으로 정책결정과정에 참여하고 있으며 시민사회를 중심으로 한 환경운동 및 환경정책에 대한 제안이 이루어지고 있다. 이러한 시민사회의 역할은 환경정책이 타 분야 정책에 대해 상대적으로 독일에서 중요한 정책의제로 다루어질 수 있도록 하는 데 중요한 역할을 하고 있다.

2) 환경정책 관련 사회적 환경 변화

다양한 분야의 정책 중 환경정책은 독일 정부 내에서 가장 높은 우선순위를 지니는 정책이 되고 있다. 독일 행정체계에 있어 환경부장관 직위는 차후 정부정책결정에 영향력을 행사할 수 있는 중요한 지위로의 'stepping stone'으로 인식되고 있으며, 현 독일총리인 '앙겔라 메르켈'(Angela Merkel) 총리를 비롯하여 정책결정에 있어 중요한 영향력을 행사하는 다양한 인사들이 환경부장관을 역임하였다.

- Walter Wallmann (기민당 대표): 1986-1987 환경부장관
- Kaus Töpfer (기민당 대표): 1987-1994 환경부장관
- Angela Merkel (기민당 대표, 현 독일총리): 1992-1998 환경부장관
- Jürgen Trittin (녹색당 대표): 1998-2005 환경부장관
- Sigmar Gabriel (사민당 대표): 2005-2009 환경부장관
- Morbaert Rötten (기민당 대표): 2009-2012 환경부장관
- Peter Altmayer (기민당 대표): 현 환경부장관

독일은 후쿠시마 원전사고 이후 2002년 추진하였던 원자력 발전 포기에 관한 합의, 고정가격구매 제도를 통한 재생가능 에너지의 보급, 탄소세의 도입, 야심적인 온실효과 가스 배출량 삭감 목표의 설정 등은 세계적으로 주목을 받는 정책이 되었다. 독일은 본래 '체르노빌 원전 사고'를 계기로 탈핵이 공론화되면서 1999년 신규 핵발전소 건설의 중단과 기존 핵발전소의 폐쇄를 결정했고, 2002년 모든 핵발전소를 2022년까지 폐쇄하는 '상업적 전력생산용 핵에너지이용의 단계적 폐지법', 일명 '탈핵법'을 제정하였다. 독일 연방정부 차원에서 취해진 주요 기후정책들로는 재생가능에너지 개발 및 이용 확대를 위한 '전력매입법'(Renewable Energy Sources Act)과 '재생가능에너지법'(Renewable Energy Act: REA), 에너지 이용 효율 향상을 위한 '열병합발전 확대법'(Combined Heat and Power Protection Act), 에너지 소비 절약을 위한 '생

태적 세제 개혁'(ecological tax reform: ETR)과 '에코 텍스'(eco-tax) 등을 들 수 있다. 특히 1991년 4월부터 시행된 전력매입법은 독일의 재생가능에너지 확대정책에 변화의 전기를 마련해 주었다. 전력매입법은 전력, 태양에너지, 수력, 매립지가스, 하수처리장가스를 이용해 생산한 전기를 안정적으로 지원하기 위한 제도적 장치로 연방정부의 재생가능에너지 확대정책 및 지방정부의 지원책들과 어우러져 신재생에너지 투자자들에게 중장기적으로 재정적 인센티브를 제공함으로써 풍력과 소수력 발전 등 재생에너지 인프라 구축에 기여하고 있다. 신재생에너지를 통한 전력생산량은 독일 전체 전력생산의 20%를 차지하고 있으며, 원전 제로 전력생산구조 합의이후에 화석연료를 대체할 에너지원으로 원자력발전대안을 포기함으로써 전 정부적으로 재생에너지 산업발전을 적극 모색하고 있다. 1999년에는 친환경 세제개혁을 단행하였다. 새로운 세제하에서는 기존에 존재하던 석유와 가스에 대한 세율이 단계적으로 올라가고 전기에 대해서는 세금이 새로 부과되는 반면 재생에너지원에 의한 전기는 세금부담에서 면제되었다. 독일의 기후변화정책 및 환경정책 중 가장 성공적인 분야는 재생에너지개발과 사용 확대라고 할 수 있다. 독일연방정부는 2010년에 '에너지 콘셉트'(Energiekonzept)라는 장기적 에너지 정책을 발표하였다. 이 정책에 따르면 2050년까지 현재의 에너지 소비를 현저히 절감하고 화석에너지를 신재생에너지로 전환하고자 하였다. 즉, 화석연료의 대안으로 원자력발전대안을 폐기하고 분산형 소규모 재생에너지 발전기반 구축 및 친환경 세제개편을 통해 재생에너지 사용을 확대하였다는 데 의미가 있다.

2. 독일 환경행정체계의 구조

1) 환경행정체계의 구조

독일의 수직적 환경행정체계는 '유럽연합(European Union)-연방정부(Federal Gov.)-주정부(Länder)-지방정부(Municipalities)'의 구조로 이루어져 있으며 각각의 수준(level)에서 기능적 차이를 보이고 있다. 유럽연합에서는 환경과 관련한 지침(EU environmental directives) 또는 기본적인 프레임(frame)을 제시하였다. 유럽연합에서 제시하는 기준과 프레임은 '유럽헌법'을 통해 각 회원국에 법적 구속력을 지니고 있다. 독일 연방정부에서는 유럽연합의 지침에 따라 국내에 적용할 수 있는 세부적인 지침 및 프레임을 제시하고 중·장기적인 추진계획을 수립하였다. 또한 각 주정부가 지침과 프레임에 따라 정책을 기획하고 집행할 수 있도록 조언하는 역할을 담당하고 있다. 주정부에서는 연방정부의 지침에 따라 지방정부에 적용될 수 있는 다양한 환경정책을 개발하며, 지방정부에서의 정책집행을 관리·감독하고 있다. 여기서 특이한 점은 지방정부차원에서는 환경입법에 참여할 수 있는 권한이 없으며, 단지 주정부의 환경정책을 지방정부 차원에서 집행하고 관리하는 역할을 담당하고 있다는 점이다. 주정부는 연방정부(행정부)와의 협력을 통해 환경정책을 추진하는 데 기여하기도 하지만 연방 상원을 통해 환경정책이 법제화될 수 있도록 협력하며 주 법률의 제정을 통해 연방의 원칙법을 보충하였다. 주정부가 연방정부에 대해 독립적인 정책수립의 지위를 갖지만, 연방정부의 환경정책을 집행하는 역할 또한 담당하기 때문에 연방 정부의 환경정책집행에 책임을 져야 한다. 이로 인해 주정부의 환경정책집행은 연방 환경부로부터 합법성과 목적부합성에 관해 관리·감독을 받게 되었다. 연방정부가 수립한 환경정책의 주정부에서의 집행에 대해 연방 환경부장관이 이의를 제기하거나 행정규정을 지시할 수 있다. 독일 환경행정체계의 수직적 구조와 역할을 도식화하면 다음의 〈그림 5〉와 같다.

<그림 5> 독일 환경행정체계의 구조

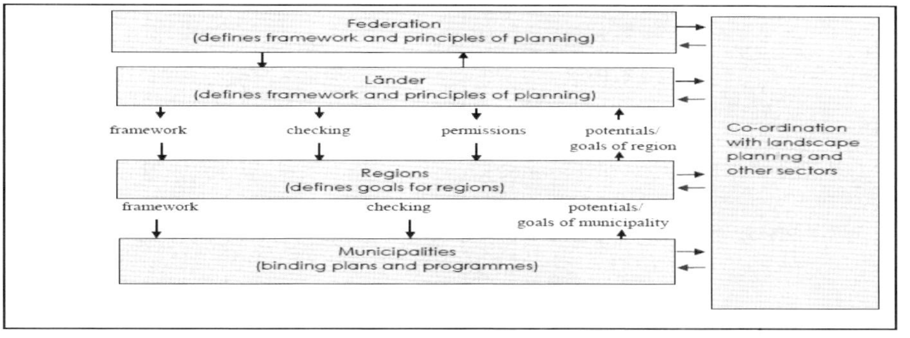

2) 중앙정부의 환경행정체계 구조

다양한 환경행정 기능의 수행을 위해 연방 환경부는 '연방정부의 행정절차에 관한 공동규칙'(The joint rules of Procedure of the Federal Government: GGO)에 따라 환경정책과 관련되는 다양한 부처와 협력하고 있다. 또한 GGO는 중앙정부의 환경정책 수립과 관련하여 주정부의 의견을 반영하기 위하여 협의체운영을 규정하고 있어 이를 통해 주정부와의 협력이 이루어진다. 환경정책과 관련하여 '관계 부처 협의체'(interministerial working group)를 통해 기후변화 정책과 같이 다양한 분야와 관련된 환경정책의 수립시 부처간 협력이 이루어지고 있는데 각 사안별로 참여하는 부처는 그 구성원이 상이하다. 환경정책과 관련한 부처의 역할 및 관련 내용은 아래 〈표 1〉과 같다.

<표 1> 환경정책 관련 연관부처 및 관련사항

부처 명	관련 내용
연방 외무부 (Federal Foreign Office)	환경보호 관련 국제적 협상 및 컨퍼런스 수행
연방 재정부 (Federal Ministry of Finance)	생태학적으로 중요한 오염지역의 복구 및 재건, 환경세
연방 경제노동부 (Federal Ministry of Economy and Work)	효율적인 에너지 사용 및 자원 정책
연방 소비자안전식품농업부 (Federal Ministry of Consumer Protection, Food and Agriculture)	해안보호, 농업부문의 환경보호, 산림, 수렵
연방 교통건설주택부 (Federal Ministry for Transport, Building, and Housing	해양 환경 보호, 교통관련 환경보호, 철도, 지역개발, 도시재개발
국방부 (Federal Ministry of Defence)	독일군과 관련한 환경 보호
연방 보건국 (Federal Ministry for Health)	"환경과 보건" 관련 프로그램 및 프로젝트
연방 교육연구부 (Federal Ministry of Education and Research)	환경 교육, 환경보호 관련 연구
연방 가족노인여성청소년부 (Federal Ministry of Family Affairs, Senior Citizens, Women and Youth)	환경 보호 분야 대민서비스 제공 인력(노인, 여성 등)에 대한 지출
연방 경제협력개발부 (Federal Economic Cooperation and Development)	개발도상국가와의 환경분야 상호협력

자료 : UBA(2009)

1973년에 설립된 UMK(Umweltministerkonferenz)를 통해 연방정부와 주정부간 환경정책이 원활히 추진될 수 있도록 협력하고 있으며 UMK는 1년에 2번씩 정기적으로 개최되며, 주요한 환경의제에 대해 중앙정부와 주정부간 정책의 조화가 이루어지는 데 기여를 하고 있다. 연방 환경부장관은 UMK에 초청되어 참여하는 형식을 취하나, 실질적으로 연방 환경부장관이 UMK에서 중요한 역할을 담당하고 있으며 기술적이고 전문적인 논의를 위해 환경 분과별 실무그룹(Länderarbeitsgemeinschaten)을 두고 있고 그 실무그룹의 명칭은 다음과 같다.

- 물 관련 정책: Bund/Länderarbeitsgemeinschaten Wasser(LAWA)
- 쓰레기 관련 정책: Bund/Länderarbeitsgemeinschaten Abfall(LAGA)
- 자연보전 관련 정책: Bund/Länderarbeitsgemeinschaten naturschutz (LANA)
- 토양보호 관련 정책: Bund/Länderarbeitsgemeinschaten Boden(LABO)
- 오염매체 관리 정책: Bund/Länderarbeitsgemeinschaten für Immissionsschutz (LAI)

독일 연방환경부에는 환경행정의 원활한 수행을 의하여 연방환경청(Federal Environmental Agency), 연방 자연보호청(Federal Agency for Nature Conservation), 그리고 연방 방사능보호청(Federal Agency for Radiation Protection)을 두고 있다. 각 청은 환경분야와 관련한 전문적인 조언 및 정책 연구를 진행하여 정책집행기구라기보다는 연구개발부서의 역할을 담당하고 있다. 연방 방사능보호청의 경우는 다른 청과는 달리 정책기획 및 집행 기능을 동시에 가지고 있으며 연방 방사능보호청 외에는 정책집행 기능이 부여되지 않는다. 중앙정부의 환경행정체계를 도식화 하면 다음 〈그림 6〉과 같다.

<그림 6> 중앙정부 환경행정체계

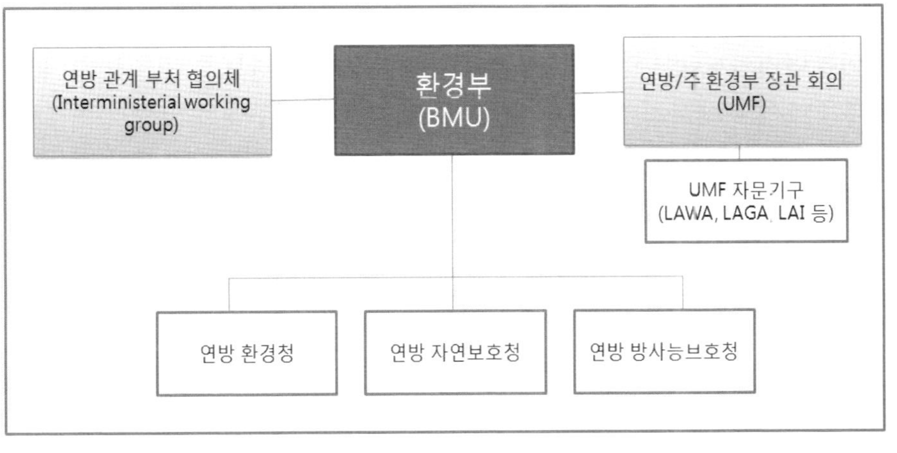

3. 독일 환경행정체계의 기능

1) 독일의 환경기능

독일의 환경행정체계의 기능은 철저히 법률에 의해 규정되어 있고, 기본적으로 독일기본헌법에 명시된 기능을 기초로 하고 있다. 독일기본법 제20조(Act, 20a)에 따르면 환경보호는 행정의 기본 목표로 정부에서 다루는 환경정책의 기능을 정리하면 아래와 같다.

- 기후 보호 및 대기오염 수준 관리
- 소음 경감
- 폐기물 관리
- 수자원 보호
- 유해물로부터의 보호
- 유전 공학
- 토양 보호
- 자연경관 보호
- 원자력 안전, 방사능으로부터의 보호

헌법상의 환경보호를 위한 세부 내용은 연방 환경부(BMU)에 의해 독자적으로 정책 기획이 이루어지기도 하지만 다양한 분야의 종합적인 접근을 요하는 환경문제의 특성상, 다양한 부처와 공동협력을 통해 정책기획이 이루어지기도 한다. 헌법에 정해진 세부적인 환경보호 기능들은 적합한 부처에서 수행하고 있으나 대부분의 기능은 환경부에서 담당하며, 환경문제의 총괄기구로서, 부처간 협력에서 주도적으로 협력을 추진하고 있다.

2) 독일 연방환경부의 수행 기능

헌법에서 규정하고 있는 환경보호 기능을 이행하기 위해 환경행정체계의 핵심 기구로서 독일 연방환경부의 역할은 매우 중요하다. 환경부에서는 환경정책의 이슈가 되는 전반적인 사항을 관장하며 이와 관련된 각종 정책과 전략 그리고 법률의 수립, 자료의 제공 및 교육, 국제적 협력 등을 담당하고 있으며 환경부에서 다루는 환경분야는 아래와 같다.

- 기후변화 대응 및 적응
- 대기 질 관리
- 소음 저감
- 지하수, 하천 및 해수 관리
- 토양 보호 및 오염지역 재건
- 폐기물 정책 및 자원 순환 관리
- 화학 물질의 안전관리
- 생물다양성 보호
- 원자력 시절 안전 관리 및 방사능 관리
- 원자력 물질의 공급 및 처리

'기후 및 에너지'와 관련해서는 현재 화석연료 중심의 에너지를 재생에너지 중심의 에너지 활용으로 재편하는 정책, 기후변화에 대응하기 위한 다양한 정책, 에너지의 효율적 이용, 신재생에너지 산업의 육성 등을 환경부에서 추진하고 있다. 2010년부터 '탄소 배출권 경개제도'의 도입을 추진하고 2012년부터는 항공 및 교통 분야의 유럽 연합 탄소 배출권 거래제도를 추진하는 등 기후변화 정책의 일환으로 탄소 배출권 거래 정책을 강하게 추진하고 있다(국립환경과학원, 2010).

'원자력 안전 및 방사능 보호'와 관련하여 환경부는 발전용 원자력 사용을 비롯하여 의학 및 연구용 원자력 사용의 관리·감독을 실시하며 원자력 이용으로 발생하는 방사능으로부터의 보호정책을 수립하고 있다. 또한 '지속 가능한 발전 및 녹색성장'과 관련하여 독일은 환경보전을 경제성장의 장애물 또는 기회비용으로 보지 않고, 환경보전과 관련한 다양한 산업을 육성하여 세계시장에서 경쟁력을 확보하고 국가경제 성장의 원동력이 되도록 노력하고 있다. 이러한 기조하에 독일 환경부는 기후변화 대응, 신재생에너지 관련 기술에 대한 다양한 지원정책을 추진하고 있다. '건강 및 화학 물질의 안전'과 관련하여 환경부는 주로 식품안전에 대한 기준 및 정책의 수립과 고위험 화학물질의 사용에 대한 관리·감독, 그리고 나노기술(Nano technology)에 대한 정책 수립 등을 담당하고 있다. 국제협력과 관련하여, 우리나라에서는 일반적으로 국제적인 회의는 외교부가 회의를 주관하지만 독일의 경우는 환경부가 독일이 참여하는 다양한 환경분야의 국제적인 협력에서 주관부처가 되고 있다는 것이 특징적이다. 독일 환경부가 수행하는 기능은 우리나라에 비해 상대적으로 광범위하다고 볼 수 있다. 특히 물 관리에 있어서는 우리나라가 수질과 수량, 국가하천, 지방하천, 소하천 등으로 분화되어 다양한 부처에서 관리하는 것과 달리 독일 환경부는 통합적인 물 관리가 이루어지고 있으며, 녹색성장, 신재생에너지 보급, 식품 안전, 원자력 관리, 나노기술 보급 등 우리나라에서 다양한 부처에서 개별적으로 담당하고 있는 기능들이 독일에서는 환경부가 담당하고 있어 환경기능이 통합적으로 수행되고 있다. 독일 환경부의 기능수행과 다른 나라의 기능 수행을 비교하면 아래의 〈표 2〉와 같다. 즉 다양한 국가와의 비교에서도 독일 환경부의 기능이 더 통합적으로 이루어지고 있음을 알 수 있다.

<표 2> 환경 분야별 세부 기능

주요 기능 / 국가	기후·대기			에너지			물		국토·자연				폐기물관리	원자력			기타		
	기후완화	기후적응	대기오염	공급	수요관리	신재생	수량	수질	국토개발	국토환경	산림	해양환경		원자력관리	원자력안전	폐기물	교통	주택	농업식품
프랑스	○	○	○	○	○	○	○	○	○	○	○	○	○		○	○	△	○	
독일	△	○	○		○	○	○	○		○	○	○	○		○	○			△
영국	△	○	○				○	○	△	○	○	○	○			○			○
호주			○				○	○		○	○	○	○					○	
미국	△	△	○		△	△		○				△	○						
일본	△	○	○					○		○		○	○		○				
한국	○	○	○					○		○			○						

자료 : 환경부(2012), 염재호 외(2007) 수정 및 보완

4. 독일 환경행정체계의 유형화

1) 기능과 권한

독일 환경행정체계는 기능에 있어서 상당한 수준의 통합을 보이고 있으며 특히 독일 연방헌법에서 정하고 있는 환경 분야의 다양한 기능들이 환경부를 중심으로 이루어지고 있다. 독일 연방헌법에서 정하는 기능의 대부분의 세부 기능을 환경부에서 수행하고 있으며, 이 외에도 신재생에너지와 관련된 다양한 기능과 원자력에너지 안전관리 등의 기능을 수행하고 있어 환경기능이 수평적으로 통합되어 있다. 독일 정책결정메커니즘의 가장 큰 특징은 한 부처에서 정책을 결정하기보다는 다양한 부처와 협력하여 정책결정이 이루어진다는 것이다. 환경정책에 있어서도 이는 예외가 아니나 환경부는 수평적인 연방정부의 협력관계에서 다른 부처와 대등한 관계가 아닌 주도적인 역할을 수행하고 있다고 판단할 수 있다. 다양한 연방 부처 내에 환경정책 관련조직이 존재하여 환경분야의 협력시 용이하다. 이는 각 부처에서 환경정책이 항상 고려되고 공유될 수 있도록 하는 역할을 하여 궁극적으로 환경정책의 수평적 통합이 달성되도록 하고 있다. 수직적 통합과 관련하여 독일의 환경행정체계는 권한이 통합되어 운영되고 있다고 판단된다. 독일은 연방국가로서 주 정부도 연방정부와 동등한 권한을 행사할 수 있는 구조로 되어 있다. 이러한 기본적인 구조에도 불구하고 독일의 환경정책과 관련하여 정책의 기획-집행 과정은 법률로써 그 역할이 구분되어 있다. 연방정부는 주로 정책의 기획 및 각 환경 분야와 관련된 기준, 절차 등의 가이드라인 또는 프레임을 만들고 이 프레임에 따라 주정부는 주정부의 실정에 맞는 세부적인 환경정책을 수립하고 관리한다. 마지막으로 지방정부는 주정부 및 연방정부의 환경정책에 따라 서비스를 공급하고 다양한 기준들을 적용하는 역할을 담당하고 있다. 즉, 독일 환경행정체계는 연방환경부의 거시적인 환경정책 기획하에서 주정부가 미시적인 정책들을 기획하고 관리하며 마지막으로 지방정부가 이를 집행·관리하는 수직적 통합이 이루어져 있다고 볼 수 있다.

또한 독일의 환경행정체계는 기능이 수평적으로 통합되어 있으며, 그 기능을 수행함에 있어서도 중앙과 지방간 역할이 법률에 의해 명백히 구분되어 있어 수직적으로도 통합을 이루고 있다고 볼 수 있다.

<그림 7> 기능·권한의 통합 수준에 따른 독일 환경행정체계의 유형

수평적 통합 / 수직적 통합	**분화 (기능 분산)**	**통합 (기능 통합)**
통합 (집중화)	유형 Ⅰ 환경정책 분절형	유형 Ⅱ 통합형 (독일)
분화 (분권화)	유형 Ⅲ 이중 분절형	유형 Ⅳ 정책집행 분절형

2) 내·외부의 지지

독일에서 환경정책은 다양한 사회 정책 중 우선순위가 높은 정책으로 인식되고 있으며, 이는 환경부 외부의 높은 지지에 기인한다고 판단된다. 독일의 환경정책은 1970년대의 '신사회운동'을 통해 환경이 사회문제로 부각될 수 있었으며, 이후 다양한 환경단체들의 활동을 통해 '우선순위가 높은 사회문제'로 인식되었다. 특히 녹색당의 등장은 독일에서 환경문제가 사회문제를 넘어 정책의제로서 우선순위를 갖는 데 큰 기여를 하였다. 체르노빌 원전사고와 2011년의 후쿠시마 원전사고는 원자력을 환경문제로 인식하는 데 촉발사건으로 작용하였고, 더 나아가서는 신재생에너지에 대한 연방정부의 집중적인 투자를 불러 왔다. 환경부장관으로 활동하는 것이 행정체계의 중점적 역할을 위한 'stepping stone'으로 인식되고 있고,

현재 독일 총리 또한 환경부장관을 역임하여 최고의사결정자로부터의 환경부를 비롯한 환경정책에 대한 지지는 높은 수준으로 판단할 수 있다.

환경부 외부적인 지지뿐만 아니라 조직 인력의 전문성 및 재원의 확보를 통한 내부적인 역량(competence)도 매우 높은 수준으로 파악되었다. 이는 조직 외부의 환경정책에 대한 기대에 부응하여 환경정책이 꾸준히 높은 우선순위의 정책의제로 인식되는 데 기여하였다. 환경부를 비롯한 하부조직에서는 다양한 분야의 전문성을 지닌 인력을 확보하고 있으며, 특히 환경부의 환경보전청, 환경청 등은 전문 인력의 비율이 절반 이상을 차지하고 있어, 다양한 분야에 대한 전문적인 조언이 가능하다. 환경보전청, 환경청 등은 우리나라의 '청'조직이 정책집행 기능이 강화된 것과는 달리 전문적인 조언, 정책개발, 연구·조사 기능에 중점을 두고 있어 환경부가 추진하고자 하는 정책이 보다 전문성이 있도록 하는 데 큰 기여를 하고 있다. 하지만 예산에 있어서는 다른 분야에 비해 현저히 낮은 수준을 보이고 있어 2012년 예산안의 경우, 총 16억 유로 정도가 연방환경부 예산으로 편성되었다. 그러나 2013년부터 탄소배출권 거래로 인한 33억 유로의 수입의 징수가 기대되고 있으며 이를 원전폐쇄 및 재생에너지 개발에 투자할 것으로 보여 환경정책을 위한 예산은 급증할 것으로 예상된다(한국조세연구원, 2012). 따라서 독일의 환경부는 외부적 지지뿐만 아니라 내부적 지지도(조직응집력, 핵심역량 등) 확보하고 있어 환경정책의 효과적인 추진 및 환경 분야의 수평적·수직적 협력에서 주도적인 역할이 가능하리라 판단된다.

<그림 8> 조직 내·외부 지지수준에 따른 환경행정체계의 유형화

내부적지지 / 외부적 지지	**약함**	**강함**
강함	유형 Ⅰ	유형 Ⅱ
약함	유형 Ⅲ	유형 Ⅳ

3) 종합적 유형화

전술하였던 권한과 기능 그리고 지지를 통한 세부적인 유형화를 종합하여 환경행정체계를 종합적으로 판단하면 권한과 기능이 통합되고 환경부에 대한 대내외적 지지가 높으므로 아래 〈그림 9〉와 같이 유형화할 수 있다.

<그림 9> 환경행정체계의 유형화

기능분화 / 지 지	**통합**	**분산**
강	유형 Ⅰ	유형 Ⅱ
약	유형 Ⅲ	유형 Ⅳ

독일의 환경정책이 다양한 부처의 협력하에서 이루어진다는 점을 고려하면, 환경부에 대한 대내외적인 높은 지지는 환경부가 협력체계에서 주도적인 역할을 수행하는 데 큰 기여를 하고 있다. 또한 다양한 분야의 환경정책이 환경부로 통합되어 수행되고 있어 종합적이고 체계적인 환경정책의 추진이 가능하며, 연방정부는 거시적인 환경정책을 추진하고 주정

부는 각 지방의 실정에 맞는 미시적인 환경정책의 추진·집행을 담당하고 마지막으로 지방정부는 연방정부와 주정부의 환경정책을 집행하는 기능을 담당하여 환경정책이 효율적으로 추진되도록 하였다. 연방정부의 거시적인 정책 기획에서도 주정부가 참여할 수 있도록 다양한 위원회를 운영하고 있어 연방정부 중심의 획일적인 정책기획이 아닌 지역의 실정이 고려된 거시적 정책추진이 가능하다. 각 부처 안에 존재하는 다양한 환경정책 관련 조직을 통해 환경정책이 다양한 연방부처 내에 내부화되어 있어 수평적 통합이 강화될 수 있다.

Ⅳ. 우리나라 환경행정체계의 개편방안

1. 환경행정체계의 개편방향 및 기준

미래를 대비한 국가행정조직의 개편방안과 관련하여 크게 '전략적 자리매김(Strategic Repositioning) 우선형'과 '조직재설계(Restructuring) 우선형'으로 구분할 수 있다. 전략적 자리매김 우선형의 경우 현재의 조직을 그대로 유지한 채 조직의 핵심 기능의 강화 또는 통합 등 조정하는 것에 초점을 둔다. 조직재설계 우선형의 경우, 조직개편을 위해 새로운 조직을 신설하거나 기존조직을 폐지하여 조직을 개편하는 데 중점을 드는 개편방안이다. 전략적 자리매김 우선형의 조직개편은 조직재설계 우선형에 비해 보다 소폭의 개편이 이루어지며, 이에 따라 이해관계가 상충하는 조직과 발생하는 갈등이 다소 적다는 장점을 지니고 있다. 한편 조직재설계 우선형의 경우 전략적 자리매김 우선형에 비해 조직 개편 이후 국정운영에 미치는 파급효과가 크며 다양한 조직에 분산되어 있는 기능을 한 부처로 통합할 수 있는 여지가 커 기능조정이 보다 효과적으로 이루어질 수 있다.

<그림 10> 조직개편의 방향

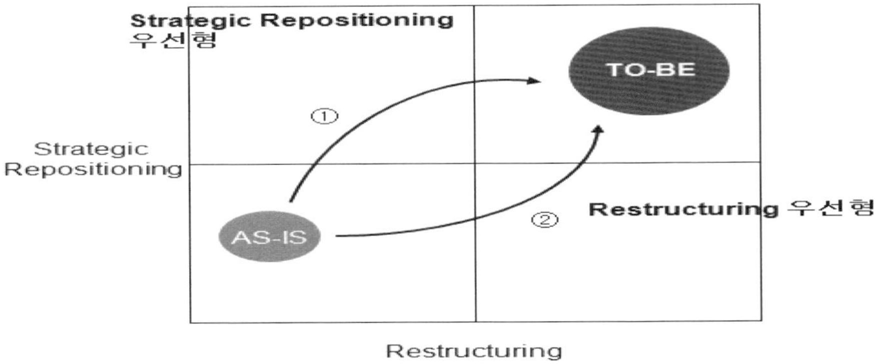

한편 각 대안들의 적합성 평가를 통한 최적대안의 도출은 '실현가능성'과 '소망성'을 통해 이루어질 수 있다. 소망성 기준은 조직 개편 대안이 가져올 기능이 얼마나 바람직한 결과인지와 관련되는 개념으로 정책기획·조정 능력, 집행력, 전문성의 세부기준으로 구분된다. 실현 가능성은 특정 대안이 조직개편으로 이루어질 수 있는 가능성을 의미하는 것으로 정치적 협의가능성, 개편의 용이성의 세부기준으로 구분된다.

<그림 11> 조직개편 대안의 평가 및 최적대안 도출

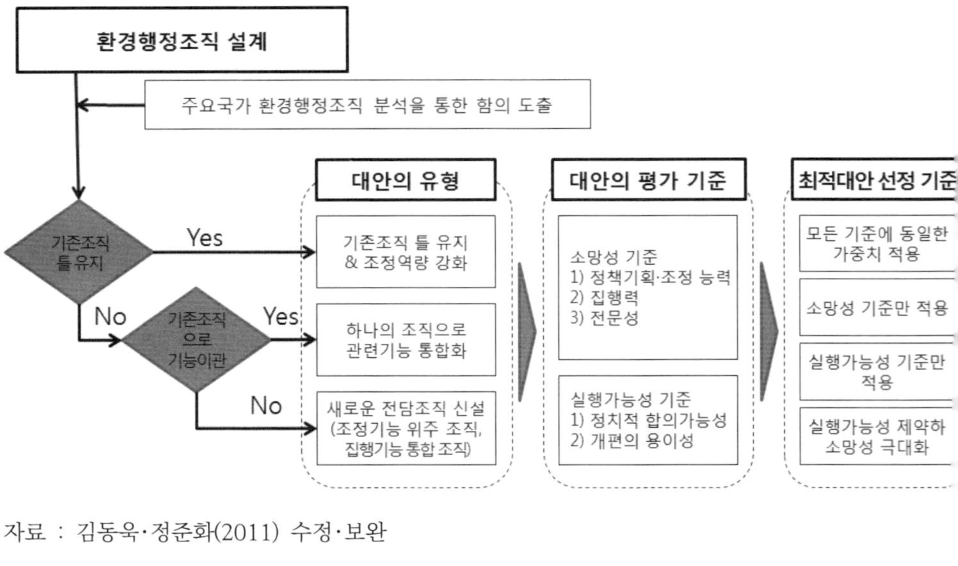

자료 : 김동욱·정준화(2011) 수정·보완

2. 정책통합 이슈에 대한 검토

환경부문별 정책통합이슈는 크게 국토자연환경관리부문, 수질·수자원관리부문, 기후변화- 대기환경-에너지 정책 통합부문의 통합이슈로 크게 구분할 수 있다.

<표 3> 환경부문별 정책 통합이슈

부 문 별	통 합 이 슈	관 련 부 처
기후변화- 대기환경-에너지 정책 통합	○ 대기환경 보전 ○ 에너지 관리 ○ 기후변화 대책(공통)[2]	환경부 지식경제부
국토·자연환경관리	○ 국토환경계획, 자연환경 보전[3] ○ 국토계획, 국토·도시 정책 ○ 산림환경자원 보전 ○ 해양환경자원 보전	환경부 국토해양부 산림청
수자원 관리	○ 수질, 하수도, 지방상수도 관리 ○ 하천, 광역상수도 관리 ○ 해양수질 관리	환경부 국토해양부 국토해양부

1) 환경·기후변화·에너지·자원 기능

현재 환경부의 경우 대기 개선을 위해 오염물질의 사후배출관리 및 기후변화 대응 업무를 수행하고 있으며 지식경제부는 에너지의 안정적 공

2) 우리나라는 현재 2010.1.13. 제정된 저탄소녹색성장기본법에서 에너지정책의 기본원칙을 정하고 에너지법과 신에너지 및 재생에너지 개발·이용·보급 촉진법 그리고 2012.5.14. 제정된 온실가스배출권의 할당 및 거래에 관한 법률 등에서 에너지 정책에 관하여 규정하고 있다.

3) 자연환경 업무는 자연환경 우수지역 보전을 위한 자연환경보호지역 지정·관리, 자연생태계 유지 및 생물다양성 보전 등으로 구분되며 업무추진체계는 여러 부처로 다원화되어 있다. 자연환경보호지역은 환경부장관이 관장하는 생태경관보전지역·자연공원·백두대간보호지역·(내륙)습지보호지역·특정도서·야생동식물특별보호구역, 국토해양부장관이 관장하는 (연안)습지보호지역·수산생물보호수면, 산림청장이 관장하는 산림유전자원보호림, 문화재청장이 관장하는 천연기념물보호구역 및 명승지가 있음. 한편 자연생태계 유지 및 생물다양성 보전의 경우에 멸종위기종 등 야생생물 보호업무는 환경부장관, 산림보호·육성 업무는 산림청장, 천연기념물보호구역 지정관리업무는 문화재청장이 관장하고 있다.

급과 수요관리, 기후변화 대응 업무를 수행하고 있으나 기후변화 및 대기정책이 에너지정책과 분리되어, 대기오염의 사후저감에 국한하여 시행됨에 따라 정책효과가 미흡할 수 있으며 특히 환경오염비용을 부담하지 않아 상대적으로 값이 싼 화석에너지 및 원자력위주로 공급하는 경제 및 산업육성중심의 에너지정책패러다임에서 탈피하여 에너지공급의 환경적 외부성을 고려할 수 있는 에너지자원정책으로 전환에 적합한 정책통합패러다임의 도입이 필요하다. 현재의 에너지·자원기능을 산업정책기능에서 분리하여 기후변화대기·에너지·자원기능과 통합함으로써 향후 에너지 기능과 기후변화정책기능, 대기오염관리기능, 화석에너지 감축 등 기후변화에 능동적으로 대응할 수 있는 행정체계를 구축함으로써 에너지의 안정적 공급뿐만 아니라 에너지수요관리(대기오염억제) 및 신재생에너지, 청정에너지 개발도 효율적으로 추진할 수 있다. 뿐만 아니라 자원기능 통합으로 자원확보부터 재활용 및 폐기 단계까지 일원화된 자원순환관리 체계를 구축할 수 있으며 정책통합의 구체적 대안으로 기후변화 및 대기환경과 직접 연관이 있는 수요관리, 신재생에너지 지원, 기후변화대응 업무를 통합하는 방안을 제시할 수 있다. 차선책으로는 최소한 현행 기후변화·에너지 관련 정책은 여러 부처의 업무범위가 불가피하게 중첩되는 '교차영역'(cross-cut multiple areas)이므로 정책의 효과적 추진을 위한 정책조정체계를 구성하여 정책수행에 관여하는 여러 주체들의 역할분담과 조정을 위해 통합적 대응체계를 구축해야 할 필요가 있다. 나아가 기후변화·에너지와 관련된 분절적 정책하위체계의 경계를 허물고 협력적 관계를 기반으로 한 '교차정책하위체계'(trans policy subsystem: Jenkins-Smith 2009)를 형성할 필요가 있다.

2) 국토·환경계획 기능[4)]

국토의 개발·보전 등 종합계획으로서의 국토계획의 기능을 복원시키

4) 국토해양부의 국토개발 계획 등에 대한 법률은 국토기본법, 국토의 계획 및 이용에 관한 법률, 건축법, 도시공원 및 녹지 등에 관한 법률, 산업집적활성화 및 공장설립에 관한 법률, 공익사업을 위한 토지 등의 취득 및 보상에 관한 법률, 도시개발법, 산업입지 및 개발에 관한 법률, 택지개발촉진법, 수도권정비 계획법, 국제회의산업 육성에 관한 법률, 도시 및 주거환경정비법, 주택법 등이 있다.

는 것이 필요하며 환경계획-국토계획의 제도적 우선성, 상충성을 극복하고 각 계획간 연계수단을 제도적으로 구비하는 방안이 필요하다. 현재 국토해양부가 담당하고 있는 국토계획 체계는 20년 단위의 「국토종합계획-도종합계획-시·군종합계획(도시기본계획)」을 수립하고, 도시관리계획(5년) 및 지구단위계획을 수립하게 되어 있으며 환경부가 담당하고 있는 환경계획 체계는 10년 단위의 「국가환경종합계획-시·도환경보전계획-시·군·구환경보전계획」체계의 환경계획을 수립하고 개발계획 수립에서부터 집행에 이르기까지 사전환경성 검토 및 환경영향평가를 통해 개발계획과 사업에 대한 환경성 검토·협의를 시행하게 되어 있다.[5] 현재의 개발안정기에는 개발과 보전의 조화를 이루는 국토계획 기능의 정상화가 요구되므로 건설기능과의 분리가 필요하다. 과거 개발확장기에 신속한 개발을 위해 필요했던 국토계획과 건설 기능의 융합체계로 인하여 계획기능이 건설기능의 절차법으로 전락하고 있고 개발 사업이 특별법 위주로 이루어져 도리어 상위계획을 우선함으로써 국토계획이 종합적인 계획으로서의 역할 수행에 한계가 있는 상황이다. 또한 기존의 국토계획 체제 내에서 개발계획 및 환경성 검토가 개별적으로 이루어지고 있어 이중행정으로 인한 국민 불편이 초래될 수 있다. 현재의 행정관리체계는 국토관리가 개발과 보전의 개별적 목적을 지닌 행정기관으로 분산 관리되어 계획·보전과 사업의 조정체계가 미흡하므로 바람직한 국토정책의 사회적 합의 도출을 하기가 어렵다는 점이 가장 큰 문제점으로 지적될 수 있어 이를 위한 거버넌스 구축이 시급하다. 국민 모두가 향유하는 쾌적한 국토환경을 조성하기 위해서는 지속 가능한 국토관리 원칙의 대전환, 법률 및 계획체계의 합리적 개선노력이 필요하다. 다만 국토계획과 환경계획의 담당조직을 통합하는 방안보다는 추구하는 목적이 상반되는 기능은 상호간의 기능을 복원시켜

5) 다만, 환경영향평가(environmental impact assessement)는 개별 사업별로 사업계획 확정 이후에 이루어져 주변 환경에 대한 종합적인 환경영향을 평가하는 데 한계가 있으며 이러한 사업단위 환경영향평가로는 난개발, 개발집중 지역 등 전체적인 지역의 누적적, 통합적 환경성 평가 수행이 어렵다는 점이 지적되고 있다.

통합보다 상호 견제와 균형을 추구하고 바람직한 국토관리의 사회적 합의 도출을 위한 거버넌스를 구축하는 것이 급선무라고 판단된다.

3) 수질·수량·유역·하천관리

현재 수질·수량·유역·하천 등 물 관리가 기능 중심으로 분할되어 다원화 관리되고 있는 구조로서 환경부는 수질 및 수량(지방상수도, 수요관리 위주), 유역관리(4대강 수계법), 하천관리(생태하천 조성사업 중심) 등을 담당하고 있으며 국토해양부는 수량관리(광역상수도, 공급관리 위주), 하천관리, 해양, 연안 수질관리 등을 담당하고 있는 구조이다. 수질·수량으로 다원화된 물 관리 체계하에서는 분야 상호간 조정 메커니즘이 작동하기 어려워 그로 인한 생태적·경제적 문제가 야기되고 있는 실정이다.[6] 상수도 사업의 경우 광역과 지방으로 분리되어 이원적으로 관리되고 있으며 광역상수도는 국토해양부(수자원공사), 지방상수도는 환경부와 167개 지자체[7]로 분절된 구조로서 사업의 효율성 및 서비스 향상을 기대하기 어려운 구조로 부처간 물 관리 정책의 연계성 부족, 부처간 업무한계의 불분명·중복 등이 발생하고 있다. 현재의 수질관련 규제체계는 하·폐수 처리, 용수 목적별(상수원·농업용수·생활용수 등) 수질규제체제로 많은 규제준수비용이 수반되나. 수질오염 총량제 목표수질 재조정 등 수질 규제체계를 실용적인 규제체계로 전환하는 경우에는 낮은 비용으로도 적정 수질을 유지할 수 있다. 따라서 효율적이고 효과적인 물 공급, 수질보전 및 하천생태계를 종합적으로 고려하여 미래 세대까지 이용할 수 있는 지속 가능한 물 관리 정책의 수립·

6) 우리나라의 물 관리담당조직은 정책총괄조정기관, 물관리정책기관인 중앙부처, 집행기관인 특별행정기관, 지방자치단체 등 3개 유형으로 구분할 수 있으나, 물 관리 정책 총괄기관으로 국무총리실에 물관리정책조정위원회 그리고 실무기관으로 수질개선기획단이 편제되었으나, 2005년에 폐지되었다. 물관리관련 법률은 환경부가 환경정책기본법, 수질 및 수생태계 보전에 관한 법률 등 11개 법률을 운영하고, 국토해양부는 하천법, 댐건설 및 주변지역 지원 등에 관한 법률 등 4개 법률을 운영하고 있다.

7) 상수도업무를 집행기관하는 지자체의 경우도 인천, 울산, 대구, 광주광역시는 상수도, 하수도, 지하수, 하천 등 물관리 업무를 중앙부처와 같이 기능에 따라 여러 부서로 분절적으로 관리하고 있다.

집행체제의 정립이 요구되고 있으며, 댐과 하천, 상수도·하수도 등 물 순환체계 전체의 통합이 물 갈등을 해소하고 효율성을 극대화할 수 있도록 최소한 물 순환 전체정책에 대한 정책조율 내지는 통합 메카니즘의 구축이 필요하다.

3. 개선 대안

1) 제1안: 기존체계 역량강화대안

제1안은 현재의 환경부 명칭 및 조직을 그대로 유지하고 현재 다른 부처에 분산되어 있는 환경부와 공동으로 수행하는 기능 또는 환경부가 수행하는 것이 적합하다고 인식되는 기능을 환경부로 이관하는 내용이다. 이관되는 기능으로는 산림행정 기능, 물 관리 기능, 신재생에너지 관리 기능 등을 고려할 수 있다. 현재 농림수산식품부 소속으로 운영되고 있는 '산림청'을 환경부로 이관하여 환경부가 독일 환경부 산하의 자연보호청과 같이 자연 및 경관보호 기능과 생물다양성 보존 기능을 동시에 수행할 수 있도록 하는 것이 바람직하다. 또한 현재 우리나라의 경우 물 관리에 있어 수량과 수질관리가 분화되어 있고, 하천의 관리 또한 국가하천·지방하천·소하천으로 나뉘어 각각 다른 부처에서 관리하고 있어 물 관리의 일원화가 요구되는바, 물 관리 기능을 환경부로 이관하여 환경부에서 종합적이고 체계적인 물 관리 정책을 추진하는 것도 고려해 볼 수 있다. 마지막으로 현재 지식경제부에서 중점적으로 추진되고 있는 신재생에너지 기능의 일부를 환경부로 이양하는 것도 검토해 볼 수 있다. 독일의 경우에도 신재생에너지 정책은 다양한 부처와 협력을 통해 추진하고 있으므로 환경부에서 신재생에너지 정책의 종합계획을 수립하고 현재의 지식경제부는 관련 산업 육성에 중점을 두는 등 신재생에너지 확대·보급과 관련한 기능의 일부 이양이 이루어질 수 있다.

2) 환경·에너지·자원 기능일원화 대안: 환경에너지자원부

제2안은 현재 지식경제부의 기능인 신재생에너지 관련 정책기능을 환경부로 전부 이양하는 안으로서, 향후 신재생에너지의 기술개발·보급·산업육성·관리의 모든 기능이 환경부로 이양되어 새로운 부처가 설립되는 내용이다. 다만, 신재생에너지의 경우 다양한 부처와의 협력이 절실히 요구되는 분야이므로, 환경에너지자원부로 통합되더라도 독일의 행정체계 운영에서와 같이 다양한 부처의 실무진 또는 관계 장관의 상시 협의체를 마련하여 협력할 수 있도록 제도적 장치가 수반될 필요성이 있다. 추가적으로 환경에너지자원부 안은 독일 및 프랑스와 같이 '원자력 에너지'의 일부 기능의 환경부로의 이양이 고려될 수 있으나 실현가능성이 높지 않다고 판단된다. 다만, 원자력 안전, 방사능으로 인한 보호 등과 관련하여 환경부로의 기능 이양이 검토될 수 있다.

V. 결 론— 외적 지지의 확보와 핵심역량강화

우리나라 환경부의 전략적 자리매김의 벤치마킹 대상으로 살펴본 독일 정책결정메커니즘의 가장 큰 특징은 각 부처에서 환경정책이 항상 고려되고 공유될 수 있도록 하는 역할을 하여 궁극적으로 환경정책의 수평적 조정 및 통합이 달성되도록 하고 있다는 점이다. 또한 다양한 정책 중에서 환경정책이 우선순위가 높은 분야로 인식되고 있고 이는 환경부 조직 외부의 높은 지지(정치적지지 및 국민적지지)에 기인하고 있다고 판단되며 특히 외부적 지지뿐만 아니라 내부적 지지도(조직응집력, 핵심역량 등) 확보하고 있어 환경정책의 효과적인 추진 및 환경 분야의 수평적·수직적 협력에서 주도적인 역할이 가능하다. 독일의 경우 환경이슈는 중요한 정책 아젠다로서 기능을 하며 우리나라의 경우와는 달리 환경부장관은 차후 정치적 거물로 성장할 수 있는 중요한 자리(stepping stone)로 인식되고 있다. 특히 현 독일총리인 '앙겔라 메르켈'(Angela Merkel) 총리, UNEP 사무총장 등이 환경부장관을 역임한 사실이 이를 입증하고 있다. 독일 환경부는 국정최고책임자로부터의 정치적 지지 및 국민적 지지를 확보하고 있으며 행정역량 및 정치적 조정역량이 뛰어난 인물이 장관으로 부임함으로써 부문별 통합과 정책추진의 추동력을 확보할 수 있었던 점은 우리에게 시사하는 바가 매우 크다고 할 수 있다. 환경관련 세부 '기능과 권한의 통합'이 되기 위해서는 무엇보다도 환경부 조직 내·외부의 높은 지지가 기반이 되어야 하며 부문별 환경이슈의 통합에 대한 추동력을 얻기 위해서는 환경부 조직 외부로부터의 높은 지지를 확보하는 것이 필요하며 환경부 내부의 조직 응집력, 조직구성원의 핵심 역량(core competence)을 강화하는 것이 선행되어야 한다.

<참고문헌>

국립환경과학원. (2010).「독일 환경부·환경연구기관 조직 및 업무」.

강혜자. (2009). "기후변호레짐 수용의 국가간 차이 비교연구: 독일과 일본의 기후변화정책을 중심으로."「한국정책학회 추계학술대회」, pp.193-212.

김갑년. (2003). "독일의 환경정책".「국제지역연구」, 7(2), pp.21-52.

김기성. (2010). "독일의 지속가능발전 전략과 환경정책통합".「사회과학논집」, 41(2), pp.61-81.

김동욱, 정준화. (2011). "국가전략 연구를 위한 공공부문 조직 설계".「행정논총」, 49(2), pp.1-24.

김성수. (2000). "한국 과학기술 정책과정의 조정과 통합: 체제이론에 의한 국가과학기술위원회 운영 분석".「한국정책학회보」, 9(2), pp.211-236.

김상묵. (2000). "환경행정조직의 특성 비교-미국과 영국의 사례를 중심으로".「한국행정논집」, 12(3), pp.389-415.

문명재. (2008). "정부조직개편과 국정운영의 이론과 실제".「한국행정학회 학술대회 발표집」, pp.1-20.

문명재, 주기완. (2007). "정부의 규모(size), 기능(Scope), 역량(Strength)에 관한

탐색적 연구: 문민저부, 국민의정부, 참여정부를 중심으로". 「행정논총」, 45(3), pp.51-80.

류숙원, 문명재(2011). "통합유형과 조직관리적 특성이 통합효과에 미치는 영향에 관한 연구:공공기관을 중심으로". 「한국행정학회 하계학술대회 발표집」, pp.1-29.

박성제. (2011). "유럽 선진국의 물 관련 행정체계 연구-영국, 프랑스, 독일의 조직개편:을 중심으로". 「물 정책·경제」, 17, pp.123-135.

염재호, 정병걸, 김종백, 하민철. (2007). "행정조직 통합의 논리와 대안 분석-환경행정체제 개편을 중심으로". 「한국정책학회 동계학술대회 발표집」, pp.127-157.

윤건. (2011). "공공기관 통합 후 융합 평가에 관한 연구:정보통신·콘텐츠 분야 통합사례에의 적용". 「정부학연구」, 17(2), pp.179-212.

윤주철, 양지숙, 전영한. (2011). "조직개편, 기관특성, 그리고 정치적 환경: 한국 중앙행정조직의 생존기간에 관한 실증분석". 「한국행정학보」, 45(2), pp.187-213.

이창원. (2004). "중앙정부 조직개편과 기능조정 연구: 사회발전 및 문화분야 정부조직 개편". 「한국행정학회 기획세미나 발표논문집」, pp.55-61.

이창원. (2009). "우리나라 민주화 이후 정부조직 변화에 대한 고찰". 「한국행정학회 학술대회 발표집」, pp.1-21.

임도빈. (2004). "국정조정체계의 재설계: 정부조직 개편. 「한국행정학회 기획세미나 발표논문집」, pp.1-19.

정연미. (2011). "독일의 원자력 정책과 생태적 근대화". 「환경정책」, 19(3), pp.113-141.

한형서. (2004). "독일의 환경정책". 「지방행정」 2004년 11월호, pp.67-73.

Albert Weale, Geoffery Pridham, Drea Williams, Martin Porter. (1996). Environmental administration in six european states: secular convergence or national districtiveness?. Public administration, 74(2), pp.255-274.

Dave Huitema. Andrew Jordan. Eric Massey, Tim Raynr, Harro van Asselt, Constanze Haug, Roger Hildingsson, Suvi Mommi, Johannes Stripple. (2011). The evaluation of climate policy : theory and emerging practice in Europe. Policy Science, 44, pp.179-198.

Dominic Stead & Harry Geerlings. (2005). Integrating transport, land use planning and environment policy. Views of practitioners from Denmark, England and Germany. Innovation, 18(4), pp.443-453.

Jenkins-Smith, Hank C. (2009). "Trans-Subsystem Dynamics: Policy Topography, Mass Opinion, and Policy Change." Policy Studies Journal 37 (1), pp.37-8.

Markku Lehtonen. (2005). OECD Environmental Performance Review Programme: Accountability (f)or Learning?. Evaluation, 11(2), pp.169-188.

Meredith T. Niles and Mark Lubell. (2012). Integrative Frontiers in Environmental

Policy Theory and Research. The Policy studies Journal, 40(51), pp.41-64.

Pieter Glasbergen. (2011). Understanding Partnerships for Sustainable Development Analytically: the Ladder of Partnership Activity as a Methodological Tool. Environmental Policy and Governance, 21, pp.1-13.

UBA. (2009). A Guide to Environmental Institutions in Germany.

OECD. (2012). OECD Environmental Performance Review: Germany. OECD Publishing.

제13장
외교안보통일 분야의 정부조직 개편

박 인 휘 (이화여자대학교 국제학부 교수)

Ⅰ. 문제제기

한국 사회의 민주화는 국가의 정책결정과정에도 많은 영향을 미쳤다. 경제력의 성장에 따른 시민사회의 활성화, 대외관계의 확산, 다양하고 복잡한 이해관계의 등장과 같은 요인으로 인해 정부의 정책결정과정은 과거와는 다른 새로운 국면을 맞이하게 된 것이다. 외교 분야의 경우 상대적으로 대부분 국가안보 및 상대방 국가와의 신뢰를 전제로 하는 경우가 많기 때문에 오랫동안 '비밀주의' 및 '신속주의'에 바탕 한 소수의 전문가들만이 참여하는 정책결정과정이라는 특징을 보여 왔다. 하지만 탈냉전과 세계화 이후 국제사회에서의 한국의 역할이 확대되고, 이와 관련한 외교적 이슈에 대한 국민들의 관심이 높아지면서 외교안보 분야의 국가정책결정 역시 지난 20여년 사이 혁명적인 변화를 경험하였다고 해도 과언은 아니다.[1)]

이상과 같은 이유에서 우리 정부 조직은 한국이 추구하는 국가이익에 부합하고 또 우리 국민의 관심과 이해관계를 충실히 반영하는 정부조직기구를 완비하고 있는가에 대한 지속적인 논의가 진행되어 왔다. 국토통일원이었던 행정부 명칭이 통일원과 통일부로 개편되는 과정이라든지, 과거 산업자원부 내 통상업무 기능이 외교부로 이관되어 외교통상부로 확대 개

1) 장훈, "한국의 민주화와 외교정책: 위임형 외교정책결정의 등장과 구조," 『한국과국제정치』, 23권4호(2007).

편 되는 과정 등은 모두 대내외 환경변화에 적극적으로 대처하고자 한 정부조직개편의 대표적인 사례로 판단된다. 하지만 다른 정책 영역에서의 정부조직개편 논란들에서도 알 수 있듯이, 국가이익과 국민의 이해관계를 가장 잘 반영할 수 있는 해답이 있는 것은 아니다. 민주주의 사회에서 정부의 역할 및 기능과 관련한 이견은 언제나 존재하는 것이고, 국민 각자의 이념적인 정체성 혹은 지도자의 리더십 특성에 따라 외교안보통일 분야의 국가조직은 일정한 수준에서 장단점을 가지기 마련이기 때문이다.

이명박정부에 들어선 이후에도 외교안보통일 분야의 정부 기구를 둘러싼 다양한 논쟁을 경험한 바 있다. 가장 대표적으로는 당선 직후 인수위 시절 통일부의 폐지가 적극적으로 검토된 바 있는데, 이는 이전 김대중 및 노무현 정부의 대북정책에 대해 반감을 가진 국민들의 여론이 적극적으로 반영된 결과였다. 또한 2010년 북한에 의한 천안함 폭침과 연평도 폭격을 경험하였을 때에는, 외교안보통일 분야 정책을 효율적으로 총괄하는 정부 내 '컨트롤타워' 기능의 필요성이 적극적으로 제기되기도 하였다. 또 한편으로는 글로벌 외교환경의 변화로 인해 등장하고 있는 '공공외교'나 '문화외교'와 같은 새로운 외교수단의 중요성으로 인해, 이러한 외교정책을 효율적으로 추진할 수 있는 정부조직의 필요성이 강조되고 있는 실정이다. 뿐만 아니라 2015년 한미간 '전시작전권'의 전환이 예고되어 있는 관계로 국방안보 분야에서도 정부 차원에서의 정교한 조직개편의 준비가 필요한 시점이기도 하다.

이러한 배경에서 본 연구는 2013년 이후 새로 들어서는 신(新) 정부의 외교안보통일 분야와 관련한 정부조직 개편의 방향성에 대해서 분석하고자 한다. 외교안보통일은 매우 광범위한 국가정책 영역을 포괄함은 물론, 개별 정책 영역에서 다뤄야 할 정책 이슈들도 차별적이므로, 외교안보통일 정책 관련 정부기구 전체를 하나의 연구 주제 안에서 다루는 일은 불가능하다. 따라서 본 연구에서는 외교통상부 업무와 관련한 정책 영역, 통일부 업무와 관련한 정책 영역, 그리고 청와대 내 "컨트롤타워" 설치, 이렇게 세 가지 사안을 중심으로 정부조직에 대한 연구를 진행하고자 한다. 국방

분야와 관련한 정부 조직은 별도의 논의를 거쳐 연구가 진행되는 것이 더욱 효율적이라고 판단한다.[2)]

논문의 구성은 우선 한국이 추구해야 할 외교안보통일 관련 핵심적인 국가이익이 무엇인지 설명하고, 이와 함께 이러한 국가이익을 추진하는 과정에서 행정부가 직면해야 할 글로벌 시대의 새로운 외교안보정책 환경에 대해서 설명하고자 한다. 다음으로 지금까지의 우리 정부가 경험한 외교안보통일 관련 정부조직의 주요 변천사를 간략하게 살펴보고, 미국과 일본을 중심으로 주요국의 외교부 조직의 특징을 살펴보고자 한다. 마지막으로 현행 외교안보통일 관련 분야 정부조직의 문제점 및 개편 필요성을 소개하고, 이를 토대로 새로 들어설 정부를 위해 외교통상부 및 통일부 조직의 개편 방향성 및 청와대 내 컨트롤타워의 필요성에 대해서 설명하겠다.

Ⅱ. 한국의 국가이익과 글로벌 외교안보 환경

1. 한국의 국가정체성과 국가이익

한 사람의 자연인처럼 국가의 경우도 정체성과 이익이 존재한다. 한국의 국가정체성과 국가이익에 대한 이해는 성공적이고 효율적인 외교안보 정책을 추진하기 위한 핵심 전제조건이다. 우리의 국가이익 및 이를 실천하기 위한 우리 정부의 외교안보전략 역시 대한민국의 고유한 국가정체성에 대한 이해에서부터 비롯되어야 하기 때문이다. 한국의 국가정체성과 관련하여 대표적으로 두 가지 특징을 지적할 수 있다. 첫째, 한국이 지닌 가장 두드러진 국가정체성은 바로 '동북아 국가'로서의 정체성이다. 통상

2) 국방 분야의 경우 최근 수년 동안 "국방개혁"을 둘러싼 여러 차례 논쟁이 있었고 18대 국회에서 통과되지 못한 법안이 19대 국회에서 일정한 수정 과정을 거쳐 다시 논의될 예정이다. 뿐만 아니라 "전작권전환" 문제로 인해 한미 양국 사이에 원활한 한미동맹의 유지를 위해 다양한 창구를 통해 한미연합사를 대체할 기구를 준비중에 있다.

우리는 지리적 개념으로서 '동북아'라는 표현을 자주 사용하고 있지만 한국을 포함하여 어느 특정 국가를 '동북아 국가'로 규정하기에는 여러가지 어려움이 있다. 예를 들어 미국은 물론 중국, 일본, 러시아 등은 저마다 동북아적 이해관계를 가지고는 있지만 국가정체성의 차원에서 동북아 국가라고 규정하는 것은 불가능하다. 이러한 관점에서 국제사회에서 동북아적 국가로서의 정체성이 가장 강한 국가는 바로 대한민국이고, 이러한 설명은 곧 동북아의 안정과 평화가 대한민국의 국가이익에 가장 중요한 전제조건이라는 의미를 가진다. 문제는 동북아가 세계 수준의 정치, 경제, 안보적 사안들이 가장 격렬하게 충돌하는 세계정치의 중심으로 자리잡았다는 점이다. 하지만 세계정치의 중심성으로서의 동북아는 우리로 하여금 동북아에 머물기보다는 지속적으로 동북아와 글로벌 사이를 효과적으로 넘나드는 외교력을 갖출 것을 요구하고 있다.

한국이 가진 두 번째 국가 정체성의 특징은 한반도가 가지고 있는 '안보복합성'(security complex)이라는 특징이다. 이는 현재 우리가 경험하고 있는 북한문제에서도 알 수 있듯이, 한반도 문제에는 '한반도적 속성'과 '국제적 속성'이 매우 복합적으로 얽혀 있어서, 이 둘 사이의 균형과 조화가 없이는 우리의 주권 존립과 안보를 확보할 수 없다는 것을 의미한다. 결과적으로 한반도의 평화와 안보는 '한반도적 시각' 혹은 '국제적 시각' 어느 일방으로만은 해결할 수 없다는 점을 직시하여야 한다. 주변 강대국이 각자의 관점에서 한반도에 이해관계를 가지고 있고, 미래 한반도에 들어설 통일정부가 어느 특정 국가의 독점적인 영향력하에 놓이게 되는 것을 모두가 꺼리게 될 것이므로, 우리의 외교안보전략은 한반도 안보가 가지고 있는 '한반도성'과 '국제성'의 조화로운 결합이라는 관점에서 매우 정교하게 수립되어야 한다. 이는 가까운 미래에 북한 문제를 해결하고 남북한 평화관계를 수립하는 과정에서는 물론, 장기적으로 한반도에 시장경제와 정치적 민주주의를 존중하는 통일정부가 수립된 이후에도 지속적으로 우리가 안고 가야 할 외교안보전략의 핵심적인 전제조건이다.

이러한 국가정체성을 전제로 우리나라가 추구해야 할 국가이익은 무엇일까? 우리의 국가이익은 '한반도적인 수준', '동북아적인 수준', 그리고 '글로벌 수준'에서 각각 도출해볼 수 있다.[3] 한반도적 관점에서의 최대의 국가이익은 남북한 갈등 구조를 영구히 청산하고 한반도에 민족통일의 염원을 이룩하는 것이다. 동북아적 수준의 국가이익은 주변 강대국들이 한반도에 대한 영토적 야욕을 갖지 못하게 할 정도의 국력을 갖춤은 물론 이를 바탕으로 동북아 국가들간 공존과 번영을 함께 추진할 수 있는 지역안보구조를 정착시키는 일이다. 글로벌한 수준의 국가이익은 세계자본주의 발전에 뒤쳐지지 않기 위해 선진자본주의와의 근접성을 항상 유지하며, 보편적인 초인류적 가치들을 우리 사회에 효과적으로 적용시키는 일일 것이다.

이상의 국가이익 실현을 위해 다음의 몇 가지 사항을 전략적으로 고려하여야 한다. 첫째, 미중일로 대표되는 주변국들간 관계의 안정성은 한반도 평화정착의 필수전제 조건임을 명심하여야 한다. 물론 우리의 국가이익 실현을 위해 상대적으로 거대한 국력을 소유한 국가들간의 외교관계를 좌우한다는 것은 불가능한 일이다. 다만 역으로 이들 국가들간 외교관계의 안성성이 발견될 때는 한반도 평화정착을 구체화하기 위한 최적의 시점이라는 설명이 가능하다. 다음으로 동북아 국가들간 지역안보 유지를 위한 공동의 노력이 가시화하여야 한다. 물론 중국의 사회주의 정체성이 다른 행위자 국가들의 정치적 신념과 상충하는 경우 현실주의적 관점에서 지역안보협의체는 오히려 안보딜레마를 야기할 수도 있겠지만, 상시 대화채널에 의한 효율적인 네트워크 관리가 이루어진다면 지역안보논의 기구 출범은 반드시 이루어져야 한다고 본다.[4] 많은 국제정치학자들이 북핵문제 논의를 위한 현재의 6자회담이 좋은 출발이 될 수 있을 것이라고 설명한다. 심정적으로는 동조할 수 있지만, 현실적으로 6자회담의 대화 모멘텀을 지속적으로 유지하는 것은 대단히 어려운 일이다. 따라서 미국의 포함

---

3) 박인휘, "동북아 국제관계와 한국의 국가이익," 『국가전략』, 10권 4호(2005).

4) 박인휘, "안보와 지역: 안보개념의 정립과 동북아안보공동체의 가능성," 『국가전략』, 16권 4호(2010).

을 전제로 군비경쟁 자제, 경제성장, 거시경제정책, 환경, 교육, 노동력 이동, 문화교류, 테러 등은 이들 국가간 공동의 국가이익을 창출하는 좋은 아젠다가 될 수 있다고 본다.

마지막으로 세계적 수준에서의 국가이익과 관련하여서는 세계자본주의 경쟁에 적극 참여함은 물론 선진자본주의의 자본과 기술을 언제든지 활용할 수 있는 선진산업구조를 갖추는 일일 것이다. 지금까지의 경우 우리의 자본주의 발전은 사실 미국의 동맹국이라는 지위에서 파생하는 이득에 기인하는 바 적지 않았다. 관련하여 향후에는 외교관계를 적극적으로 확대하여 세계 선진국들과 다양한 외교관계의 업그레이드를 추진해야 한다. 이 과정에서 G20와 같은 중진국 협의체에 적극 참여하여 '글로벌 중견국 리더십'도 발휘하고, 국제경제위기를 극복하기 위한 중견국가로서의 구조적 노력도 추진해야 할 것이다.

2. 글로벌 외교안보 환경

다음으로는 이상의 국가정체성과 국가이익을 전제로 우리나라가 직면해야 할 글로벌 외교안보 환경변화에 대해서 잠시 살펴보고자 한다. 이와 관련하여 두 가지 특징을 지적할 수 있다. 첫 번째 특징으로는 외교관계의 네트워크화를 이해할 필요가 있다. 국제정치의 '네트워크화'는 상대적으로 새로운 변화이며 기존의 분석 방식과 이해의 범위를 뛰어넘고 있다. '네트워크'는 학문 영역에 따라 다소 상이한 강조점을 가지고 설명될 수 있으나, 한 국가의 외교안보정책이라는 관점에서는 '21세기 국제관계에는 매우 다양한 권력관계의 허브가 존재하며 이들 허브를 연결시켜 주는 조정자의 역할이 중요하다'는 차원에서 이해하고자 한다.[5] 과거 냉전기처럼 글로벌 차원의 힘의 중심이 군사력을 바탕으로 한 양극(bipolarity)으

5) 김상배, "문화제국과 네트워크 지식국가," 하영선·김상배 편, 네트워크 지식국가, 서울: 을유문화사(2006).

로 설명되지 않음은 물론, 탈냉전기 이후 미국이 단극적 패권을 행사하고 있지만, 실제 권력관계에서는 매우 다양한 수준과 성격의 '권력의 중심(허브)'이 존재하며, 이들 허브간에는 매우 복잡한 방식의 인적교류, 지식공유, 정보교환, 영향력 등이 작용하고 있음을 발견하게 된다. 한마디로 국제사회가 '개체 중심'의 외교적 실천에서 '관계 중심'의 외교적 실천으로 변모하고 있는 것이다.

국제관계의 네트워크화는 외교의 수단과 형태, 외교의 내용, 그리고 외교의 주체를 변화시키고 있다.[6] 대표적으로 국경을 초월한 조직력을 가지는 국제비정부기구(INGO)는 통상 19세기 초 영국에서 시작되었다고 알려져 있는데, 현재 1만 2천여 개에 달하는 것으로 알려져 있다.[7] 초국가적 차원에서 경제활동을 전개하는 기업의 수가 전 세계적으로 70만개가 넘으며, 다수의 국가에서 접근할 수 있는 사이트의 수는 1억개를 넘어섰다고 한다. 더 이상 국제(inter-national)관계라는 표현이 적합하지도 않으며, 글로벌 사회 내부에서 진행되는 관계의 양태와 내용에 혁명적인 변화가 발생하고 있다. 한마디로, 우리의 외교관계에 근본적인 변화가 모색되어야 할 시점에 다다른 것이다.

이러한 변화와 관련하여 우리가 가장 중요하게 인식해야 할 부분은 '개체중심'에서 '관계중심'으로의 외교력의 전환이 이뤄지고 있다는 점이다. 결국 다양한 외교자원의 등장과 개발이라는 특징으로 압축되며, 이의 결과로서 새로운 외교자원을 개발하고 조정하는 새로운 외교정책 참여자를 필연적으로 요구하고 있다. 글로벌 사회의 시민들은 무수히 다양한 이익을 추구하며 또한 다양한 이해관계에 놓이게 된다. 국가의 전통적인 역할인 '책임성'(accountability)의 차원에서 국가는 더 이상 자국 시민들의 이익과 요구를 충실히 만족시키는 행위자가 될 수 없다. 대신 국민들의 요구와 이익을 충족시켜 줄 수 있는 다양한 외교자원을 개발할 수 있도록 '조력자'(helper) '조정자'(coordinator)로서의 역할이 더욱 증대되고 있는 실정이다.

---

6) 전재성, "21세기 미국의 변환외교," 하영선·김상배 편(2006).
7) Global Civil Society Yearbook 2010/11, Center for the Study of Global Governance.

다음으로 두 번째 설명할 수 있는 글로벌 외교환경의 특징은 소위 G2로 알려진 미국과 중국 사이에 새로운 권력관계의 형성을 들 수 있다. 중국의 부상은 포괄적인 권력의 의미에서 글로벌 정치에서의 지위 향상으로 이어지고 있고, 기존의 패권국가인 미국과 세계적 이슈들에 대해 책임감을 공유하게 될 것이다. 앞서의 설명처럼 네트워크화 된 국제정치 환경에서는 과거처럼 어느 단일 국가의 패권적 영향력이 무의미하고, 비록 갈등이 상존하겠지만 그럼에도 불구하고 미국과 중국 사이의 협력이 불가피하게 요구될 것으로 판단된다.

물론 미국과 중국은 과거 인류 역사가 경험했던 강대국 체제와는 매우 다른 특징을 보일 것임에는 틀림없다. 예를 들어 미국과 중국은 각기 가장 대표적인 글로벌 해양국가와 글로벌 대륙국가로서의 정체성을 가진다.[8] 또한 미국과 중국은 서양과 동양이라는 서로 차별적인 문명사적 배경을 가지고 있다. 그리고 두 국가는 정치 제도적으로 서로 차별적인데, 과거 냉전기 미소의 정치 이념적 차이가 시장경제와 계획경제, 제도적 효율성과 인간의 이기심, 이윤추구와 관련한 인간의 창의성 등의 문제를 의미하였다면, 미국과 중국이 보이는 정치이념 및 제도적 차이는 국가역할의 한계 및 시민사회의 부재, 외교자원의 네트워크적 활용의 효율성 문제 등과 관련된 것으로 이해된다.

물론 오늘날의 국제정치환경, 미국의 지리적 특수성, 국가 이외 행위자의 역할 강화 등의 요인들을 종합해 보면 미국은 과거 선례가 없는 권력의 모습을 상당 기간 지속해 나갈 것이라는 주장이 여전히 지배적이다. 미국은 상당 기간 가장 강력한 국가일 것이며, 일본이 안보에서 미국에 의존하는 상대적 약점을 지녔던 것처럼, 중국의 지속적인 성장이 보장된 것도 아니고 성장에 따른 체제의 문제를 지니고 있고, 또한 중국의 부상을 우려하는 주변 국가들이 미국에 안보를 의존하게 되는 중국의 상대적 취약성이 강조된다. 미국의 힘이 글로벌 이슈로 투사되는 현상과 관련한 소위 과

8) 대표적인 논의는 참고, Robert Ross, "Bipolarity and Balancing in East Asia," in T. V. Paul et al., Balance of Power(Stanford, Stanford University Press, 2004).

대팽창의 경우 힘의 복합성이 향후 더욱 중요해질 것이기 때문에 뛰어난 지식능력을 전제로 한 소프트 파워의 기반은 미국만의 장점이라는 설명이 있다. G2와 관련하여서도 중국의 부상은 미국의 위상을 위협할 정도가 아니며, 미국의 과대팽창 위험은 적으며 내부적 한계들도 심각하지 않다고 주장한다.[9)]

하지만 그럼에도 불구하고 한 가지 분명한 점은 국제질서환경의 특성상 미국의 상대적인 힘이 축소하고 있는 것은 사실이고, 중국의 경제성장이 정치외교안보적 힘의 증대를 야기하고 있다는 점은 분명하다. 그리고 미국과 중국이 양국 사이의 협력의 정당성을 인정하더라도 갈등적 속성이 상존하는 관계로, 만약 두 국가 사이에 무력 충돌을 포함한 심각한 수준의 갈등이 전개된다면, 한반도를 포함한 동북아 지역이 될 것이라는 관측이 지배적이다. 이러한 관측은 우리의 외교안보통일 정책과 관련한 준비 태세에 매우 중요한 요소로 작용하고 있다.

Ⅲ. 외교안보통일 정부조직변천과 주요국 사례

1. 외교안보통일 정부조직의 주요 변천 사례

이상에서 설명한 한국의 국가정체성, 국가이익, 글로벌 외교안보환경 등을 염두해 두고, 지금까지 우리 정부가 경험한 외교안보통일 분야의 정부조직 관련 주요 변천 사례를 간략하게 살펴보면 다음과 같다.

1) 외교통상부

현재 외교통상부는 1948년 7월 대한민국 정부조직법에 의해 외교부로 발족하였다. 정부수립 이후 미국, 영국, 프랑스 등 여러 나라와 국교를

9) Joseph S. Nye, Jr, "Recovering American Leadership," Survival, Vol.50, No.1(2008), pp.55-68.

수립하였고, 일본과 유엔에는 대표부를 설치하여 재외공관 외교를 시작하였다. 정부수립 이후 1950년대까지 우리 정부는 한국에 대한 국제승인 획득, 북한의 남침 격퇴, 미국 등 자유우방국과의 우호협력 증진을 목표로 하는 외교안보정책을 추진하였고, 정부조직 역시 이러한 목표와 조화를 이루도록 유지하였다.

1960년대에 들어서는 외교안보정책의 목표가 미국 및 일본과 같은 주요국과의 관계강화와 경제개발을 위한 지원을 획득하는 것이었는데, 결과적으로 공관운영 및 해외파견 중심의 외교관계에서 차츰 탈피하여, 국가목표에 부합하는 외교전략 수립의 필요성이 제기되기 시작하였다. 이러한 배경에서 "대통령령 제2030호"에 의거하여 외교연구원이 발족하게 되는데, 동 기관의 경우 외교공무원에 대한 교육과 함께 국가외교안보전략 수립이라는 목표를 설정함으로 인해 일종의 정부 싱크탱크로서의 기능을 책임지게 되었다. 이후 외교연구원의 정책연구 기능이 더욱 강화되어 1976년 외교안보연구원으로 발전하게 된다.

1960년대와 70년대의 북한을 상대로 한 치열한 외교경쟁을 거쳐 1980년대 말 동구권이 몰락하는 국제환경의 급속한 변화 속에서 다자외교를 강화하기 위한 1차관과 2차관 사이의 외교업무 중요성의 균형을 이루고자 하는 노력이 진행되었다. 90년대 이후에는 통상외교의 중요성이 지속적으로 강조되었는데, 결국 과거 산업자원부 소관이던 통상업무가 외교부로 이전되어 1998년 "대통령령 제15701호"에 따라 지금의 외교통상부의 조직을 갖추게 된다.

전통적인 양자외교를 포함하여 UN가입 이후 정부가 적극적으로 추진해온 다자외교의 강화, 그리고 세계 각 지역은 물론 새롭고 다양한 외교기능의 확대에 따라 외교통상부의 업무는 급격히 증대되었고, 그 결과 2002년 지금의 독립청사 건물로 옮겨가게 되었다. 한편 2005년에는 우리 국민의 해외여행객 수가 1천만 명을 넘어서면서 영사콜센터가 설치되었다.

2) 통 일 부

1968년 7월 '정부조직법' 개정에 따라 1969년 1월 국토통일원제가 공포되었고 같은 해 3월 개원되었다. 통일 업무의 중요성이 증대되면서, 정부 주도의 남북관계정책에서 벗어나야 한다는 필요성이 제기되어, 과거 안기부 관할하에 있던 남북대화사무국이 1980년 통일부에 편입되었다. 이후 남북관계 및 통일정책에 대한 전문화된 정책수립 기능의 필요성이 제기되면서 1989년 남북대화사무국 관할이던 정책기능이 통일부로 이관되면서 부처 내 "통일정책실"이 신설되었다.

1990년에는 국토통일원을 통일원으로 개칭함고 동시에 부총리급으로 격상시켰는데, 이는 통일정책과 관련하여 정부 내 각 부처를 대상으로 한 정책총괄 조정기능을 부여하였기 때문이다. 1991년 통일정책에 대한 전문적인 연구기능의 필요성이 제기되어 "민족통일연구원"이 개설되어 통일분야 정부 싱크탱크 기능을 담당하게 되었다. 민족통일연구원은 1999년 통일연구원으로 개편되면서 국무총리실 출연 연구기관으로 그 성격이 전환되기에 이른다. 한편, 1990년 주독일 통일주재관의 파견을 시작으로 1996년에는 미국, 중국, 일본에 통일주재관이 추가로 파견되었다.

1998년 통일원이 다시 통일부로 전환되었고, 이후 2009년에 진행된 두 차례의 대대적인 조직개편 작업을 거쳐 통일정책실, 교류협력국, 정세분석국 등과 같은 지금의 핵심 직제가 완성되었다. 특히 2011년에는 2004년 신설 이후 운영되던 "개성공단사업지원관"을 폐지하고 "남북협력지구지원단"으로 확대 개편한 바 있다.

3) 국가안보사무처

정보는 안보정책 기획 및 발전 중요성과 필요성을 인정, 국가 차원의 제도와 기능을 구체적으로 발전시키기 위해 1963년 12월 14일 국가안전보장회의법을 제정하였다. 동 법안의 제정 이후 상당 기간 동안 국가안정보장회의는 실질적으로 동원 업무를 전담하는 '비상기획위원회' 기능에 충실하게 된다. 김대중 대통령 시절인 1998년 '국가안전보장회의법 제8조'에 의거하여 '국가안전보장상임회의' 및 'NSC 사무처' 설치를 법규화하였다. 이는 안보 현안사항을 심의하는 회의체가 임의적 기구라는 비판이 대두함에 따라 국가안전보장회의법을 개정하여 법적 회의기구를 설치하게 이른 것이다.

1998년 6월 사무처를 발족하고 상임위원회의, 실무조정회의 등의 운영을 지원하는 시스템을 완비하게 된다. 2002년 대통령선거에서 노무현 대통령이 당선되면서 2003년 3월 '국가안전보장회의 운영 등에 관한 규정'을 전면 개정하여 사무처가 확대 개편되었다. 이는 통일, 외교, 국방 분야에 대한 종합적인 국가전략을 기획하고, 관련 현안 정책을 범정부 차원에서 기획, 조정함으로써 국가안보정책의 방향성과 일관성을 확보하자는 취지였던 것으로 알려져 있다. 이와 함께 북한 급변사태부터 군사적 충돌, 대형 재난재해에 이르기까지 제반 국가위기에 대한 관리체계의 구축 및 개선 업무를 수행하기 위한 조치이기도 하였다.

하지만 시간이 지나면서 NSC 사무처의 대통령 보좌 및 안보업무 기획/조정 기능에 대한 위법성 문제와 부처기능 월권 문제 등이 제기되면서, 결국 2006년 안보분야 업무 대부분을 대통령비서실 소속의 외교안보정책실로 이관하고 사무처는 NSC 회의체 및 운영 및 위기관리에 관한 업무만 수행하기에 이르게 된다. NSC 운영과 관련하여 노무현정부 시절 매우 의욕적으로 추진한 것은 사실이다. 외교안보 및 북한문제에 대한 특수성에서 기인한 바가 있겠으나, 소위 노무현정부 2기인 2006년 이후에는 NSC가 담당하던 외교안보정책의 조율 및 결정을 대통령이 직접 주재하는 안보정책조정회의로 이관하게 된다.

결국 이명박정부 등장 이후인 2008년 국가안전보장회의법 개정으로 인해 NSC 상임위원회가 폐지되고, 외통부장관이 주재하는 '외교안보정책조정회의'로 그 기능이 대체되었다. NSC 상임위원회의 폐지가 헌법기구인 국가안전보장회의의 폐지를 의미하는 것은 아니며, NSC 고유역할의 하나인 국가위기관리 기능은 그대로 유지되고 있다.

2. 주요국 사례

통일부의 경우 해외에서 유사한 예를 찾아보기 힘든 우리나라만의 독특한 정부조직이므로, 본 절에서는 미국과 일본의 외교부 조직을 참고하여 살펴보기로 한다. 구체적으로 본 연구는 차기정부에서 "공공외교" 및 "외교정책기획 및 수립" 기능의 강화를 제안하는바, 이 두 가지 관점에서 두 국가의 조직을 잠시 살펴보고자 한다.[10)]

미국의 경우 외교업무를 총괄하는 국무부(Department of State)의 경우 1장관, 2개 부장관(Deputy Secretary of State), 6개 차관(Under Secretary of State)의 직제로 구성되어 있다. 6개 분야에 걸친 차관업무는 우리와 유사하게 지역 및 직능을 중심으로 역할이 분담되어 있다. 우선 "공공외교"의 경우 "공공외교담당 차관"의 지휘 아래 공공외교업무가 추진되고 있다. 동 차관의 하위조직으로는 "교육문화국"(Euducation and Cultural Affairs), "국제정보국"(International Information Programs), "대외협력국"(Public Affairs), 이렇게 3개 국 업무가 분화되어 있다. 미 국무부는 특히 2001년 9/11 이후 공공외교에 대한 외교정책적 노력에 각별한 노력을 기울이고 있는 것으로 알려져 있는데, 국무부 조직상으로도 이러한 노력은 적극적으로 구현되고 있는 것으로 판단된다.[11)]

미국 국무부 내에서 외교정책의 연구, 기획, 수립과 관련한 기능을 담당하는 기구는 "정책기획실"(Office of Policy Planning)로서 편제상 우리나라의 외통부장관 직속 체제로 되어 있는 우리의 "정책기획관"에 해당한다. 하지만 권한과 업무의 범위에 있어서는 우리와는 비교가 되지 않을 정도로 독립적이고 광범위한 영역에 걸쳐 업무를 담당하고 있다. 1947년 조지 케넨이 첫 책임자를 맡은 이후 미국의 정책기획실은 미국 외교정책 전반

10) 참고, www.state.gov(검색일, 2012년 10월 10일); www.mofa.go.jp(검색일, 2012년 10월 10일).

11) 참고, 얀 멜리센 엮음, 박종일/박선영 옮김, 신공공외교: 국제관계와 소프트 파워 (인간사랑, 2008).

에 걸친 독립적인 연구수행 및 정책기획을 수행하고 있는 것으로 유명하다. 국무부 외부 전문가와의 적극적인 교류는 물론 다양한 주제에 걸친 독립적이고 전문적인 연구수행을 통해 미국 외교정책 수립 및 추진의 핵심적인 토대를 제공하고 있다.

일본의 공공외교는 대언론기능과 공공외교기능이 함께 작동하고 있는데, 일본 외무성의 직제상 우리나라보다는 훨씬 상위 차원에서 중요한 부분을 차지하고 있다. 전통적으로 일본의 공공외교는 일본문화의 대외교류 및 대외개발원조 분야에서 매우 발달한 것으로 잘 알려져 있다.[12] 대외문화교류 및 대외개발원조 사업과 관련하여 외무성 내에서 체계적인 조직을 갖추고 있고, 정부 내에서는 물론 일본 내 일반 국민들 사이에서도 공공외교정책의 중요성에 대한 인식이 점차 확산되고 있다.

일본외교의 정책기획 기능은 정책기획국(Policy Planning Division)에서 이뤄진다. 미국의 경우처럼 광범위한 정책연구기능을 토대로 한 독립적인 정책수립기능에 비할 바는 아니더라도, 미일관계, 동북아문제, 경제외교 등의 분야에서 다양한 정책제안이 이뤄지고 있다. 특히 1990년대 이후 일본 외교정책이 정책결정과정 및 대외환경과의 상호작용이라는 측면에서 많은 변화를 경험하게 되면서부터 정책기획국의 역할은 더욱 중요한 것으로 인식되고 있다. 글로벌 전역에 걸친 외교관계의 확산과 같은 요인들이 주요하게 작용한 결과로 판단된다.

12) 이면우, "일본의 공공외교 추진체계," 제10차 한국학술연구원 코리아포럼 〈한국의 공공외교 활성화방안〉, 2009년 7월.

Ⅳ. 현행 정부조직의 특징과 문제점

1. 통일정책의 제도적 협력 부족과 역량강화의 필요성

통일부 조직의 경우 다른 정부 부처와 달리 북한과 우리 국민을 동시에 정책추진 고객으로 설정하고 정책을 수립 및 추진해야 하는 특징과 어려움이 있다. 지금까지 대북정책을 둘러싼 다양한 논쟁들, 예를 들어 '남남갈등' '통미봉남' '퍼주기논란' 등은 모두 통일부 업무의 이러한 이중적 성격에서 비롯된 바가 크다고 볼 수 있다. 이러한 관점에서 남북관계에서 발견되는 가장 큰 문제점으로 두 가지를 지적할 수 있다.

첫째, 우리 정부의 핵심적인 대북정책이나 남북한 사이의 중요한 합의의 경우 통일부는 물론 다른 제도적 차원에서 승인되고 지지를 받는 절차가 반드시 필요하다. 대표적으로 우리 정부의 중요한 대북정책 제안이나 남북한 사이의 중요 합의는 우리 국회 차원에서 동의를 받거나 승인을 받는 제도적 노력이 수반되어야 한다. 그래야만 남북관계발전이 제도적 차원에서 안정화됨은 물론 장기적이고 거시적인 관점에서의 대북정책 추진이 가능하다. 이를 위해서는 통일부 차원에서 국회를 상대로 한 정책협조기능을 강화해야 하는데, 현행 통일부 조직에서는 이러한 역할을 기대하기 어려운 측면이 있다. 이것은 다른 정부 부처가 국회를 상대로 하는 협조 기능에서는 기대하기 어려운 통일정책업무의 고유한 특징에서 비롯된다고 볼 수 있다.

둘째, 예기치 못했던 남북한 사이의 위기가 발생했을 때, 이러한 위기가 다른 영역으로까지 급속히 확산되는 '위기의 횡적 확산'과 또한 기존의 합의사항까지 파기시키는 '위기의 종적 확산'이 발생한다는 점을 지적할 수 있다.[13] 현 정부 들어 이명박정부 취임 초 발생한 '박왕자 사건'의 경우에도 동 사건을 적절한 수준의 위기관리 구조 안에서 효과적으로 다루지

13) 서보혁, "이명박정부 후반기 대북정책의 과제와 전망," 『북한학연구』, 6권 2호(2010).

못한 측면이 있다. 비록 근본적인 원인이 북한에 있다고 하더라도, 결국 이러한 위기관리시스템의 부재가 이명박정부 내내 남북관계 경색이 장기화되는 원인이 되었다고 볼 수 있다. 그런데 현행 통일부 조직은 이와 같은 '남북한위기관리시스템'이 수용되기 어려운 구조이다.

이상에서 설명한 통일정책의 '정부-국회 제도적 협력기능'의 강화 그리고 위기관리시스템의 완비는 결국 통일정책의 수립 및 추진을 위한 정부의 역량강화의 필요성이라는 보다 근본적인 문제점을 제기하고 있다. 현 통일부 조직의 경우 통일정책의 역량강화라는 차원에서 효율적으로 다뤄지기보다는, 몇 개 관련 부처 및 산하기관에 걸쳐 개별적으로 또한 산만하게 다뤄지는 경향을 보이고 있다.

2. 국제사회를 상대로 한 통일외교의 부족

앞서 설명한 네트워크 중심의 대외 외교안보환경의 변화, G2시대의 도래 등과 같은 요인들은 결국 한반도 통일에 대한 국제사회의 인식의 중요성을 강조하고 있다. 한반도 분단구조는 남북관계 차원의 특징과 국제적 차원의 특징을 동시에 가지고 있는데, 중국의 부상과 같이 주변국의 역학관계가 복잡해지면 복잡해질수록 국제적 차원의 변수들을 잘 관리해야 하는 부담이 더 늘어나는 것이다. 한마디로 한반도 통일에 대한 통일외교의 중요성이 날로 증대되고 있는 상황이다.

지금까지 우리는 한반도 통일과정에서 국제사회의 지지가 중요하다는 사실을 인지하고 있으면서도 정책추진 차원에서도 의도하지 않게 등한시한 측면이 있다. 1998년 독일에 파견하던 통일주재권이 폐지된 이후, 미국, 중국, 일본에 국한되어 있던 통일안보주재관이 그나마 현 유우익 장관에 들어서야 독일과 러시아로 확대되는 성과가 발생하였다. 하지만 여전히 현 통일부 조직으로는 통일외교정책을 기획하고 추진하는 주도적인 주체가 존재하지 않아서, 성공적인 통일외교의 추진에는 많은 한계점이 있다.

통일부 조직에서 통일외교 기능을 강화함에 있어서 예상되는 가장 큰 문제점은 현재 "한반도 평화교섭본부"를 중심으로 외통부가 추진하고 있는 통일외교 관련 정책과의 역할분담을 어떻게 할 것인가의 부분이다. 추후 논의를 거쳐 다양한 대안이 모색될 수 있겠으나, 현 시점에서 가장 현실적인 대안 중의 하나는 6자회담을 포함한 다자외교, 국제기구에서의 북한문제 논의 등은 외통부가 담당하고, 주변국 및 국제사회를 상대로 한 통일정책의 국제교류 성격을 가지는 정책분야는 통일부가 담당하는 역할을 생각해 볼 수 있다. 여하한 상황에서도 국제사회의 지지가 없이는 남북한 통일이 불가능하다고 인식하고 있는 우리 국민들의 여론에서도 알 수 있듯이, 통일부 조직에서 통일외교 관련 업무 강화를 위한 조직개편은 반드시 이뤄져야 한다고 본다.

3. 외교정책 수립 및 기획의 한계

다음으로는 현 외교안보분야 관련 정부조직의 문제점으로 하나로 외통부의 정책기획수립 기능의 한계를 들 수 있다. 앞서 살펴본 바와 같이 미국의 정책기획실(Office of Policy Planning)은 대체로 우리 정부조직의 직급상으로 국(실)장급에 해당하지만, 실제 권한과 활동범위에 있어서는 훨씬 적극적인 것으로 볼 수 있다. 예를 들어 장관과의 직접 보고가 가능하고, 미국의 외교정책 전반에 걸친 독립적인 연구수행 및 정책기획을 수행하고 있기 때문이다. 특히 미 국부무의 경우 정책기획실의 권한이 상황에 따라 매우 유동적으로 조정되는데, 대표적으로 어떠한 인사가 책임자가 되느냐에 따라 권한이 강화되기도 하고 또 때로는 다소 약화되는 등 매우 탄력적인 운영이 실행되고 있다.

우리의 경우 정책수립의 차원에서 사실 유명무실하던 외통부 내 정책기획국이 현 정부 들어 정책기획관실이 되면서 외교정책 전반에 걸친 역할 강화의 필요성이 제기된 바 있다. 이러한 여론이 형성된 결과, 외통부

최초로 민간인 출신의 정책기획국장이 정책기획관으로 채용되면서, 외교정책 연구 및 기획 분야의 중요성이 적극적으로 반영되고 있다는 평가가 가능하게 되었다. 하지만 현실적으로 현 외통부 조직에서 정책기획관의 역할이 그다지 두드러지다고 보기는 어려운 실정이다. 무엇보다도 직제상으로는 장관과의 직접 대화가 가능하도록 1차관 산하의 위계구조에서 제외되어 있지만, 현실적으로 정책기획관의 독립연구 및 정책적 조언이 장관을 상대로 직접적으로 진행된다고 보기는 어렵다.

외통부 내 기존 정책전문가들의 다양한 내부 견제가 있을 수도 있고, 무엇보다도 직능 및 지역 중심의 외통부 조직 특성상 국장급의 정책수립 및 기획 전문가로는 독립적인 연구 및 정책개발 기능에 한계가 있는 것으로 판단된다. 한국이 처한 외교환경 및 한국의 미래지향적인 국가이익을 고려해 볼 때, 외통부의 정책기획 기능은 반드시 강화되어야 하며, 이러한 노력은 반드시 제도적 장치를 통해 구현되어야 한다고 본다.

4. 공공외교의 중요성에 대한 인식 부족

21세기 외교정책의 내용과 수단의 변화라는 관점에서 "공공외교"의 중요성은 아무리 강조하여도 지나침이 없을 것이다. 외교관계에 참여하는 외교행위자의 수와 범위가 더욱 증대할 것으로 예상되고, 특정 강대국이 국제사회의 모든 권력자산을 확보하던 시기는 지나갔고 강대국, 강소국, 중견국 등의 표현처럼 여러 국가들이 다양한 권력에 특화되어 있는 현상이 나타날수록 공공외교의 중요성은 더욱 중요해질 것으로 전망된다.[14] 앞서 살펴본 바와 같이 미국의 경우 공공외교 업무를 전담하는 차관(Under Secretary)을 두고 있으며, 일본의 경우에도 대변인실 역할을 겸하는 우리 제도상 실장급의 공공외교실장이(Director-General for Press and Public Diplomacy)

---

14) 참고, 김상배, 소프트파워와 21세기 권력: 네트워크 권력론의 모색(서울: 한울아카데미, 2009).

존재한다.

그런데 우리의 경우 현 외통부 조직을 살펴보면, 2차관 조직 아래의 문화외교국 산하에 “공공외교정책과”를 두고 있는 실정이다. 한국의 국가이익에서 외교정책이 차지하는 중요성과 향후 공공외교의 중요성 증대를 고려해 볼 때, 시급히 개선되어야 할 점이 아닐 수 없다. 흥미로운 점은 전문가들 일반 국민들 사이에서 공공외교의 중요성에 대한 인식은 점차 확대되고 있으며, 이미 상당부분 정착되었다고 해도 과언이 아닌 것으로 판단된다. 그럼에도 불구하고 과(課) 단위에서 공공외교정책을 담당하고 있다는 점은 이해하기 어려운 부분이다.

5. 청와대 내 컨트롤타워 기능의 부재

외교안보통일 관련 현행 정부조직의 마지막 문제점으로는 동 분야의 정책을 종합적으로 기획 및 조정하는 컨트롤타워의 기능이 부재하다는 점이다. 현 이명박정부 집권 초기 국가안전보장회의(NSC)의 기능을 대폭 축소시킨다는 취지에서 사무처를 폐지하고, 외교안보정책조정회의로 전환시켜 외교통상부 장관이 주재토록 변경한 바 있다. 당시 이러한 조치는 전임 노무현 정부에서 NSC가 막강한 영향력을 행사한 관계로 정치권으로부터 각종 비난의 대상이 된 데에서 비롯된 것으로 판단된다. 실제로 참여정부 후반기 NSC의 월권 행위 및 정부 내 타 부처와의 불협화음 등이 문제가 되어 정치적 문제가 된 바 있다.

하지만 NSC 역할 확대의 문제를 해결하기 위해서 NSC 사무처를 폐지한 것은 정답이 아니었다는 전문가의 지적이 지배적이다. 특히 이러한 문제의식은 천안함 폭침과 연평도 폭격을 겪으면서 당시 우리 정부의 초기 대응조치가 미숙했다는 지적이 제기되면서 더욱 확산되었다. 뿐만 아니라 2012년 상반기 일본과의 군사정보보호협정(GSOMNIA) 추진과정에서 절차상의 문제가 제기되었고, 결과적으로 동 협정의 체결이 무산되면서 청와대를 중심으로 한 외교안보통일 정책 분야의 컨트롤타워 기능의 강화가 절대적으로 필요하다는 생각이 더욱 확산되었던 것이다.

물론 헌법적 기구인 국가안전보장회의가 폐지된 것은 아니므로, 현행 제도를 잘 활용할 문제이지, 과거 논란이 되어서 사라진 사무처 기능을 강화하는 선택은 대안이 될 수 없다는 입장도 존재한다. 하지만, 여러 다양한 의견을 수렴해 보면 한국적 외교안보 상황에서 관련정책 추진과 관련한 국가이익 및 효율성을 고려할 때, 현재의 정부조직보다는 훨씬 효율적이고 강화된 컨트롤타워 기능이 필요하다는 여론이 다수를 차지하고 있다.

V. 향후 외교안보통일 분야 정부조직 제안

1. 통일부 조직개편 제안

이상에서 논의된 한국의 국가정체성, 국가이익, 그리고 현행 외교안보통일 분야 정부조직의 문제점을 종합적으로 고려하여 통일부 조직의 경우 차기정부를 위해 다음과 같은 조직개편을 제안하는 바이다.

통일부 조직개편의 가장 큰 특징은 현행 1장관-1차관 직제를 1장관-2차관 직제로 개편하는 것이다. 1차관과 2차관 사이의 업무분담의 경우, 1차관은 기획조정, 통일정책 및 대북관계에 역점을 두고, 신설되는 2차관의 업무는 국내 다른 기관들과의 남북관계 제도화를 위한 공조체제, 한반도 통일을 위한 국제환경 조성, 그리고 통일정책역량강화 등에 역점을 두고자 한다. 즉, 한마디로 정책개발 및 남북한간 직접관계를 주관하는 업무와 타 부처와의 업무조정 및 남북한 직접관계 이외의 통일정책을 주관하는 업무를 보다 효율적으로 구분하자는 취지이다.

좀더 구체적으로 살펴보면, 아래의 〈표 1〉에서 보는 바와 같이, 신설되는 2차관 산하에는 “정책협력국”, “국제통일교류국”, “통일역량개발국”

을 설치하여, 남북관계 발전과 통일정책의 보다 적극적인 추진을 위한 정부조직의 강화를 꾀하고자 한다. 앞서 지적한 현행 통일부 조직의 문제점과 관련하여 이러한 조직 개편내용은 세 가지 차원에서 중요한 의미를 가진다.

<표 1> 차기정부 통일부 조직 개편 제안

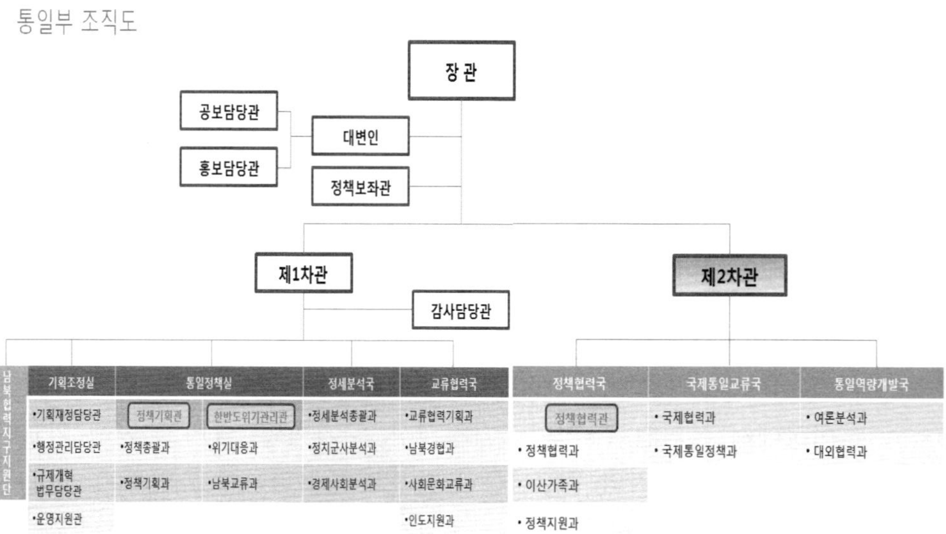

첫째, 앞 절에서 지적한 한반도 위기 발생시 위기의 "횡적 및 종적 확산"과 관련하여, 이러한 문제점을 보다 근원적으로 해결하기 위해, 기존에 "정책기획관" 산하 "위기대응과" 차원에서 전담되던 업무를 "한반도위기관리관"으로 격상시켜서 관련 위기대응 업무가 보다 효율적으로 추진될 수 있도록 조직 정비를 추구하였다.

둘째로는, 통일외교 및 정책추진역량강화의 필요성 문제를 해결하기 위해 위에서 소개한 바와 같이 2차관 직속의 국제통일교류국과 통일역량개발국의 신설을 제안하고 있는 것이다. 특히 통일외교의 필요성과 관련하여 현재 통일부 내부에서도 조직 차원의 설치의 필요성을 적극 인정하고 있는바, 주변국 및 국제사회를 대상으로 통일외교를 적극적으로 추진하기 위한 제도적 정비를 완비하게 될 것이다. 또한 통일정책 추진을 위한 역량강화라는 차원에서 통일정책의 성공적인 추진을 위해서 지금까지 산발적인 노력은 있었지만 '역량강화'라는 종합적인 차원에서 통일정책의 효율성을 고민해 본 적은 없었던 것으로 판단된다.

셋째, 지금까지 통일부 확대, 축소, 폐지 등을 둘러싼 모든 논란의 한 가운데에는 통일부 업무 및 기능과 다른 행위자 사이의 상호 이해 및 협조체제와 깊은 연관성이 자리잡고 있다. 즉, 북한문제의 특수성으로 인해 통일관련 정책은 우리 사회 내부에서 매우 다른 생각과 세계관을 가진 행위자들로부터 근본적인 공격을 당할 위험에 항상 노출되어 있는 것이다. 이러한 차원에서 정부 내 다른 기관, 특히 정부 내 기관은 아니지단 통일정책을 둘러싼 국회와의 상호 의존적 관계의 형성은 매우 중요하다고 판단된다. 이러한 배경에서 정책협력국 및 정책협력관의 신설을 통해 국회, 정부 내 타부처, 언론, NGO 등 국내 행위자들과 보다 전문화된 상호의존적 관계를 추구하고자 한다.

2. 외교통상부 조직개편 제안

외교통상부의 경우 차기정부를 위한 조직개편을 제안함에 있어서 상대적으로 통일부와 비교하여 핵심적인 사안들에 한해서단 제안하고, 그 이외 분야에 있어서는 대체로 소극적인 변화에 그치고자 한다. 오래전부터 외교통상부의 경우 국가이익과 관련한 모든 영역이 부처의 고유업무라는 설명이 있는가 하면, 동시에 외통부의 경우 어느 분야에서도 고유영역을 확보하고 있지 못하다는 설명도 함께 존재하고 있다. 이러한 상반된 설명의 핵심에는 외통부의 정책영역과 조직이 매우 광범위하다는 점을 전제로 하고 있다.

외통부 조직개편은 앞서 소개한 현행 제도의 핵심 문제점 2개 사안에서만 진행하고자 한다. 첫째, 공공외교 분야에서의 적극적인 정책개발 및 추진을 담당하기 위한 조직이 확충되어야 한다. 현재에는 2차관 산하의 문화외교국의 "공공외교정책과" 차원에서 공공외교가 추진되고 있다. 앞서 살펴본 미국 및 일본의 공공외교 추진 현황과 비교할 때 이해하기 어려운 수준이라고 볼 수 있다. 뿐만 아니라 개념적으로 공공외교는 문화외교보다 상위 차원의 실행개념임에도 불구하고, 현재처럼 문화외교국 산하에 직제가 이뤄져 있다는 점은 가능한 한 조속히 시정되어야 한다고 생각한다.

이러한 배경에서 〈표 2〉에서 보는 바와 같이, 1차관 산하 기존의 "다자외교조정관"과 같은 위상으로 "공공외교실"을 신설할 것을 제안하는 바이다. 공공외교실의 내부조직은 기존의 "정책기획실"과 유사하게 "공공외교개발담당관"과 "공공외교추진담당관"을 두어 공공외교정책개발 및 추진의 효율적인 이원화를 꾀하고자 한다. 참고로 공공외교정책개발 및 추진의 경우 민간 행위자의 적극적인 참여가 예상되는바, 정책기획실의 경우처럼 과감하게 민간인을 대상으로 한 선발도 고려해 볼 수 있을 것이다.

한편, 공공외교정책기능의 강화와 관련하여 한 가지 신중히 고려해야 할 점은 현재 외통부와 문화관광체육부는 문화외교추진의 주도권을 놓고서 부처간 치열한 경쟁을 전개하고 있는데, 이는 해외문화교류, 해외한국어교육, 국제문화행사 등의 업무가 문화관광체육부 소관으로 설정되어 있는 관계로, 이 과정에서 자연스럽게 문광부가 공공외교 및 문화외교 업무를 공유하게 되는 것이다. 본 연구는 이 문제와 관련하여, 외통부는 보다 포괄적인 차원에서의 공공외교 업무를 전담하고, 문화외교의 경우 업무의 주도권을 문광부로 집중하고 대신 문화관련 국제기구, 문화외교관련 국제법적 처리문제 등의 사안에 대해서만 외통부가 전담토록 하는 방안을 제안하고자 한다.

<표 2> 차기정부 외교통상부 조직 개편 제안

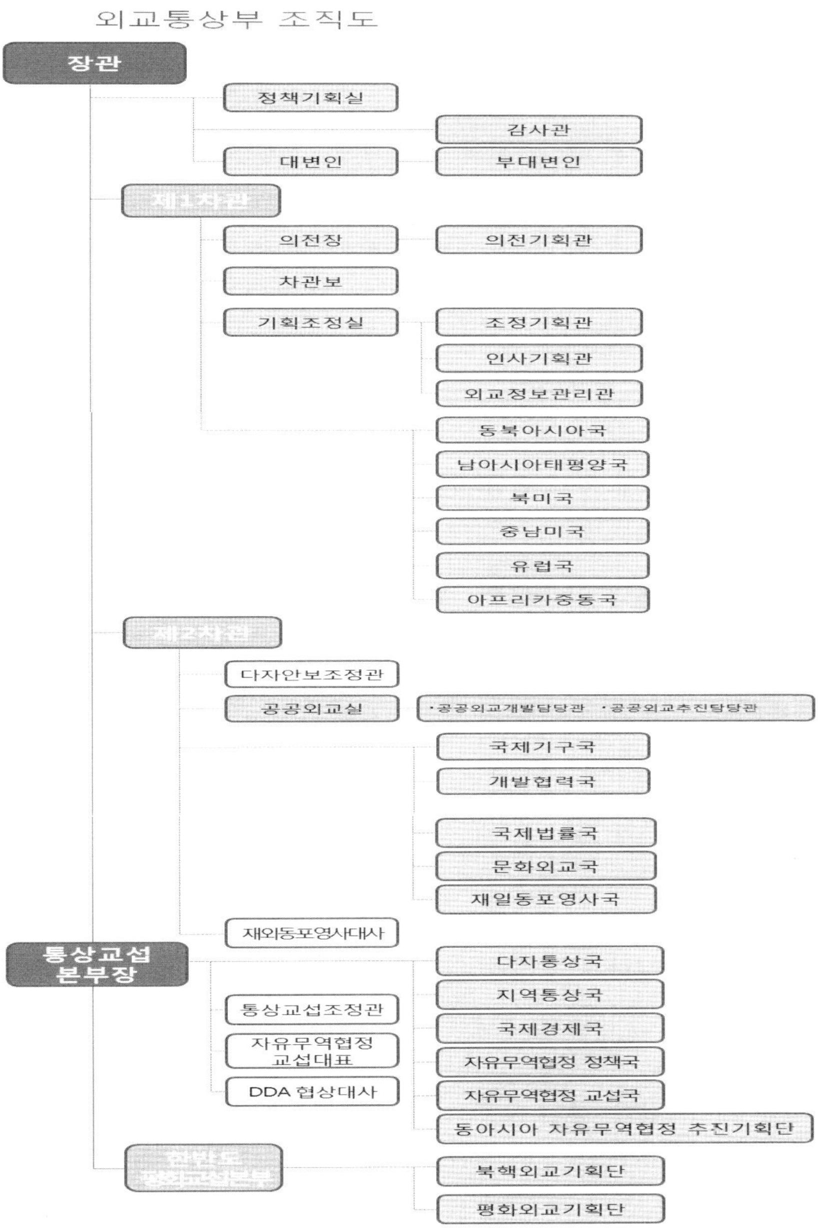

다음으로 〈표 2〉에서 보는 바와 같이, 기존의 정책기획국의 기능을 대폭 강화하여 "정책기획실"로 개편할 것을 제안하는 바이다. 〈표 2〉에서 보는 바와 같이, 정책기획국의 직제를 상향조정하여 차관보급의 "정책기획실"로 격상하고, 지금까지 명목적 차원에서 존재하던 장관과의 독립적인 의사소통 구조를 제도적으로 보장해 줌은 물론, 정책개발을 위한 연구기능의 독립성을 보장해 줄 것을 제안하는 바이다. 사실 현행 제도에서는 "정책기획국"이 외통부 업무 전반에 걸친 정책수립 업무를 담당해야 하지만, 외통부의 지역 및 기능별로 특화된 업무 추진의 핵심적인 역할을 담당하는 국장급과 동일한 직급이었던 관계로, 정책개발업무의 독립성과 독창성을 보장하는 데에 한계가 있었던 것이 사실이다. 우리나라의 외교관계가 급격히 확대되는 현실에서 정책기획실로의 승격은 외통부업무의 전문성 및 효율성 제고에 많은 기여를 하게 될 것으로 기대된다.

3. 청와대 내 컨트롤타워 기능의 강화와 조직 제안

청와대 내 컨트롤타워 기능의 강화와 관련하여서는 우선 컨트롤타워 기능의 복원에 대한 국민적 합의가 필요하다고 생각한다. 기본적으로 외교안보통일 분야와 관련한 청와대로의 권한 강화는 의도하지 않게 과거 회귀적 조직 개편이라는 비난으로부터 자유롭기 어렵기 때문이다. 따라서 한반도 안보상황의 특수성, 북한문제의 불가예측성, 대외외교안보환경의 급격한 변화 가능성 등의 요인을 중심으로 국민들에게 정책기획 및 조정 기능의 중요성을 자세하게 설명하고 동의를 얻을 필요가 있다.

많은 전문가들이 지적하는 바와 같이, 컨트롤타워를 설치할 경우 기존의 외교안보수석에 해당하는 조직과의 업무 중복 가능성 및 충돌 가능성이 문제가 될 수 있다. 좀더 구체적으로 살펴보면, 과거 참여정부 시절 청와대안보정책실장(장관급)이 존재하면서 동시에 NSC상임위원장은 통일부장관이 겸임하도록 하였다. 따라서 NSC상임위원회의 경우 일종의 청와대 내에서 작동하던 협의체였지만 NSC 상임위원회는 통일부장관이 주관하도록 되었었다. 또 한편으로는 NSC사무처장을 안보정책수석이 겸하도록 되어있는데, 이 경우 안보정책실장, NSC상임위원장, 안보정책수석, NSC사무처장 등 사이에 효율적인 업무추진이 매우 어려울 수 있는 구조라는 점이 명확히 인식되어야 한다. 결국 이러한 문제를 효과적으로 해결하기 위해서는 대통령의 의지와 인사권행사가 중요한데, 대통령이 외교안보통일 분야 정책에 확고한 신념과 비전을 가지고 NSC의장으로서의 역할을 적극적으로 행사할 필요가 있는 것이다.

이러한 배경에서 본 연구에서는 참여정부 2기 시기에 해당하는 2006년 상반기 이후의 청와대 외교안보시스템의 장점을 참고하면서 구체적인 대안을 제시하고자 한다. 결론적으로 얘기해서, 현 이명박 행정부에서 설정한 대통령비서실 내 외교안보통일 정책관련 주요 행위자들의 역할분담을 상당 부분 그대로 존중하면서, 동시에 제도적 관점에서는 참여정부 후반부의 NSC사무처의 기능을 복원시키는 대안을 혼합적으로 채택하는 방안을 제안하는 바이다.

가장 핵심적인 특징은 현재 겸직하는 "외교안보수석"과 "NSC사무처장"을 다시 이원화한다는 점이다. 기본적으로 외교안보수석 산하의 "전략, 외교, 국방, 통일"로 구성된 4개 업무 분할은 그대로 유지한다. 이 경우 신임 대통령의 의지에 따라 전략비서관 및 통일비서관을 "한반도평화비서관"으로 개칭할 수 있다. 한편 NSC사무처장 밑에는 "정책조정관", "위기관리관", 그리고 "정보분석관"을 신설하여, 전략수립 업무는 외교안보수석실에서 맡고 대신 NSC사무처는 정책조정기능과 위기관리기능을 전담토록한다. 이와 함께 지금의 "외교안보정책조정회의"를 대신하여 "NSC상임회의"를 신설하여 NSC사무처가 동 회의의 준비 및 운영을 전담토록하는 것이다.

본 연구는 이상과 같이 NSC사무처의 기능 복원을 통한 외교안보통일 정책분야 청와대의 컨트롤타워기능을 강화할 것을 제안하는 바이다. 2013년 이후 새로 들어서게 되는 정부는 한미간 산적한 주요 현안에 직면해야 하고, 중국 및 일본으로 대표되는 주변국과의 군사외교의 필요성도 수용해야 한다. 또 경우에 따라서는 이명박정부가 올 해 경험하였던 일본과의 군사정보보호협정을 다시 체결해야 하는 상황에 직면할 수도 있다. 이러한 상황들을 종합해 볼 때, 청와대의 컨트롤타워 기능의 필요성은 그 어느 때보다도 강조되는 시점이라고 볼 수 있다.

Ⅵ. 결 론

외교안보통일 분야의 정부조직의 구현은 한국의 국가정체성과 국가이익을 충실히 반영하여야 한다. 또한 한국이 미래 시점에서 직면하게 될 글로벌 외교안보환경 변화요인들을 성공적으로 극복할 수 있어야 한다. 모든 정부조직이 그렇겠지만, 특히 외교통상부와 통일부의 경우 우리 국민 각자가 가지고 있는 다양한 이해관계들을 종합적으로 조율하면서, 궁극적으로는 한반도 평화통일과 한국의 글로벌 위상강화라는 목표와 조화를 이루어야 할 것이다. 1948년 현대 정부수립 이후 우리가 추진한 핵심 국가과제들을 되돌아보면 우리는 매우 성공적인 성과를 경험하였음을 깨닫게 된다. 한마디로 지금까지 우리는 산업화와 민주화라는 핵심적인 국가과제를 성공적으로 추진하였고, 이제 외교강국이라는 새로운 국가목표를 달성하기 위한 노력을 경주할 때이다. 우리보다 먼저 산업화와 민주화를 경험한 선진국들의 경험을 살펴보면, 대체로 산업화 및 민주화 다음에 직면하게 될 국가핵심 과제는 외교력이 강한 국가였다는 점을 공통적으로 발견하게 된다.

하지만 외교강국으로 거듭나기 위한 우리의 과제는 결코 쉽지가 않다. 탈냉전기 이후 20년간 해결될 기미를 보이지 않고 있는 북한문제, 글로벌 대국으로 부상하는 중국, 미국의 아시아회귀정책, 네트워크적 속성의 국제외교환경 등의 변화 요인들을 종합적으로 고려해 볼 때, 어느 특정의 정책 수단과 정부조직의 개편으로는 우리의 목표가 쉽게 달성되지 못할 것이라는 판단이 가능하다. 대신 외교안보통일 정책을 성공적으로 추진할 수 있는 국가 전체 차원의 외교안보정책 '거버넌스'의 출현이 긴요히 요구된다. 정부, 시민단체, 언론, 정당 등 대내적 차원의 주요 이해당사자와 외국 정부, 국제기구, 지역협력체 등과 같은 대외적 차원의 행위자들을 포괄적으로 포함하는 외교안보 네트워크에 기반한 외교안보 거버넌스의 구축이 점진적으로 추진되어야 할 것이다.

<참고문헌>

제17대 대통령직인수위원회. (2008). 『17대 대통령직인수위원회 백서 1, 성공 그리고 나눔: 이명박 정부의 국정철학과 핵심정책과제』. 2008년 3월.

동북아시대위원회. (2004). 『평화와 번영의 동북아시대: 비전과 전략』.

동북아시대위원회. (2005). 동북아 다자안보협력 제도화 추진 방안.

김상배. (2009). 소프트파워와 21세기 권력: 네트워므 권력론의 모색. 서울: 한울아카데미.

———. (2006). "문화제국과 네트워크 지식국가". 하영선·김상배 편, 네트워크 지식국가. 서울: 을유문화사.

멜리센, 안 엮음, 박종일, 박선영 옮김. (2008). 신공공외교: 국제관계와 소프트 파워, 서울: 인간사랑.

미국국무부: http://www.ed.gov

일본외무성: http://www.mext.go.jp

박건영. (2008). "이명박정부의 대미정책과 대안: 외교안보 문제를 중심으로". 『국가전략』, 제14권4호.

박영호 외. (2008). 한반도평화번영을 위한 외교안보정책 거버넌스 활성화 방안. 서울: 통일연구원.

박인휘. (2005). "동북아 국제관계와 한국의 국가이익." 『국가전략』,10권4호.

———. (2006). "세계정치와 동북아 안보: 중·일 갈등을 통해 본 균형과 간극". 『세계정치』, 5권1호.

———. (2010). "안보와 지역: 안보개념의 정립과 동북아안보공등체의 가능성". 『국가전략』, 제16권4호.

서보혁. (2010). "이명박 정부 후반기 대북정책의 과제와 전망". 『북한학연구』, 6권2호.

이면우. (2009). "일본의 공공외교 추진체계," 제10차 한국학술연구원 코리아포럼 〈한국의 공공외교 활성화방안〉. 2009년 7월.

장훈. (2007). "한국의 민주화와 외교정책: 위임형 외교정책결정의 등장과 구조". 『한국과국제정치』, 23권4호.

전재성. (2006). "21세기 미국의 변환외교". 하영선·김상배 편(2006).

Axelrod, Robert. (1984). The Evolution of Cooperation. New York: Basic Books.

Buzan, Barry and Gerald Segal. (1994). "Rethinking East Asian Security," Survival 36(2), pp.3-21.

Friedberg, Arron. (1993/94). "Ripe for Rivalry: Prospect for Peace in a Multipolar Asia,"International Security 18(3), pp.5-33.

Kaplan, Lawrence S. (1994). NATO and the United States: The Enduring Alliance. New York: Twayne Publishers.

Krauss, Ellis, Ellis S. Krauss and T. J. Pempel. (2003). Beyond Bilateralism: US-Japan Relations in the New East Asia. Stanford, CA: Stanford University Press.

McCormick, Thomas J. (1995). America's Half Century: United States Foreign Policy in the Cold War. Baltimore: The Johns Hopkins University Press Nye, Joseph S. Jr. (2008). "Recovering American Leadership," Survival 50(1), pp.55-68.

Pempel, T. J. ed. (2005). Remapping East Asia: The Construction of a Region. Ithaca: Cornell University Press.

Ross, Robert Ross. (2004). "Bipolarity and Balancing in East Asia," in T. V. Paul, et al, Balance of Power. Stanford, Stanford University Press.

Ruggie, John Gerard, ed. (1993). Multilateralism Matters: The Theory and Praxis of an Institutional Form. New York: Columbia University Press.

Snyder, Glenn H. Snyder. (1997). Alliance Politics. Ithaca: Cornell University Press.

집 필 진 (집필순)

최 성 욱
고려대학교 대학원 졸업, 행정학박사
(현) 전남대학교 행정학과 교수

최 항 섭
프랑스 파리 5대학 사회학부 졸업, 사회학박사
(전) 정보통신정책연구원 미래전략연구실 연구위원
(현) 국민대학교 사회학과 부교수

김 병 준
Univ. of Delaware 졸업, 정치학박사
(전) 대통령 정책실장
부총리 겸 교육인적자원부 장관
(현) 국민대학교 행정정책학부 교수
사단법인 공공경영연구원(코리아스픽스) 이사장

이 원 희
서울대학교 졸업, 행정학박사
(전) 국회 입법조사분석실 연구관
경실련 예산감시위원회 위원장
한경대학교 기획연구처장
(현) 한경대학교 인문사회과학대학 학장
한국정부회계학회 회장
한경대학교 행정학과 교수

홍 성 걸
Northwestern University 졸업, 정치학박사
(전) 통신개발연구원 책임연구원
사이버커뮤니케이션학회 회장
(현) 국민대학교 행정정책학부 교수

정 충 식
성균관대학교 졸업, 행정학박사
(전) 씨티은행 법규부 부장
지역정보화학회 회장
(현) 경성대학교 행정학과 교수

이 상 준
러시아 IMEMO 졸업, 경제학박사
(전) 한국사회과학데이터센터 책임연구원
동아시아 슬라브 및 유라시아 학회 조직위 사무총장
(현) 국민대학교 국제학부 부교수

성 한 경
The Ohio State University 졸업, 경제학박사
(전) 대외경제정책연구원 WTO 팀장
서울대학교 국제대학원 겸임조교수
(현) 국민대학교 국제통상학과 조교수

박 정 수
University of Pittsburgh 졸업, 정책학박사
(전) 교육개혁포럼 회장
한국조세연구원 공공기관연구센터 소장
국회예산정책처 예산분석심의관
(현) 이화여자대학교 행정학과 교수

성 지 은
고려대학교 졸업, 행정학박사
(전) 고려대학교 정부학연구소 책임연구원
(현) 과학기술정책연구원 부연구위원

임 승 빈
일본 동경대학교 졸업, 학술학박사
(전) 한국정책과학학회보 편집위원장 및 회장
한국지방행정연구원 및 한국행정연구원 연구위원
경실련 지방자치위원장
(현) 명지대학교 행정학과 교수

박 용 성
서울대학교, University of Manchester 졸업, 행정학박사
행정고시 합격('93)
(전) 대통령소속 지방이양위원회 행정분과위원장
(현) 고위공무원역량평가 위원
단국대학교 행정학과 교수

박 인 휘
Northwestern University 졸업, 정치학박사
(전) 한미교류협회 연구위원
(현) 외통부 및 통일부 정책자문위원
이화여대 국제학부 교수

효율적 국정관리를 위한 정부조직

초판인쇄 2012. 12. 20
초판발행 2012. 12. 27

편 자 국민대학교 국정관리전략연구소
발행인 황 인 욱
발행처 도서출판 오 래
서울특별시용산구한강로2가 156-13
전화: 02-797-8786, 8787; 070-4109-9966
Fax: 02-797-9911
신고: 제302-2010-000029호 (2010. 3. 17)

ISBN 978-89-94707-73-0 93350

http://www.orebook.com
email orebook@naver.com

정가 25,000원